**SUPER SECRETO – Verschlüsselung für alle**
Abhörsicher in
Die Dritte Epoche der Kryptographie

Theo Tenzer

Theo Tenzer

# SUPER SECRETO

## Verschlüsselung für alle

Abhörsicher in
Die Dritte Epoche der
Kryptographie

**Impressum**

Tenzer, Theo: SUPER SECRETO – Verschlüsselung für alle:

Abhörsicher in
Die Dritte Epoche der Kryptographie.

(Tutorial- und Taschenbuch-Ausgabe zur Einführung in die streng-geheime Kommunikation und Derivative Kryptographie),

ISBN: 9783755758112.

In Zusammenarbeit mit Jo van der Lou.

Taschenbuchausgabe.
© 2022 Theo Tenzer
Herstellung und Verlag: BoD – Books on Demand, Norderstedt
Weitere bibliographischeInformation unter: https://portal.dnb.de.

*»Es tut mir leid,*
*wenn ich das alles nicht versteh!*
*Es tut Dir leid, wenn ich nach Hause geh!*

*Du rufst mich an, und Du sagt, Du kommst zu spät,*
*und dabei bist Du schon viel zu spät!*

*Ich brauche Power für mein Netbook.*
*Keine Power in mein Netbook.*
*Baby, leih' mir Deinen Lada.*
*Komm, bitte leih' mir Deinen Lader,*
*ich brauche Power für mein Netbook.*

***ICH BRAUCH' MEHR STROM!* «**

zit. n.
Bungalow, Annett Louisan,
Kitsch.

# Inhalt

# VORWORT:
## ZUR WELTWEITEN KRISE DER PRIVATSPHÄRE - DER AUFBRUCH VON VERSCHLÜSSELUNG UND IHR WEG IN DIE DRITTE EPOCHE DER KRYPTOGRAPHIE •

*Verschlüsselung ist*
*- wie Mathematik -*
*für alle da.*

in Anlehnung an Jimmy Wales,
Gründer der Wikipedia.

Liebe Leserin und lieber Leser[*],

Sie waren noch nie auf einem Einführungs-Workshop in die Kryptographie - oder auf einer sogenannten »Crypto-Party« -, um der Kunst der Verschlüsselung zu begegnen?

Wir befinden uns im 21. Jahrhundert in einer weltweiten Krise der Privatsphäre. Nicht nur die von uns zur Verfügung gestellten privaten Daten werden immer mehr gesammelt und gespeichert, sondern auch im Internet entstehende und einsehbare Datenspuren, persönliche Interessen und Verhaltenspräferenzen sowie die Inhalte von E-Mails und Chat-Nachrichten von uns allen werden abgefangen, inhaltlich analysiert und zielgerichtet miteinander verknüpft.

Verschlüsselung kann dabei helfen, diese Daten zu schützen. Um vertraulich, angstfrei und abhörsicher zu kommunizieren, bedarf es einfacher und praktischer Verschlüsselung für alle. Aber wie kann diese wirklich allen zur Verfügung stehen?

Die aktuellen Diskussionen zum Thema Verschlüsselung umfassen dabei zugleich ein Recht auf Verschlüsselung sowie auch Einschränkungen von Verschlüsselung. Insbesondere geht es um die sog. »Ende-zu-Ende-

---

[*]  Im Buch genannte Personenbezeichnungen können weibliche, diverse und männliche Geschlechter umfassen.

Verschlüsselung«, nach der nur zwei Freundinnen bzw. Freunde einen gemeinsamen Schlüssel für einen sicheren Kommunikationskanal kennen. Dritte Lauscherinnen und Lauscher werden mit der Ende-zu-Ende-Verschlüsselung ausgeschlossen.

Die Magie, lesbare Zeichen durch andere, anscheinend zufällige und damit unlesbare Zeichen zu ersetzen, hatte seit Jahrhunderten fast schon etwas Religiöses: Nur Eingeweihte in die Erfindung einer Geheimsprache konnten die Botschaften knacken. Verschlüsselung blieb Super Secreto - Top Secret - Streng Geheim, wie es im Lateinamerikanischen bzw. Englischen auch heißt. Grund genug, »*Super Secreto*« als Titel für das in Ihren Händen befindliche Buch zu wählen.

In den vergangenen Jahren haben sich viele Autorinnen und Autoren, Wissenschaftlerinnen und Wissenschaftler sowie Publizistinnen und Publizisten eingebracht, um das Thema Kryptographie und das Wissen um die Grundlagen und Methoden der Verschlüsselung auch einer breiteren Öffentlichkeit zugänglich und verständlich zu machen.

Diese Einführungen sind meist aus Sicht der Mathematik oder Informatik reich an fachlichem Detailwissen: Sie erläutern Berechnungen mit Primzahlen, die Anwendung von Handlungs- und Verfahrensoperationen, also den sog. Algorithmen; oder es geht um den Einsatz von Computern, um automatisiert zu bestätigen, dass wir ausschließlich nur wir sind, wenn wir im Internet etwas tätigen oder kommunizieren.

Und Berichte aus Sicht der Wissenschaftsgeschichte sind reich an historischen Begebenheiten: wie *Gaius Julius Caesar* eine nach selbsterfundenem Muster verschlüsselte Botschaft dem Reiter eines Pferdes mitgegeben haben soll, um damit besseren Einfluss auf seine strategische Aufstellung im Erlangen der Alleinherrschaft in Rom zu erwirken; ebenso populär: wie die Königin von Schottland, *Maria Stuart*, ihre Briefe an die Verschwörer gegen *Königin Elisabeth I.* verschlüsselte, um die Englische Krone an sich zu reißen; oder wie *Alan Turing* während des Zweiten Weltkrieges ebenso in England an der Entzifferung der mit der »Enigma«-Maschine verschlüsselten deutschen Funksprüche maßgeblich beteiligt war.

Viele Menschen, die heute über das Internet kommunizieren, wollen verständlich begreifen, wie Verschlüsselung in ihrem Messenger funktioniert und wie Kryptographie unsere Sicherheit im Internet erhöht: Denn sie wollen sicher sein, dass ihre Kommunikation auch auf dem elektronischen

Weg geschützt ist und nicht von Dritten eingesehen und abgehört werden kann.

Gleichwohl wollen und müssen ausführende Staatsbehörden wie Europol, das FBI oder die Polizeistation in der nächsten Straße unseres Häuserviertels die Kommunikation von Kriminellen auslesen und überwachen können. Sie können es aber nicht. Weil es technisch ohne Schlüssel in der Kryptographie nur sehr schwer, also kaum, oder: auch gar nicht geht.

In den öffentlichen Debatten und rhetorischen Wortgefechten - den sog. »Crypto-Wars« - von Politikerinnen und Politikern, Informatikerinnen und Informatikern sowie Bürgerrechtlerinnen und Bürgerrechtlern über die weitere Entwicklung und den Sinn der Anwendung von Verschlüsselung, ist heute jede und jeder einbezogen. Verschlüsselung ist kein Thema mehr des Militärs oder allein von Staatsregierungen. Im heutigen Zeitalter der Smartphone- und Taschen-Computer steht Verschlüsselung mittlerweile allen zur Verfügung.

Und: Verschlüsselung befindet sich durch quell-offene Programmierungen und neue Innovationen in einer rapiden Entwicklung. Diese *Transformation der Kryptographie* ist vor allem gekennzeichnet durch die Anwendung besserer Algorithmen, Prozesse und Protokolle sowie längerer und vielfältigerer - und damit sicherer - Schlüssel: Immer raffiniertere Mathematik berechnet in unseren Messengern immer schneller den geheimen, sog. »Cipher-Text« mit einer Vielzahl an entsprechenden Schlüsseln.

### Die Dritte Epoche der Kryptographie wird präsenter

Doch nun wird die *Dritte Epoche der Kryptographie* noch deutlich präsenter: Immer mehr Quanten-Computer rechnen mit immer weiter steigender Rechengeschwindigkeit. Gemessen wird sie in der Einheit von Quanten-Bits, kurz: QuBits. Während die QuBits eines Quanten-Computers vor wenigen Jahren noch an einer Hand abgezählt werden konnten, hat sich die Rechengeschwindigkeit inzwischen mehr als verzehnfacht und soll in wenigen Jahren nicht nur dreistellig, sondern auch vierstellig werden. Zudem werden einzelne Quanten-Computer inzwischen auch über Langstrecken oder gar per Satellit zu ganzen Netzwerken zusammengeschaltet.

### Mehrfache Verschlüsselung

Weitere Anpassungen zur Erhöhung der Sicherheit finden statt: *Multi-Verschlüsselung*, sog. »Super-Encipherment«, also die Anwendung von erneuter, ggf. mehrfacher Verschlüsselung auf bereits bestehende Verschlüsselung bzw. bereits verschlüsselten Text - wie genannt: den Cipher-Text - erwirkt weitere grundlegende Transformationen. Was bedeutet diese doppelte, dreifache oder gar mehrfache Verschlüsselung für die Telegraphie der Zukunft? Diese und weitere Fragen wollen wir in diesem Band ergründen.

## Bessere Algorithmen zur Verschlüsselung

Die vorgenannten Super- und Quanten-Computer mit ihrer schnelleren, und neuen Qualitäts-Dimension an Rechenkapazität erfordern zudem neue bzw. andere Algorithmen für mehr Sicherheit im Internet und bei der Verschlüsselung: der bekannte und vielfach verwendete Algorithmus RSA gilt angesichts der schnellen Quanten-Computer als kritisch bzw. als nicht mehr länger sicher, um nicht zu sagen: als gebrochen. Und andere *Algorithmen wie McEliece oder NTRU* - die demgegenüber bislang als sicher gelten - haben einen grundlegenden Wechsel in der angewandten Programmierung eingeläutet – ein Wandel, wie wir es derzeit bei der Dekarbonisierung der Energie erleben: Autos fahren nicht mehr mit flüssigem Benzin- bzw. Diesel-Kraftstoff, sondern wechseln auf Elektro-Antrieb, gespeist aus regenerativen Methoden der Energiegewinnung: Sonne, Wasser, Wind, Erdwärme... Der Motor, mit seiner Technologie und antreibenden Kraft, wird gewechselt.

Software mit der oftmals verwendeten, aber als potenziell unsicher geltenden RSA-Verschlüsselung erreicht – in Anbetracht der schnellen Super-Computer – offiziell eingeschätzt nun schon seit 2016 – das Ende des Produkt-Lebenszyklus, oder gehört zumindest aktualisiert bzw. ergänzt um bessere Standards.

## Beyond Cryptographic Routing
## mit exponentieller Verschlüsselung

Vor dem Knacken von Verschlüsselung helfen jedoch nicht nur bessere Algorithmen oder Multi-Verschlüsselung, sondern auch neue Wege beim Routing und Austausch der Nachrichten- und Daten-Pakete im Internet. Das seit einigen Jahren entwickelte Echo-Protokoll beispielsweise ergänzt die Verschlüsselung daher um eine Theorie und Praxis der Graphen, d.h., welche Wege im Internet unsere Nachrichten als multi-verschlüsselte Pakete also nehmen. Diese neue Routing-Form mit verschlüsselten Daten-

Paketen wird nach diesem Konzept mit *exponentieller Verschlüsselung* bezeichnet: Routing wird aufgrund kryptographischer Prozesse ohne Ziel-Informationen in der Route durchgeführt, so dass von »*Beyond Cryptographic Routing*« gesprochen wird: Das Routing findet ohne zielgerichtetes Routing statt. Und demnach werden alle Knotenpunkte durch potentiell exponentielle Vervielfältigung der Nachricht und ihrer Weiterleitung erreicht. Das bedeutet, Routing wird seiner Identität beraubt: Routing ohne Routing - in einem Zeitalter, das innovationstechnisch hinter (englisch: »beyond«) dem Status für Wegstrecken liegt, die netzwerktechnisch oder gar kryptographisch gekennzeichnet wären.

## Abstinenz in der Schlüsselübertragung

Und: Früher musste beides – Schlüssel wie der verschlüsselte Text – (über eine dieser Wegstrecken) zur Empfängerin bzw. zum Empfänger übertragen werden. In der heutigen elektronischen Kryptographie ist eine Übertragung der Schlüssel nicht mehr zwingend notwendig: Der riskante Transportweg für die Schlüssel kann entfallen!

Ja, heute kann auch bei unseren beliebten Messengern auf die *Übertragung von Schlüsseln im Internet* für eine spätere Entschlüsselung verzichtet werden. »Ein Schlüssel muss dem Gegenüber doch gegeben werden, um eine Türe öffnen zu können?«, werden manche fragen.

Um die Faszination, wie die Kryptographie abstinent wurde in der Übermittlung von Schlüsseln durch die prozessorientierte Mathematik sog. »kenntnisfreier Beweise« (englisch: »Zero-Knowledge Proofs«) – und welche Auswirkung es auf den Wunsch der Staatsmächte nach Zweitschlüsseln hat – soll es ebenso in diesem politischen und technischen Innovations- und Wissenschaftsportrait gehen: Im weiteren Verlauf werden die Besonderheiten der neuen Schlüssel namens »Juggerknaut Schlüssel« und »Secret Streams Schlüssel« weiter erläutert hinsichtlich ihres fundamentalen Charakters und ihrer transformierenden Wirkung im Bereich der angewandten Kryptographie.

## Demokratisierung dank Quell-Offenheit

Und schließlich hat eine *Demokratisierung der Verschlüsselung* stattgefunden: Sie steht heute dank quell-offener Software allen zur Verfügung und das Wissen darum ist nicht mehr elitär, sondern säkularisiert und demokratisiert in der Hand aller Bürgerinnen und Bürger, die sich dieses verfügbare Wissen im Bereich der Kryptographie erschließen, und ihre Kompetenzen zur Nutzung oder gar Erstellung von verschlüsselnden Programmen erweitern.

## Fragen und Antworten im breiten Lern-Dialog

Moderne Verschlüsselung wirft daher nicht nur viele Fragen auf, beispielsweise mit oder ab welcher Rechenkapazität in QuBits (und mit welcher entsprechenden Zeitdauer) ein Algorithmus gebrochen werden kann; oder ob mehrfache, hintereinander angewandte Verschlüsselungen zu höherer Sicherheit führen; oder ob Lernende oder Kriminelle Maschinen-Code selbst kompilieren, d.h. zu einem ausführbaren Software-Programm für die Verschlüsselung umwandeln können und werden?

Zugleich bietet angewandte Kryptographie auch zahlreiche Antworten auf die Herausforderungen der (Natur-)Wissenschaften, der Gesellschaft und unserer modernen Zeit: So können smarte Programmierungen bereits mobile Kommunikationsgeräte mit Verschlüsselungen ausrüsten, deren Algorithmen sich auch gegenüber erweiterter Rechenkapazität als sicher erweisen und die Cyber-Sicherheit im Internet verstärken – es Ermittlungsbehörden aber auch nicht mehr erlauben, in die verschlüsselten Nachrichtenpakete hineinzusehen.

In den öffentlichen Diskussionen dieser unterschiedlichen Betrachtungsansätze müssen somit schließlich auch insbesondere politische und soziale Akteurinnen und Akteure einbezogen sein, um Sicherheit durch Verschlüsselung und auch Sicherheit während und trotz der Anwendung von Verschlüsselung zu analysieren.

## Wir alle müssen unser Wissen, unsere Kompetenzen und Erfahrungen im Bereich Verschlüsselung aktualisieren

Kryptographische Anwendungen und Programme werden vorwiegend zu einem Drittel in Nordamerika hergestellt sowie auch in Europa, wo in den führenden Ländern Deutschland, England und Frankreich etwa die Hälfte der Applikationen quell-offen sind, d.h. der Maschinen-Code von jeder und jedem Verständigen eingesehen und die Funktionsweise und Programmierung nachvollzogen werden kann.

Begeisterung, geheime bzw. nicht entzifferbare Botschaften über das Internet zu senden, wird nicht nur durch Studierende und ein völlig neues Publikum an Leserinnen und Lesern in diesen Ländern Nordamerikas und

Europas gezeigt, sondern auch in den weiteren Ländern, in denen der Geheimdienst-Verbund der *Fünf Augen* (Englisch: *»Five-Eyes«*) – also weiterhin die Länder Australien, Kanada, Neuseeland und das Vereinigte Königreich – und/oder ihre aufmerksamen Beobachterinnen und Beobachter zuhause sind.

Das heißt zugleich aber auch, Länder wie Russland, China, Indien und islamische und arabische sowie weitere Staaten, die aus politischen Gründen das Internet nach führungsrelevanten Opportunitäten gestalten oder zu blockieren versuchen, haben – neben den Lernenden sowie Wissenschaftlerinnen und Wissenschaftlern an den Schulen und Hochschulen dieser jeweiligen Länder – hohes Interesse, in einen Dialog über Verschlüsselung und ihrer Funktion in der *Dritten Epoche der Kryptographie* zu kommen.

Kurzum, diese weltweiten Akteurinnen und Akteure einer Allianz der Interessierten überlegen auch, wie man Messenger und den Code verschlüsselter Botschaften nicht nur sicherer gestalten, sondern auch knacken kann! Und: wie man Daten an geeigneter Stelle abgreifen und dauerhaft speichern kann – oder seine persönlichen Daten schützt, durch technische Maßnahmen oder Gesetze, die für alle gelten. Das heißt, es wird gefragt, wie die bei Verschlüsselung dahinterstehende Mathematik auch politisch nachvollzogen und genutzt werden kann.

Kann Mathematik ein Grundrecht sein oder verboten werden? Und wenn wir Kryptographie nicht in der frühen Schule wie Sprachen, Sport und Mathematik erlernt haben, wann ist ein geeigneter Zeitpunkt, sich dafür zu begeistern, z.B. wenn sie individuell, bürgerrechtlich, professionell, gesellschaftlich oder militärisch eingesetzt werden soll? Dieser Dialog um Verschlüsselung und ihre Software bleibt schließlich immer mit den Bürgerinnen und Bürgern sowie Lernenden verbunden. Und auch mit dem Thema des Schutzes ihrer Privatheit.

Viele bisherige Ausführungen zur Kryptographie sind nicht nur fachbezogen einschlägig, sondern auch schlicht veraltet und bleiben an der Schwelle zur *Dritten Epoche der Kryptographie* stehen: So wird oftmals in einem letzten Kapitel beispielsweise auf den (später noch erläuterten) Verschlüsselungsstandard »PGP« – Pretty Good Privacy – verwiesen, ohne einen Ausblick zu thematisieren, dass dieser auf Algorithmen basiert, die von der Zeit überholt werden könnten. In der quell-offenen Variante (und im Folgenden) wird »PGP« auch »GPG« genannt, abgeleitet von »GNU Privacy Guard«. Doch GPG müsste ggf. bald mit dem besseren Algorithmus McEliece als mögliche Alternative geprüft und versehen werden.

Oder es wird ein Ausblick auf die fachlichen Diskussionen um »PQ« – Post-Quantum-Kryptographie – gewagt: Es geht seit der ersten fachbezogenen Konferenz im Jahre 2006 um Verschlüsselung von E-Mails sowie die (un)wahrscheinliche Möglichkeit, diese durch Super-Quanten-Computer und ihre schnellen Berechnungsweisen auf Basis quantenmechanischer Zustände wieder zu brechen. Oft verbleibt ein solcher Ausblick wiederum im Gremium der Expertinnen und Experten, oder empfiehlt sich mit der beschwichtigenden Mitteilung, dass sich Verbraucherinnen und Verbraucher in den kommenden Jahren keinen Super-Computer im nächsten Super-Markt kaufen können.

Zahlreiche Bezüge in den Überblickswerken werden zu den 1970er, 1990er oder 2000er Jahre hergestellt - doch das ist inzwischen schon viele Jahrzehnte her!

Es bleibt daher richtig, dieses fortwährend gedanklich mitreißende, und zugleich hochinteressante Thema der Kryptographie mit ihren modernen und epochalen Entwicklungen sowie ihren praktischen Fragestellungen und Lösungsantworten zu Verschlüsselungen und Entschlüsselungen nicht nur in den Natur- und Geisteswissenschaften, sondern insbesondere auch in der breiten Öffentlichkeit weiter zu fördern. Ja, es bleibt Aufgabe, ein Verschlüsselungs-Programm auch für sich selbst in der Anwendung als gute Praxis zu entdecken!


Es bedarf der Besprechung von multipler, exponentieller, quanten-sicherer und vor allen Dingen einfacher und praktischer Verschlüsselung für alle, die dennoch vielleicht gar nicht für alle zur Verfügung stehen darf?
Der vorliegende Band möchte Sie als Leserinnen und Leser dazu in verständlicher Sprache zu einem Eintritt in diesen Dialog und zu einer kritischen, d.h. nachfragenden Diskussion über diese Standards und Entwicklungen im Bereich der Kryptographie einladen - und ermuntern, kryptographische Funktionen kennen zu lernen, mit zu durchdenken, und Software-Programme ggf. einfach mal anzuwenden.

## Danksagung: A Big Thank You !

Wir alle benötigen im Leben hier und da für erste Einblicke und Schritte in neue oder zu vertiefende Thematiken manchmal eine Mentorin oder einen Mentor. Mit einer persönlichen und erzählenden Vermittlung finden und fanden wir so einen Zugang zu dem, was bislang Neuland war. Auch ich hatte damals diesen Mentor bzw. Tutor für einen ersten Zugang im Bereich Kryptographie und möchte ihm ganz herzlich dafür danken - wie auch allen weiteren Beteiligten im Entstehen dieses Buches zum Thema Verschlüsselung und ihrer Implikationen in technischer, politischer und gesellschaftlicher Hinsicht.

Mein Dank gilt auch den weiteren Helferinnen und Helfern wie Kolleginnen und Kollegen im herstellenden Verlag, Lehrerinnen und Lehrern, Buchhändlerinnen und Buchhändlern sowie Bibliothekarinnen und Bibliothekare, die unermüdlich daran mitwirken, dass die Inhalte moderner Sachbücher bei uns Bürgerinnen und Bürgern verständlich ankommen und ihre Ideen eine Initiation des Interesses und der Begeisterung finden.

So können letztlich auch Reflexions- und Handlungsfähigkeit in der Einschätzung und Anwendung von Verschlüsselungstechnik auf breiter Basis sichergestellt werden.

Mein Dank geht nicht zuletzt an alle Leserinnen und Leser, die sich mit auf den Weg machen, die Inhalte dieses Portraits aus verschiedenen Blickwinkeln kennen zu lernen, um eine beginnende, neue Zeit mit ihren kryptographischen Funktionalitäten und Notwendigkeiten sowie technischen, sozialen und wirtschaftlichen Folgen und Chancen einzuschätzen.

Mein besonderer Dank geht an meinen langjährigen Kameraden und guten Freund *Jo van der Lou*, mit dem ich Ideen und Gedanken oft über einen Messenger, manchmal unverschlüsselt, manchmal verschlüsselt durchsprach (nicht, weil der Gesprächsinhalt Vertraulichkeit erforderte, oder wir diesen Standard immer gesetzt haben möchten, sondern wir gerade mal einen weiteren Messenger oder GPG austesteten), und so in diesem Austausch zahlreiche Anregungen und Impulse auch zu persönlichen, familiären oder beruflichen Themen erhielt. Ohne ihn wäre dieses Buch – *»Super Secreto«: Die Dritte Epoche der Kryptographie* – niemals möglich gewesen.

Vielen Dank allen, die dazu beitragen, sich und anderen einen ersten oder erweiternden Zugang zum Thema *Verschlüsselung für alle* zu verschaffen, und darüber mitdiskutieren, ob sie wirklich allen zur Verfügung steht, stehen kann oder stehen darf – und, welche Rolle wir als Lernende und Lehrende dabei einnehmen, ja einnehmen müssen.

Theo Tenzer am 24. Mai 2021.

# 1 ANGSTFREI, VERTRAULICH UND ABHÖRSICHER – BRAUCHT DEMOKRATIE DAS RECHT AUF VERSCHLÜSSELUNG? •

Die Forderungen nach einer Einschränkung von Verschlüsselung einerseits, und die Forderungen nach einem Recht auf Verschlüsselung andererseits, sind eine langjährige Geschichte: Die öffentlichen Diskussionen[1] lassen sich schon in den 1990er Jahren finden, dann zur Jahrtausendwende, wie auch um 2010 und schließlich nun im Jahrzehnt ab 2020 wieder - und immer wieder auch mittendrin in dieser Never-Ending-Story der Erosion, der Beibehaltung oder des Versuchs einer Neu-Definition von Privatheit.

Diejenigen, die Verschlüsselung einschränken möchten, z.B. um Kriminelle besser zu fassen, erkennen, dass sie dieses auch aufgrund technischer Gegebenheiten nicht umfangreich umsetzen können. Und sie erkennen, dass Verschlüsselung in allen Lebensbereichen gebraucht wird, so dass es verheerende Folgen hätte, wenn man sie einschränken oder gar abschaffen wollte. Diejenigen, die lediglich ihre Privatsphäre durch Verschlüsselung – nicht nur sicher, sondern auch abhörsicher – geschützt wissen wollen, erkennen, dass die Technologie potenziell auch von Straftäterinnen und Straftätern eingesetzt werden könnte - und daher Behörden einen Zugang zur Kommunikation nicht nur wünschen, sondern auch benötigen.

So münden diese Erkenntnisse in der Formulierung: Wir wollen »Sicherheit aufgrund von Verschlüsselung und Sicherheit trotz Verschlüsselung« erreichen (im Englischen: »Security through Encryption and Security despite Encryption«). Technisch gesehen kommt dieser Anspruch jedoch einer Quadratur des Kreises gleich, denn: »ein bisschen verschlüsselt« gibt es genau so wenig, wie »ein bisschen schwanger«.

Der Vorschlag, den Versand verschlüsselter Nachrichten im Internet zu verbieten, ist dabei also immer wieder auf der Tagesordnung: Terroristinnen und Terroristen, so heißt es zu Beginn jeder Diskussion, bedienten sich modernster Kommunikationstechnologien. Und: Der Austausch verschlüsselter Nachrichten im Internet stelle die Behörden vor ernsthafte Probleme. Weil Verschlüsselung nicht verboten sei, könnten Terroristinnen und Terroristen und andere Verbrecherinnen und Verbrecher frei und unbeobachtet über die internationalen Datennetze kommunizieren und ihre verbrecherischen Pläne austauschen: »Diese Idee ist alles andere als neu«, fasste es Buchautor *Christian Meyn* schon für die 1990er Jahre zusammen, denn bereits damals forderte der Abgeordnete *Erwin Marschewski* im Deutschen Bundestag eine Initiative für ein Krypto-Gesetz, das einen Genehmigungsvorbehalt für Verschlüsselungsverfahren und eine Sammelstelle für die Hinterlegung von Schlüsseln regeln sollte. Als Mitglied der sog. G10-Kommission des Deutschen Bundestages war er einbezogen bei Entscheidungen zu Notwendigkeit und Zulässigkeit sämtlicher durch die Nachrichtendienste des Bundes (BND, BfV, MAD) durchgeführten Beschränkungsmaßnahmen im Bereich des Brief-, Post- und Fernmeldegeheimnisses.

Auch der damalige Innenminister sprach sich für eine Stelle zur Hinterlegung der Schlüssel aus[2]. Private Verschlüsselung wurde als öffentliches Problem definiert und verstanden[3]. Ein Gesetz zur Herausgabe von privaten Schlüsseln für die Verschlüsselung bzw. staatliche Entschlüsselung kam in den Folgejahrzehnten jedoch nicht.

Heute zeigt sich zugleich, dass das Aufspielen einer Überwachungs-Software - eines sog. »Trojaners« -, auf die mobilen Kommunikations-Geräte von zu observierenden Personen die Hilfe der Telekommunikations-Anbieter bzw. ggf. auch der Hersteller der Betriebssysteme von Smartphones erfordert. Und selbst nach richterlichem Beschluss lassen sich diese Anfragen an die Unternehmen bzw. nach Übersee nicht ohne weitere Formalitäten stellen. Und: sie können oft auch nicht zeitnah bearbeitet bzw. beantwortet werden.

Schließlich ist auch weiterhin das Brechen der Verschlüsselung, des Cipher-Textes, voraussichtlich[4] kaum möglich - trotz ausgeweiteter Investitionen in Computer mit hoher Rechenkapazität.

Die politische Diskussion der Forderungen zur Aufweichung von Verschlüsselung changiert also zwischen den drei Paradigmen: (a) wir wollen Verschlüsselung nicht brechen, weil dieses die Sicherheitssysteme schwächt, und (b), wir müssen Verschlüsselung jedoch zur Straftatvermeidung brechen können oder fordern die Herausgabe und staatliche Sammlung von Schlüsseln, bis hin zu (c), wir greifen mit Überwachungs-Trojanern den Klar-Text vor der Verschlüsselung bzw. nach der Entschlüsselung ab.

Demgegenüber stehen diejenigen, oft Bürgerrechtlerinnen und Bürgerrechtler, die ein Recht auf Verschlüsselung gesetzlich festschreiben möchten, um die persönliche, familiäre und berufliche Privatheit zu schützen.

Was bleibt also zum richtigen Umgang mit Verschlüsselung?

## 1.1 Der erste Akt:
## Hauptrolle der europäischen Parlamentarierinnen und Parlamentarier ●

Es kam daher im *Europäischen Rat* die Idee auf, eine Resolution zu beschließen, quasi für den gesamten europäischen Kontinent, nach der die sog. Ende-zu-Ende-Verschlüsselung europaweit einzuschränken sei.

Bei der Ende-zu-Ende-Verschlüsselung tauschen Nutzerin Alice und Nutzer Bob ihre Schlüssel - und fortan ist die Verbindung von Dritten nicht mehr einsehbar. Das ist bei einer Punkt-zu-Punkt-Verschlüsselung anders, die einen Server in der Mitte jeweils entschlüsseln und schließlich für den Weiterversand wieder verschlüsseln lässt. Hier kann ein Server in der Mitte alle Nachrichten mitlesen.

Ein zentrales Beispiel für diesen Unterschied von Punkt-zu-Punkt-Verschlüsselung im Vergleich zur Ende-zu-Ende-Verschlüsselung ist die staatliche deutsche DE-Mail: Vor zehn Jahren startete im Auftrag der deutschen Bundesregierung die DE-Mail zur sicheren Kommunikation mit Behörden. Innerhalb der Jahre wurden rund 85 von 92 Bundesbehörden per DE-Mail-Mail erreichbar angeschlossen. DE-Mail wurde jedoch ohne Ende-zu-Ende-Verschlüsselung angeboten, d.h. es gibt eine Zwischenstelle, in der die Mails entschlüsselt werden können. Damit war die Verschlüsselung lediglich eine Punkt-zu-Punkt-Verschlüsselung. Dieses wurde bei Bürgerinnen und Bürgern jedoch nicht angenommen. Der Vorstandsvorsitzende *Timotheus Höttges* der (neben anderen) durchführenden Deutschen Telekom rechnete schließlich mit dem Mail-Dienst in einem Interview mit dem bekannten YouTube-Kanal »Jung und Naiv« öffentlich scharf ab: DE-Mail sei »überkompliziert« und ein »toter Gaul«. Es habe trotz Investitionen in dreistelliger Millionenhöhe und laufenden jährlichen Kosten in sechsstelliger Höhe »nie jemanden gegeben, der dieses Produkt genutzt hat«, deshalb habe man den Dienst eingestellt.[5] *Timotheus Höttges* trat nach seinem Studium in eine Unternehmensberatung ein und arbeitete dort vor dem Wechsel zur Telekom zuletzt als Projektleiter im Geschäftsbereich »Dienstleistungen«, deren Blickwinkel sicherlich auch auf IT-Dienstleistungen zu übertagen sind.

Und ja, wer will schon bei einem Dienst extra eine E-Mail-Adresse nur für die Behörden-Kommunikation einrichten, die für private Verwendungszwecke dann ausschließlich ohne sichere Ende-zu-Ende-Verschlüsselung genutzt werden soll? Das ist vergleichbar mit einem Lufthansa-Direktflug mit »nur« einem Zwischenstopp.

*Abbildung 1:* Ende-zu-Ende-Verschlüsselung

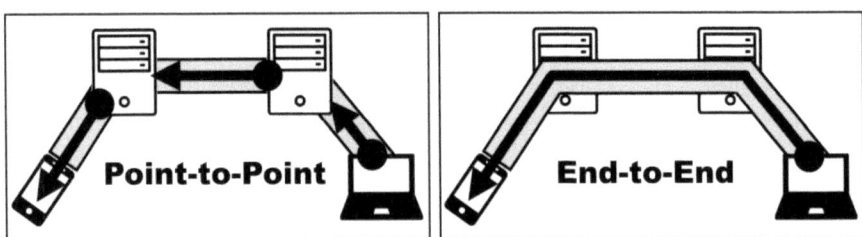

Quelle:[6]

*Die Ende-zu-Ende-Verschlüsselung kennzeichnet eine durchgängige Verschlüsselung von Alice zu Bob, auch wenn die Verbindung über Zwischenstationen weitergeleitet wird. Nur die beiden können die Nachricht lesen. Die Punkt-zu-Punkt-Verschlüsselung hingegen verschlüsselt nur den Transportweg bis zur nächsten Station. Die Zwischenstationen können das verschlüsselte Paket jeweils auspacken, lesen und vor dem Weiterversand wieder verschlüsseln.*

Nach der Idee des *Europäischen Parlamentes* und der vorliegenden EU-Resolution zur Verschlüsselung sind gewerbliche Anbieter von Telekommunikations-Dienstleistungen nun zu verpflichten, jeweils eine Kopie des Schlüssels einer Verschlüsselung vorzuhalten für den Bedarfsfall.[7] Dieses betrifft insbesondere die Nutzerinnen und Nutzer einer Ende-zu-Ende-Verschlüsselung, da die Schlüssel zum Öffnen der verschlüsselten Nachrichten jeweils bei den Nutzerinnen und Nutzern an den Enden des Verschlüsselungskanals sind. Dieser Nachschlüssel ist dabei kein Generalschlüssel (da dieser technisch je nach Verschlüsselungs-Methode als dritter, passbarer Schlüssel nicht erzeugt werden kann), sondern eine Kopie des originalen Schlüssels und sollte daher auch als *Zweitschlüssel* - oder besser: als *Kopie* (z.B. in dritter Hand) bezeichnet werden.

Mit dieser Forderung, Zweitschlüssel in staatlicher Hand oder mit einer staatlichen Verfügungsberechtigung zu hinterlegen, würde Verschlüsselung in beiden grundlegenden Methoden der Verschlüsselung jedoch unsicherer: *symmetrische* Schlüssel (gekennzeichnet durch ein gemeinsames Passwort als Geheimnis) wie auch die öffentlichen Schlüssel einer *asymmetrischen* Verschlüsselung (und damit auch die jeweils privaten Schlüssel dieser sog. »Public-Key-Infrastruktur« (PKI)), wären angegriffen. Im fortfolgenden Teil des Buches werden die Unterschiede von beiden Verschlüsselungsarten noch ausführlicher erläutert.

Doch bereits jetzt wird aus der politischen Initiative zur Hinterlegung von Schlüsseln deutlich: für beide Verschlüsselungsarten erfordern Kopien von Schlüsseln immer auch Prozeduren für den Kopiervorgang, für Ausleitungen, Transportwege, Lagerungen, indexierte Zuordnungen zu den verschlüsselten Nachrichten und auch Berechtigungskonzepte, um die Inhalte dann einsehen zu können bzw. zunächst einmal, eine Definition, wer überhaupt Zugang zu den Schlüsseln haben darf und soll. All diese Vorgänge können die Sicherheit herabsetzen, sodass auch neben den beiden Kommunizierenden und dem patrouillierenden Staat ggf. unerwünschte Vierte sich Zugang verschaffen könnten: zu den Schlüsseln - und damit auch zu den Inhalten der Nachrichten.

Ob die Europäische Idee zu dieser Gesetzes-Novelle eine gute Idee war?

## 1.2 Der zweite Akt: Big Five & Five Eyes - Hauptrollen von mehr als fünf (Geheim-)Agenten •

Es kam sodann (in quasi einem weiteren Akt dieser Geschichte) ans Licht, dass diese europäische Initiative zur Herausgabe von Schlüsseln für die Verschlüsselung von den sog. »*Five-Eyes*« (abgekürzt: FVEY, zu Deutsch: Organisation der Fünf Augen), der weltweiten Spionage-Allianz bestehend aus den fünf Ländern Australien, Canada, Neuseeland, England sowie den USA und in diesem Fall plus Indien und Japan mitgetragen und mit vorbereitet wurde.[8]

Denn nicht nur in Europa, sondern auch in den USA bestehen ähnliche Bestrebungen, den Bürgerinnen und Bürgern die Schlüssel für die Verschlüsselung ihrer Kommunikation aus der Hand zu nehmen: mit dem Gesetzesvorhaben EARN-IT-Act[9] könnte auch in den USA die Nutzung der Ende-zu-Ende-Verschlüsselung praktisch unmöglich gemacht werden.

Doch: Was nützt ein Schlüssel, wenn die zugehörigen Nachrichten nicht ebenso - d.h. auch physisch - kopiert, gespeichert und zugänglich werden?

Und: Cipher-Text grundsätzlich im Internet zu verbieten wird ggf. nicht möglich und auch nicht gewollt sein: Wer wollte auf Banking, Home-Office, Online-Shopping und weitere sichere Übertragungen insbesondere in kritischer Infrastruktur wie in der Energiewirtschaft oder dem Gesundheitswesen verzichten? Schließlich ist es auch nicht möglich, beispielsweise freie Linux-Maschinen zu verbieten, auf denen Cipher-Text ebenso weiterhin erzeugt wird.[10]

Gleichzeitig gab es in dieser Zeit nach der europäischen Initiative zu dieser von den Five-Eyes mit-eingestielten Resolution jedoch Meldungen von Google, Apple, Microsoft Teams und dem Video-Portal Zoom, um nur einige zu nennen, dass sie Ende-zu-Ende-Verschlüsselung ausbauen und z.B. selbst bei der einfachen SMS/RCS-Nachricht oder auch bei Video-Chats einführen werden, wie wir es bei marktführenden Text-Messengern als Standard bereits seit vielen Jahren gewohnt sind.

Diese Unternehmen befinden sich in bester Gesellschaft unter den »Big Five« genannten US-amerikanischen Technologie-Unternehmen. Es sind die, zu Deutsch: »Fünf Großen« amerikanischen Technologieunternehmen Google (Alphabet), Amazon, Facebook, Apple und Microsoft. Die Big Five werden auch mit dem Akronym GAFAM abgekürzt, das eben für Google, Amazon, Facebook, Apple und Microsoft steht. Alle diese Unternehmen kennzeichnet ein rasantes Wachstum in der letzten Dekade und alle haben entsprechenden Einfluss auf Verschlüsselung in ihren Internetangeboten.

*Abbildung 2:* Big Five Unternehmen des Internets: GAFAM

| Big Five Unternehmen | Mitarbeiter & Mitarbeiterinnen | US$ Umsatz in Milliarden | US$ Gewinn in Milliarden |
|---|---|---|---|
| Google (Alphabet) | 127.498 | 275.900 | 161.857 |
| Amazon | 1.225.300 | 225.248 | 280.522 |
| Facebook | 52.534 | 133.376 | 70.697 |
| Apple | 137.000 | 323.888 | 274.515 |
| Microsoft | 166.475 | 301.300 | 143.000 |

*Quelle:[11]*

Kommentatorinnen und Kommentatoren haben die Auswirkungen dieser Technologie-Giganten auf Datenschutz, Marktmacht, Redefreiheit, Verschlüsselungstechnologien und Zensur sowie nationale Sicherheit und Strafverfolgung als Fragestellungen aufgeworfen und kritisieren deren Macht[12]. Auf der anderen Seite bleiben die Unternehmen beliebt, indem sie den Verbraucherinnen und Verbrauchern kostenlose Dienstleistungen anbieten – im Gegenzug für die Preisgabe ihrer personenbezogenen Daten, Interessen, Gewohnheiten und Kommunikationsinhalte – und damit ihrer Privatheit insgesamt.

Das perfide System mag auch darin bestehen, dass die Unternehmen sagen, gib Deine persönlichen Daten nur uns, und niemand anderem auf der Wegstrecke des Internets, - daher sprechen sie sich für Verschlüsselung nicht nur aus technischen Gründen aus, sondern ggf. auch aus marktstrategischen Überlegungen: Eine Polizistin oder der Bundesnachrichtendienst möge im Rahmen einer Observation zu den Daten bitte nur Google fragen, nicht Apple oder einen europäischen Mail-Anbieter, und schon gar nicht Europol! Starke Verschlüsselung etabliert und zementiert nicht nur die Kommunikationswege, sondern auch die Macht der intermediären Server bzw. der Plattform-Anbieter, auf denen Konversionen von Klar-Text zu Cipher-Text stattfinden: unseren Smartphones. Die Polizistin, die Google oder WhatsApp im Facebook-Konzern im Rahmen von Ermittlungsarbeit fragen muss, wird jedoch ihre Anfragen auf lange Sicht gesehen nur dann in deutscher Sprache stellen können, wenn es auch entsprechende Alternativen zu Mail und Messaging gibt, die neben den zentralen fünf amerikanischen Technologie-Giganten in unserem Land bestehen.

Ggf. in diesem Sinne gipfelte nach der EU-Resolution die Zurückweisung einer Schlüssel-Herausgabe bzw. die Befürwortung von Verschlüsselung in der folgenden Forderung von Apple: Durch seinen Software-Chef *Craig Federighi* ließ das Unternehmen an die in politischer Hinsicht Verantwortlichen in Europa verlauten, die Unterstützung für Ende-zu-Ende-Verschlüsselung müsse im Gegenteil ausgebaut und mehr verstärkt werden.[13]

Im öffentlichen Image ist *Craig Federighi* bekannt für seine energetischen Präsentationen von neuen Apple Software-Funktionen und seinem ausgeprägten Humor zu seinen (manchmal längeren) Haaren, aufgrund dessen er auch schon mal mit dem Spitznamen »Hair Force One« angesprochen wurde, wenn nicht der Apple Chef persönlich ihn bei den von ihm firmenintern für die Kolleginnen und Kollegen organisierten Karaoke-Parties »Superman« nennt.

Auch wenn Apple standhaft betont, die eigenen Telefongeräte nicht für polizeiliche Ermittlungen entschlüsseln zu wollen, gehört dieses ggf. ebenso nur zu einer offiziellen Rhetorik. Denn, es ist anzunehmen, dass auch Apple bei Observationen zur Verbrechensbekämpfung im Hintergrund nicht drum herumkommen wird, bei konkreten Ermittlungs-Anfragen außerhalb der Öffentlichkeit auch Einblick in die Nachrichten von Kundinnen und Kunden zu gewähren.

Per Anordnung hatte beispielsweise damals ein Richter in Kalifornien das Unternehmen aufgefordert, Ermittlerinnen und Ermittlern des FBI dabei zu helfen, an Daten zu kommen, die auf einem Apple-Handy gespeichert waren. Es ging um das iPhone von *Syed Farook*, der gemeinsam mit seiner Frau in San Bernardino 14 Menschen getötet hatte. Apple konnte hier standhaft bleiben, bis ein Dritter, das israelische Unternehmen Cellebrite, die Kohlen für Apple aus dem Feuer holen und das Handy entschlüsseln sollte.

Doch die *Washington Post*[14] berichtete schließlich, dass das FBI (laut anonymen »mit der Angelegenheit vertrauten Personen«) stattdessen »professionelle Hackerinnen und Hacker« bezahlte, die eine angeblich noch nicht geschlossene Sicherheitslücke in der iPhone-Software nutzten. Somit wurde die Hilfe von Cellebrite nicht weiter gebraucht. Das Image als vertraulicher Partner war gerettet: Apple war aus dem Schneider und galt nicht als Daten veruntreuendes Unternehmen. Und es gab kein drittes Unternehmen, das mit einem Beweis nachgewiesen hätte, Apples Verschlüsselung knacken zu können.

Nochmal elegant die Kurve genommen, die Öffentlichkeit und Kundschaft in Sicherheit zu wiegen, dass ihre Verschlüsselung in Hand dieses Unternehmens sicher sei und die Geheimdienste, wie zu vermuten ist, nach wie vor dennoch im Hintergrund ihre Filter und Analysen wie auch bei anderen GAFAM-Tech-Unternehmen anwenden können.

Doch was passiert, wenn Nutzerinnen und Nutzer nun selbst beginnen, Ende-zu-Ende-Verschlüsselung aufzusetzen, und auf der Wegstrecke wirklich niemand reinschauen kann? Bürgerrechtlerinnen und Bürgerrechtler verstehen Verschlüsselung ganz anders, nämlich als Schutz der Privatsphäre. - Dem Staat und Regierungsorganisationen geht das private Leben in den eigenen vier Wänden und die dazugehörige Kommunikation zu Familie, Freundinnen und Freunden in der Regel und in der Ansicht dieser nichts an, wenn sich keine illegalen Machenschaften dahinter verbergen.

Da nicht nur der Staat, Technologieunternehmen sowie Lieferanten und Service-Dienstleister im Marktgeschehen zu einem großen Teil überwachen, Daten auswerten und wirtschaftlichen Prozessen opfern, kommt dem Schutz privater Daten und privater Kommunikation eine besondere Bedeutung zu. Schließlich wurde durch die Papiere von *Edward Snowden* im Sommer 2013 belegt[15], dass die amerikanischen Überwachungsorganisationen jegliche Inhalte und Daten des Internets abspeichern und auswerten. Seine Enthüllungen geben Einblicke in das weltweite Ausmaß der Überwachungs- und Spionagepraktiken von den amerikanischen und britischen Geheimdiensten und lösten die NSA-Affäre aus, aufgrund der er seit dieser Zeit im Exil in Moskau lebt.

Für seine Veröffentlichung wurde *Edward Snowden* mehrfach von nichtstaatlichen Organisationen ausgezeichnet: so erhielt er den Ehrenpreis des Right Livelihood Award (auch Alternativer Nobelpreis genannt) und wurde zwei Jahre später sogar für den Friedensnobelpreis nominiert.

Gegen die von ihm aufgedeckten weltweiten Überwachungsmaßnahmen hilft nur Verschlüsselung, die nach Auffassung der Bürgerrechtlerinnen und Bürgerrechtler gestärkt werden müsse. Und aus diesem Zusammenhang, Verschlüsselung zum Schutz der Bürgerinnen und Bürger ausweiten zu müssen, ergibt sich auch die jahrelange politische Forderung nach einem Recht auf Verschlüsselung. In Deutschland wird sie z.B. durch die liberale Partei der Freien Demokraten vertreten. Auch die Partei »Die Linke« vertritt dieses Recht für Bürgerinnen und Bürger wie auch konservative Partei-Politik in ihren Programmen sich konsequent und sehr deutlich für eine Ende-zu-Ende-Verschlüsselung ausspricht und ein Recht auf Verschlüsselung umsetzen will - einfach und vor allen Dingen für jedermann verfügbar.

Ebenso gibt es Ansätze in der sozialdemokratischen Partei, als die Vorsitzende *Saskia Esken* - im Zitat-Sinne des vierten deutschen Bundeskanzlers *Willy Brandt* mit seiner Forderung: »Mehr Demokratie wagen« - vor wenigen Jahren noch formulierte: »Mehr Verschlüsselung wagen!«.[16] Dieses geflügelte Wort wurde für einen von Vielen erhofften gesellschaftlichen Aufbruch und einen notwendigen, zu führenden gesellschaftlichen Dialog angesehen. Seitens *Saskia Esken* war es eine daran angelehnte passende Titelzeile, als sie noch keine Partei-Vorsitzende einer Regierungspartei war, und weiterhin, da sie früher eine Ausbildung zur staatlich geprüften Informatikerin absolvierte und dann auch in der Software-Entwicklung gearbeitet hatte. Verschlüsselung war ein grundlegender Aspekt ihrer Ausbildung!

Dieses Dokument verschwand jedoch später von den offiziellen Internet-Seiten ihres Online-Blogs und sollte nur noch in den tiefen Archiven des Internets über Umwege zu finden sein. Sie wurde anscheinend durch die parteipolitisch Handelnden in der Regierung zurückgepfiffen und hält sich fortan eher mit kurzen Allgemeinplätzen zu dem Thema zurück - wie in folgender Twitter-Nachricht nach mehrmaliger Aufforderung, sich zur weiteren Umsetzung der europäische Initiative und Resolution der verpflichtenden Schlüsselherausgabe zu äußern: »Verschlüsselung schützt die Privatsphäre, die Sicherheit und Vertraulichkeit der Kommunikation - für jede/n von uns und umso mehr für die, die diesen Schutz besonders benötigen: Journalistinnen und Journalisten sowie Anwältinnen und Anwälte, aber auch politisch Aktive, die von autoritären Regimen bedroht werden.«

Sowie Monate später ergänzend: »Ich lehne Staatstrojaner in Händen der Dienste ab. Das geht einfach gar nicht. Die Partei hat sich mehrheitlich für diesen Weg entschieden und ich respektiere diese Mehrheit. Ich teile die Beweggründe der effektiven Strafverfolgung. Die beschlossenen Mittel (Einsatz von #Staatstrojaner'n) halte ich aber weiterhin für falsch.«[17] Parteimitglieder an der Basis fragten sich, ob sie als Partei-Vorsitzende dennoch für die Umsetzung der EU-Resolution zur Abschaffung der Ende-zu-Ende-Verschlüsselung im eigenen Land stimme und warum sie zwei Jahre zuvor schrieb, ihre Partei werde das nicht mitmachen?

Der im östlichen Teil Deutschlands - der DDR - groß gewordene und viel zu früh an Bauchspeicheldrüsenkrebs verstorbene Bundestagsabgeordnete *Jimmy Schulz* sprach hingegen schon vor einigen Jahren im Deutschen Bundestag in einer emotionalen und nachdrücklich bewegenden Rede sehr deutlich zu der Notwendigkeit eines Rechts auf Verschlüsselung für jede Bürgerin und jeden Bürger. Zudem war er Vorsitzender des Ausschusses Digitale Agenda, der sich mit weiteren Abgeordneten mit Digitalisierung, Vernetzung und digitalem Wandel befasst. Er vertrat eine Vision nach Sicherheit bei vertraulicher Kommunikation und nach Angstfreiheit bei offener und privater Rede. Sogar anonyme Kommunikationsoptionen waren ihm recht. Seinen liberalen Anspruch verdeutlichte er mit Erfahrungen aus dem Unrechtsstaat DDR und der dortigen Überwachung der Bürgerinnen und Bürger durch die damalige Organisation der Staats-Sicherheit, auch als »STASI« abgekürzt:

»Dass wir hier die Möglichkeit haben, diese Flure, diese Hallen (des Deutschen Bundestages) entlang zu laufen, und uns frei in diesem Haus zu bewegen, Teil der Demokratie zu sein - wofür Jahrhunderte lang Menschen gekämpft und ihr Leben gelassen haben, weil sie sich für diese Grundrechte und unsere Privatsphäre einsetzten - das ist heute ein ungeheures Privileg für uns!

Wir versenden unverschlüsselte E-Mails wie Postkarten, die im Zweifel jede und jeder mitlesen kann. Das gilt auch für die beliebten Messenger-Systeme, wenn sie unverschlüsselt sind.

In der analogen Welt lässt sich das Mitlesen durch einen Briefumschlag verhindern - in der digitalen Welt geschieht dieses durch Verschlüsselungstechnologien. Sie stellen sicher, dass nur Sie und Ihre Gesprächspartnerin oder Ihr Gesprächspartner den Inhalt einer Nachricht lesen können. Die Verschlüsselungstechnologien fungieren damit quasi wie ein zugeklebter Briefumschlag mit Siegel.

In der analogen und digitalen Welt brauchen wir die gleichen Rechte und Möglichkeiten: Die Privatsphäre im heute digitalen Raum ist ebenso zu schützen. (..)

Und dieses Thema hat mich ein Leben lang verfolgt: Denn ich habe noch dieses Klicken im Ohr, dieses Klicken, wenn sie mitgehört haben. (..) Jedes Mal, wenn wir die zurückgelassene Familie angerufen haben, waren wir uns sicher, dass sie mithören. Jedes Mal, wenn wir (.. die Familie) besucht haben, waren wir uns sicher, dass sie mithören. Wir mussten in den Waschkeller gehen, oder in die Küche gehen, und den Wasserhahn aufdrehen, damit wir uns sicher waren, dass sie nicht mithören.

Ich bin in einer Zeit aufgewachsen, in der jedes Telefonat von uns abgehört wurde!

Aber was macht dieses Abhören: Es macht Angst! Es macht Angst, frei und offen zu sprechen, seine Meinung zu äußern, und man hat Angst vor den Folgen von dem, was man gesagt hat. So etwas darf nie wieder passieren! (..).

Verschlüsselung ist ein fundamentaler Pfeiler für die Gewährleistung unserer Grundrechte. (..) Briefgeheimnis sowie Post- und Fernmeldegeheimnis sind unverletzlich. Dieser Grundsatz muss auch für die elektronische Kommunikation gelten. Das sagt (..) auch das Bundesverfassungsgericht - wir haben ein Grundrecht auf Gewährleistung der Vertraulichkeit und Integrität der IT-Systeme (..). Es ist daher ein Recht auf Verschlüsselung zu fordern, bei dem alle Anbieter verpflichtet werden, Dienste standardmäßig verschlüsselt anzubieten: Ende-zu-Ende-sicher. Nicht nur sicher, sondern abhörsicher - nur dann können alle (auch technisch nicht versierte Personen) sicher sein, vertraulich zu kommunizieren.«[18]

Folgerichtig soll entsprechend seinem Antrag das Parlament die Regierung daher auffordern, »Telekommunikations- und Telemedienanbieter zu verpflichten, ihre Kommunikationsdienste im Standard abhörsicher Ende-zu-Ende-verschlüsselt anzubieten.«[19]

*Abbildung 3*: Stürmung der STASI-Zentrale im deutschen Amt für Nationale Sicherheit im Jahr 1990

*Stürmung der Zentrale des Amtes für Nationale Sicherheit (AfNS) am 16.1.1990 in Berlin: Auf einer Demonstration vor dem Gebäude des ehemaligen AfNS in der Normannen- und Ruschestraße, zu der das Neue Forum aufgerufen hatte, forderten Tausende die vollständige Auflösung des Amtes: Es ist alles dafür zu tun, dass ein solcher Bespitzelungsapparat wie die Staatssicherheit (STASI) - gesteuert durch ein Amt für Nationale Sicherheit (AfNS) - als Machtinstrument einer Partei nie wieder entsteht.*

Politik - und besonders Politik in Deutschland vor dem Hintergrund der historischen Erfahrungen im östlichen Teil von Deutschland - muss sich letztlich ehrlich machen in einer Mengenlehre: ob sie Verschlüsselung für alle will, für keinen will, oder besonders für Journalistinnen und Journalisten, Priesterinnen und Priester sowie Anwältinnen und Anwälte will, aber nicht für Kriminelle! Und, ob ein Recht darauf besteht, oder nicht, und wie eine Balance dazu hinsichtlich gewünschter oder notwendiger Maßnahmen zur Entschlüsselung bzw. Überwachung von Klar-Text zu verorten ist.

In ungewohnter Deutlichkeit sprechen sich nach dem europäischen Vorstoß Rechtsanwältinnen und Rechtsanwälte wie auch IT-Vereinigungen und weitere institutionelle Organisationen für die Beibehaltung der Ende-zu-Ende-Verschlüsselung und gegen ihre beabsichtigte Einschränkung aus.

Die *Bundesrechtsanwaltskammer* (BRAK) lehnt die europäische Initiative ab und fordert auf, von der Formel »Sicherheit trotz Verschlüsselung« insoweit Abstand zu nehmen, solange damit auf eine Durchbrechung der Verschlüsselung gezielt werde.[21] Dann legte die BRAK in ihrer Zeitschrift an alle Mitglieder nochmal nach und diskutierte, ob die anwaltliche Kommunikation nicht sogar *ausschließlich* mit Ende-zu-Ende-Verschlüsselung erfolgen sollte und wie dieses dann praktisch in jeder Kanzlei umzusetzen sei.[22]

Die Verschlüsselung von Anwältinnen und Anwälten zu Mandantinnen und Mandanten ist jedoch nur eine Seite. Auch die Verbindungen zu Kolleginnen und Kollegen untereinander sowie zu den Gerichten sind zu thematisieren. In Deutschland ist hierzu ein *»besonderes elektronisches Anwaltspostfach«* (beA) vorgesehen, deren Verbindungen über die Bundesrechtsanwaltskammer nur Punkt-zu-Punkt verschlüsselt werden, durch eine »Umschlüsselung« kann die durchgehende Vertraulichkeitskette jederzeit durchbrochen werden. Es ist dasselbe Dilemma wie bei der DE-Mail.

Dieses Risiko der Entschlüsselung hält die deutsche Bundesregierung für »akzeptabel«[23]. Mehrere Rechtsanwältinnen und Rechtsanwälte klagen jedoch zusammen mit der *Gesellschaft für Freiheitsrechte* (GFF) gegen das brüchige System und wollen eine durchgehende Ende-zu-Ende-Verschlüsselung erreichen[24]. Dieses soll mit einer Verfassungsbeschwerde gegen die bisherige Rechtslage entschieden werden. Schließlich sehen Anwältinnen und Anwälte auch den Schutz des Mandatsgeheimnisses verfassungsrechtlich geboten.

Der Zusammenschluss der Staatsanwältinnen und Staatsanwälte, Richterinnen und Richter namens *Neue Richtervereinigung* (NR) fordert weitergehend, wirksame Ende-zu-Ende-Verschlüsselung zu stärken, statt zu schwächen.[25] Auch der *Deutsche Anwaltsverein* (DAV) lehnt solche Gesetzesvorgaben »daher insgesamt ab.«[26] Wer kann den europäischen Parlamentarierinnen und Parlamentariern in diesem Kontext bessere Empfehlungen geben als Staatsanwältinnen und Staatanwälte?

Selbst nach dem kirchlichen Datenschutz in der katholischen Kirche, die für die Seelsorge besondere Vertraulichkeit einfordert und eigene Kirchengesetze kennt, sollte »ein ausgewählter quell-offener Messenger *immer* eine Ende-zu-Ende-Verschlüsselung vorweisen.«[27] Zuverlässige Sicherheit gilt umso mehr, wenn es um den Digitalen Beichtstuhl im Programm Glaube 2.0 geht: Online beten und beichten, wie es neben vielen anderen beispielsweise das Kloster Einsiedeln in der Schweiz mit der Plattform »Das Goldene Ohr«[28] anbietet: Ein vom *Mishpaha* (Hebräisch für: Familie), dem Oberhaupt der 42-köpfigen reinen Männergemeinschaft, bestimmter Mönch des Klosters gewährt online höchste Vertraulichkeit – eben: damit vertraulich in Textform ausgesprochen werden kann, was man sich sonst nicht getraut auszusprechen. Und dabei bedarf es abhörsicherer Ende-zu-Ende-Verschlüsselung, damit aus dem ›Goldenen Ohr‹ nicht das ›Goldene Blatt‹ wird – ein bekanntes Boulevardmagazin für Klatsch und Tratsch.

Insbesondere bestätigen natürlich Technikerinnen und Techniker, Entwicklerinnen und Entwickler sowie Informatikerinnen und Informatiker an die politische Elite, dass eine Schwächung der Verschlüsselung stattdessen vielmehr in eine Verstärkung und praktische Anwendung der Ende-zu-Ende-Verschlüsselung gewandelt werden müsse.

Das Projekt des Ende-zu-Ende verschlüsselnden Messengers GoldBug, der mit seinem Namen eine Reminiszenz in Anlehnung an die gleichnamige Kurzgeschichte von *Edgar Alan Poe* aus dem Jahr 1843 um ein sog. »Kryptogramm« (ein Rätsel mit erforderlichen logischen Kombinationen) darstellt, erläutert beispielsweise dazu in der öffentlichen Debatte: »Wie soll ein Schlüssel gesichert werden, der durch eine Ende-zu-Ende-Verschlüsselung gesandt wird, um eine weitere (reguläre) Verschlüsselung aufzubauen? Mit der Ankündigung, Ende-zu-Ende-Verschlüsselung einschränken zu wollen, wackelt Politik hier an den Grundfesten: bei Softwareanbietern, bei Verschlüsselungsmethoden, bei Transportanbietern und bei (Zwischen-)Speichernden von Cipher-Text, den sog. »Hostern«. Letztlich wird jedes E-Mail-Postfach angesprochen.

Und: Cipher-Text kann mit quell-offener Software und quell-offenen Linux-Systemen jederzeit weiterhin erzeugt werden und in bestehende Kanäle und Software-Programme eingefügt werden. Durch einfaches »Copy & Paste«: kopieren, ... und einfügen. Wer hingegen illegal handeln will, wird auch illegale Werkzeuge nutzen; - aber die Sicherheit allen zu nehmen, bedeutet größeres Unheil und Risiko, als Verschlüsselung in der Hand aller zu belassen!« Ein weiterer Aspekt sei, dass die Schlüsselerzeugung oftmals nicht zentral erfolgt, sondern dezentral auf den Geräten der Nutzerinnen und Nutzer: »Weder symmetrische noch asymmetrische Verschlüsselung braucht Zentralität« führt das Projekt in einem Interview des bekannten Portals *Winfuture* weiter aus.[29]

Auch die Messenger Delta-Chat, Smoke-Chat, RetroShare und Threema funktionieren beispielsweise nach diesem Prinzip dezentraler Schlüssel auf den Geräten der Nutzerinnen und Nutzer.

Die Threema-Entwickler verdeutlichen weitergehend in einem Interview der Zeitung *»Die Welt«*: »Die Verschlüsselung wird von den Nutzerinnen und Nutzern dezentral vorgenommen. Daher haben App-Anbieter keine Möglichkeit, die Kommunikation einzusehen. Kriminalität ist ein gesellschaftliches und kein technologisches Problem: Man soll daher ein gesellschaftliches Problem mit wenigen nicht dadurch lösen, dass man die Privatsphäre aller schwächt. Privatsphäre ist ein Menschenrecht und muss auch im digitalen Raum bestehen.«[30]

Dass Demokratie Kryptographie brauche, formuliert das GoldBug-Projekt im vorgenannten Interview in dem Zusammenhang diese Argumentation fortführend wie folgt auf den Punkt: »Cipher-Text zu erstellen ist wie Brot backen - und ist dabei kein Falschgeld-Drucken: Wenn jeder Kommunikations-Laut eines Menschen wie ggf. jedes Datenpaket inspiziert werden soll, in welcher Gesellschaft leben wir dann? Das, was vertraulich - also nicht für Dritte bestimmt - unseren Mund (digital) verlässt, kann und darf in einer freien Gesellschaft keiner Infiltration oder Distributionskontrolle unterliegen«[31] – im Gegenteil, Privatheit müsse zum Erhalt von demokratischen Prozessen ggf. auch durch Verschlüsselung besser und damit auch vor automatischen Scannern geschützt sein.

Soll die durch das digitale Briefgeheimnis garantierte Privatheit zugunsten einer Transparenz bei der Kommunikation von Kriminellen geopfert werden?

Somit wird nach dieser Argumentation auch die politische Formel brüchig: »Verschlüsselung darf nicht Verbrecherinnen und Verbrecher schützen« – denn Verschlüsselung ist für alle zugänglich und vorhanden und es gilt daher zugleich: »Verbrecherinnen und Verbrecher dürfen nicht die Aufhebung des Schutzes durch Verschlüsselung für alle erzwingen.« Es wäre in Zeiten beispielsweise der Corona-Pandemie eine Logik, die hieße: Aufgrund einiger Impfgegnerinnen und Impfgegner, die Vandalismus gegen Impfzentren ausüben, wird die Impfung für alle ausgesetzt. Denn, auch Verschlüsselung will allen Bürgerinnen und Bürgern die nötige Online-Sicherheit gewähren und deren Systeme und Internet-Kommunikationswege »impfen«, das heißt: schützen.

In einem Interview mit dem Magazin *Spiegel-Online* formuliert schließlich der Entwickler des Messengers Signal: »Man kann Kriminellen nicht die Verschlüsselung wegnehmen.«[32] - Dieses klingt wie eine Forderung, ist jedoch lediglich eine technische Beschreibung. Derart, dass die Verschlüsselungstechnologien wie Sauerstoff allen zur Verfügung stehen. Dem Internet die Verschlüsselung zu nehmen ist wie dem Leben den Sauerstoff zu nehmen.

Mehrere Messenger Anbieter haben sich schließlich zusammengetan und in einer gemeinsamen Erklärung mitgeteilt, dass es aus technologischer Sicht unmöglich sei, einen Zugang zu Ende-zu-Ende-verschlüsselten Inhalten zu gewähren, ohne die Sicherheit der gesamten Systeme zu gefährden.

Und: man mag es gar nicht konstatieren - nur wenige Wochen später haben sich ebenso erneut, ein *zweites* Mal, mehrere europäische E-Mail-Anbieter zusammengetan und wiederum dazu eine gemeinsame Erklärung abgegeben: In einer offenen, demokratischen Gesellschaft dürfe es nicht geschehen, dass der Schutz des digitalen Briefgeheimnisses abgeschwächt und Verschlüsselung aufgegeben werde, denn starke Ende-zu-Ende-Verschlüsselung sei zwingend notwendig[33].

Und: man mag es ein weiteres, *drittes* Mal kaum konstatieren, wiederum wenige Wochen später taten sich nach den Messengern, nach den E-Mail-Programmen nun auch die zehn großen klassischen europäischen Telekommunikations-Unternehmen und -Organisationen rund um den

*Bundesverband IT-Sicherheit e.V.* (TeleTrusT) einschließlich Google und Facebook in ihrer Erklärung »Gegen eine unbegrenzte Ausweitung von Überwachung und für den Schutz von Verschlüsselung« zusammen und forderten u.a.: »Keine weiteren gesetzlichen Maßnahmen zu ergreifen, die eine Schwächung oder das Brechen von Verschlüsselung zur Folge hätten.«[34]

Und: man mag es ein weiteres, *viertes* Mal kaum konstatieren, zwei Wochen später wurde dieser Aufruf mit weiteren zwei Dutzend Verbänden ergänzt – und erneuert mit der Fragestellung, wie eine Beratungsresistenz überwunden werden könne.

Und: man mag es ein *fünftes* Mal kaum konstatieren: Wenige Wochen später taten sich europaweit wesentliche Anbieter von Internet-Infrastruktur, die Tech-Unternehmen, die uns die Internet-Leitungen anbieten, in einer Erklärung zusammen: Anlässlich ihres *RIPE-Treffens* riefen diese Expertinnen und Experten zur IP-Adressverwaltung Unternehmen sowie Administratorinnen und Administratoren von Netzwerken dazu auf, Verschlüsselung jetzt endlich im Standard einzuschalten und sich nun lauter einzumischen, sonst entstehe mit der Überwachung und dem Aufbruch von Verschlüsselung eine »riesige Phishing-Aktion gegen Jedermann« und es bestehe dann eben gerade nicht mehr die Ermittlung im konkreten Verdachtsfall, die durch ein Gesetz abgedeckt und durch eine Richterin oder einen Richter abgesegnet sei.[35]

Doch man mag es ein *sechstes* Mal kaum konstatieren: Wenige Wochen später taten mehr als 70 weitere Unternehmen, Verbände und Einzelpersonen aus Zivilgesellschaft und Wirtschaft zusammen und kritisieren die nationalen Gesetzgebungsprozesse der Regierung aus der EU-Initiative und zur IT-Sicherheit deutlich. Unter den Unterzeichnenden finden sich die digitalpolitischen Think Tanks wesentlicher Parteien wie D46 (SPD), Load (FDP) und Cnetz (CDU), der Verband der Internetwirtschaft Eco und zivilgesellschaftliche Akteure wie der Chaos Computer Club oder Reporter ohne Grenzen. Insgesamt über 70 europäische Vertretungen. *Rainer Rehak*, der Informatik und Philosophie in Berlin und Hongkong studierte und zu systemischer IT-Sicherheit forscht sowie als Co-Vorsitzender des *Forums InformatikerInnen für Frieden und gesellschaftliche Verantwortung* ebenfalls unterzeichnet hat, resümiert: es gebe EU-weit für die Schwächung der Ende-zu-Ende Verschlüsselung »keinen ausreichenden Rückhalt in Wirtschaft und Gesellschaft«[36].

Und schließlich, man mag einen *siebten* Streich kaum konstatieren: wenige Wochen später fordern Wissenschaftler den Rücktritt des Deutschen Innenministers für seine totalitären Überwachungsfantasien. Doch dazu später.

Und schließlich, konstatieren wir den achten Streich: Es wird weltweit der Global Encryption Day (globalencryption.org) gegründet, bei dem mehr als 153 Firmen und Organisationen zur Stärkung von Verschlüsselungsmechanismen aufrufen. Neben den Tech-Unternehmen Facebook und Apple zählen auch bekannte Organisationen wie die Electronic Frontier Foundation, das World Wide Web Consortium und die Internet Society zu den Unterzeichner. Starke Verschlüsselungen wird als »essenzielle Technologien«, die dabei helfe, das Vertrauen in Online-Dienste zu stützen und die Daten von Regierungen, Unternehmen, sowie auch der Bevölkerung abzusichern.

In mehr als sieben Streichen finden wir also einen europäischen Mix aus Verbänden und Organisationen, die mit öffentlichen Brandbriefen alarmieren und nunmehr weltweit jährlich einen Encryption Day am 21. Oktober gestalten: Doch kann eine libertäre Position zur Freigabe der Verschlüsselung von Einschränkungsabsichten - qua politischem »K.O.«[37] aufgrund der technischen Sachzwänge oder einer de-facto-Tatsachenschaffung - bereits zum Sieger erklärt werden? Und ist eine restriktive Position nicht zugleich auch ein notwendiger Blickwinkel, um »Bürgerinnen und Bürger als Sicherheitsproblem«[38] zu begreifen - wenn diese nicht als Souverän zugrunde gelegt werden können? Weil einige Personen Verschlüsselung für kriminelle Zwecke nutzen könnten, soll und muss sie allen entzogen werden?! Das käme wie analog schon genannt der Argumentation gleich, dass allen Menschen und damit auch Chirurginnen und Chirurgen die Messer entzogen werden sollen, weil wenige Menschen sie anderen Menschen zur Tötung in den Bauch rammten.

Mittlerweile ist die Situation zudem eine andere: früher wollte man in die Richtung einer libertären Position, weil es kaum Verschlüsselung gab. Heute ist sie quell-offen und steht allen zur Verfügung, wir befinden uns bereits in einer freien und libertären Situation: einige wollen stattdessen Verschlüsselung restriktiver handhaben und mit Hintertüren schwächen.

Der Chef von Apple, *Tim Cook*, brachte daher mal in diesem Zusammenhang *Verschlüsselung für alle* wie folgt auf den Punkt: »Die Realität ist diese: Wenn Du eine Hintertür in die Verschlüsselung einbaust, ist diese

Hintertüre sodann für jedermann nutzbar, für gute Leute und auch für schlechte Leute.«[39] Sprich: Dieses Messer, diese Technologie - aber potenziell auch eine darin beabsichtigte Hintertüre - steht bzw. stünde allen zur Verfügung. *Tim Cook* wurde seinerzeit durch Apple-Gründer *Steve Jobs* persönlich für das Unternehmen angeworben und folgte ihm nach seinem gesundheitlichen Ausscheiden. Schon während seiner frühen Beschäftigungszeit als Manager für das operative Geschäft hat sich *Tim Cook* häufig politisch geäußert und die Reformation der internationalen und landeseigenen Überwachung, die Verbesserung der Cybersicherheit, eine landeseigene Produktion als Teil der Digitalen Souveränität, seinen Stolz auf Gottes größtes Geschenk an ihn, schwul zu sein, und die notwendigen Aktivitäten für den Klima- und Umweltschutz öffentlich thematisiert.

Will man diese technische Argumentation nun auf sowohl eine libertäre wie auch restriktive Position zur Anwendung von Verschlüsselung beziehen, müsste eine neue Formel also dieser Auffassung zufolge daher besser lauten: »Security with Encryption and No Security without Encryption", oder anders formuliert: «Encryption despite Crime and against Cyber-Crime«. Im Deutschen so viel wie: »Sicherheit durch Verschlüsselung – aber keine Sicherheit ohne Verschlüsselung« bzw. einfacher: »Voller Einsatz von bestmöglicher Verschlüsselung im Internet gegen Abzocke und zur Erhöhung der Cyber-Sicherheit - trotz weiterhin bestehender Verbrechen im realen Leben, die wir mit weiteren, anderen Mitteln bekämpfen.« Verschlüsselung muss angewandt und sicher sein, damit sie keinen Schaden anrichtet oder der Schaden bei unterlassener Anwendung noch größer ist!

Genau diesen Argumentations-Sinn griff im weiteren Verlauf der öffentlichen Diskussion zur EU-Resolution auch die *Gesellschaft für Informatik* (GI) wenige Tage später auf und forderte nachdrücklich, »für ein starkes europäisches Recht auf Verschlüsselung einzutreten: Wer die Verschlüsselung schwächt, schwächt die IT-Sicherheit und damit die Souveränität als Ganzes.«

Die Gesellschaft für Informatik ist mit rund 20.000 persönlichen und 250 korporativen Mitgliedern die größte und wichtigste Fachgesellschaft für Informatik im deutschsprachigen Raum und vertritt die Interessen der Informatikerinnen und Informatiker in Wissenschaft, Wirtschaft, öffentlicher Verwaltung, Gesellschaft und Politik. Sie alle sprechen sich »vehement gegen eine Schwächung der (Ende-zu-Ende)-Verschlüsselung durch Nachschlüssel aus.«[40]

Ähnlich geäußert, wie die Gesellschaft für Informatik, haben sich weitere europäische IT-Organisationen wie der *Bundesverband Informationswirtschaft, Telekommunikation und neue Medien* (Bitkom) oder der *Verband der Internetwirtschaft* (ECO).

Die Abkehr von der Schwächung der Ende-zu-Ende-Verschlüsselung gelte auch dann, wenn es den Chat bei Gefährdungen betreffe, z.B. durch »Terrorismus«[41] oder sog. Sünder-Ringe bzw. »Schatten-Armeen«[42] bei Polizei und Militär bzw. ggf. auch potenziell bei Priestern in der Kirche: Ist an dieser Stelle eine Forderung der Frauen-Bewegung *Maria 2.0* zu ergänzen, dass missbrauchende Priester nicht vielmehr vom Schein-illuminierten Zölibat erlöst werden sollten und alle kirchlichen Ämter von allen Menschen gleich welchen Geschlechts zu besetzen sind, statt sie nur von verschlüsselten Netzwerkverbindungen zu Ihren sündigen Komplizen in der katholischen Kirche zu befreien?[43] Beziehungsweise: Dürfen (rechts-)extreme Chat-Gruppen in der Polizei wie in Frankfurt oder beispielsweise auch Verdachtsfälle bei der Hamburger Feuerwehr - quasi als Engelwerk - wohlbefindlich unzugänglich bleiben? Der Internet-Kolumnist *Sascha Lobo* belegte diese Wohlbefindlichkeit mit dem entsprechenden dänischen Begriff »hyggelig«.[44]

Von manchen Medien wird *Sascha Lobo* als »Klassensprecher für das Web 2.0« bezeichnet. Für sein Engagement, wurde er mit dem Signs Award für »Visionen in der Kommunikation« ausgezeichnet. Zugleich sprach er sich - am Beispiel der Holocaustleugnung in Deutschland - für eine Regulierung bestimmter Meinungen im Internet aus - und adressierte in o.g. Kolumne auch die Wohlbefindlichkeit unkontrollierter extremistischer Gruppen, die auch andere Gemeinschaften kennen.

Das Engelwerk (lateinisch auch: Opus Sanctorum Angelorum) war lange Zeit eine geistliche Bewegung, die als Sekte innerhalb der katholischen Kirche angesehen wurde, die der kirchlichen Kontrolle entzogen war: es kam zu Mord und Serien sexuellen Missbrauchs in der Geschichte der Engelwerk-Gemeinschaft, die sich nach außen jedoch präsentiere, als ob dieser Sünder-Ring in voller Gemeinschaft mit der katholischen Kirche stünde. Nicht auszudenken, wenn diese Sektenbildung damals schon ein Netzwerk verschlüsselt kommunizierender Laptops gewesen wäre? ›Philip B.‹ fragt auf Twitter weiter: Seit mehr als einem Jahrzehnt ist hundertfacher Missbrauch in der katholischen Kirche durch Priester bekannt. Warum werden die Kirchen nicht durchsucht? Warum finden nicht bundesweit Razzien bei Priestern statt? Auch in deren Online-Kommunikation. Ein Oberstaatsanwalt und Sprecher der Generalstaatsanwaltschaft Köln habe ihm am Telefon auf die Frage, warum die Staatsanwaltschaft trotz Anzeige, Gerichtsverfahren und massenhafter Hinweise nie durchsucht habe, geantwortet: »Wir haben es für vertretbar gehalten, nicht zu durchsuchen.«

Und ist für weitere Personen wie Händlerinnen und Händlern mit Drogen oder Waffen sowie Auftragsmörderinnen und Auftragsmördern (so) eine exemplarische, übliche operationalisierte Deklination der Auswirkungen von verschlüsselten Chats bereits deutlich?

Bürgerrechtlerinnen und Bürgerrechtler kritisieren, dass Verschlüsselung zu oft im Zusammenhang mit schweren kriminellen Verbrechen dargestellt, und dass jeweils eine Gruppe an Kriminellen (um Waffen, Drogen, Terror etc.) durchdekliniert werde. Der berechtigte Schutz des elektronischen Briefgeheimnisses aller Bürgerinnen und Bürger solle daher in den Medien nicht einseitig im Lichte von Schwerverbrecherinnen und Schwerverbrechern dargestellt werden.

Ergänzend zu diesem Hintergrund zeigt sich in der EU-Politik schließlich die Vorbereitung eines weiteren Aktes - in dem nun für jeglichen Kommunikationsinhalt ein Durchsuchungs-Filter die elektronische Klar-Text-Kommunikation aller Bürgerinnen und Bürger anlasslos totalüberwachen soll.

Mit dieser Folgegesetzgebung will die Europäische Kommission die Einführung einer Chatkontrolle für alle in Europa als Verpflichtung vorbereiten. Und wenn die Ende-zu-Ende Verschlüsselung bei Messengern ausgehebelt ist, gilt es möglicherweise auch bei diesen. Bislang wird so eine Chatkontrolle nur von US-Anbietern eingesetzt.

Der europäische Parlamentarier *Patrick Breyer* verweist in diesem Zusammenhang beispielsweise auf das Rechtsgutachten einer ehemaligen Richterin des Europäischen Gerichtshofs, demzufolge eine flächendeckende Nachrichtendurchleuchtung gegen das Telekommunikationsgeheimnis verstößt[45]: Auch nach der Rechtsprechung des Europäischen Gerichtshofs ist eine permanente automatisierte Analyse der Kommunikation aller Chats und E-Mails nur dann verhältnismäßig, wenn sie auf Verdächtige beschränkt ist.

So beschäftigte sich *Patrick Breyer*, der als Spitzenpolitiker der Piraten-partei in das Europaparlament einzog, schon in seiner Dissertation mit der systematischen Aufzeichnung und Vorhaltung von Telekommunikations-Verkehrsdaten für staatliche Zwecke mit dem Thema Vorratsdatenspeicherung und engagiert sich seither im *Arbeitskreis Vorratsdatenspeicherung für Datenschutz und Bürgerrechte* (AKV). *Patrick Breyer* ist selbst Vater und will, dass sein Kind nicht nur online wirksam geschützt ist. Und, dass es noch mit privaten Räumen und privaten Gesprächen aufwachsen darf, denn Kinder und Jugendliche haben auch ein Recht auf Privatsphäre - ein Grundrecht, dass illegale Ausnahmeverordnungen wie die Chat-Kontrolle brechen. Was im textbasierten Messenger eine Chat-Kontrolle ist, werde bald im sprachbasierten Dienst wie Alexa, Bixby, Siri oder Google Dialog-Kontrolle heißen. Denn bereits jetzt transkribieren, archivieren und durchsuchen IP-Telefonie und Gruppen-Chat-Apps wie Clubhouse, Skype oder Alexa jeglichen gesprochenen Dialog auch als Text. Präsidiumssprecher der Gesellschaft für Informatik (GI) *Hartmut Pohl* steht daher Patrick Breyer bei: Europa will entweder eingebaute Hintertüren oder eine heimliche Online-Durchsuchung für jeden durch das Scannen der Endgeräte: mit Durchsuchung aller Speicherinhalte aller Klienten, Server und Festplatten- oder Cloud-Speicher. So eine Chat-Kontrolle 2.0 verstoße gegen die europäischen Grundrechte!

Zudem veröffentlichte *Patrick Breyer* eine Umfrage[46], der zufolge 72% der Europäerinnen und Europäer eine verdachtslose Nachrichten- und Chatkontrolle aller ablehnen – mit dem Argument: Auch bei diesem Instrument werden totalitäre Methoden eingesetzt, die mit einer Demokratie unvereinbar sind.

Das Rechtsystem sagt, eine totale Überwachung der Kommunikation oder des Kommunikationsverhaltens aller sei nicht verhältnismäßig, und das Politische System setzt dieses trotzdem gegen den mehrheitlichen Willen der Bürgerinnen und Bürger um – zum Teil mit vermuteten Beauftragungen und Freigaben für die Technologie-Unternehmen. Was ist das für eine totalitäre Praxis und für ein totalitäres Ziel und welch eine repressive Methode gegen die Mehrheit, diesen öffentlichen Dialog im Kontext von Schwerverbrechen zu führen … Was läuft hier richtig und was falsch? – fragten Kommentatorinnen und Kommentatoren aus diesem Kreis online.

Bürgerrechtlich Engagierte weisen in diesem Zusammenhang ergänzend auch auf unsere eigene alltägliche Gesellschaftspflicht für die Aufrechterhaltung eines ›sozialen Kittes‹ hin: Hat es mit Verschlüsselung in Chat-Gruppen zu tun, wenn wir rechtsradikale Polizistinnen und Polizisten nicht bei der Personalauswahl und Eignungsprüfung, oder aber mindestens bei und in der täglichen Zusammenarbeit auf der Streife oder beim Mittagstisch erkennen und mit Zivilcourage zurückpfeifen? Hat es mit der Polizei zu tun, wenn diese Priester oder eigene Leute nicht observiert?

Gewährung und Einschränkung von Verschlüsselung bleiben also weiterhin diffizil: Verschlüsselung den Guten, wie Journalistinnen und Journalisten, Polizistinnen und Polizisten, Priesterinnen und Priestern sowie Anwältinnen und Anwälten, zu gewähren, den bösen Händlerinnen und Händlern von illegalen Gütern, Absichten oder Ansichten jedoch nicht, bleibt insbesondere technisch und auch politisch ein schwieriges und vieldiskutiertes Unterfangen.

Die *Gesellschaft für Informatik* (GI) gibt uns als Orientierungshilfe an die Hand: Die Bekämpfung von Kriminalität dürfe jedenfalls »nicht auf Kosten der Sicherheit der Nutzerinnen und Nutzer – Bürgerinnen und Bürger, Unternehmen und Behörden – gehen.«[47]

»Dementsprechend ist es abzulehnen, Diensteanbieter zur Herausgabe von Schlüsseln, Passwörtern etc. zu verpflichten«, wies der deutsche *Bundesbeauftragte für den Datenschutz und die Informationsfreiheit* (BfDi) in seiner Stellungnahme zum »Recht auf Verschlüsselung« bereits ein Jahr zuvor hin. Dies würde in der Eingriffsintensität einer heimlichen »Infiltration eines informationstechnischen Systems« gleichkommen, ohne jedoch gleichzeitig die dort notwendigen technischen und organisatorischen Maßgaben einhalten zu können, mit denen diese Maßnahme kontrollierbar gestaltet werden kann. Denn: diese heimliche Infiltration - die sog. »Online-Durchsuchung«, mit der die Nutzung des EDV-Systems einer Nutzerin bzw. eines Nutzers überwacht und ihre bzw. seine Speichermedien unbemerkt ausgelesen werden - ist verfassungsrechtlich nur in sehr engen Grenzen zulässig.[48]

So hat das deutsche *Bundesamt für Justiz* (BfJ) nun die Statistik zur Überwachung der Telekommunikation veröffentlicht: Die Anzahl der Erst- und Verlängerungsanordnungen für »klassische« Telekommunikations-Überwachungen lag bei 18.255 (darin sind wesentliche Anteile die Verstöße gegen das Betäubungsmittelgesetz sowie (Computer-)Betrug und Bandendiebstahl). Und zur Online-Durchsuchung wurden 578 richterliche Beschlüsse zu besonders schweren Straftaten gefasst (nach § 100b StPO, wie für Mord und Totschlag, Terror, Banden-Diebstahl oder Geld-Fälschung und Geldwäsche, etc.), von denen dann insgesamt 368 tatsächlich durchgeführt worden seien (im Jahr 2019). Die Zahlen von einer Online-Durchsuchung täglich in Deutschland sorgten für einigen Wirbel. Doch diese erstmals veröffentlichte Statistik musste wenige Wochen später aufgrund von journalistischen Recherchen revidiert werden. Versehentlich wurden von einigen Dezernentinnen und Dezernenten falsche und zu hohe Angaben gemacht: Online-Durchsuchung mittels sog. Quellen-Tele-Kommunikations-Überwachung (kurz: Quellen-TKÜ) und Trojanern sind daher »kein Alltags-Werkzeug«[49]. Immerhin? - so weit so gut?

Der *Council of European Professional Informatics Societies* (CEPIS) stellte schließlich auf europäischer Ebene auch die ökonomischen Folgen einer Einschränkung der Verschlüsselung heraus: »Die europäische Initiative zur Einschränkung von Ende-zu-Ende-Verschlüsselung gefährdet nicht nur die informationelle Selbstbestimmung der Bürgerinnen und Bürger, sondern auch den Schutz der Unternehmens- und Geschäftsgeheimnisse. Sie behindert letztendlich die notwendige Digitalisierung der europäischen Wirtschaft.«

Zugleich taten sich dieser *Council of European Professional Informatics Societies* (CEPIS) und die *Gesellschaft für Informatik* e.V. (GI) auf europäischer Ebene zusammen und ergänzten zu der politischen Forderung nun auch aus fachlicher Sicht ein Recht auf Verschlüsselung *in Europa*, das endlich festzuschreiben sei.[50]

Die *Europäische Agentur für Cybersicherheit* (ENISA) hatte bereits schon einige Jahre zuvor eine Studie mit dem Titel »Datenschutz und Privatsphäre im Design« veröffentlicht, die ebenso sichere Verschlüsselungsprogramme für die europäischen Wirtschaftsprozesse empfiehlt, die bereits in den Grundrissen einer IT-Systemarchitektur verpflichtend zu berücksichtigen seien.[51]

Der Software-Entwickler *István Lám* fasst daher in einer europäischen Perspektive die Gefahr für entstehende Wirtschaftsspionage insgesamt wie folgt zusammen: »Leider verstehen viele europäische Politikerinnen und Politiker die Funktionsweise von Ende-zu-Ende-Verschlüsselung nur teilweise. Sie halten es für möglich, einige Daten für die Strafverfolgung einzusehen, ohne die Sicherheit des Systems zu beeinträchtigen. Das ist leider unmöglich. Der Einbau staatlicher Hintertüren in eine Verschlüsselungstechnologie würde großen wirtschaftlichen Schaden nach sich ziehen. Jedes Unternehmen müsste um seine Geschäftsgeheimnisse fürchten.«[52] Der ungarische Programmierer *István Lám*, aktuell Chef der Firma Tresorit, die klienten-seitig verschlüsselten Cloudspeicher anbietet, wurde schon vor einigen Jahren für seine zukunftsweisenden Sichtweisen und Arbeiten im Technologiesektor vom Forbes-Magazin auf die europäische Liste der »30 under 30« aufgenommen.

Das *Europäische Komitee für Technikfolgenabschätzung im EU-Parlament* (STOA) empfahl in dieser Hinsicht sogar seinerzeit in seiner Expertise zum Thema »Massenüberwachung«, Werbe-Kampagnen für sichere Ende-zu-Ende-Verschlüsselung bei E-Mail, Messaging, Chat, etc. umzusetzen und quell-offene Software zielgerichtet mit öffentlichen Geldern zu finanzieren.[53]

»Wir wollen Verschlüsselungs-Standort Nr. 1 auf der Welt werden«[54] – brachte auch das *Deutsche Innenministerium* dieses Ziel noch vor einigen Jahren im Einklang mit den technischen Expertinnen und Experten auf europäischer Ebene auf den Punkt. Ebenso wurde diese Aufgabe auch im übergreifenden Vertrag der deutschen Regierungsparteien der *Großen Koalition* formuliert: Anwendungsfreundliche »Ende-zu-Ende-Verschlüsselung soll für jedermann verfügbar werden.«[55]

Diese Vereinbarung der Regierungsparteien, die parlamentarische Forderung nach einem Recht auf Verschlüsselung, sowie die ausdrücklichen Beratungen und Empfehlungen der Technikerinnen und Techniker, Datenschützerinnen und Datenschützer, Rechtsanwältinnen und Rechtsanwälte, Kirchen und auch Vertreterinnen und Vertreter von Unternehmen, die Ende-zu-Ende-Verschlüsselung zu verstärken, ist also nur wenige Zeit später durch die europäisch Verantwortlichen in eine kopfstehende Welt geführt worden: Statt *mehr* Ende-zu-Ende-Verschlüsselung, soll Verschlüsselung nun *brüchiger und abhörbarer* werden – zumindest bei gewerblichen Anbietern in Europa.

Nutzerinnen und Nutzer von Internetkommunikation werden daher in der Konsequenz zukünftig auf quell-offene Programme und eigene private Chat-Server setzen (müssen), wenn die Bürgerinnen und Bürger Europas weiterhin auf diesem etablierten Niveau kommunizieren wollen: angstfrei, vertraulich und abhörsicher.

## 1.3    Der dritte Akt: Hauptrolle der Novellen •

Doch diese ungewöhnliche Geschichte, an der sich viele gesellschaftliche Akteurinnen und Akteure beteiligen, geht (im dritten Akt) gleich weiter, indem die europäischen Vorgaben sodann in länderspezifische Regelungen flossen:

Nur wenige Tage später nach dieser EU-Resolution zur Entfesselung der Schlüssel für Verschlüsselung brachte beispielsweise Vorreiter Deutschland schon den Entwurf seiner Novelle des IT-Sicherheitsgesetzes vor: Veröffentlichungstermin war an einem Mittwochnachmittag. Wesentliche Änderung des - so ist der Terminus Technicus - »Regulierungsregimes« auf den 180 relevanten Seiten im Paket mit über 460 Seiten Gesetzes-Novelle war die Änderung, dass nunmehr auch (verschlüsselnde) Messenger (§ 3) in den Anwendungsbereich einbezogen werden: nämlich Telekommunikationsanlagen, Telekommunikationsnetze und Telekommunikationsdienste, die im Geltungsbereich dieses Gesetzes erbracht werden (§ 1,2). Bislang waren nur die Internet- und Telefondienste-Anbieter einbezogen, die rufnummerngebunden sind. Damit ist festgelegt, dass sich das neue Gesetz nun auch auf »interpersonelle Kommunikationsdienste« (Ziffer 61) bzw. auf Anlagen, Netze und Dienste bezieht, die generell »Signale« senden.

Alles, was funkt, ist also eine Fernmeldeanlage.

Und: Der Betrieb einer öffentlich zugänglichen Telekommunikations-Dienstleistung sei zu melden und wird damit registrierungspflichtig (§ 5).[56]

Auch Dienste-Anbieter mit Sitz außerhalb der EU sollen potenziell rechtlich zur Verantwortung gezogen werden können: Es gelten Regelungen zur Bestandsdatenauskunft (§ 171) bis hin ggf. zu Sanktionsmaßnahmen, die über eine sog. »Sektorenorganisation« nach Artikel 30 des EU-Kodexes für die elektronische Kommunikation hinausgehen könnten.[57]

Der politische Clou dieser Novelle von rufnummerngebundenen Diensten hin zu signalorientierten Diensten war weiterhin das Hauruck-Verfahren, mit der sie kurz vor Weihnachten durchgezogen wurde: die Option zur Einreichung von üblichen Stellungnahmen endete schon 24 Stunden später: Donnerstag, 14:00 Uhr.

Expertinnen und Experten der *Arbeitsgruppe Kritische Infrastrukturen* (AG KRITIS) um *Manuel ›HonkHase‹ Atug* platze der Kragen angesichts der Aufforderung, den jüngsten Entwurf binnen 24 Stunden zu kommentieren: »Eine so kurze Frist ist ein ministerieller Mittelfinger ins Gesicht der Zivilgesellschaft!«[58], hieß es wohl aus dem Umfeld der Arbeitsgemeinschaft, die sich mit einer Gruppe von Fachleuten die Verbesserung der IT-Sicherheit und Resilienz von Kritischen Infrastrukturen (KRITIS) zum Ziel gesetzt hat. Gründer und Sprecher *Manuel Atug* wird daher auch als Sachverständiger im Rahmen von Anhörungen in Gesetzgebungsprozesse wie der Novelle des IT-Sicherheitsgesetzes in die Ausschüsse eingeladen.

Diesem Impuls folgend wandten sich schließlich fünfzehn Verbände und Vereine mit einem offenen Brief[59] und klaren Forderungen an die Ministerien. Die gute Praxiskultur der Beteiligung der Zivilgesellschaft und das Einholen von externem Sachverstand für Gesetzesvorhaben sollen nicht mehr nur simuliert werden: Wenige Tage zur schnellen Durchsicht seien mittlerweile mehr Regel als Ausnahme, aber inakzeptabel für eine kompetente Auseinandersetzung mit oft komplexen Gesetzesvorhaben und deren Technikfolgenabschätzung im Bereich der Informatik.

Auf dem Kurznachrichtendienst Twitter wurde besagter *#Mittelfinger* in die Parole *#JetztErstRecht* umgewandelt: Dieser Begriff bezeichnete eine Aktion zur Erhöhung des Versands von Cipher-Text in die Kanäle des Internets. Die Nutzerinnen und Nutzer werden nun ggf. aus einer Trotzhaltung heraus - jetzt erst recht - vermehrten Cipher-Text in das Internet senden und zunehmend mehr Texte und Dateien verschlüsseln. Beispielsweise mit dem auf E-Mail basierenden Delta-Chat Messenger oder über den einfachen Chat-Server SmokeStack und dessen frei verfügbare und quelloffene Messenger-Derivate - sowie RetroShare oder auch der Kommunikationsfunktion von Freenet... Oder der bekannten Encryption-Suite Spot-On beispielsweise auf einem kleinen Raspberry-Pi-Computer, die mit der sog. »Impersonator«-Funktion regelmäßig verschlüsselte Pakete aussenden kann, die (vor der Verschlüsselung) jedoch nur Zufallsworte enthalten und keinen realen Chat oder Nachrichten-Text mit Sinn. Echte Fake-Nachrichten also. Die Möglichkeiten, Cipher-Text regelmäßig und automatisiert zu entsenden, sind vielfältig - mit einer oder ohne eine Vermutung auf einen Sinngehalt in der Nachricht.

Die Rechtsanwälte *Martin Delhey* und *Christoph R. Müller* knüpften dann an die Diskussion »Jetzt erst recht!« in ihrem Artikel genau mit diesem Titel im *Berliner Anwaltsblatt* an, um das neu vorgestellte Schlüsselmanagement im Konzept des staatlichen Regulierungsregimes für die sichere Kommunikation von Anwältinnen und Anwälten nicht nur als unsicher, sondern auch mit gravierenden Sicherheitsmängeln behaftet zu belegen.

*Martin Delhey* sieht die konzeptionelle Ausrichtung seiner Kanzlei als Manufaktur für Recht, die für Eigenständigkeit, Kreativität und handwerkliche Exzellenz steht. *Christoph R. Müller* ist in Leipzig ebenso als Rechtsanwalt tätig und ihm liegt als Dozent darüber hinaus auch ein Bildungsauftrag bei privaten Bildungsinstitutionen am Herzen.

Es bestände nach Auffassung der beiden Rechtsanwälte – *Niklas Luhmann* als wichtigster deutschsprachiger Vertreter der soziologischen Systemtheorie lässt grüßen – ein selbstreferentieller Zirkel-Schlusses eines autopoietischen Systems[60]. Heißt: Das auf europäischer Ebene vorgeschlagene Konstrukt der zentralen Schüsselverwaltung ist mit der Grundidee der Ende-zu-Ende-Verschlüsselung, die eine sichere Kommunikation gerade ohne eine zwischengeschaltete Instanz fordert, für das Rechtssystem schlicht unvereinbar.

Inhaltlich bedeutet die Novelle also konkret, dass (signalgebende) Messenger-Anbieter nun auch Schlüssel archivieren und bei Bedarf herausgeben sollen. Nicht bedacht sind auch hier auf Länderebene der EU am Beispiel Deutschlands die dezentralen Schüsselerzeugungen auf den Geräten der Nutzerinnen und Nutzer sowie temporäre, sog. ephemerale Schlüssel, die im Dunst flüchtiger (volatiler) Designs ggf. gar nicht zu greifen sind oder, wie wir weiter unten noch sehen werden, gar nicht erst über das Internet übertragen werden müssen!

Und, die Novelle bedeutet folgerichtig, dass neben Schlüsseln auch die zugehörigen Nachrichten und IP-Adressen in den erweiterten Fokus rücken müssen!

Weiterhin bedeutet und definiert es, dass ein Modem bzw. Router zuhause ebenso als öffentlich erreichbar gilt wie ein Briefkasten am Haus; wie auch ein Knotenpunkt des Randomisierungs-Netzwerkes Tor oder ein privater Chat-Server zuhause erreichbar sein kann. Wer wollte diese alle unterscheiden oder registrieren?

Wo niemand klagt, da niemand richtet - und technisch Fähige werden weiterhin private Chat-Server für die Familie, Klasse oder Sportgruppe zuhause vorhalten. Bei den rund 6000 dann ggf. stärker unter Beobachtung stehenden öffentlichen Servern des Anonymisierungs-Netzwerkes

Tor werden jedoch mit dieser Novelle rund 1/6 davon allein in Deutschland stehende Server bald wegfallen, weil sie unregistriert sind.[61]

Und zugleich kann dennoch so ein Kommunikations-Router - bzw. fachlich oft auch als ein sog. »Listener« bezeichnet - an jedem der 65.535 Ports einer IP-Adresse weiter vorhanden sein. Will eine europäische Regierung jetzt hinter jeder IP-Adresse über 65.000 potenzielle »Schläferinnen und Schläfer« kontrollieren und überwachen - wenn wir den technischen Begriff des »Listeners« (im Deutschen: lauschenden, zuhörenden Servers) mal so übersetzen? Das wäre ein komplexes Unterfangen, obschon solche Port-Scans laufen könnten und Computer ohne weiteres die Überwachung von 65.000 Port-Einträgen pro IP-Adresse leisten könnten. Das neue IPv6-Protokoll erweitert diese Möglichkeiten jedoch nochmals und erfordert weitergehende Sicherheitskonzepte bzw. lässt das Ansinnen, jeglichen Port-Knotenpunkt und jegliches unidentifiziertes Datenpaket im Internet überwachen, verfolgen und potenziell vor Gericht bringen zu wollen, ebenso als unsinnig erscheinen. Es wäre eine Total-Überwachung.

Die Neue Vorratsdatenspeicherung – eine sog. ›Matrix-Überwachung‹ in Anlehnung an gleichnamigen Film – ist daher nicht nur die Speicherung und Überwachung der IP-Adressen, sondern ergänzend sämtlicher Ports und Datenpakete. Werden Politikerinnen und Politiker schon bald eine vollständige Matrix-Überwachung aller Kommunikationseinrichtungen an allen Ports fordern?

In dem Science-Fiction-Film »Die Matrix« erhält der junge Hacker Neo eine geheimnisvolle Botschaft auf seinem Computer angezeigt, wonach er »dem weißen Kaninchen folgen« soll (ein Zitat aus *Alice im Wunderland*). Am nächsten Morgen wird er bei seiner Arbeit als Software-Entwickler von einem geheimnisvollen Protagonisten namens Morpheus angerufen, der ihm erklärt, dass die Welt, in der er zu leben glaubt, lediglich eine Simulation ist und er nur ein gefangener Sklave in dieser computergenerierten Traumwelt, der Matrix, sei. Agenten bewachen die Matrix und ihre Kommunikationskanäle und gehen wie Schutzprogramme gegen menschliche Revolutionäre wie Morpheus und Neo vor, die sich durch Ports von Telefonleitungen in die Matrix ein-hacken, um Menschen zu befreien. Dies ist jedoch gefährlich, da man, sofern man in der Matrix zu sterben glaubt, oder seinen Port zur Matrix verliert, auch in Wirklichkeit stirbt. Stirbt also auch der reale Mensch, wenn alle elektronischen Kommunikationsanlagen an allen verfügbaren Ports totaler Kontrolle unterworfen werden?

Und falls keine Scans nach Listenern bei IP-Adressen bzw. Port-Nummern ausgeführt werden, um unregistrierte Tor- oder Chat-Server bzw. Messenger-Dienste aufzufinden, müsste die Lage ggf. zunächst anhand von vorhandenen Cipher-Text-Strömen in der Datenleitung beurteilt werden: Damit sind wir jedoch bereits in einer Gesellschaft, die jeglichen Versand von Cipher-Text - und damit unseren Sicherheitsstandard in vielen, auch systemrelevanten Bereichen - in Zweifel zieht.

Genau dieses, die juristische Unschuldsvermutung über den Haufen werfen, vollzog nur drei Monate nach der EU-Resolution bereits das *Oberlandesgericht* (OLG) Rostock: Schon die Verwendung von Krypto-Cipher-Text »deutet auf ein konspiratives Verhalten zur Begehung und Verdeckung von Straftaten hin und begründet dringenden Tatverdacht«[62], hieß es in diesem Urteil.

Es ist in einem analogen Beispiel dazu rechtlich zu fragen: Wenn eine Person eine Brechstange mit sich trägt, darf das dann schon ausreichen für eine Verurteilung oder auch nur Durchsuchung wegen eines möglichen Einbruchs?

Die Unschuldsvermutung ist eines der rechtsstaatlichen Grundprinzipien bei Gerichtsverfahren und wird heute von den meisten Ländern der Welt anerkannt. Dieses »In dubio pro reo« (»im Zweifel für die oder den Angeklagte(n)«) geht auf den französischen Kardinal *Jean Lemoine* (1250–1313) sowie *Friedrich Spee* zurück, der dieses (in 1631) in seiner Cautio Criminalis, einer umfangreichen Schrift gegen die Praxis der zu der Zeit überhandnehmenden Hexenverfolgungen, aufgriff und vertiefte.

Die Diskussionsbeiträge zur neuen Vorratsdatenspeicherung, wer wann mit wem an welchem Port kommuniziert hat, und zur Kriminalisierung von Cipher-Text durch Umkehrung der Unschuldsvermutung bestanden daher bei vielen Twitter-Nutzerinnen und -Nutzern in der Reaktion, dass es schon ganz bald an der Zeit sei, automatisierten Cipher-Text als »Souveränitäts-Rauschen« in die Leitungen des Internets zu senden. Beispielsweise der Nutzer ›BitMagier‹ schreibt dort: »Falls Ende-zu-Ende-Verschlüsselung zukünftig wirklich kriminalisiert werden sollte, werden permanente »Rausch-Verbindungen« dafür sorgen, dass man zwischen Rauschen und verschlüsselter Kommunikation nicht mehr unterscheiden kann!«

Die Nutzerin ›Sunrise‹ ergänzt: »Der Kontrollzwang des Regulierungs-Regimes wird in einer Katastrophe enden. Sobald Verschlüsselung von einer der Regierungen verboten wurde, wird ein Crypto-Sturm apokalyptischen Ausmaßes über die Erde ziehen und alles verschlüsseln, was damit in Berührung kommt.«

Die Nutzung eines Virtual-Private-Network-(VPN)-Kanals z.B. von der eigenen quell-offenen Firewall PFSENSE, worin der VPN-Server schon implementiert ist, zum eigenen Handy oder zum eigenen Webserver, reicht dazu völlig aus, wenn sog. »Impersonator-Rauschen«, also sinnloser Cipher-Text, um die Verschlüsselung einer Unterhaltung vorzugaukeln, durch die Leitung versandt werden soll.

Zugleich sind hunderttausende Angestellte oder Lernende tagtäglich mit einem Ende-zu-Ende verschlüsselten VPN-Tunnel an das Firmen- oder Bildungs-Netzwerk angeschlossen und senden wie bei einem verschlüsselnden Messenger ausschließlich realen Cipher-Text in das Internet. Auch die Ansprache von Schülerinnen und Schülern im hybriden Digital-Unterricht mittels »Home-Schooling« per VPN-Anbindung in einer Pandemie-Zeit blieb so frei von dritten Störerinnen und Störern.

*Abbildung 4:* Verbindung des Home-Office-Arbeitsplatzes mit einem VPN-Tunnel zum Firmennetzwerk

# VPN / Internet-Tunnel

*Quelle:[63]*

*Bei einem VPN-Netzwerk stellt ein VPN-Klient eine verschlüsselte Verbindung als Tunnel durch das Internet zu einem VPN-Server her. Die Verbindung ist Ende-zu-Ende verschlüsselt. Im Internet wird lediglich Cipher-Text sichtbar. Durch diesen Tunnel kann ebenso Cipher-Text eines Messengers zu einem privaten Server gesendet werden.*

Juristinnen und Juristen werden sich somit mit der Definition beschäftigen, wann ein Listener an einem Port, und nicht etwa ein Server an einer IP-Adresse, als gewerblich, öffentlich oder als privat bzw. semi-privat bzw. als unregistriert gilt. Und, ob Port-Nutzerinnen und -Nutzer, die Zugänge von unregistrierten Telekommunikationsanlagen in die Öffentlichkeit tragen, eine Mitschuld haben, wenn Dritte diese zukünftig kriminalisierten Telekommunikationsanlagen nutzen - oder die Port-Anbieterinnen und -Anbieter von unregistrierten Telekommunikationsanlagen allein verantwortlich sind. Sowie: ob es technisch verhältnismäßig und realisierbar ist, account-basierte Ports zu schaffen, um die Öffentlichkeit von bislang zugänglichen Telekommunikationsanlagen an diesen Ports für Messenger-Chats auszuschließen.

Wird es Nutzerinnen und Nutzern also zukünftig erlaubt sein, unsinnigen Cipher-Text als Rauschen durch den eigenen Netzanschluss zu senden? Wer wollte Menschen im Home-Office den VPN-Kanal verbieten, dessen End-Knotenpunkt ein VPN-Port zu einem wildwüchsigen Chat-Server oder eben dem produktiven Firmennetzwerk sein kann? Chat-Cipher-Text durch einen VPN-Kanal zu senden ist erweiterte Multi-Verschlüsselung, deren unterschiedliche Architekturen und Fallkonstellationen Juristinnen und Juristen noch über Jahre beschäftigen würden bzw. werden. Zumal viele Angestellte im Home-Office seitens der IT-Abteilungen mit dem Standard eines VPN-Kanals ausgerüstet sind und nach den unternehmerischen Novellen und Sicherheitsbedürfnissen weiter ausgerüstet werden.

Gerade aufgrund solcher und weiterer Fragen wurde die Anhörung zum IT-Sicherheitsgesetz 2.0 nach dem Jahreswechsel dann doch nachgeholt: Über ein Dutzend Organisationen und Verbände beteiligten sich daran und jegliche Stellungnahme ließ kaum ein gutes Haar an dem gesetzlichen Vorhaben. Insbesondere wurde der Ausschluss von Open Source Anbietern kritisiert und auch die erweiterte Rolle des *Bundesamtes für Sicherheit in der Informationstechnik* (BSI), das bei Sicherheitslücken nun andere Handlungsbefugnisse - manche sagen auch: Hackerbefugnisse - erhält: Das BSI darf künftig Port-Scans durchführen und sog. Honeypots als Trojaner einsetzen. Die Port-Scans nach unregistrierten Telekommunikationsanlagen können also beginnen. Mit 799 neuen Stellen, die mit 74,24 Millionen Euro Personalkosten zu Buche schlagen, soll das Amt wesentliche Akteurin im Kampf gegen automatisierte Server-Netze, vernachlässigte Geräte im Internet der Dinge - das wären Telekommunikationsanlagen auf einem Raspberry-Pi-Computer zum Beispiel -, und Knotenpunkte zur Verbreitung von definierter Software werden.

Die an den Anhörungen beteiligte Publizistin, Netzaktivistin und Bundestagsabgeordnete *Anke Domscheid-Berg* resümierte für alle Stellungnahmen, dass sie in all den Jahren im Bundestag noch nicht erlebt habe, dass ALLE Sachverständigen - auch die von der Regierung eingeladenen - einen Gesetzentwurf derart vernichtend in der Luft zerrissen hätten, wie es gerade in diesem Ausschuss bei der Anhörung zum Sicherheitsgesetz #ITSig20 passiere. Sicherheitsmaßnahmen in der IT seien zwar richtig und wichtig, jedoch sollten Befugnisse und Kenntnisse nicht für und mit Überwachungsmaßnahmen überlagert werden. *Anke Domscheid-Berg* ist darüber hinaus Mitglied der Enquete-Kommission »Künstliche Intelligenz« und setzt sich für Geschlechtergerechtigkeit und Frauen in Führungspositionen ein, ein Thema, das sie mit einer Studie zu »Female Leadership in Europe« als IT-Strategieberaterin schon frühzeitig besetzte.

Kultur-Politiker *Konstantin von Notz* ist als Anwalt und gläubiger Protestant heute u.a. in der Kommission »IuK« - Information und Kommunikation - beim Ältestenrat des Parlaments tätig, die unter anderem für die IT-Ausstattung der Abgeordnetenbüros zuständig ist. Er mahnte ergänzend für den Bundestag und auch angesichts der IT-Sicherheitsbedürfnisse der allgemeinen Energie- und Wasserversorgung des Landes: »Die Hütte brennt lichterloh« - nötig seien in der Gesetzgebung vielmehr eine durchgehende Ende-zu-Ende-Verschlüsselung, weniger Massenüberwachung und mehr Quell-Offenheit[64], so die nun definierten und empfohlenen Führungspflichten für ein Online-(Zusammen-)Leben.

Doch der Streit um die Kontrollabsichten der Ministerien für Inneres nahm nach kurzer Zeit noch eine weitere Runde: zwei sozialdemokratisch geführte Innenminister (aus Niedersachsen und Mecklenburg-Vorpommern) legten nach - und forderten eine Identifizierungspflicht im Internet, z.B. bei Messengern und sozialen Netzwerken. Bei der Reform des Telekommunikationsgesetzes (TKG) sollen nach diesem Forderungskatalog Betreiber sogenannter nummern-un-abhängiger Telekommunikationsdienste wie E-Mail-Anbieter oder Messenger dazu verpflichtet werden, »Identifizierungsmerkmale der Nutzerinnen und Nutzer zu erheben, zu verifizieren und im Einzelfall den Sicherheitsbehörden zur Verfügung stellen.«[65]

Das wäre eine Klarnamenpflicht mit Überprüfung des Personalausweises über die Telefonnummer bzw. direkt über den Personalausweis wie bei der Zuteilung von SIM-Telefon-Karten auch.

Die persönlichen Daten zum Klar-Namen sollen als Pendant zu den Kommunikationsnachrichten der Bürgerinnen und Bürger zum Zweck einer möglichen künftigen Strafverfolgung flächendeckend auf Vorrat gespeichert werden. Ergänzt werden soll diese Identifizierung um Anschrift, Geburtsdatum sowie den Standortangaben im laufenden Betrieb – was im 5G-Netz noch auf Zentimeter genauer wird, als es bislang gegeben ist.

Doch das ist nichts anderes als eine Personen-Vorratsdatenspeicherung, die eine andere Qualität hat als die IP-Vorratsdatenspeicherung bei Internetanschlüssen. (Und gleichwohl dieser Unterschied selbst die IP-Datenspeicherung auf Vorrat nicht rechtfertigen kann.)

Es stellt sich die Frage, warum die später noch angesprochene und zeitgleich beschlossene Menschennummer als eindeutiges Identifikationsmerkmal in diesem Zusammenhang nicht genannt wurde? – Wir kommen darauf zurück.

Die Nutzerinnen und Nutzer müssten stets zunächst ein Ident-Verfahren durchführen bzw. den Ausweis vorzeigen, bevor sie elektronisch kommunizieren können, und wären gezwungen, ihre verifizierten Daten bei zahlreichen – über die ganze Welt verstreuten – Unternehmen zu hinterlegen. Oft sind es Unternehmen mit werbefinanzierten, datengetriebenen Geschäfts-Diensten, denen die verifizierten Daten der Nutzerinnen und Nutzer auf dem Silbertablett geliefert würden unter der Begründung von Sicherheitsmaßnahmen.

*Linus Neumann*, ein Sprecher des Chaos Computer Clubs, bewertet dieses Ansinnen auf dem bekannten Portal *Netzpolitik* wie folgt auf den Punkt: »Das wäre ein beispielloser Angriff auf europäische Werte und das freie Internet. Dinge, mit denen wir uns sonst so gerne von China abgrenzen. Dieser Angriff auf die Kommunikationsfreiheit aller und die Meinungsfreiheit von Minderheiten sucht seinesgleichen und wäre ein maßloser Versuch, Grundrechte einzuschränken. Eine anlasslose Speicherung von Personendaten unbescholtener Bürgerinnen und Bürger auf Vorrat ist außerdem unverhältnismäßig und von einem autoritären Denken durchzogen, welches dem Deutschen Grundgesetz widerspricht.«[66] *Linus Neumann* ist nicht nur Berater für IT-Sicherheit, sondern als Diplom-Psychologe betrachtet er auch Angriffe auf menschliche Werte kritisch und empfiehlt daher eine unabhängige und evidenzbasierte Sicherheitspolitik in der IT, bei der insbesondere grundrechtseinschränkende Maßnahmen hinsichtlich ihrer Wirkung vorab evaluiert werden sollten.

Eine Klarnamenpflicht ermöglicht nicht nur die Auffindbarkeit eines Sprechenden im Internet, sondern bedingt ggf. auch die dauerhafte Speicherung des Geschwätzes von Gestern, das das Internet vielfach nie vergisst – den ersten Bundeskanzler der deutschen Republik, *Konrad Adenauer*, in seinem bekannten Bonmot, zumindest beim flüchtigen gesprochenen Wort, aber »nicht kümmerte«. Er soll gesagt haben: »Was kümmert mich mein Geschwätz von gestern, nichts hindert mich, weiser zu werden.« Das Verfahren wäre eine unendliche Unzulänglichkeits-Dokumentation.

*Konrad Adenauer* war übrigens auch Erfinder und Ideen-Pionier und meldete zahlreiche Patente an. Da ihm bei den Anmeldungen seiner kuriosen Erfindungen jedoch vielfach kein Erfolg beschieden war, erwähnte er dieses in seinen Memoiren nicht. Es entstand beispielsweise die »Einrichtung zum Schutz gegen Blendung durch Scheinwerfer entgegenkommender Fahrzeuge, bestehend aus einem Kopfschirm oder einer Brille«. Diese wurde 1937 vom Patentamt mit der Begründung abgelehnt, dass dies nichts Neues sei – heute, bei ›Fahrten‹ im Internet, hätte er so einen Kopfschirm gegen die Daten durchleuchtenden Aktivitäten der Technologie-Agenturen und zum Schutz von Privatheit sicherlich wieder gut einsetzen können?


Meinungen im Internet nicht mehr unter Pseudonym beitragen zu können, ist in einer verhaltenssteuernden Komponente mit ihren negativen wie positiven Auswirkungen von dauerhaften Speicherungen in einer globalen Öffentlichkeit noch viel zu wenig untersucht.

Die Passagen zur Online-Ausweispflicht waren dann aber zur Verabschiedung der Reform des *Telekommunikationsgesetzes* (TKG) nicht mehr enthalten. Noch nicht. Und dennoch haben die Mail-Provider wie GMX schon still begonnen, die Identifikation von Kundinnen und Kunden ohne hinterlegter Mobil-Nummer einzuholen. Andernfalls ist kein Mail-Versand mehr möglich.

Nur wenige Wochen später schuf die - zum Facebook-Konzern gehörende - Partner-Such-Plattform Tinder technische Tatsachen: Es wurde (zunächst nur optional) die Klarnamen- & Personenidentifikation implementiert.

Ergänzend müssen Betreiber öffentlicher Mobilfunknetze nun EU-länderübergreifend »eine unverschlüsselte Überwachungs-Kopie in ihren Roaming-Verträgen in der EU vorsehen.«[67] Nur eine von Endnutzerinnen und Endnutzern selbst aufgebaute Verschlüsselung für Text und Audio über Roaming wird davon unberührt bleiben.

Deutschland ist dabei nur ein Beispiel, wie ein Land die EU-Novelle in landesspezifische Gesetzgebung umsetzt - wenn dann in allen EU-Ländern unterschiedliche Gesetze zu harmonisieren sind, wird bereits heute gefordert, eine EU-weite Regelung auszuarbeiten, dass Polizei und Justiz Zugang zu verschlüsselten Inhalten haben und diese auch unbeobachtet einsehen und kopieren können. Dieser europäische »Rechtsrahmen zur Entschlüsselung«[68] soll auch Hardware-Hersteller betreffen. Dieses steht der oben, seitens der zahlreichen Verbände geforderten Ausarbeitung eines »Europäischen Recht auf Verschlüsselung« diametral gegenüber.

## 1.4    Der vierte Akt:
## Niemand hat die Absicht, zu überwachen:
## Zur Krise der Privatheit im 21. Jahrhundert •

Doch es kommt – in einem vierten Akt nur wenige Tage später – noch dicker: Gemeinsam mit dem *IT-Sicherheitsgesetz 2.0* und der Novelle des *Telekommunikationsgesetzes* (TKG) wurde vor Weihnachten auch noch das neue BND-Gesetz eingestielt: Der *Bundesnachrichtendienst* (BND) kann nun ausländische Geheimdienste um die Massenüberwachung von Kommunikation bitten. Und zudem kann er selbst weiterhin 30 Prozent des Internet-Verkehrs aus den bestehenden, nationalen Telekommunikationsnetzen einer strategischen Fernmeldeaufklärung unterziehen.[69] Aus den Snowden-Papieren ist bekannt, dass die USA z.B. mit den Programmen XKEYSCORE und PRISM nahezu 100 Prozent des Internetverkehrs permanent aufzeichnen und überwachen: »Permanent Record«[70] ist zugleich der Buchtitel der Dokumentation von *Edward Snowden*, der dieses als ehemaliger Mitarbeiter der amerikanischen Sicherheitsbehörde *National Security Agency* (NSA) aufdeckte. Und zunehmend gilt: Der Facebook-Konzern mit WhatsApp kontrolliert bald mehr als die Hälfte der Weltbevölkerung! Für 100 Prozent Überwachung beispielsweise in Deutschland gilt nunmehr also die neue 70-30-Regel: 30 Prozent inländische Überwachung, der Rest wird »out-bound« geregelt - also ins Ausland ausgelagert und über gezielte Nachfragen in Übersee überwacht. Der *Bundesnachrichtendienst* (BND) darf damit künftig global bis zu 30 Prozent aller Netze bespitzeln, heimlich Online-Durchsuchungen durchführen und eng mit der NSA kooperieren.

Dieses aus der Novelle resultierende Gesetz[71] mit seinen erweiterten Überwachungsmöglichkeiten gilt nicht nur für die Polizei und Vertrauens-Leute der Kriminalämter, sondern neben dem Bundesnachrichtendienst (BND, mit 6500 Beschäftigten und einem Haushaltsvolumen vom 1022 Millionen Euro), auch für den Verfassungsschutz (Bund wie Länder, mit 3864 Beschäftigten und 476 Millionen EUR Haushaltsvolumen) und im Bereich der Verteidigung für den Militärischen Abschirmdienst (MAD, mit 1.255 Beschäftigten und 113 Millionen Euro Haushaltsvolumen). Und: Auch die Polizei darf weiterhin überwachen, nun ergänzt um das Werkzeug eines sog. Staatstrojaners.

*Abbildung 5:* Überblick an ausgewählten Überwachungen

| Überwachungs-Maßnahmen von Einzelpersonen | Grundlage im (dt.) Gesetz | Genehmigung durch | Umsetzung in Kooperation mit | Ggf. zu überwindendes Schutzschild |
|---|---|---|---|---|
| **Observation** (klassisch) | § 28 Abs. 2 Nr. 1 BPolG | Gericht | Innerbetrieblich | Mütze im Ge-sicht tragen. |
| **Lauschangriff** als Kommunikations-überwachung | § 100a StPO | Gericht | Elektronik-Provider | Leise im Keller sprechen. |
| **Staatstrojaner:** Quellen-TKÜ (mit Zusatz-App) | § 100a StPO | Gericht | Telefon- Hersteller / SIM-Provider | TEE: Trusted Execution Environment. |
| **Provider-Fork:** Cipher-Text-Kopie | § 100a StPO | Gericht | Internet-Provider | Multi-Verschlüsselung. |
| **Online-Durchsuchung** | § 100b StPO Abs. 1 | Gericht | Betriebssystem-Hersteller | Firewall wie PFSENSE. |
| **Key-Logging:** Tastatur-Abgriffe im Klar-Text | § 100b StPO | Gericht | *Ohne Zusatz-App:* Apple / Google | offene Tastatur-App / TEE. |
| Mikrophone von **sprechenden Geräten** nutzen | § 100a & 100b StPO | Gericht | *Ohne Zusatz-App:* Amazon / Apple / Google | Gerät wurde entfernt. |

*Observation ist klassisch die verdeckte, zielgerichtete und systematische Beobachtung von Personen, Personengruppen, Einrichtungen oder Sachen und ist zu unterscheiden von anderen Maßnahmen der Überwachung wie Onlinedurchsuchung und Telefonüberwachung. Werden Telefon oder Wohnung abgehört, wird auch* von *Lauschangriff gesprochen. Überwachungsprogramme, die heimlich auf Geräten von Verdächtigen installiert werden, werden umgangssprachlich Staatstrojaner genannt. Ziel ist, eine laufende Kommunikation zu überwachen. Wird die Internet-Leitung angezapft und beim Provider kopiert (gegabelt), spricht man von einem Provider-Fork, der Klar-Text, Cipher-Text und besuchte Webseiten umfassen kann, wenn diese nicht durch einen wechselnden VPN/TOR-Tunnel zugeleitet wurden. Wird das ganze Zielgerät durchsucht, wird von Online-Durchsuchung gesprochen. Keylogging von Texteingaben beim Smartphone durch die Tastatur-App wie auch die Nutzung der Mikrophone von sprachgesteuerten Geräten sind meist schon über das Gerät oder Betriebssystem adressierbar und erfordern keine zusätzliche Aufspielung.*

Neben grundsätzlicher Kritik an Überwachungsmaßnahmen befürchtet mancher nun, dass die Arbeit von Diensten und Polizei in diesem Bereich nicht klar getrennt werden könne. Die Doktrin, »alle dürfen alles«, verstößt gegen das Trennungsgebot von Polizei und Geheimdiensten. Die Installation eines Staatstrojaners auf den Endgeräten ist weiterhin nicht trennscharf zu den Online-Durchsuchungen abgrenzbar (denn diese hat ganz andere und höhere Anforderungen) und vergleichbar zu den Genehmigungsvoraussetzungen bei klassischen Observationsmaßnahmen. Und: Der Verfassungsschutz wird nicht nur dazu ermächtigt, Personengruppen mit verfassungsfeindlichen Bestrebungen zu beobachten, sondern auch Einzelpersonen. Der Verfassungsschutz bekommt also mit seiner Splittung in Bund und Land mit dem Staatstrojaner zur Quellen-Telekommunikations-Überwachung (Q-TKÜ) ggf. ein verfassungswidriges Ei mit ggf. weiter zu synchronisierenden Unwuchten und Rechtsunsicherheiten ins Nest, um nicht zu sagen: Netz gelegt. Denn nun bekommen alle 19 Geheimdienste Staatstrojaner. Internet-Provider müssen bei der Installation helfen. Inklusive Quellen-TKÜ plus, d.h. weitere Agenturen dürfen diese anwenden, und zwar nicht nur auf laufende Kommunikation, sondern auch für gespeicherte Kommunikation der Vergangenheit, was eine Online-Durchsuchung ist. Zudem: Fortan darf die Telekommunikation der Bürgerinnen und Bürger präventiv überwacht werden, jegliche Fälle - auch ohne konkreten Anfangsverdacht.

Der Göttinger Staatsrechtler *Benjamin Rusteberg* fasst erläuternd zusammen, warum ein Mischmasch aus Onlinedurchsuchung und Staatstrojaner jeweils für Polizei und Geheimdienste zur Analyse von Gruppen sowie Einzelpersonen sehenden Auges in die Verfassungswidrigkeit und den

Missbrauch der Instrumente führe: Der Staatstrojaner für Geheimdienste sei ein äußerst schwerer Eingriff, der den Anforderungen an Verhältnismäßigkeitsanforderungen auf alle Fälle nicht genüge. Damit werde nicht nur eine Kopie der Kommunikation ausgeleitet, sondern auch gezielt Manipulation der privaten Daten ermöglicht: jeder und jedem könnte alles auf die Rechner gespielt werden, ohne dass es abgestritten oder man sich dagegen wehren könne. Die G10-Kommission, die eigentlich Eingriffe von Geheimdiensten vorab genehmige, sei nun außenvor und auch bei der Polizei seien nachträgliche gerichtliche Genehmigungen eben nur nachträglich. Damit sei in vorgeblichen Eilfällen für alle Interessierten die Tür offen für eine Rundum-Überwachung.[72] Google, Apple und Microsoft sowie Amazon Alexa werden zu Komplizen in der Durchführung von Überwachung. Selbst der Wissenschaftliche Dienst des Deutschen Bundestages hatte bereits diese Kritikpunkte vorab geübt.[73] Der Bundesrat genehmigte sodann den Staatstrojaner für die Geheimdienste und setzt ihn für die Bundespolizei zunächst aus.

Das *Max-Planck-Institut zur Erforschung von Kriminalität, Sicherheit und Recht* hat infolgedessen auf Basis von Materialsammlungen des Vereins *DigitalCourage* inzwischen ein kategorienbasiertes Konzept erarbeitet, mit der sich eine *Überwachungsgesamtrechnung* (ÜGR) quasi als Überwachungsbarometer[74] zusammenstellen lässt, da die Bestrebungen zur Überwachung in Deutschland und Europa bzw. im Internet kein Ende nehmen.

Auch die sog. *Vorratsdatenspeicherung* (VDS) – die Speicherung der IP-Adressen, wer wann mit wem wie lange elektronisch in Kontakt war – wurde zunächst unverändert wieder in dieses deutsche Gesetzespaket geschrieben, obwohl eine solche Speicherung nach einem Gerichtsbeschluss vorläufig auszusetzen ist, da europaweit mehrere Klagen gegen die Massen-Überwachung aller ohne Anlass verfassungsrechtlich anhängig sind; und in England rechtlich schon als nicht kompatibel beschieden wurde.

Es handelt sich insgesamt um einen Generalangriff von zahlreichen politischen Akteuren auf die Privatheit der Nutzerinnen und Nutzer des Internets. Noch viel mehr: Es ist eine weltweite Krise der Privatsphäre im 21. Jahrhundert festzustellen: Die kapitalistische Produktionsweise[75] mit ihrem Warentausch ermöglicht auch den Handel mit privaten Daten, so dass der Einsatz von Überwachungstechniken für Profitzwecke und die Monopolisierung von Kommunikationsmitteln damit verbunden ist.

Und zugleich geht es um Staatsmacht – gegenüber den Bürgerinnen und Bürgern – verbunden mit einem Ringen der politisch Handelnden um ein Verständnis von Technik und deren prozedurale Komplexität und hinreichende Akkuratesse: Verteilen Deutsche bei der nächsten Indexierung die Sterne und Filterkriterien besonders umfassend und gründlich? Bereits die Corona-Pandemie zeigte, wie Ungeimpfte und Impfgegner von Freiheitsrechten indexiert ausgeschlossen werden könnten. Und wer seine Daten nicht preisgibt oder nicht entschlüsselbar macht, gilt ebenso als verdächtig. Das wird jede und jeder in einer Flughafenkontrolle erlebt haben, die oder der nicht durch den bislang freiwilligen Röntgen-Body-Scanner ging: Es wurde berichtet, dass manche Fluggäste dann manuell doppelt kritisch abgetastet, gar gegängelt wurden.

Analog kann es bedeuten: Wer seine privaten Daten nicht zur Verfügung stellt, nicht durchleuchten lässt, oder diese gar verschlüsselt, wird besonders bespitzelt und überprüft? Das wäre eine verhaltensbasierte Steuerung jenseits jeglicher Unschuldsannahme: Wer nicht Mitglied bei WhatsApp ist, gilt schon als komisch und morgen sicherlich als verdächtig? Messenger mit Verschlüsselung sollten als Schutz von Privatheit und nicht als Indiz für eine Überwachungsnotwendigkeit verstanden werden – so wie in der analogen Welt der Briefumschlag den Brief schützen soll, und dieser nicht durch neugieriges Interesse von Kurieren geöffnet werden darf. Briefe sind keine für alle einsehbaren Postkarten mit Umschlag, sondern geschützte und zu schützende Schreiben.

Wer wird die technischen Werkzeuge inklusive Verschlüsselung und ihre sozialen Folgen für Gesellschaft, Wirtschaft, Bildungssystem und Rechtsstaat eher verstehen und im Interesse aller abschätzen – technisch, bürgerlich oder politisch Interessierte? Wie merken wir, dass oder wann Interesse an Nachrichteninhalten und sanktionsgetriebene Furcht oder totale Kontrolle mit Meldepflicht und Identifizierung ein Recht auf Privatheit überschreiben? Bedarf es einer Einschätzung, in welchen Bereichen maßregelnde Entscheidungsoptionen die Würde des Menschen diskriminierend sind?

Machtungleichgewichte in der digitalen Kommunikation könnten zukünftig jedenfalls nur durch Dezentralisierung statt Zentralisierung unserer Informationstechniken und Kommunikationsstrukturen begegnet werden:

Menschen sorgen dann selbst für die Infrastruktur ihrer elektronischen Kommunikation an den ihnen möglichen Ports, statt sie Anbietern zu überlassen, die ihre Privatheit nicht ausreichend garantieren können.

Führt so eine erweiterte, zentrale Matrix-Überwachung daher bald wieder in eine »Nischengesellschaft«, wie sie bislang der DDR zugeschrieben wurde? Der Begriff Nischengesellschaft war 1983 von dem Publizisten *Günter Gaus* geprägt worden, der in den siebziger Jahren als Leiter der Ständigen Vertretung der Bundesrepublik in Ost-Berlin der DDR gelebt hatte. Subkulturen, die der staatlichen Zensur nur eingeschränkt zugänglich waren, weil sie in privaten Zirkeln organisiert wurden, boten Rückzugs- und Entfaltungsräume, die für das DDR-Alltagsleben teilweise den Eindruck einer Gesellschaft in Nischen entstehen ließen.[76]

Das heißt heute, die Vergesellschaftung von Cipher-Text findet bei einer Kriminalisierung von Cipher-Text sodann nicht mehr öffentlich statt, sondern nur in der privaten Rückzug-Nische Eingeweihter im abgesicherten Netzwerk?

Technisch übersetzt bedeutet das die Bildung eines Vertrauensnetzwerkes, einem sog. »Web-of-Trust«. Dabei bauen Nutzerinnen und Nutzer eine verschlüsselte Verbindung nur zu vertrauten Freudinnen und Freunden auf, um mit diesen zu kommunizieren und Informationen und Dateien zu teilen. – Und sie vernetzen sich ggf. im Hintergrund mit ebensolchen Anwenderinnen und Anwendern, die ihren Port oder Server nach außen zu Freundinnen und Freunden frei schalten.

Eine Melde- bzw. Registrierungspflicht von Kommunikationsoptionen kann zu einem vergleichbaren Zustand führen, bei dem man für das Aussenden einer Chat-Nachricht nicht nur einen Zugang zum einem Wifi-Netz suchen muss, sondern auch einen unentdeckten, aber öffentlichen Zugang zu einem nicht-registrierten Chat-Server finden muss, um einen Cipher-Text *ohne hinterlegten Schlüssel* versenden zu können. Wenn es – nach diesem Gesetz – nun gelten sollte: der Versand einer verschlüsselten Chat-Nachricht - ohne Hinterlegung des Schlüssels an staatlicher Stelle bzw. mit staatlichem Zugriff - ist strafbar.

Beispielsweise das Tor-Netzwerk zum anonymen Surfen könnte dann umgestellt werden auf ein Netzwerk nicht mit öffentlichen Zugängen, sondern auf ein Netzwerk, bei dem die Zugänge nur Freundinnen und Freunden bekannt sind. Das stellt dann eine Transformation der Netzwerkzugänge von einem öffentlichen Peer-to-Peer-(P2P)-Zugang hin zu einem account-basierten Friend-to-Friend-(F2F)-Zugang dar - wie es in der Architektur von Freenet oder RetroShare und anderen Netzen bereits modellhaft vollzogen wurde. Nur, dass diese derzeit noch nicht zum Surfen im Web präpariert sind, wie es bei den Netzwerken Tor, I2P, Wireguard oder Psiphon der Fall ist. Die Zukunft wird zeigen, welcher dieser Kandidaten (sog. »remotes«) Web-Surfen über den Computer von Freundinnen und Freunden als Option ergänzend bieten wird.

*Abbildung 6:* Vertraute Friend-to-Friend-(F2F)-Verbindungen im Web-of-Trust

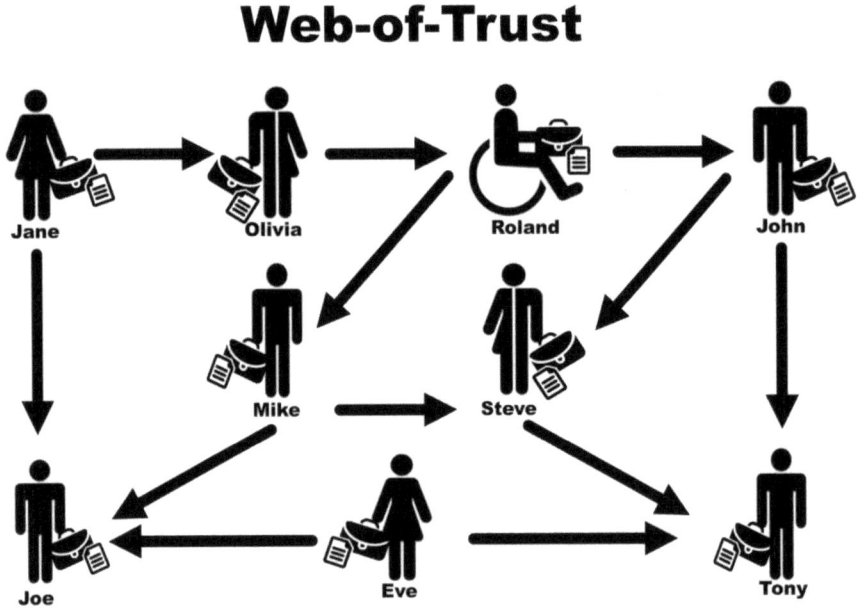

# Web-of-Trust

*Quelle:[77]*

*In einem Vertrauensnetzwerk (Englisch: Web-of-Trust) verbinden nur Freundinnen und Freunde zu bekannten Freundinnen und Freunden, die sie kennen und denen sie vertrauen. Die Verbindungen sind verschlüsselt. Ein anderer Knotenpunkt im Netzwerk kann keine Verbindung aufnehmen, wenn nicht entsprechendes Vertrauen bestätigt wurde. Über diese Verbindungen können sowohl Nachrichten weitergeleitet wie auch Webseiten aufgerufen werden. Telekommunikationsanlagen bleiben durch diese Friend-to-Friend-(F2F)-Netze privat und sind nicht öffentlich und damit auch nicht gemeldet oder identifiziert. Da nur gesicherte Verbin-*

*dungen bestehen, könnte eine so abgesicherte Gruppe diese Netzwerkaktivitäten in einer weniger einsichtbaren Nische umsetzen.*

Führt die Einschränkung, ein Verbot oder gar die Kriminalisierung von Verschlüsselung also ggf. bald dazu, dass möglicherweise wie damals unter dem Regime der Staatssicherheit in der DDR noch mehr Menschen Schutz in einer solidarischen oder bandenhaften Nische suchen werden? Wird das Web nicht mehr öffentlich erkundet und verschlüsselte Kommunikation nicht mehr öffentlich über entsprechende Dienstleister versendet werden, sondern aus einer privaten Nische heraus mit privater, umhüllter, in einem Netzwerk geschützter bzw. unregistrierter Technik gestaltet, die ggf. intransparenter, und damit auch unbeobachtbarer ist?

Ein Recht auf Verschlüsselung hingegen schützt vor dem Abdriften von Kommunikation in eine nicht mehr beobachtbare, weil private Nische. Und das Recht auf Verschlüsselung garantiert zudem gut ausgebildete Bürgerinnen und Bürger und damit auch am Ende qualifiziertes Personal in einem Staat, der ja nicht nur »Weltmeister im Verschlüsseln« (s.o.) sein will, sondern auch im Entschlüsseln sein muss, da andere Länder bzw. Projekte, Einheiten und Plattformen diesen Standard und das dazu qualifizierte Personal ebenso ausbilden und bieten. Dazu müssten wir Verschlüsselungstechnologie mit entsprechenden Kommunikations-Servern auch in die Hände Interessierter legen?

Wird also dieser europäische Angriff auf die Ende-zu-Ende-Verschlüsselung und ihrer elektronischen Kommunikations-Server im kommenden Jahrzehnt - ebenso wie der amerikanische Angriff auf Verschlüsselung in den 1990er Jahren - dazu führen, dass nicht nur GPG wie seinerzeit ein Standard bleibt, sondern auch die modernen Methoden der derzeit diskutierten Ende-zu-Ende-Verschlüsselung sich am Ende weiter etablieren?

Und wie entwickeln sich innovative Verschlüsselungstechnologien weiter: Beispielsweise das sog. und unten noch weiter erläuterte »Cryptographische Calling«, d.h. die sofortige Erneuerung von Ende-zu-Ende-Verschlüsselung noch innerhalb einer laufenden Online-Sitzung? Oder z.B. das ebenso weiter unten beschriebene 2-Wege-Calling, bei dem jede Seite die Hälfte eines Passwortes für ein zu bildendes, gemeinsames Passwort beisteuert? Oder ein Cryptographisches Calling mit asymmetrischen temporären Schlüsseln des sicheren McEliece-Algorithmus? Oder auch ein Cryptographisches Calling mit den sog. »Fiasco-Forwarding«-Schlüsseln, bei denen pro Nachricht gleich bis zu einem Ganzen Dutzend an Schlüsseln abgeleitet werden?

Wer wollte diese Schlüssel der unterschiedlichen Methoden alle speichern, ausleiten und den Nachrichten, Zeitstempeln und Ports zuordnen? Insbesondere, wenn diese Schlüssel - wie wir weiter unten bei den Juggerknaut Schlüsseln und Secret Streams Schlüsseln noch sehen werden - in der *Dritten Epoche der Kryptographie* gar nicht mehr über das Internet übertragen werden?

*Tim Cook*, Chef von Apple, hat sich zu diesem technischen Aufwand und den derzeit aktuellen Fragen auch schon vor einiger Zeit vorausschauend geäußert. Er will die Rolle einer neuen STASI nicht übernehmen: »Wir (Techniker und Technikerinnen) meinen, wir sollten nicht in der Mitte der Messaging-Kommunikation stehen. Wir sind nur die Paketbotinnen und Paketboten von FedEx oder DHL. Ich nehme ihr Paket, und liefere es aus. Ich mache es genau so. Meine Aufgabe ist nicht, es zu öffnen, eine Kopie davon zu fertigen, und sie in meinen Schrank zu legen, für den Fall, dass später jemand vorbeikommen möchte und sagt: Ich möchte mir Deine Nachrichten ansehen. Das ist nicht die Rolle, die ich spiele. Und es ist nicht eine Rolle, von der ich denke, dass ich sie spielen sollte. Und ich denke, es ist definitiv keine Rolle, von der Sie erwarten, dass ich sie spiele.«[78]


Das klingt nicht nur sehr ausgefeilt, wohlüberlegt und spitz, sondern auch sehr deutlich und unter Druck! Die Polizeibehörden bekamen von Apple wie oben im San-Bernadino-Fall gesehen dennoch kein grünes Licht für Entschlüsselungsprozesse, zumindest in der Öffentlichkeit. Und technisch gesehen wollen und können Technik-Unternehmen auch gar nicht damit anfangen, jeglichen Schlüssel zu horten. Es ist für sie auch eine Haftungsfrage damit verbunden. Das Treuhänderkonzept hinsichtlich der Schlüssel, Nachrichten und einem Index, wer wann welchen Nachrichtentext zu wem schickte, wird also nicht nur von Nutzerinnen und Nutzern, sondern auch von der Wirtschaft abgelehnt. Und eine rein staatliche Treuhand zur Sortierung von Schlüsseln wäre ggf. weder effektiv noch effizient bei der rasanten Innovation und dem hohen länderübergreifenden Nachrichtenaufkommen.

Da wir nun wissen, dass der (nennen wir ihn) »Versuch über Europa« zur verpflichtenden Herausgabe von Schlüsseln auch von den Five-Eyes und den führenden Vereinigten Staaten von Amerika geprägt war, mag man diesen auch als ›inszenierten Drehtüreffekt‹ begreifen: Apple wird über den europäischen Weg eingenordet und gezwungen, ebenso Schlüssel für den US-Markt, und zugleich der ganzen Welt, vorzuhalten, wenn europäische Länder dieses tun werden. Eine ›Zündungsstufe Zwei‹ des Verlangens nach der Entfesselung von kopierten Schlüsseln ist ggf. noch zu erwarten. Und: Europa wird dann in der Rolle eines Steigbügelhalters für eine dann weltweite Erosion des Datenschutzes dastehen. Oder in den Augen derer, die Entschlüsseln wollen: einen neuen Standard gesetzt haben. Auch für das Unternehmen Apple, das sich dann nicht mehr verweigern kann, könnte dieses zukünftig gelten – wenn europäische Unternehmen mit dem Sammeln von Schlüsseln vorangehen.

Technikerinnen und Techniker wissen zugleich auch, dass sie mit dem Vertrauen der Kundinnen und Kunden für ihre personenbezogenen Daten und Kommunikation eine hohe Verantwortung in der Hand haben und jegliche Ausweitung oder Öffentlichkeit von Untersuchungsfällen das Aus für ihre Geschäftsgrundlagen bedeuten kann. Wer hätte sein Telefon in der Verantwortung der NSA gelassen, wenn diese Geheimdienst-Agentur ein Telefonanbieter gewesen wäre, als *Edward Snowden* meinte, mitteilen zu müssen, dass diese alles speichern und mit Filtern durchsuchen? Nichts anderes machen die großen Technik-Konzerne der GAFAM-Gruppe heute: die Daten ihrer Kunden speichern und für Werbe- sowie Profit-Zwecke - und aber wahrscheinlich auch für die nationale Sicherheit - zu durchsuchen.

Und dennoch setzt sich *Tim Cook* als Chef von Apple auf der »*International Privacy Conference of Data Protection and Privacy Commissioners*« - einer internationalen Datenschutzkonferenz - in Brüssel bewusst davon ab, wenn er seine Firma in seiner Auftakt-Rede mit dem Titel: »Über Ethik: Würde und Respekt im datengetriebenen Leben« als Musterschülerin in der Disziplin Datenschutz und Schutz der Privatsphäre inszeniert: »Im Gegensatz zu Facebook, Google und vielen anderen unserer kalifornischen Nachbarfirmen verdient Apple sein Geld nicht damit, Daten über seine Nutzerinnen und Nutzer zu sammeln und dann Werbeplätze auf ihren Bildschirmen zu verkaufen. Apple ist ein Hardware-Konzern, der mit dem

Verkauf von Computern, Tablets und Smartphones Milliarden einnimmt und Weltmeister im Datenschutz werden will.«[79] Kein Wort also über mutmaßliche Maßnahmen zur Unterstützung der nationalen Sicherheit. Sollte man an dieser Stelle schon vermerken: »Kanarienvogel, ick´ hör´ Dir trapsen!«? – wir kommen auch darauf noch zurück.

Jüngst zeigten Recherchen der *New York Times*[80], wie Apple bei der Verschlüsselung von Daten der Nutzerinnen und Nutzer in China Kompromisse mit dem Regime eingeht, um sich das Wohlwollen der Diktatur zu sichern. Apple transportiert seine digitalen Schlüssel, mit denen die Daten verschlüsselt werden, nach China und verzichtet dort auf die etablierten Sicherheitsgeräte, in denen die Schlüssel gelagert werden. Eine chinesische Staatsfirma habe direkt Zugang zu den Servern mit den privaten Daten. Damit sendet Apple nun das Signal: Wenn der Druck nur hoch genug ist, ist vom Bürgerrechtler *Tim Cook* nichts mehr zu sehen: Er macht sich als Schützer der Privatsphäre nicht nur weltweit unglaubwürdig, sondern diese investigative Recherche zeigt auch auf, dass ein veröffentlichtes Image nicht den Maßnahmen hinter den Kulissen entsprechen muss: Ferner berichtete die New York Times mit CNN, dass Apple unter die Regierung des früheren US-Präsidenten *Donald Trump* über 100 Konten der Opposition und der Medien ausspähte. *Tom Burt*, Microsofts Corporate Vice President für Kundensicherheit und -vertrauen, teilte mit, dass die Bundesstrafverfolgungsbehörden dem Unternehmen in den letzten Jahren zwischen 2.400 und 3.500 Geheimhaltungsanordnungen pro Jahr vorgelegt haben, also etwa zehn bis fünfzehn pro Werktag, schon seit Jahren und forderte, die unbefristeten Maßnahmen zeitlich zu begrenzen und die Zielperson anschließend zu informieren[81].

Auch wird Apple sein Private Relay genanntes VPN mit sicheren Schlüsseln nicht in China, Belarus, Kolumbien, Ägypten, Kasachstan, Saudi-Arabien, Südafrika, Turkmenistan, Uganda und den Philippinen anbieten.

Menschenrechte verbleiben als Slogan auf der Unternehmenswebseite – das bezeichnet man als »Greenwashing« – im Deutschen so viel wie: fälschlicherweise das Blaue vom Himmel beschwören.


Die europäische Blaupause, Ende-zu-Ende-Verschlüsselung rechtlich auszuhebeln, stellt sich als - politisches und gesellschaftliches, wenn nicht auch als befürchtetes wirtschaftliches - Fiasko dar: Insbesondere dann, wenn ein europäisches Land wie Deutschland wieder Oberwerkmeister im

- dann elektronischen - Vergeben von Sternen und Filterkriterien in einem Vollindex des Klar-Textes werden wollte oder zunächst eine Fahndung nach Cipher-Text-Versenderinnen und -Versendern an unregistrierten Ports auslöste.

Wenn die Türkei und Ministerpräsident *Recep Tayyip Erdoğan* in der EU wären, würde es ihn freuen, bald alle Chats und E-Mails nach dem Stichwort seines Oppositionsfeindes *»Fethullah Gülen«* durchsuchen zu können und weitere Tausende Journalistinnen und Journalisten, Lehrerinnen und Lehrer, Richterinnen und Richter, die textlich zu diesem Stichwort gesprochen oder gar nur recherchiert haben, aus dem Staatsdienst entfernen zu können? - wie es in den letzten Jahren mit über rund 70.000 Staats-Bediensteten in den türkischen »Säuberungswellen«[82] geschehen ist.

In einem Telefongespräch wiess seinerzeit *Recep Tayyip Erdoğan* seinen Sohn an, Gelder so schnell wie möglich aus dem Haus zu schaffen. Die Authentizität weiterer Telefongespräche wurden von ihm eingestanden. *Recep Tayyip Erdoğan* selbst vermutet bei diesen Korruptionsvorwürfen eine Verschwörung des muslimischen Predigers *Fethullah Gülen*. Dessen Gülen-Bewegung versuche, einen »Staat im Staate« zu bilden, und wolle ihm und der Partei vor der Wahl 2014 schaden. Auch wenn viele Beobachtungen *Fethullah Gülen* als Erdoğans Gegner und eigentlichen Drahtzieher der Korruptionsaffäre annehmen, es folgten diesen oppositionellen Fragen zahlreiche Entlassungen aus beruflichen Existenzen bei den Anhängerinnen und Anhängern von *Fethullah Gülen*, die darüber kommunizierten.

Es gab halt damals in der Türkei diese verschlüsselnden Apps so ausgereift noch nicht: Delta-Chat, der den Chat für den Versand gut verschlüsselt, oder die FDroid-App Smoke-Chat, die den Chat ergänzend auch auf dem eigenen Gerät gut verschlüsselt; oder eben ein IPhone, wenn die Schlüssel nicht in der eigenen Hand, sondern in der Hand des Unternehmens Apple gut aufgehoben sind oder sein sollen.

Auch wenn technische Werkzeuge keine Lösung der als politisches Problem angesehenen Freien Rede in der Demokratie sind, in sich abzeichnenden Staats-Ermächtigungen bleiben sie jedoch ein Baustein zum Schutz der Privatsphäre. Denn: die Namen sind austauschbar, ob sie *Fethullah Gülen* in Istanbul, *Joshua Wong* in Hong Kong, *Maryja Kalesnikawa* in Belarus oder *Alexei Nawalny* in Moskau heißen oder die betrifft, die mitdenken und eine eigene Meinung mündlich oder textlich äußern, sei es öffentlich oder privat zu Freundinnen und Freunden. Verschlüsselung kann Freie Rede und demokratische Recherche- und Diskussions-Prozesse von Menschen schützen, die von anderen als unliebsame Vertreterinnen und Vertreter von divergenten Meinungen bezeichnet werden.

Dass die Telefoncomputer bevorzugte Angriffsflächen von Überwacherinnen und Überwachern sind, belegt das Beispiel des 34-jährigen Journalisten und Menschenrechtsaktivisten *Omar Radi* aus Marokko. Er ist laut Amnesty International von marokkanischen Behörden ausspioniert worden mit Hilfe der israelischen Software »Pegasus«.

Die Software »Pegasus« der israelischen Firma NSO ist eines der mächtigsten Überwachungswerkzeuge der Welt. Das Spionageprogramm kann klammheimlich aus der Ferne installiert werden, ohne dass die Zielperson etwas davon ahnt. Es ist kein physischer Zugriff auf das Gerät notwendig. Sicherheitsfachleute von Amnesty International fanden heraus, dass zahlreiche Telefone von Journalistinnen und Journalisten mit dem »Pegasus«-Trojaner infiziert wurden, um damit umfassend und unbemerkt auszuspähen. Die *BBC* berichtet von einer Liste mit über 50.000 Überwachungsopfern für den Pegasus-Trojaner.[83]

Immer mehr solcher Werkzeuge »Made in Israel«, inzwischen weit über ein Dutzend, sind spezialisiert für Lauschangriffe auf unsere Telefone und gelangen auch in Länder, die Oppositionelle, kritische Journalistinnen und Journalisten oder Aktivistinnen und Aktivisten für Menschenrechte verfolgen. *Omar Radi* wollte über Korruption in seinem Land berichten und über Verflechtungen zwischen Unternehmen und der politischen Elite. Kritisch hatte er sich auch über das marokkanische Königshaus geäußert. Technisch wurde dann der Internetbrowser auf dem Smartphone von *Omar Radi* umgeleitet und die Spähsoftware »Pegasus« auf das Gerät des Marokkaners aufgespielt. In einem Interview mit dem Rechercheverbund »*FB Stories*« beschreibt *Omar Radi*, als er ins Visier marokkanischer Ermittlungsbehörden gekommen war: »Ich lebe in einem autoritären Polizeistaat. Sie wissen alles über mich. Sie haben alle meine Nachrichten, meine Fotos – mein ganzes Privatleben.«[84] Die marokkanischen Behörden weisen den Vorwurf des Einsatzes von israelischem Spionagewerkzeug jedoch zurück.

In solchen Fällen kann Verschlüsselung dann unter Umständen auch Demokratie tragend sein: Wenn freie Rede in der Öffentlichkeit nicht opportun ist, sichert Verschlüsselung zumindest unsere Demokratie und ihr Recht auf freie Meinungsäußerung im persönlichen 1:1-Chat- und -

Nachrichten-Austausch. Auch dann, wenn das nicht Ersichtliche von denen, die diesen Cipher-Text nicht (ein)sehen können, möglicherweise als potenzielle Verschwörung oder Hass-Botschaft abgetan werden könnte.

Es gibt jedoch nicht nur die ungerichtete Massenüberwachung in unterentwickelten Demokratien, sondern auch in den Industriestaaten findet sie statt - und gezielte Überwachung wird ebenso ergänzt, wie etwa bei den genannten Journalistinnen und Journalisten. Das Pikante ist: Neben der Presse können auch Politikerinnen und Politiker als Hauptzielgruppe betroffen sein. Letztlich können alle öffentlichen Akteurinnen und Akteure betroffen sein. Je weiter oben sie stehen, desto eher. Politikerinnen und Politiker sowie die öffentliche Verwaltung sind vielleicht noch interessanter als Journalistinnen und Journalisten. Für sie ist Spionage durch andere Staaten eine potenzielle Gefahr, wenn Verschlüsselung nicht angewandt wird. Und die Büros von Abgeordneten wie oft auch Medienhäuser agieren auf diesem Gebiet z.T. sehr fahrlässig. Es ist daher für einige Technologie-Journalistinnen und -Journalisten untragbar, dass Bürgerinnen und Bürger nicht verschlüsselt mit ihnen und politischen Amtsträgerinnen und -trägern kommunizieren können. Jede Webseite von Mitgliedern eines Parlamentes sollte beispielsweise die Möglichkeit beinhalten, eine verschlüsselte E-Mail senden zu können. Z.B. durch die Bekanntgabe des eigenen öffentlichen GPG-Schlüssels ist die Option zum verschlüsselten Mailen bereits gegeben: es ist kein großer Aufwand, das einzurichten. Einige Medien sind gut aufgestellt: die *Süddeutsche Zeitung* beispielsweise, Computer-Portale und der *Spiegel* haben neben einer E-Mail-Adresse auch sichere Kanäle für potenzielle Informantinnen und Informanten eingerichtet: sogenannte Exklusive-Postfächer. Journalistinnen und Journalisten, die einen ersten Zugang zur digitalen Kryptographie gefunden haben, haben sich so eine E-Mail-Verschlüsselung bereits eingerichtet.

Der *Deutsche Journalisten-Verband* (DJV) fordert daher (in der öffentlichen Diskussion und im Vergleich zu den Anwältinnen und Anwälten erst recht spät) dazu auf, Pläne zum Aufweichen der sicheren Verschlüsselung digitaler Kommunikation für immer zu den Akten zu legen. Denn Journalistinnen und Journalisten wären unter anderem nicht nur in den Kontakten mit Whistleblowerinnen und Whistleblowern davon betroffen, wenn staatliche Stellen die Möglichkeit hätten, die Kommunikation zu verfolgen. »Das würde das Ende des Informantenschutzes bedeuten: Es muss für Journalistinnen und Journalisten weiterhin die Möglichkeit geben, zu recherchieren und sich mit Informantinnen und Informanten auszutauschen, ohne dadurch ins Visier von Ermittlerinnen und Ermittlern zu geraten. Alles andere wäre eine Marginalisierung von Recherchen,«[85] warnt der DJV. Auch sei das Redaktionsgeheimnis Makulatur, da die ausführenden Dienste nach dem neuen Überwachungsgesetz auch bei Berufsgeheimnisträgerinnen und Berufsgeheimnisträgern Überwachungstrojaner aufspielen könne.

Davor müsse im Gegenteil der Gesetzgeber eher schützen: Denn auch verfassungsrechtlich muss sich dieser wie in Deutschland auch hinsichtlich der Grundrechte der digitalen Kommunikation binden lassen: Alle Kommunikationsgrundrechte sind beeinträchtigt, wenn individuelle Kommunikation entweder gestört oder insbesondere über die Abhängigkeit von Technikanbietern einem autoritären Regime zugänglich gemacht wird. Denn, wer potenziell mit Nachteilen rechnen muss, wird sein Kommunikationsverhalten anpassen - was eine erhebliche Beeinträchtigung von Freiheit darstellt. Dies gilt z.B. insbesondere dann, wenn ein mächtiger Akteur über seinen technischen Einfluss auf die Kommunikationsnetze eine hinreichend substanzielle Wissensherrschaft erlangt, die er etwa gegen politische Oppositionelle oder unliebsame Außenwahrnehmung einsetzen kann. Insoweit greifen grundrechtliche Schutzpflichten für eine hinreichende Kommunikationssicherheit ein, die auch den Gesetzgeber binden.[86] Die Medienorganisation ›Reporter ohne Grenzen‹ will Verfassungsbeschwerde einlegen.

*Edward Snowden* forderte eine Gleichsetzung der Smartphone-Trojaner mit Atomwaffen und ein entsprechendes internationales Verbot. Ein Handel mit Atomwaffen sei nicht erlaubt, darum sollte auch der Handel mit Überwachungssoftware nicht erlaubt sein: Wer einen Weg finde, ein iPhone zu hacken, habe auch einen Weg gefunden, alle zu hacken. Dadurch könnten die Smartphones kosteneffizient gehackt werden und aus den derzeit 50.000 Zielen schnell 50 Millionen Ziele werden. Diese Industrie sollte nach ihm nicht existieren dürfen. Und was, wenn wir zu der Erkenntnis kommen, dass unsere Telefone auch ohne Zusätze nicht mehr sicher sind? Deutschlands IT-Sicherheitsbehörde *BSI* sprach wegen Pegasus eine Cyber-Sicherheitswarnung mit einer eingeordneten IT-Bedrohung der Stufe zwei (von vier) aus[87]. Organisationen wie *Amnesty International* (AI) förderten Erkennungs- und Verschlüsselungswerkzeuge.

## 1.5 Der fünfte Akt: Apples Sündenfall - Realität schaffen mittels technologischer Macht als fünfte Staatsgewalt nach Legislative, Judikative, Executive und den Medien ●

Doch bevor die politische oder gesetzliche Situation eines Rechtsrahmens zur Entschlüsselung diskutiert werden konnte, schaffte Apple durch technische Maßnahmen bereits Tatsachen: Den externen Trojaner (Pegasus) eines dritten Unternehmens konnte Apple - ähnlich wie den externen Angriff vom Unternehmen Cellebrite - nicht auf sich sitzen lassen und internalisierte die Spionage als »Trojaner by Default« in das eigene Betriebssystem. Wie folgt: alle Bilder, auch Ausschnitte und Größen- bzw. Qualitätsveränderungen (Resizing) werden - wie weiterhin auch Texte - bei Apple-Geräten durch deren Scanner mit sog. Hashes, kurzen Identifikationsnummern, überprüft. Mit dem Argument »zum Schutze der Kinder« durchsucht Apple die Daten der Kundinnen und Kunden auf ihren Geräten und ermöglicht damit »Massenüberwachung auf der gesamten Welt«, so brachte es wiederum *Edward Snowden* bei Twitter auf den Punkt. Das System könne »sehr einfach verwendet werden, um private Inhalte auf alles zu scannen, was sie oder eine Regierung kontrollieren wollen. Denn Länder haben unterschiedliche Definitionen, was akzeptabel ist«, kritisierte selbst Whatsapp-Chef *Will Cathcart* auf Twitter. Ob er den Status seiner eigenen Filter- und Überwachungsmaschinerie gefährdet sah? *Will Cathcart* wird vom Facebook-Chef als enger Vertrauter und als »einer der talentiertesten Führungskräfte unserer Firma« bezeichnet, schließlich wurde er bei Google ausgebildet und war seit Anbeginn für die Entwicklung der Anti-Spam-Filter-Technologien bei Googles Produkten, einschließlich Gmail, verantwortlich.

Auch US-Bürgerrechtsorganisationen wie das *Center for Democracy & Technology* (CDT) liefen Sturm gegen das Vorhaben von Apple, einen sogenannten ›Nackt-Scanner‹ bzw. ›Nackt-Filter‹ einzusetzen. Sie heißen Nackt-Scanner, nicht weil die Filter nach Bildern mit nackten Menschen suchen, sondern weil die Scan-Prozesse vor einer potentiellen Verschlüsselung im Plain-Text bzw. am Plain-Bild erfolgen. Es geht dabei nicht darum, dass Apple auf seinen Servern sucht und Illegales der Polizei meldet. Das machen GAFAM-Anbieter voraussichtlich bereits. Es geht darum, dass jetzt sogar die dezentralen Telefone durchsucht werden.

Wie die Bürgerrechtsorganisation *Electronic Frontier Foundation* (EFF)[88] weiterhin anmerkt, sind die Missbrauchsfälle solcher Nackt-Scanner leicht vorstellbar: Die Regierungen, die Homosexualität verbieten, könnten verlangen, dass ein Klassifizierer ausgebildet werden muss, um auffällige LGBTQIA-Inhalte auszufiltern, oder ein autoritäres Regime kann den Klassifizierer verlangen, dass der Klassifizierer beliebte satirische Bilder oder Protestflyer der Opposition dem Regime meldet.

Der Filter-Scanner des Betriebssystems soll auch in jeder zugelassenen Applikation per API-Schnittstelle eingebaut werden. Es ist vergleichbar, als wenn die Zuckerindustrie den Zucker nicht erst dem Milchprodukt zu üblichen 13 % beifügt, sondern der Kuh schon gleich ins Futter mengt. Sind wir alle digitale Stopfgänse geworden? Morgen gefüttert mit konformen Denkvorgaben, zumindest heute zu Recht durch Kontrolle befreit von potenziell unkonformen Inhalten, die es weiter zu definieren gilt? Oder ist die staatlich initiierte KI-Kontrolle vergleichbar mit einer am bzw. im Organismus integrierten Insulinpumpe? Wie weit oder tief darf staatliche Gesinnungskontrolle verankert werden?

Nicht nur Bürgerrechtlerinnen und Bürgerrechtler, und auch Mitarbeiter und Mitarbeiterinnen von Apple, sondern weltweit auch die Verbände von Journalistinnen und Journalisten (wie DJV, ORF-Rat, Schweizer Mediengewerkschaft SSM, EFF, Fachgruppe Medien Verdi und weitere) sehen im Apple-Scan eine Gefahr für die Privatheit und Pressefreiheit: Diese internationale Koalition von mehr als 90 Organisationen der Zivilgesellschaft bat Apple, nicht auf ihren Servern zu scannen und insbesondere nicht auf den dezentralen Geräten zu scannen, unseren Smartphones. Apple habe sein einst berühmtes Engagement für Sicherheit und Privatsphäre aufgegeben.

Auch ist zu fragen, warum dieses US-Werkzeug zuerst bzw. bislang nur über das Betriebssystem von Apple gesteuert wird und nicht über Android von Google? Während zu dieser Zeit in Afghanistan die US-Truppen abgezogen werden und die islamistische Terror-Gruppe Taliban wieder die Macht an sich reißt, ist möglicherweise davon auszugehen, dass die Telefone, die nur eines der beiden Betriebssysteme kennen können, vollständig indexiert wurden, als US-Soldaten neben Verbündeten und Bevölkerung gestanden haben. So, dass nach dem Durcheinanderlaufen der Menschenmenge, die aus einem Orbit der Geo-Beobachtung der Smartphones wie ein Ameisenhaufen wirken könnte, dieses Überwachungssystem auch jederzeit die bisherigen Ansprechpartnerinnen und Ansprechpartner in einer Fernwartung wiederfinden kann. Die Kontaktleute bleiben weiterhin per Smartphone auffindbar: Afghanen über Android zu überwachen ist kostengünstiger als Taliban über Truppen vor Ort zu verdrängen? Länder-Intervention wird zur Computer-Operation. Das Ziel, keine afghanischen Schläfer attackieren die USA, sei erreicht, war die Begründung des Truppenabzuges. Weil die Staatsmitglieder dieses Landes nun über die Telefone überwacht werden können? Als in Kabul die Taliban die Macht übernahmen, sprengte ein ISIS-Terrorist sich selbst, 169 Afghaninnen und Afghanen sowie 13 US-Soldatinnen und Soldaten in die Luft. Der amerikanische Präsident drohte mit Vergeltung - doch schon am nächsten Tag vermeldeten die Zeitungen: »Das Ziel ist getötet!« Der hochrangige Koordinator der Terrormiliz ISIS wurde zügig in seiner Geolocation aufgefunden, weil er mit seinem Smartphone indexiert war: ohne Gerichtsprozess konnte so ein gezielter Luftschlag mit einer Drohne vom Typ »MQ-9 Reaper« gegen ihn durchgeführt werden.

Apples Sündenfall ist eine weltweite Totalüberwachung durch die Hintertür, bei der Telefone gegen ihre Benutzerinnen und Benutzer arbeiten: Das ist eine historische Zäsur und schafft einen Präzedenzfall – und das Problem sei auch, dass sich öffentlich kaum einer traue auszusprechen, für die Beibehaltung der Privatsphäre einzutreten unter Inkaufnahme des Risikos weniger Fälle illegaler Inhalte. Wer wollte dieses Risiko für die eigene Familie und Gesellschaft auch schon akzeptieren?

Dennoch werde eine »Infrastruktur für Massen-Überwachung und weltweite Zensur und eindeutig eine Hintertüre (Backdoor)[89]« etabliert - auch wenn Kinderschutz, um den sich das National Center for Missing and Exploited Children weiterhin kümmere, fraglos ein wichtiges Ziel sei. Der Grundpfeiler von Rechtsstaaten, dass Bürgerinnen und Bürger nicht systematisch überwacht und ausspioniert werden, ist ebenso ein vordringliches Ziel.

Wahrscheinlich war das enorme Medien-Echo von Pegasus im Voraus erforderlich und hilfreich, um ebenso eine solche weltweite Total-Überwachung einzuführen und zu rechtfertigen – vorbereitet und installiert aus den USA und nicht wieder durch Israel. *Erich Honecker*, ehemaliger Vorsitzender des Staatsrats der DDR, würde sich über diese NEUE GLOBALE STASI mit einer Rasterfahndung durch Millionen von kleinen Computer-Platinen als ›Inoffizielle Mitarbeiter‹ (IM), die eines der wichtigsten Herrschaftsinstrumente und Stützen der Diktatur-Macht der DDR waren, ins Fäusten lachen? Ein Wunschtraum von *Erich Mielke*, der Hauptverantwortlicher für den Ausbau der Sicherheitsorgane der DDR zu einem flächendeckenden Kontroll-, Überwachungs- und Unterdrückungssystem war, und ein Alptraum von *George Orwell*, der als bedeutendster Schriftsteller der englischen Literatur mit seiner Zukunftsvision von einem totalitären Staat in den Büchern Animal Farm und 1984 weltberühmt wurde.

Die klassische Gewaltenteilung im Staat durch Legislative, Judikative und Exekutive ist nicht nur durch um die Medien erweitert worden, sondern auch um die (staatlich beauftragte) Kontrolle durch die Technologieunternehmen. Mit der Folge von unklaren und/oder totalitären Auswirkungen.

*

Der Präsident der *Gesellschaft für Informatik*, und Hochschullehrer an der Universität Hamburg, *Hannes Federrath*, entwickelte vor einigen Jahren auch die Web-Anonymizer-Software JonDo zum Schutz der Anonymität und Unbeobachtbarkeit im Internet. Das Programm wurde als Alternative zum bekannten Tor-Netzwerk mit staatlicher Forschungs-Förderung entwickelt, die heute noch - auch mit Bezahl-Option - besteht.

Er fasst diese Diskussion um Filterungen von Klar-Daten und Einschränkungen von Verschlüsselungen schließlich wie folgt auf den Punkt zusammen: »Vorstöße zur Einschränkung von Verschlüsselung gefährden nicht nur die informationelle Selbstbestimmung der Bürgerinnen und Bürger, sondern auch den Schutz von Betriebs- und Geschäftsgeheimnissen der Unternehmen. Indem sämtliche Bemühungen um rechtsverbindliche Unternehmenskommunikation durch eine Aufweichung von Verschlüsselung unterlaufen werden, wird letztlich die notwendige Digitalisierung unserer Wirtschaft behindert. Auch für die politische Willensbildung und Gestaltung einer freien Gesellschaft brauchen wir eine verlässlich vertrauliche Kommunikation.

Das Grundrecht auf Verschlüsselung ist wichtig für unsere Demokratie – so wie es das Postgeheimnis in der analogen Welt ist. Geheime Kommunikation lässt sich weder mit einem Zweitschlüssel noch mit einem Verschlüsselungsverbot wirksam verhindern. Sonst könnte etwa auch auf unbeobachtbare Kommunikation mit Steganographie ausgewichen werden.«[90]

Schauen wir uns also an, was Steganographie als Ergänzung und Ersatz für Kryptographie bedeuten kann.

## 2 26 SHADES OF GREY - DIE FAHNDUNG NACH VERBORGENER MULTI-VERSCHLÜSSELUNG IN DER STEGANOGRAPHIE ●

Es sei ergänzend auf die gute Praxis hingewiesen, dass nicht nur Schlüssel – wie wir weiter unten noch sehen werden – von einer Übertragung im Internet ausgenommen werden können, sondern auch Cipher-Text (wie auch Klar-Text) als solcher nicht erkenntlich sein kann. Dieses nennt man Steganographie.

Die Steganographie ist die Wissenschaft oder Kunst der verborgenen Speicherung bzw. Übermittlung von Informationen in einem Trägermedium. Denken wir uns dieses wie einen Container, in dem die Information oder der Cipher-Text quasi unsichtbar abgelegt werden kann. Sie wird oft als Schwester-Wissenschaft zur Kryptographie verstanden.

Mit steganographischen Prozessen kann beispielsweise in einem Bild die Farbe eines Pixel-Punktes im Rot-Gelb-Blau-Spektrum einen anderen RGB-Wert annehmen und damit eine geheime Chiffre darstellen. Mit bloßem Auge wird niemand feststellen, dass aus einem Grau ggf. ein dunkleres Grau geworden ist: ein Mausgrau, Aschgrau, Staubgrau - oder vielleicht darf noch flammend-frisches Steingrau im Sinne des Humoristen *Loriot* vorschlagen werden? 26 Shades of Grey. Und alle Buchstaben des Alphabets sind definiert.

*Abbildung 7:* Steganographie in Pixelpunkten eines Bildes

| Pixel-Nummer | 1 |
|---|---|
| Botschaft / Buchstabe (des Cipher-Textes) | G |
| Position im Alphabet | 7 |
| Position binär (aufgefüllt) | 000111 |
| roter Farbwert vor der Kodierung | RRRR RRRR |
| grüner Farbwert vor der Kodierung | GGGG GGGG |
| blauer Farbwert vor der Kodierung | BBBB BBBB |
| roter Farbwert nach der Kodierung | RRRR RR**00** |
| grüner Farbwert nach der Kodierung | GGGG GG**01** |
| blauer Farbwert nach der Kodierung | BBBB BB**11** |

*Quelle:[91]*

*Der Buchstabe G wird binär mit 000111 dargestellt und im ersten Pixel eines Bildes mit dieser binären Zahl über den RGB-Wert eingebettet, in dem der Rot-Wert am Ende mit 00, der Grün-Wert am Ende mit 01 und der Blau-Wert am Ende mit 11 angepasst wird. Das menschliche Auge sieht farblich keine Veränderung. Eine*

*Analyse der Pixelpunkte des Bildes kennt die veränderten (signifikanten) Pixel nicht.*

Die Tabelle 7 zur Steganographie in Pixelpunkten eines Bildes zeigt auf, dass wenn ein 8-stelliger Zahlen Wert für die Farbe Rot (RRRR RRRR) in einem Pixelpunkt des Bildes (z.B. Pixel Nr. 1) in den letzten beiden Stellen einen anderen Wert annimmt (hier: 00), wir dann erwarten können, dass dieser Pixelpunkt vom menschlichen Auge her nicht anders wahrgenommen wird. Trotzdem ist es ein leicht veränderter Rot-Ton in den letzten beiden Stellen des Rot-Wertes eines Pixelpunktes.

Vor einem Austausch des veränderten Bildes sollte standardmäßig definiert oder individuell bekannt sein, an welcher Pixel-Position der Schweizer Käse sozusagen seine Löcher hat, sich die veränderten Farbwerte befinden. Ist das also der Grund, warum Fotographen beim Bildermachen immer ein »Cheeese« hören wollen?

Wenn wir nicht erkennen, dass Verschlüsselung im Wesentlichen Sicherheit bedeutet, uns schützt, dann kann die Redewendung »Going Dark« (so viel wie: ins Dunkle, Graue abwandern) hingegen in wenigen Jahren bedeuten, dass nicht mehr *Klar-Text* (als sichtbarer Cipher-Text) ins Internet gesendet wird, sondern *Cipher-Text* ins Dunkle abwandert – per Steganographie!

Verschlüsselung muss daher vielmehr als »Gehen der Extra-Meile für mehr Sicherheit« gedacht werden (englisch: »Going the Extra Mile«[92]).

Verschlüsselung in einem Netzwerk bildet ein »Bright-Net« (helles, transparentes Netz) und kein »Dark-Net«, weil es Schutz gegen Dritte bietet und der Versand von Cipher-Text ersichtlich ist – auch, wenn es einen (hoffentlich) nur kleinen und geringen Prozentsatz gibt, der darüber ggf. illegale und damit kriminelle Prozesse definieren möchte. Das wirkliche Dark-Net findet sich dieser Argumentation zufolge erst bei steganographiertem Klar-Text bzw. auch Cipher-Text.

Ein politischer Eingriff in die Sicherheit einer Ende-zu-Ende-Verschlüsselung könnte das Fass zum Überlaufen bringen – ist es ggf. ein sog. »Tipping-Point«, ein Wendepunkt? Wenn Verschlüsselung kriminalisiert wird, verschlüsseln qua Definition nur noch Kriminelle! Doch wie wollte man diesen marginalisierten Cipher-Text von guten und bösen Menschen auch unterscheiden? Und es ist ggf. anzunehmen, dass die Verschlüsselung zukünftig nicht unterbleibt, denn Cipher-Text in den Daten-

Leitungen nimmt immer mehr zu: Browser-Hersteller kündigten zugleich an, die Übertragung von Webseiten im Standard als HTTPS, also verschlüsselt (und nicht unverschlüsselt als HTTP) zu übertragen. Das wird dem Versand von verschlüsseltem Cipher-Text über das Internet nochmals einen Schub nach vorne geben.

Webseiten verschlüsselt abzurufen, Chat-Nachrichten aber nicht verschlüsselt abrufen zu dürfen, könnte in der Folge, wie beschrieben eine Nischengesellschaft für die Kommunikation etablieren, wenn die Bevölkerung Nachrichten dennoch verschlüsseln möchte: So eine Nische kann entstehen bei der Abkopplung von Gruppen in eigene Netze, wie es schon bei der Abkopplung von Nationen in eigene Netze bekannt ist, z.b. in Russland beim im Bedarfsfall autarken #RuNet ist das eingerichtet worden. Russland will sein Internet jederzeit international entkoppeln können. Dann ist das Internet nicht mehr ein weltweites transparentes Kommunikationsmedium, sondern es unterliegt nationaler Souveränität (wenn auch ohne Verschlüsselung) und grenzt damit auch globale ökonomische Prozesse ein bzw. aus.

Ebenso kann die politische Tendenz oder ein politischer Zwang zum Verstecken von Cipher-Text über steganographische Funktionen dazu führen, dass sogar mehr Intransparenz entsteht als bislang. Dann beginnen Versenderinnen und Versender von Cipher-Text ggf. mit einer Abkopplung von der Sichtbarkeit des Cipher-Textes durch steganographische Prozesse im Nachrichtenversand: aus Verschlüsseln wird dann Verstecken (im Englischen: From Cipher to Conceal, FC2C).

Denn, der Einsatz von Steganographie hat Geheimhaltung und Vertraulichkeit zum Ziel. Die Informationen werden in der Kommunikation so verborgen, dass Dritte bei Betrachtung des Trägermediums keinen blassen Schimmer von einer darin enthaltenen zweiten Nachricht haben. Damit ist zugleich erreicht, dass die verborgenen Informationen Dritten nicht bekannt werden, das heißt: die Geheimhaltung ist - wie auch bei der Kryptographie - gewährleistet.

Das Funktionsprinzip der Steganographie beruht also darauf, dass Außenstehende die Existenz der steganographierten Information nicht erkennen. Damit unterscheidet Steganographie sich auch von der Kryptographie, bei der Außenstehende zwar um die Existenz von Informationen wissen, aber aufgrund der Verschlüsselung nicht in der Lage sind, den Inhalt zu verstehen.

## 2.1   Wir spielen Halma: mit der Null-Cipher •

Ein weiteres praktisches Beispiel verdeutlicht, wie Informationen nur durch entsprechende Fokussierung bzw. Filterung ersichtlich werden: Schickt Alice ihrem Freund Bob kein Cipher-Text, sondern hingegen eine Nachricht in Form eines (belanglosen) Gedichts, bei dem jedoch die Anfangsbuchstaben der Zeilen hintereinander gelesen die eigentliche Nachricht bilden, so kann der außenstehende Walter zwar sehen, dass Alice eine Nachricht an Bob sendet, der Inhalt, den Walter wahrnimmt, entspricht aber nicht der relevanten Nachricht von Alice an Bob. Die Wahrscheinlichkeit, dass Walter die Nachricht verändert oder blockiert, wird mangels Interesses daher gering sein. Der Algorithmus, der in dieser Art steganographisch wirkt, wird als sog. »Null«-Cipher bezeichnet. In der Null-Cipher wird der Klar-Text in einem weiteren Text integriert. Dieser könnte auch ein Cipher-Text sein. Die Leserin bzw. der Leser muss nur weitere Buchstaben streichen, um die eigentliche Nachricht zu dechiffrieren.

D.h. die meisten Zeichen in einem solchen Kryptogramm sind mit Null (also als zu überspringend) zu bewerten, nur einige wenige Zeichen sind signifikant bzw. bedeutsam und zählen zu der eigentlichen Nachricht. Einige andere Zeichen können ergänzend noch Hinweise auf die signifikanten Zeichen geben.

Die Null-Cipher funktioniert also wie ein Halma- oder Mensch-Ärgere-Dich-Nicht-Spiel: um zum nächsten bedeutsamen Zeichen zu kommen, sind einfach ein paar Zeichen, die nicht signifikant sind, und damit den Wert von Null zugewiesen bekommen, zu überspringen. Es ist wie im Leben: Sinn entsteht, indem wir »Unrat« - in diesem Fall: Wörter beim Lesen - vorbei schwimmen lassen. Eine solche Technik wurde beispielsweise von einem Gefängnis-Insassen angewandt, bei der ganze Worte in einem unauffälligen Brief eingestreut wurden. Der Brief (in englischer Sprache) lautete wie folgt:

**«SALUDOS LOVED ONE SO TODAY I HEARD FROM UNCLE MOE OVER THE PHONE. HE TOLD ME THAT YOU AND ME GO THE SAME BIRTHDAY. HE SAYS YOUR TIME THERE TESTED YOUR STRENGTH SO STAY POSITIVE AT SUCH TIMES. I'M FOR ALL THAT CLEAN LIVING! METHAMPHETAMINES WAS MY DOWN FALL. THE PROGRAM I'M STARTING THE NINTH IS ONE I**

HEARD OF A COUPLE WEEKS BEFORE SEPTEMBER THROUGH MY COUN-SELOR BARRIOS. BUT MY MEDICAL INSURANCE COVERAGE DENIES THEY COVER IT. I'M USING MY TIME TO CHECK AND IF THE INSURANCE AGENT DENIES STILL MY COVERAGE I'M GETTING TOGETHER PAPERWORK SAY-ING I TESTED FOR THIS TREATMENT REQUIRED ON THE CHILD CUSTODY. THE NINTH WILL MEAN I HAVE TESTED MY DETERMINATION TO CHANGE. ON THE NEXT FREE WEEKEND THE KIDS ARE COMING, BUT FIRST I GOTTA SHOW CAROLINA I'M STAYING OUT OF TROUBLE WAITING TO GET MYSELF ADMITTED ON THE PROGRAM. THE SUPPORTING PA-PERWORK THAT THE FAMILY COURTS GOT WILL ALSO PROVE THERE'S NO REASON NEITHER FOR A WITNESS ON MY CHILDREN'S VISITS. OF COURSE MY BRO HAS HIS MIND MADE UP OF RECENT THAT ALL THIS DRUG USAGE DON'T CONCERN OUR VISITS. I THINK THAT MY KIDS FEEL I NEED THEIR LOVE IF I'M GONNA BE COOL. GUILTY FEELINGS RISE ON ACCOUNT OF THE MISTAKES I COULD WRITEUP. FOR DAYS I'M HERE. HE GOT A GOOD HEART. SHOULD YOU BE HAVING PROBLEMS BE ASSURED THAT WHEN YOU HIT THE STREETS WE'LL BE CONSIDERING YOU..."

Nutzt man nur jedes fünfte Wort, kann man den versteckten Text rekonstruieren, in dem empfohlen wird, jemanden zu attackieren bzw. (d.h. in diesem Milieu des Drogenhandels) zu erpressen, wenn sich die Person nicht rechtzeitig melde ... («he should be hit").

**TODAY MOE TOLD ME ...**
**I FEEL - IF GUILTY OF WRITEUP - HE SHOULD BE HIT.**

Die US-Polizei-Behörde FBI konnte diesen Brief des hochkarätigen Gefängnisinsassen aufgrund ausführlicher Untersuchung jedoch dechiffrieren[93].

## 2.2 Dank Schablonen-Filter: Ich sehe was, was Du nicht siehst! •

Ebenso nach diesen steganographischen Prinzipien funktioniert die Grille Cipher. Sie verdeckt überflüssige Informationen, so dass nur die relevanten Informationen zum Vorschein kommen. Sie wird im Deutschen auch Fleißnersche Schablone genannt - nach dem österreichischen Oberst *Eduard Fleißner von Wostrowitz*. Der französische Schriftsteller *Jules Verne* beschrieb u.a. das Verschlüsselungsverfahren mit der Fleißnerschen Schablone 1885 in seinem Roman *Mathias Sandorf*. Die Idee geht jedoch noch weiter zurück auf das von dem italienischen Mathematiker und großen Universalgelehrten der Renaissance *Gerolamo Cardano* erdachte und nach ihm benannte »Cardan-Gitter« (etwa um das Jahr 1550; bei der Fleißnerschen Schablone wurde dieses Cardan-Gitter jedoch noch ergänzend verschiedene Male um 90 Grad gedreht).

*Gerolamo Cardano* hat eine Vielzahl an Wissensbereichen in Form von Vorlesungen und Schriften bearbeitet, sie reichen über Medizin, Mathematik, Philosophie, vergleichende Religionswissenschaft, Physik, Chemie, Ingenieurwissenschaften, Pharmazie, Psychologie und Traumdeutung, Astronomie und Astrologie bis zur Architektur und Wissenschaftsgeschichte. Also all das, was uns Schule heutzutage zu lehren versucht.

Das Cardan-Gitter spielte bei der Verschlüsselung von Botschaften im Zusammenhang mit der Steganographie in der frühen Neuzeit eine bedeutende Rolle.

*Abbildung 8:* Cardan-Gitter bzw. Fleißnersche Schablone für eine Grille Cipher

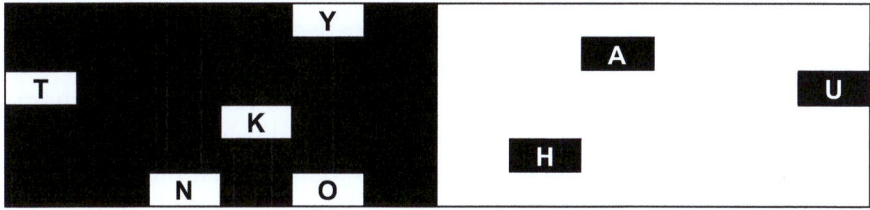

Schwarze Schablone von Alice                    Weiße Schablone von Bob

| F | S | I | U | Y | P | E | G | R | R | S | S |
|---|---|---|---|---|---|---|---|---|---|---|---|
| E | A | C | R | R | N | O | E | A | T | S | O |
| T | T | A | H | O | E | O | A | T | K | E | U |
| N | J | Z | K | E | E | M | R | L | J | P | O |
| S | V | E | A | E | N | D | H | E | T | R | N |
| T | L | N | O | O | U | Y | X | E | T | S | E |

*Es bestehen in obiger Abbildung eine weiße Tabelle und eine schwarze Tabelle (Englisch: Grille), deren Zellen mit zufälligen Buchstaben gefüllt sind. Der obere Teil der Abbildung zeigt eine schwarze und eine weiße Schablone. Legt man sie an, ergibt sich das Passwort TNKYO durch die schwarze Schablone und bei der weißen Schablone lesen wir HAU. Beide Wortteile können zu einem gemeinsamen Passwort TNKYOHAU zusammengesetzt werden, das Alice und Bob gemeinsam anwenden.*

Mit dieser Methode werden mittels einer Schablone in einer Matrix bzw. Tabelle (englisch: Grille) die Zellen festgelegt, die z.B. jeweils ein Passwort wie »**TNKYO**« aus der schwarzen Schablone von Alice oder aus der weißen Schablone von Bob das Passwort »**HAU**« ergeben (von rechts nach links gelesen).

Ursprünglich konnte eine solche Schablone mit ihren Löchern auch über einen Brief-Text gelegt werden und so die gewünschten, ausgewählten Worte zum Vorschein bringen, die dann einen neuen Satz oder anderen Sinn ergaben.

Diese beiden durch die Schablonen ersichtlichen Zeichenketten im obigen Beispiel von Alice und Bob könnten schließlich zu einem gemeinsamen Passwort »**HAUT-NKYO**« zusammengesetzt werden. (Es ist ein sog. »2-Wege-Calling« gemäß der weiter unten noch vertiefend erläuterten Methode des »Cryptographischen Callings«: Beide geben eine Hälfte zum gemeinsamen Passwort).

Die zwei Zeichenketten ergeben so ein neues Passwort, das erst über steganographische Prozesse sichtbar wird. Es kann dann von beiden für eine weitere (symmetrische) Verschlüsselung (d.h. mit einem Passwort) z.B. im Rahmen einer Multi-Verschlüsselung genutzt werden.

Stellen wir uns weiterhin eine solche 6x6-Matrix gefüllt mit Zahlen vor, und dass sie von Alice und Bob in einem anderen, unbeobachteten und in der Vergangenheit liegenden Kanal ausgetauscht wurde, so dass der Inhalt auf beiden Seiten bekannt ist, bei aktuellen Beobachterinnen und Beobachtern ihrer Kommunikation aber nicht. Schon bei dieser 6x6-Tabelle gibt es je nach Anzahl der Löcher (2, 3, 4 oder mehr Zeichen ... aus 36) eine Vielzahl möglicher Schablonen, mit denen Alice dann ein Passwort bilden kann, das aus hintereinander gereihten Zeichen, Zahlen oder Buchstaben, erst dann sichtbar wird, wenn Bob ihr sagt: Wähle Schablone Nr. 13 aus!

Wer würde die Zahl 13 für die Schablone oder die 36 Zeichen in der Matrix als ein Schlüsselelement erkennen? Solche Kurz-Identifizierungen wie die Zahl 13 als Hinweis auf die Schablone 13 können auf einen Filter eines Schlüsselspektrums verweisen, der für übliche Chat-Nachrichten sicher bleibt, aber nicht als übertragener Schlüssel sichtbar wird: Denn der Schlüssel zur Bildung des Passwortes ist ja die Schablone und nicht die Zahl 13. Die Koordinaten der ausgestanzten Felder sind ein weiteres Schlüssel-Element dieses steganographischen Werkzeugs.

So bekommt das tägliche Kreuzworträtsel der öffentlichen Tageszeitung eine ganz neue Bedeutung: Alice und Bob lösen das Kreuzworträtsel, verständigen sich über die Nummer einer Schablone, beispielsweise wie genannt: Schablone Nr. 13, legen diese über den Kasten des Kreuzworträtsels der Tageszeitung und erhalten ein Passwort von links nach rechts gelesen, dass nicht über das Internet übertragen wurde und damit auch nicht bei korporativen Akteuren hinterlegt werden kann. Solche manuellen Passwörter zur Etablierung einer (symmetrischen) Ende-zu-Ende-Verschlüsselung können bereits heute in zahlreichen Messengern hinterlegt werden. Der Prozess wird mit »BYOK« oder »CSEK« abgekürzt, aus dem Englischen: *Bring your own Keys* bzw. *Customer Supplied Encryption Keys* – zu Deutsch: »Bringe Deinen eigenen Schlüssel ein« bzw. »Vom Kunden gelieferte Schlüssel«.

Solche spezifisch platzierten Zeichen oder signifikanten Punkte haben wir täglich auch im Büro vor Augen: Wer wusste schon, dass, wenn wir eine Farbkopie im Büro aus dem Drucker holen, diese Seite unsichtbar markiert sein kann mit winzigen gelben Punkten? Wir haben sie vor Augen, sehen sie aber nicht! - (was manchen zeitweilig auch mit der Arbeit passiert).

Dieses ist erforderlich, damit keine Farbkopien von Geldscheinen erstellt werden bzw. Farbkopien identifizierbar sind, aus welchem Kopierer oder Drucker sie kommen. Das bedeutet aber auch: Kopien oder Ausdrucke sensibler Dokumente - etwa Briefe von Ärztinnen und Ärzten, Bankauszüge, Steuererklärungen oder Firmenbilanzen - können auf Eigentümerin oder Eigentümer des Druckers und hinsichtlich Erstellungszeitpunkt zurückverfolgt werden. Diese Rückverfolgbarkeit ist vielen Anwenderinnen und Anwendern gar nicht bekannt und auch nicht zugänglich. Denn der Code wird von den Herstellern nicht bekanntgegeben. Xerox ist einer der wenigen Hersteller, der ganz offen schreibt: »Das digitale Farbdrucksystem ist entsprechend den Forderungen zahlreicher Regierungen mit einem fälschungssicheren Kennzeichnungs- und Banknotenerkennungssystem ausgerüstet. Jede Kopie wird mit einer Kennzeichnung versehen, die nötigenfalls die Identifizierung des Drucksystems ermöglicht, mit dem sie erstellt wurde. Dieser Code ist unter normalen Bedingungen nicht sichtbar.«[95]

Diese Farbdruckermarkierung – auch sog. »Machine Identification Code« (MIC), yellow dots (gelbe Punkte), tracking dots (Punkte zur Nachverfolgung) oder secret dots (geheime Punkte) genannt – ist ein digitales Wasserzeichen, das von vielen (wenn auch nicht allen) Farblaserdruckern und -kopierern auf jeder gedruckten Seite angebracht wird. Unauffällige Zeichen an einem Trägermedium unseres Alltags: dem Kopierpapier aus unserem Drucker.

## 2.3    Die Bacon's Cipher: Wandlung statt Illusion ●

Wenn ein Text oder eine Zeichenfolge also durch Steganographie versteckt und unsichtbar wird, kann das ein Klar-Text sein, oder es kann auch mit Computern multi-verschlüsselter Cipher-Text sein, oder einfach nur mit geringem Aufwand sog. encodierter Text. Es geht also nicht nur darum, Klar-Text zu verstecken, sondern auch Cipher-Text kann in Cipher-Text an definierten Positionen »eingestreut« und damit quasi unsichtbar werden. Und auch bei der einfacheren Encodierung können Vorteile bestehen, wenn das Ergebnis der Encodierung, also der Cipher-Text, lediglich aus einer Folge von zwei Zeichen besteht, also von 0 und 1 oder A und B (die man ebenso wieder leicht in 0 und 1 wandeln kann).

Encodierung kann ein Gehilfe oder eine Vorstufe im Prozess einer Steganographie sein, daher wird sie hier eingebunden.

Für eine einfache Encodierung - wenn mal kein Computer zur Verfügung steht - gibt uns die Cipher von *Francis Bacon* – auch Bacon's Cipher oder Baconian Cipher genannt – aus dem Jahr 1605 ein gutes Beispiel:

*Francis Bacon* war ein englischer Philosoph, Jurist und Staatsmann und gilt als Wegbereiter des sog. »Empirismus«, dem zufolge Theorie und Wissen auf Erfahrung beruhe oder beruhen solle. Zudem behauptete *Delia Bacon* - eine zufällige Namensgleichheit, ohne mit ihm verwandt gewesen zu sein - viele Jahre später, dass *Francis Bacon* die Werke von *William Shakespeare* verfasst habe. Sie entwickelte in ihrem Buch *The Philosophy of Shakespeare's Plays* (1857) die Ansicht, dass sich hinter den Shakespeare-Stücken eine Gruppe von Schriftstellern mit und um *Francis Bacon* verberge. Von der wissenschaftlichen Shakespeare-Forschung wird diese Behauptung jedoch abgelehnt. Ggf. nur eine wilde Idee dieser dunkelhaarigen Lehrerin mit starkem Willen aufgrund der Namensgleichheit?

*Abbildung 9:* Die Bacon's Cipher

| BUCH STABE | CODE | BINÄR | BUCH STABE | CODE | BINÄR |
|---|---|---|---|---|---|
| A | aaaaa | 00000 | N | abbab | 01101 |
| B | aaaab | 00001 | O | abbba | 01110 |
| C | aaaba | 00010 | P | abbbb | 01111 |
| D | aaabb | 00011 | Q | baaaa | 10000 |
| E | aabaa | 00100 | R | baaab | 10001 |
| F | aabab | 00101 | S | baaba | 10010 |
| G | aabba | 00110 | T | baabb | 10011 |
| H | aabbb | 00111 | U | babaa | 10100 |
| I | abaaa | 01000 | V | babab | 10101 |
| J | abaab | 01001 | W | babba | 10110 |
| K | ababa | 01010 | X | babbb | 10111 |
| L | ababb | 01011 | Y | bbaaa | 11000 |
| M | abbaa | 01100 | Z | bbaab | 11001 |

Quelle:[96]

*Die Baconische Cipher bildet das Alphabet binär mit Nullen und Einsen ab und stellt diese auch als A oder B Buchstabe dar, die sich leicht in steganographische Methoden einbetten lassen.*

Das Wort STEGANOGRAPHIE ergibt nach der Baconischen Cipher die folgende encodierte Zeichenkette, die am Ende noch mit drei zufälligen Ziffern aufgefüllt (man sagt auch fachlich: kryptographisch »gesalzen«) wurde:

**baaba_baabb_aabaa_aabba_aaaaa_abbab_abbba_aabba_aaaaa_a bbbb_aabbb_abaaa_aabaa_babbb_babbb_babbb.**

Auch ist es möglich, diese Zeichenkette in anderen Blöcken darzustellen:

**baa_babaa_bbaab_aaaab_baaaa_aaabb_ababb_baaab_baaaa_aaa bb_bbaab_bbaba_aaaab_aabab_bbbab_bbbab_bb.**

Die ersten drei Buchstaben können nun auch entfernt werden und als Schlüssel zu dieser Rotation geheim bleiben. Auch wenn heute ein Computer diese Zeichenfolge unmittelbar wieder rückverwandeln kann, so war es zu Beginn der Neuzeit ein zusätzlicher Schutz - und kann es auch heute noch sein, in Verbindung mit Steganographie.

Denn ebenso könnte diese Encodierung mit a und b auch in Form von Nullen und Einsen wie gesehen in den Farbwerten eines Bildes versteckt werden - an definierten Pixel-Positionen des Bildes.

**10010_10011_00100_00110_00000_01101_01110_00110_10001_00000_ 01111_00111**

Neben dem Verstecken, was mehr an eine Illusion erinnert, kann also auch eine (vorherige) Verwandlung, eine Transformation (Encodierung) genutzt werden, die dann auch wieder - und zwar vereinfacht - versteckt werden kann. Und das Ganze kann nicht nur für Klar-Text erfolgen, sondern auch für Cipher-Text. Auch er kann als gewandelte Zeichenfolge von Nullen und Einsen ebenso in einem Trägermedium versteckt werden.

Warum also sollte der später noch beschriebene Delta-Chat Messenger über die genutzte E-Mail-Infrastruktur Cipher-Text versenden und nicht besser Bilder als Anhang an eine E-Mail geben, in denen der Cipher-Text zusätzlich encodiert und unsichtbar über Nullen und Einsen eingelassen ist?

Und genau dieses ist dem Sicherheitsforscher *David Buchanan* gelungen. Und zwar über den Messenger Twitter: Er hat auf seinem Twitter-Account mehrere Bilder als PNG-Datei veröffentlicht[97], in denen MP3- und ZIP-Dateien steganographisch eingebunden waren, ohne dass es direkt ersichtlich war. Bis zu 3 MB konnte in den Bildern eingearbeitet werden.

Aufgrund von Sicherheitsbedenken, werden solche Uploads von den Diensten eigentlich gesäubert durch Konvertierung. Im konkreten Fall wurden die Informationen jedoch an den IDAT-Informationen der Bilder angehangen und durch Twitter nicht entfernt. Das liegt daran, dass Bilder nur größer als 3 MB in das Format JPG umkonvertiert werden.

So konnte er ein PNG-Bild veröffentlichen, auf dem steht: »Speichere dieses Bild und ändere die Erweiterung zu .zip«. In dem als Bild getarnten Archiv findet sich dann der genutzte Quellcode inklusive Erklärung. Ein zweites Bild lässt sich »für eine MP3-Überraschung« als Audio-Datei speichern und dann, nach Umbenennung der Datei-Endung in .mp3, im Musik-Player abspielen.

## 2.4   Verstecken und Vermischen durch Transformation: Die XOR-Funktion •

Relevantes kann nicht ersichtlich sein oder gar per Rechen-Operation zuvor ergänzend noch modifiziert sein. In der Datenwelt kann dieses geschickte Modifizieren und Untermischen weiterhin auch durch die sog. »XOR-Funktion« abgebildet werden. Dieses Exklusiv-Oder-Gatter, auch XOR-Gatter genannt (aus dem Englischen: eXclusive OR bzw. im Deutschen: »exklusives Oder« bzw. »entweder oder«) ist ein Gatter mit zwei Eingängen und einem Ausgang, bei dem der Ausgang logisch »1« ist, wenn an nur einem Eingang »1« anliegt und an dem anderen »0«. D.h. eine sog. »Wahrheitstabelle« sieht wie folgt aus:

*Abbildung 10:* Wahrheitstabelle der XOR-Operation

| A | B | $Y = A \underline{\vee} B$ |
|---|---|---|
| 0 | 0 | 0 |
| 0 | 1 | 1 |
| 1 | 0 | 1 |
| 1 | 1 | 0 |

*Die XOR-Wahrheitstabelle kennt ein Gatter mit zwei Eingängen, die 0 oder 1 sein können. Je nach Konstellation kann der Ausgang 1 oder 0 sein. Der Ausgang wird auf 0 gesetzt, wenn beide Eingänge das identische Zeichen haben. Die Zeichen beider Eingänge werden gleichsam miteinander »verschmolzen« zu einem neuen Ergebnis: Eine Transformation liegt vor.*

Unter Zuhilfenahme einer solchen Exklusiv-Oder-Verknüpfung können zwei Zeichenfolgen, die binär umgewandelt sind in Nullen und Einsen, miteinander quasi verschmolzen werden.

Eine zu verschlüsselnde Nachricht (Klar-Text) wird dazu zuerst als Bitfolge kodiert. Eine zweite Bitfolge, die genauso lang wie die Nachricht ist, wird als Schlüssel genutzt. Der Cipher-Text entsteht, indem das erste Bit der Nachricht mit dem ersten Bit des Schlüssels exklusiv-oder-verknüpft wird, das zweite Bit mit dem zweiten und so weiter. Führt man anschließend die gleiche Exklusiv-Oder-Verknüpfung mit dem Cipher-Text und dem Schlüssel - quasi rückwärts - aus, so erhält man wieder die ursprüngliche Nachricht bzw. auch die zweite benutzte Zeichenkette (diese liegt als Schlüssel ja schon vor).

Somit werden zwei Datenreihen jeweils aus Nullen und Einsen so miteinander transformierend vermischt, dass aus dem erhältlichen Ergebnis der »vermischten« Zahlenreihe von Nullen und Einsen schließlich entweder die eine Datei oder die andere Datei bzw. Zahlenreihe wieder zurückgebildet werden kann. Der steganographische Prozess ist hier ein spezieller: So ist zwar Cipher-Text immer noch ersichtlich, bzw. es ist ersichtlich, dass es sich um eine Folge aus Nullen und Einsen handelt, doch die versteckte Botschaft muss nicht unbedingt der Klar-Text sein, sondern kann auch in einem genau so langen Schlüssel stecken!

So funktionieren beispielsweise die Programme Offsystem und Offload - auch wenn wie gesagt die Datei bzw. Zahlenfolge als Quasi-Cipher-Text (d.h. encodierter Text) in Form von Nullen und Einsen im Ergebnis auffällig wird. Nicht auffällig wird die hinein-transformierte Zahlenreihe. Dieses ist also mehr eine Codierung denn eine Verschlüsselung, eine Rück-Konversion erfordert jedoch die Kenntnis der entsprechenden mathematischen Operationen (wie z.B. XOR) bzw. auch der zweiten Zeichenfolge. Somit gilt: Es kann eine offensichtliche Datei und eine versteckte Datei (bzw. deren Zahlenketten) je nach mathematischer Operation daraus (zurück-)gebildet werden, so dass diese Transformation steganographischem Denken nahekommt. Diese Methode kann auch eine Rolle spielen, wenn es um das »Einweben« von (einem zweiten) Cipher-Text in (einen ersten) Cipher-Text geht, das Trägermedium also Cipher-Text und nicht Klar-Text ist.

Das Programm Offsystem wird dazu weiter unten noch erläutert, wie darin beispielsweise ein Film von *James Bond* mit seiner binären Zahlenreihe aus 0 und 1 quasi verschmolzen wird mit einem Film von *Mickey Maus* ebenso mit seiner binären Zahlenreihe aus 0 und 1. Je nach Operation, kann entweder der eine Zahlenstrang als Bond-Film oder der andere Zahlenstrang als Maus-Film wiederhergestellt werden. Ohne weitere Kenntnis bleibt auch das Urheberrecht an dem vermischten Helden-Strang im Übrigen fraglich, da es sich wiederum nur um eine Folge von Nullen und Einsen handelt (vgl. auch weiter unten). Das Offsystem wird daher auch von den Autorinnen und Autoren auf ihrer Webseite als Bright-Net (zu Deutsch: Netz voller Licht) und nicht als dunkles Dark-Net definiert, da die neu gebildete Zahlenreihe so gut wie gar nichts mit den Originalwerken zu tun hat. Das Verstecken qua Transformation ist keine (steganographische) Illusion, sondern kreiert etwas ganz Neues: Ein Phönix aus der Asche, der aber seine Wurzeln kennen kann.

## 2.5 Abstreitbarer Cipher-Text:
## Eine neue Forschungsrichtung oder nur eine gesalzene Botschaft?

•

Um Dateien in einem Dateisystem einer Festplatte zu verstecken, hat Journalist und Wikileaks-Sprecher *Julian Assange* in der Zeit von 1997 bis 2000 (zusammen mit *Suelette Dreyfus* und *Ralf Weinmann*) an einem (inzwischen gelöschten) System namens Rubberhose gearbeitet (das zuvor auch Marutukku[98] genannt wurde).

*Julian Assanges* libertäre Weltanschauung, seine Arbeitsweise und sein Projekt Wikileaks zur Veröffentlichung von geheimen Regierungsdokumenten hatten einen großen Einfluss auf traditionelle Medienunternehmen: Diese übernahmen viele der Wikileaks-Innovationen, wie das Installieren von Technik zur Zusendung verschlüsselter oder anonymer Botschaften, die Förderung der Digital-Themen im Journalismus und die Ermutigung von Reporterinnen und Reporten, ihre Quellen durch bessere Internetsicherheit zu schützen — ebenso zum Beispiel, indem in seinem o.g. Prototypen Dateien in anderen Dateien eingemischt werden.

Weiterhin ist zur entsprechenden Vermischung von Dateien mittels XOR-Operationen ab 2003 das beschriebene Offsystem entstanden - sowie später auch eine Funktion für die Festplattenverschlüsselung Truecrypt bzw. VeraCrypt, die ebenso eine geheime Partition je nach Passworteingabe öffnet, ohne das entsprechende Passwort aber die Illusionswelt einer anderen Partition zum Vorschein bringt. Solche Software-Funktionen sind entwickelt worden, um resistent gegen Angriffe von Menschen zu sein, die bereit sind, diejenigen zu foltern, die die Schlüssel zur Entschlüsselung kennen.

In Wissenschaft und angewandter Programmierung verbinden sich Kryptographie und Steganographie mit Forschungsfragen und Prototypen, die auch in Zukunft dem Thema »abstreitbarer Cipher-Text« große Bedeutung zumessen (im Englischen: Deniable Cipher-Text, Deniable Encryption).

Denn in der Kryptographie wie auch in der Steganographie bezeichnet plausible Abstreitbarkeit von Cipher-Text bzw. Verschlüsselung solche Techniken, mit denen die Existenz eines verschlüsselten Textes oder einer verschlüsselten Datei abstreitbar ist.

Es geht um den Sinn, dass eine Angreiferin oder ein Angreifer nicht beweisen kann, dass (weitere oder ableitbare) Zeichenketten bestehen, die entweder Cipher-Text sind oder einen zweiten Cipher-Text enthalten, der natürlich ebenso zu einem Klar-Text konvertiert werden könnte.

Dies kann dadurch erreicht werden, dass eine verschlüsselte Nachricht je nach verwendetem Schlüssel in verschiedene sinnvolle Klar-Texte entschlüsselt werden kann.

Mit einfachen Mitteln ist es möglich, zwei Cipher-Texte wie gesehen mit der XOR-Funktion des Programm Offsystem in eine dritte Textfolge zu wandeln, und später die Textfolge wieder in zwei Cipher-Texte zu spalten und einen gewünschten Cipher-Text in lesbaren Klar-Text zu überführen.

Auch können zwei verschiedene Cipher-Texte ganz einfach in einer Zeichenfolge A1B1A2B2A3B3 pro Zeichenblock jeweils alternierend dargestellt werden und nach Trennung entweder Cipher-Text A (A1A2A3) oder Cipher-Text B (B1B2B3) ergeben. Würde bei einer Multi-Verschlüsselung die Zeichenfolge A1B1A2B2A3B3 nochmals verschlüsselt, wandelt sich Cipher-Text der zweiten Konversion dann nach der Trennung wie ein Chamäleon wieder in den ersten Cipher-Text, der nach einer weiteren Wandlung bzw. Passworteingabe der gewünschte lesbare Klar-Text sein darf.

Ziel ist es, den anderen, zweiten Cipher-Text potenziell unentschlüsselt, verborgen und abstreitbar zu belassen. Die Zeichen des zweiten Cipher-Texts B1B2B3 könnten rein den ersten Cipher-Text auffüllende Zufalls-Zeichen sein, sogenanntes »kryptographisches Salz« – doch wer vermutet darin schon eine Botschaft oder zweiten verschlüsselten Container? Wer ein Buch online bestellt, vermutet ja nicht, dass auf der Umverpackung möglicherweise eine zweite Kurzgeschichte eingedruckt ist!

Dieser abstreitbare Cipher-Text kann heute nicht nur auf den Cipher-Text bezogen sein, sondern auch auf die Schlüssel. Wie wir weiter unten noch sehen werden, müssen Schlüssel nach den vorgelegten Innovationen der angewandten Kryptographie nicht mehr über das Internet übertragen werden und sind damit auch abstreitbar!

Wird diese Forschungsrichtung von »abstreitbarem Cipher-Text« bzw. »abstreitbaren Schlüsseln« und auch »abstreitbaren Signaturen« (im Englischen: sog. »Vanishing Fingerprints«, siehe auch weiter unten) eine weitere, dritte Schwesterwissenschaft von Kryptographie und Steganographie oder ist sie ihr Bindeglied?

Alsbald nach der EU-Resolution zur verpflichteten Herausgabe von Kopien der Schlüssel festgestellt wird, dass dieses technisch wie gesellschaftlich ggf. ein schwieriges Unterfangen ist, kann eine Marginalisierung des Versandes von Cipher-Text generell – und nicht nur hinsichtlich des Nicht-Offenlegens von Schlüsseln – eintreten und wie angedeutet zu einer verstärkten Steganographierung von Cipher-Text führen.

Eine zukünftige politische und gesellschaftliche Gestaltung wird sich also auch fragen, ob sie Cipher-Text erkenntlich transportiert wissen will, oder möglicherweise nicht, und ob sie Ende-zu-Ende-Verschlüsselung als Sicherheitsstandard für alle will – oder nicht – und damit den Versand von Cipher-Text mit potenziell illegalen Inhalten gleichwohl bei ggf. wenigen Personen nicht verhindern können wird.

Für die Gegnerinnen und Gegner von gesetzlichen Verschlüsselungsbeschränkungen liefert die computerbasierte Steganographie eine wichtige Schützenhilfe. Ihr Argument brachte Fachautor von zahlreichen Büchern *Klaus Schmeh* vor einigen Jahren schon in seinem Buch »Versteckte Botschaften« zum Thema Steganographie ebenso als Resümee auf den Punkt: Einschränkungen von Verschlüsselung »bringen nichts, weil man sie mit Hilfe der computerbasierten Steganographie ohne große Mühe unterlaufen kann.«[99]

Was Fachautorinnen und Fachautoren schon lange Jahre darstellen, wurde dann auch zur Europäischen Initiative zur Abschaffung der Ende-zu-Ende-Verschlüsselung unterstrichen seitens des *Fachverbands Unternehmensberatung, Buchhaltung und IT* (UBIT). Vorsitzender *Alfred Harl* teilte mit: »Die Aufhebung von sicherer Verschlüsselung ermöglicht den Missbrauch von Persönlichkeitsrechten und treibt tatsächlich Kriminelle dazu, andere, schwieriger zu überwachende Kanäle zu nutzen«, und empfahl die Beibehaltung von erkennbarer Ende-zu-Ende-Verschlüsselung angesichts von steganographierten bzw. gar abstreitbaren Cipher-Text seitens des Fachverbandes, der mit europaweit mehr als 73.000 Mitgliedern zu den größten und dynamischsten Fachverbänden für die Interessen der Unter-

nehmerinnen und Unternehmer aus den Bereichen Unternehmensberatung, Buchhaltung und Informationstechnologie gehört.[100]

Die angewandte Steganographie ist insofern erfolgreich, wenn bislang
auf einer Farbseite eines Druckers oder Kopierers die gelben (bzw. unsere
blinden) Punkte noch nicht aufgefallen sind - oder ein zukünftiger Messenger nur über den Versand von zufällig ausgewählten Bildern kommuniziert, in die ein McEliece-Cipher-Text unsichtbar eingelassen sein könnte.

# 3  MIT LERNKURVEN: ZURÜCK IN DIE ZUKUNFT EINES NEUEN WHATSAPP? ●

Für die Zukunft ist die jeweils nationale Lücke einzuschätzen, mit Einschränkungen von Verschlüsselung und Steganographie hinter den technischen Standard und damit auch hinter den Bildungs- und Ausbildungsstandard von anderen Ländern mit ihren Expertinnen und Experten zu diesen Themen zu fallen. Quell-offene Verschlüsselungsprojekte sind dabei länderübergreifend zu berücksichtigen. Für die Jagd auf Verbrecherinnen und Verbrecher sind ggf. auch weitere Methoden der Kriminalitätsbekämpfung verschiedenster Akteurinnen und Akteure zu fokussieren. Eine solche angedachte und nun beginnende Ausbremsung von Verschlüsselungstechnologien ist zugleich auch anhand der Bedürfnisse der Bürgerinnen und Bürger zu beurteilen: Alle Beteiligten am Prozess dieser Bewertung müssen sich fragen, ob eine Verschleppung von Verschlüsselungstechnologien oder eine Beschleunigung in der Anwendung derselben eine bessere Lern- und Schutz-Erfahrung für die Zukunft unserer Gesellschaft als Ganzes bedeutet. Wie soll die deutsche Bundeskanzlerin *Angela Merkel* einmal in einem anderen Zusammenhang mit einem doppelt gemoppelten Pleonasmus gefragt haben: Wollen wir Letzte und Letzter beim Bummeln sein? Denn wer bummelt, werde auf einem der letzten Plätze landen...

## 3.1  Der sechste Akt: Hauptrolle der Lehrenden ●

Das Echo auf die europäische Initiative, Ende-zu-Ende-Verschlüsselung mit einer Resolution an die europäischen Länder einzuschränken, gipfelte schließlich in einem offenen Brief der sozialen und wissenschaftlichen Bewegung »Scientists4Crypto«[101] an die europäischen Parlamentarierinnen und Parlamentarier: Über 427 Kryptographinnen und Kryptographen sowie Bildungsbeauftrage an Hochschulen aus 27 Ländern allein am Tag der Erstzeichnung appellieren darin erstens an die Beibehaltung der Ende-zu-Ende-Verschlüsselung und zweitens an die Beibehaltung bzw. Ausweitung der Bildungsprozesse zum Thema sicherer Kryptographie – und befürworten nicht deren Einschränkungen.

Die Sichtweise der Lehrerinnen und Lehrer an Hochschulen korrespondiert hinsichtlich des Forderungsaspektes zur Bildungspolitik in Ansätzen auch mit der Ansicht zur Einrichtung von Informatik als Pflichtfach schon in den elementaren Schulen. Die Mehrheit der Lehrerinnen und Lehrer in Deutschland wünschte sich nach einer Studie schon vor einigen Jahren verpflichtenden Informatik-Unterricht in der Schule. Rund drei Viertel (73 Prozent) der Lehrerinnen und Lehrer stimmen danach der Forderung zu, Informatik bundesweit als Pflichtfach einzuführen. Ohne ein grundsätzliches Verständnis der Funktionsweise von Computern und Software lässt sich unsere Welt heute kaum noch begreifen: Grundlegende IT-Kenntnisse werden in immer mehr Branchen notwendig, künftig auch vermehrt in der klassischen Produktion, so die Studie des *Bundesverbands der Informationswirtschaft, Telekommunikation und neue Medien e.V.* (Bitkom) mit mehr als 2.700 Mitglieds-Unternehmen. In den kommenden Jahren, eine ganz Dekade später, setzen immerhin einige Bundesländer dieses Pflichtfach zur Schulung des Umgangs mit Computern nun um.

Auch in der Ausbildung von Polizistinnen und Polizisten werden neben englischsprachigen Kompetenzen für länderübergreifende Kooperations-Anfragen in Europa und nach Übersee ebenso Ausbildungziele im Bereich der Kompetenzen von Informatik, Hardware, Software und besonders Kryptographie mit ihren polizeilichen Arbeitsfeldern kryptographische Analyse, kryptographische Ermittlung, kryptographische Forensik und kryptographische Kooperation zentraler denn je. Denn: die Lehrenden in Polizeischulen zum Thema Digitalisierung und Kryptographie sind bislang rar gesät. Der Markt für IT-Fachkräfte im Staatsdienst ist praktisch leergefegt. Das Problem ist seit Jahren bekannt. Leider hat man viel zu spät gegengesteuert.

Selbst der Bundesnachrichtendienst muss mit lustigen Stellenanzeigen um Personal aus dem Bereich Informatik werben: Mit der Aktion #followtheglitchkarnickel und einem computeranimierten Kaninchen versucht der Bundesnachrichtendienst Entwicklerinnen und Entwickler sowie IT-Spezialistinnen und -Spezialisten per Wortwahl, Cyber-Ästhetik und einem besonderen Bildprogramm direkt zu erreichen. Will man Personal gewinnen, indem man wesentliche Ausbildungsinhalte wie Verschlüsselungstechnologien einschränkt und dann in Stellenanzeigen mit einem weißen Hasen dafür wirbt, in ein Hasen-Loch zu kommen? Mein Name ist Harvey und ich weiß von Nichts - Es erinnert an den Film »Mein Freund Harvey« von *Henry Koster* aus dem Jahr 1950, der auf dem gleichnamigen Theaterstück von *Mary Chase* beruht. *Elwood Dowd* ist darin ein liebenswert-schrulliger und zu Allen unerschütterlich freundlicher Mann mittleren Alters. Sein bester Freund ist seit einigen Jahren ein imaginäres Geschöpf in Gestalt eines 2,10 Meter großen, weißen Hasens namens Harvey, mit dem er stundenlang durch die Stadt zieht und in seiner Lieblingskneipe fremde Leute zu einem Glas mit sich und Harvey einlädt. Das Problem ist allerdings, dass, auch wenn der Wirt und die anderen Gäste Harveys Existenz akzeptieren, Harvey für alle Menschen außer Elwood unsichtbar ist. Ein Sinnbild für unsichtbare Personalpolitik und nicht-existente, technische Ausbildungsinhalte zum zentralen Thema Verschlüsselung, die noch keiner gesehen hat oder nicht mehr sehen soll? Mehr als vierhundert Lehrerinnen und Lehrer in den Fächern Programmierung, Informatik und Kryptographie sind europaweit anderer Auffassung und aktualisieren ihre Lehrpläne.

## 3.2 Der siebte Akt: Hauptrolle Europol und die Polizistinnen und Polizisten ●

Der Kontinent-übergreifende Aufruhr der Hochschullehrerinnen und -lehrer in diesem vorangegangenen sechsten Akt wird schließlich im siebten Akt auch europäisch beantwortet: Europol, die Polizeibehörde der Europäischen Union mit Sitz in Den Haag teilt wenige Tage später mit, dass sie die nationalen Länder bei der Entschlüsselung von Cipher-Text unterstützen werde.

Nach Vorbild der deutschen *Zentralen Stelle für Informationstechnik im Sicherheitsbereich* (ZITIS) wollte der Europäische Rat schon zwei Jahre zuvor bei Europol und dessen *Europäischen Zentrum für Cyberkriminalität* (EC3) die Fähigkeiten zum Auslesen verschlüsselter Inhalte verbessern. Nun wurde im Zuge des Kräftegleichgewichts und des Schauspiels zur Einschränkung der Verschlüsselung eine Entschlüsselungs-Plattform innerhalb der EC3-Institutionen mit 86 Stellen bewilligt.[102] Wie viele QuBits deren Super-Computer umfassen, und ob sie die bayerische Mops-Geschwindigkeit der deutschen Plattform ZITIS mit gleichem Bestimmungszwecke zum Entschlüsseln von Cipher-Text, deren Standort München mal auffällig für Transrapid-Geschwindigkeiten in der verkehrstechnischen Anbindung von Flughafen und Hauptbahnhof warb, überflügeln, blieb jedoch unbekannt.

Bereits in der Vergangenheit sind Handelsaktivitäten Schwerkrimineller mit Waffen oder Drogen entdeckt worden, weil ihre Kommunikationskanäle durch diese polizeilichen Institutionen beobachtet wurden: Nachdem es Beamtinnen und Beamten gelungen war, Millionen Chat-Nachrichten aus der Unterwelt der organisierten Drogen- und Waffenkriminalität zu entschlüsseln, wurde von Tonnenweise Kokain, Waffengeschäften, Folterkammern und Auftragsmorden berichtet[103]. Wer sich zu diesem Europol-Fall die Bilder beispielsweise der Folterkammern anschaut, will kein Passwort mehr für sich behalten wollen oder wird dankbar sein, dass Beamtinnen und Beamte der Polizei Schwerkriminelle auch durch Online-Überwachung finden (können).

Die konservativ orientierten Parteipolitikerinnen und -Politiker Deutschlands betonen, dass der Rechtsstaat sich angemessen und entschieden zur Wehr setzen müsse, wenn er im Kern angegriffen werde, denn alles andere wäre das Deutsche Weimar, und dahin wolle man nicht zurück. Die demokratische Weimarer Republik konnte sich gegen ihre Feinde nicht wehren und ging unter, als 1933 die Herrschaft der Nationalsozialisten in Deutschland begann. Demokratie brauche daher Möglichkeiten zur Entschlüsselung der Kommunikation von rechten Gruppen und Kriminellen, die diese quasi als Waffen einsetzten.

Der Kommentator ›Mecki‹ führt in einem Forum aus: »Verschlüsselung ist nicht das Problem, sie anzugreifen also nicht die Lösung, denn Verschlüsselung ist ein Werkzeug und Werkzeuge verursachen keine Probleme, außer sie wurden dazu erdacht, Probleme zu verursachen. Waffen erzeugen Probleme, denn sie wurden dazu gedacht, Menschen zu verletzen oder zu töten. Einbruchswerkzeuge erzeugen Probleme, denn sie wurden dazu gedacht, in Wohnungen einzubrechen. Aber Verschlüsselung selbst tut nichts Schlimmes. Sie schadet niemanden, sie verletzt niemanden, sie ermöglicht keine Angriffe auf Infrastruktur oder Sicherheitsverfahren zu umgehen. Im Gegenteil: Sie schützt. Alles was Verschlüsselung ermöglicht, ist, vertrauliche Kommunikation. Aber in einer Welt, in der die Existenz von vertraulicher Kommunikation ein Problem für die ›öffentliche Sicherheit‹ darstellt, ist mit Sicherheit einiges im Argen - aber nichts davon lässt sich durch einen Angriff auf die Verschlüsselung reparieren, weil im Grunde wird hier abstrakter öffentlicher Schutz durch die Wegnahme von Freiheit erzeugt«: Das sei der Anfang eines jeden totalitären Staates!

Und weiterhin bleibt die Frage, was Polizei tun kann und soll, wenn sie nicht entschlüsseln kann: Sollte Kriminalitätsbekämpfung dann nicht auch durch andere und ergänzende Maßnahmen einen Schwerpunkt erhalten? Vielfach gibt es bereits für Ermittlungen ausreichende Informationen. Es gilt dann eher, Komplexität zu reduzieren, an den verdächtigen Personen dranzubleiben, und effizient und fokussiert zu handeln. *Sascha Lobo* brachte diesen Ansatz schon vor einigen Jahren wie folgt in seiner Kolumne auf die Nadel: »Die rationale Herangehensweise (gegen den Terror) wäre das Eingeständnis, dass es nicht darum geht, neue Daten zu bekommen, sondern die längst vorhandenen besser auszuwerten. Die scheinrationale Herangehensweise aber wird sich durchsetzen: mehr Überwachung. Mehr Daten. Die Irrationalität dahinter lautet: Wir finden die Nadel im Heuhaufen nicht, also brauchen wir mehr Heu. Das hört sich so verstörend an; es handelt sich aber ernsthaft um die europäische Strategie ...«[104]

## 3.3 Der achte Akt: Hauptrolle Otto Normal – Vertrauen ist gut, Verschlüsselung ist besser ●

Wie kann also weitergehend eine Lösungsperspektive aussehen, und was wollen Verbraucherin und Verbraucher »Otto Normal«?

Im Funkverkehr weiß man, dass man die »dünnen« Verbindungen für See- und Flug-Verkehr aus Sicherheits- und Notruf-Gründen nicht als Amateurin oder Amateur mit Cipher-Text oder Audio-Rauschen stören darf. Und es ist allgemein anerkannt! In der *Amateurfunkverordnung* (AFuV) heißt es in Paragraf 8 dazu lapidar und kurz: »Amateurfunkverkehr darf nicht zur Verschleierung des Inhalts verschlüsselt werden; Steuersignale für Erd- und Weltraumfunkstellen des Amateurfunkdienstes über Satelliten gelten nicht als verschlüsselte Aussendungen. Das Aussenden von irreführenden Signalen, von Dauerträgern und von rundfunkähnlichen Darbietungen sowie der Gebrauch internationaler Not-, Dringlichkeits- und Sicherheitszeichen des See- und Flugfunkdienstes ist nicht zulässig.«[105] Weder das Dauerrauschen der Waschküche noch die Samstagabendshow des Song Contests dürfen von Amateurinnen und Amateure digital bzw. verschlüsselt per Funk über die Bläue des Äthers gesandt werden.

Warum sollte dieser Sicherheitsstandard nicht auch für eine Internet-Leitung gelten? Nur weil diese kein knappes Gut darstellt und alltäglich (und nicht episodisch wie bei Notrufen im Amateuerfunk) genutzt wird, sollte Cipher-Text nicht daraus verbannt werden können? Wie genannt: Damit entscheiden wir uns gegen jegliche Sicherheit auch beim Banking und Shopping. Auch haben Funkerinnen und Funker mit ihrer Funk-Lizenz quasi einen geprüften Führerschein gemacht – wollen wir diese Lizenz-Prüfung auch für das Entsenden von Nachrichten im Internet etablieren? Der Vergleich mit dem Amateurfunk hinkt jedoch insofern, als dass es nicht um zu knappe Bandbreite geht. Die befürchteten Störungen liegen darin begründet, dass über Funk gesandte Steuersignale bislang unverschlüsselt sind – nur deshalb sind sie störbar. Und: Notsignale können weiterhin in klarer Sprache übertragen werden. Amateurinnen und Amateure dürfen und sollen einfach vielmehr den professionellen Funk nur nicht stören.

Bürgerin und Bürger wollen jedoch weder stören noch einen umfassenden Lizenz-Führerschein erwerben, um eine elektronische Nachricht im Internet ab setzen zu können. Sie wollen ihre Internet-Chats ggf. nur mit einer einfachen Sicherung gegen ein Mitlesen von Arbeitgeberinnen und Arbeitgebern, zwischengeschalteten Administratorinnen und Administratoren von Servern sowie ggf. der werbetreibenden Industrie geschützt wissen.

Und im Bedarfsfall stehen für Polizei-Behörden weiterhin die *Online-Durchsuchung* oder der Staatstrojaner mit *Quellen-Telekommunikations-Überwachung* (TKÜ) des Klar-Textes z.B. durch Abgriff über die Tastatur-Applikation des Smartphones zur Verfügung. – Neben weiterhin den Versuchen, die Verschlüsselung mit viel Rechenpower in ihren Netbooks zu brechen, oder bei komplexeren Algorithmen die verschlüsselte Nachricht vom Super-Computer speziell durch dafür eingerichtete Plattformen und Kommandos von Analystinnen und Analysten im oben beschriebene Hasenloch »Rabbit Hole« brechen zu lassen.

Ebenso könnten die Anbieter von Telekommunikationsanlagen gesetzlich auf ein *Prinzip des Marktorts* der jeweiligen Polizei-Behörde verpflichtet werden, wie es weiter unten zur Interoperabilität und Kongruenz von Messengern noch weiter diskutiert wird.

Was spricht also dagegen, dem Volk die unter entsprechenden Bedingungen nicht mehr als sicher geltenden Algorithmen RSA und elliptische Kurven wie ECDSA zu belassen, und NTRU und andere Quantum-Computer sichere Algorithmen nicht zu gewähren? Das beträfe also eine Regelungsvereinbarung anhand der jeweiligen Schlüssel-Länge resultierend in der Formel: »Einfache Encodierung einer Nachricht: ja - sichere Verschlüsselung einer Nachricht größer als Schlüsselgröße RSA-8192: nein« – jeglicher Computer-Trojaner, Bot-Wurm oder Ransomware-Virus (wie z.B. Nemty) nutzt heute bereits diese Schlüsselgröße als Standard.

Würde sich *Jimmy Schulz* dabei im Grabe umdrehen, wenn die Verschlüsselung nur »sicher« wäre, aber nicht »abhör-sicher« – und zwar hinsichtlich der Nachrichten der Bürgerin und des Bürgers gegenüber einer staatlichen Exekutiven? Müssen nicht wir Bürgerinnen und Bürger abhörsicher geschützt sein, - und zwar mit Schlüsselgrößen größer als die jener billigen Computerinfekte - um eine neue STASI 2.0 auszuschließen? Und wie sieht die Anwendungspraxis für systemrelevante Computer aus, diese mittels hochgradiger Verschlüsselung zu sichern?

Die Ausschaltung des öffentlichen mathematischen Wissens um Verschlüsselung ist genauso wie der Ausschluss von Cipher-Text in den Datenleitungen kaum möglich: Die besonders sichere McEliece-Verschlüsselung ist seit vielen Jahrzehnten nach ihrer Veröffentlichung im Jahr 1978 bekannt und zudem in verschiedenen Messengern implementiert. Jegliche Diskussionen um Verschlüsselung und ihre Schwächung erfordern von Ingenieurinnen und Ingenieuren sowie Technikerinnen und Technikern im Ergebnis vielmehr die Implementierung der jeweils sichersten Technologie, wenn diese gegenüber Angriffen standhalten soll. Gedeckelte Verschlüsselung wäre wie ein Tempolimit von 60 Stundenkilometern auf unseren Autobahnen.

Die IT-Sicherheit dank Verschlüsselung bei Angriffen von Hackerrinnen und Hackern auf Behörden, Krankenhäuser, Zeitungsdruckereien und weiterer insbesondere systemrelevanter Infrastruktur prononciert Europol nicht, wird jedoch durch das deutsche *Bundesamt für Sicherheit in der Informationstechnik* (BSI) in ihrem jährlichen Sicherheits-Lagebericht herausgestellt.[106] Vier Wochen nach der europäischen November-Initiative zur Einschränkung von Verschlüsselung gab es in Deutschland aufgrund eines Angriffs (bei der Funke-Mediengruppe[107]) keine Tageszeitung mehr und es konnten nur Notausgaben an Weihnachten produziert werden. Über 6000 Arbeitsplatz-Rechner mussten durch eine »Wasch-Straße«, um anschließend in ein neues, abgesichertes Netz zu kommen.

Auf der *US-Conference of Mayors* (USCM) gelobten sogar 227 Bürgermeisterinnen und Bürgermeister beispielsweise aus Atlanta, Baltimore oder Riviera Beach in Florida in einem Beschluss, künftig kein Geld mehr an Angreiferinnen und Angreifern zu zahlen, die mit sog. »Ransomware« in zahlreiche Behördencomputer und städtische E-Mail-Systeme eingedrungen sind, weil diese unzureichend mit Firewalls und Verschlüsselung abgesichert waren.[108] Zu wenig Verschlüsselung und Sicherheit ermöglichte die Verschlüsselung der Systeme durch Hackerinnen und Hacker ihrerseits - die nur gegen ein digitales Bitcoin-Lösegeld freigegeben werden konnten, wie die US-Conference of Mayors herausstellte.

Die US-Regierung musste sogar einen staatlichen Notfall ausrufen, als die steuernden Computer der Colonial-Pipeline[109], deren Sicherheit auch auf Verschlüsselung beruhte, mit Ransomware angegriffen und dann angriffsseitig verschlüsselt wurden. Da kein Erdöl mehr weitergeleitet werden konnte, mussten Tank-Wagen eingesetzt werden, um Notrationen an Erdöl von Texas nach New York zu transportieren. Die Presse war sichtlich bemüht, ihre Artikel aktualisierend zu korrigieren, dass nicht der gerade ins Amt gekommene US-Präsident *Joe Biden* den staatlichen Notfall wegen Verschlüsselung und unzureichender IT-Sicherheit ausrief, sondern unbestimmt »die Regierung«, wie es hieß. Gleichwohl er innerhalb von drei Tagen eine sog. »Executive Order«[110] zeichnete, dass die nationale Cybersicherheit gestärkt werden müsse: unverschlüsselte Daten sollten mit »multifactor encryption« gesichert werden, also mehrfach gesicherter Verschlüsselung, die später noch vertieft wird.

Erste Quintessenz: Otto Normal, die arbeitende Bevölkerung und ihre Infrastruktur bleiben am besten geschützt, wenn sichernde Verschlüsselung nicht ausgehöhlt wird – dann wird aus dem Hasenloch ein präsidentieller Schuh, mit dem wir gut laufen können!

Das bestätigt auch der Sicherheitsforscher *Ross Anderson*, Hochschullehrer für *Security Engineering* an der Universität Cambridge in England. Er bringt heutige Auto-Diebstähle und leicht abhörbaren Mobilfunk mit Verschlüsselungsschwächen und zu lange anhaltenden Diskussionen der 1990er Jahre zu diesem Thema in Verbindung, als die US-Regierung damals unter Präsident *Bill Clinton* versuchte, sichere Verschlüsselungsverfahren zu verhindern und den Einsatz von kryptographischen Lösungen mit den Bürgerinnen und Bürgern der USA über eine Dekade lang zu diskutieren. Auf dem *Chaos Communication Congress* (rC3) bezeichnete er in einer Videoschalte einige »heutige Sicherheitslücken als schwere Kollateralschäden«[111]: Die jahrelangen politischen Diskussionen um sichere Verschlüsselung und das damit in der Forschung und in der Standardisierung verbundene Nicht-Vorwärts-Kommen hätten zu einer falschen Kultur in diesem Bereich geführt: Millionen von Türschließsystemen nutzten daher heute noch RFID-Chipkarten einer alten Generation, die seit vielen Jahren als geknackt gelte! Auch drahtlose Schließsysteme von Autos hätten eine unzureichende Verschlüsselung, so dass sich die Zahl der Autodiebstähle in den vergangenen Jahren fast verdoppelt habe.

Eingebremste Verschlüsselung? Für Otto Normal nach dieser Analyse ebenso ein kollaterales Fiasko, wenn, so die Ansicht, aus diesen Brems-Erfahrungen und Brems-Spuren der vergangenen Jahre nicht gelernt werde. Die der sozialdemokratischen Partei nahestehende, jedoch parteienunabhängige deutsche *Digitalvereinigung D64* sieht daher Verschlüsselung als »Grundvoraussetzung für unsere Gesellschaft« und formuliert in ihrem Positionspapier für die Bürgerinnen und Bürger: »Vertrauen ist gut, Verschlüsselung ist besser!«[112]

## 3.4 Der neunte Akt: Hauptrolle WhatsApp, ein verstorbener Kanarienvogel und Captain L. •

Doch die Entwicklung der weiteren Herabsetzung von Sicherheitsstandards geht schneller, als allen bewusst ist. Zum Jahreswechsel nach Bekanntwerden der EU-Resolution kündigte WhatsApp schließlich neue Geschäftsbedingungen an. Ohne deren Akzeptanz man diesen bislang verschlüsselnden Messenger nicht weiter nutzen kann. Dahinter steckt eine weitere Steuerung der Aufweichung von Verschlüsselung durch die USA.

Wie wir alle es kennen, werden Nutzungsbedingungen oft einfach an- oder besser: weg-geklickt. Es gab aber auch Nutzerinnen und Nutzer, die diese gelesen haben. Auch ihnen war tagelang nichts aufgefallen. Deutlich und öffentlich wurde es durch den Twitter-Nutzer ›Shiftreduce‹, der die neuen Geschäftsbedingungen von WhatsApp mit den alten Geschäftsbedingungen von vor drei Jahren verglichen hat. Nur allein mit dem neuen Text wäre es auch kaum aufgefallen, aber im Vergleich löste diese Recherche eine neue Diskussions-Blase aus.

WhatsApp hatte in dem Abschnitt zur Registrierung des Klienten einfach nur einen Satz weggelassen: »At no time does the WhatsApp server have access to any of the client's private key« – zu Deutsch: »Zu keiner

Zeit hat der WhatsApp Server Zugang zu den privaten Schlüsseln der Kundin oder des Kunden.«[113]

Das heißt, der Software-Klient muss so modifiziert worden sein, dass es grundsätzlich möglich ist bzw. es nun nicht mehr zugesichert ausgeschlossen wird, dass die App mit einem Seitenkanal die privaten Schlüssel einer Kundin bzw. eines Kunden hochladen kann.

In den USA können Anbieter von Kommunikationslösungen zur Zusammenarbeit mit den Behörden gezwungen werden. Dieses wird selbstverständlich nicht in der Öffentlichkeit bekannt gegeben. Umgangen werden kann es aber mit folgender Logik: Der Anbieter dokumentiert öffentlich, dass sie nicht unter solch einer Anordnung stehen. Wenn dies plötzlich nicht mehr der Fall ist, dann wird die entsprechende Versicherung gelöscht: der dokumentierende Aushang wird abgehangen, der Passus gelöscht. Damit wird deutlich: es hat sich etwas grundlegend gewandelt — auch wenn nicht darüber geredet werden kann. Die Analogie ist die eines Kanarienvogels, der im Bergbau mit unter Tage genommen wurde. Der Lackmustest: Wenn die Luft sehr ungesund ist, stirbt der Vogel - und die Menschen sollten sich schnell retten. Diese alte Methode der Absicherung über einen lebenden Kanarienvogel wird auch auf die Digitale Sicherheit übertragen und heißt im englischen »Warrant Canary«: Nur das, was ausdrücklich bestätigt ist, kann auch angenommen werden. All das, was nicht oder besonders: nicht mehr bestätigt wird, ist auch keine Standard-Qualität. Die Logik kommt aus der Rhetorik und das Stilmittel wird als Kontraposition bezeichnet. Darunter versteht man den Umkehrschluss einer Implikation, d.h. den Schluss von »Wenn A, dann B« auf »Wenn nicht B, dann auch nicht A«.

Die schlechte Luft bei dem Facebook-Messenger wurde schon immer vermutet: Unbekannte Uploads bei der Handhabung von privaten Schlüsseln kann niemand kontrollieren, denn der Upload der privaten Schlüssel einer Nutzerin bzw. eines Nutzers kann jederzeit mit einem nicht-quelloffenen Klienten wie WhatsApp erfolgen. Niemand weiß es, und niemand kann es nachvollziehen, da die App eben nicht quell-offen ist. Wenn der Code nicht öffentlich ist, ist die Funktion einer Verschlüsselung ohne Hintertüre erst mal schlichtweg eine kaum überprüfbare Behauptung. Die Integrität der Verschlüsselung ist auch anzuzweifeln, wenn nicht nur der Klient, sondern auch der Server nicht quell-offen ist.

Das pikante an dem Vorgang ist, dass die Aktualisierung des Klienten nicht zeitlich mit der Aktualisierung der Geschäftsbedingungen einhergeht. Insofern ist zu vermuten, dass der Klient dieses (den mutmaßlichen Upload der Schlüssel) möglicherweise schon seit geraumer Zeit konnte und damit nur das Sicherheitsversprechen angepasst werden musste. Die Option, den Klienten im Bedarfsfall mit so einem Upload-Kanal zu versehen, wäre zu ersichtlich und nachgelagert.

Darüber hinaus bricht bei einigen Twitter-Beiträgen der Verdacht hervor, dass nicht nur WhatsApp die privaten Schlüssel von WhatsApp hochladen kann, sondern auch die Schlüssel von anderen Programmen. An erster Stelle ist hier der Messenger Signal zu nennen, da er ebenso in den USA seinen Server hat, ebenso auf eine SMS-Registrierung erpicht ist und schließlich auch das gleiche Verschlüsselungsverfahren (Double-Ratchet) wie WhatsApp anwendet. Die Installations-Datei von Signal ist insofern auch immer die gleiche, die in den bekannten und definierten Pfaden des mobilen Betriebssystems die privaten Schlüssel von Signal ablegt. Da WhatsApp Zugriff auf das Handy gewährt wird, weiß die App potenziell auch, von welcher Stelle sie die privaten Schlüssel (und gespeicherten Nachrichten) auch anderer Apps hochladen kann.

Dieses wäre ein weiteres Indiz für die HoneyPot-These bezüglich des Messengers Signal, dass sich hier alle Dissidentinnen und Dissidenten sowie Abtrünnigen von WhatsApp sammeln sollen, deren Daten aber genauso so wenig sicher wären, wie die der Nutzerinnen und Nutzer von WhatsApp. Mit Anordnung des FBI könnte demnach WhatsApp auch die Schlüssel und gespeicherten Nachrichten (von WhatsApp aus) aus den Installationspfaden von Signal und anderen Programmen heraus hochladen, da sich diese nach einem vordefinierten Schema installieren. Damit könnte die Verschlüsselung der Nachrichten einfach mit zugehörigem Schlüssel geöffnet werden. Wenn A = B, dann ist auch B = A.

Insofern ist mit den Empfehlungen für Signal ggf. keine wirkliche Alternative geschaffen worden, sondern nur die Last auf amerikanischen Servern verteilt worden. Wer zu Signal wechselt, sollte WhatsApp ggf. besser komplett deinstallieren, um dieses Risiko auszuschließen und bleibt doch im Risiko anderer nicht-quell-offener Applikationen des Facebook-Konzerns oder gar des Betriebssystems hängen.

Die Nutzerinnen und Nutzer haben nach der Ankündigung neuer Geschäftsbedingungen bei WhatsApp eine Welle an Neuanmeldungen bei anderen Messengern ausgelöst. Insbesondere bei einem Messenger mit einem nicht-quell-offenen Server in der Schweiz, sowie bei dem Server von Signal. Ausgerechnet Signal.

In aller Dynamik meldete sich auch der inzwischen reichste Mann der Welt zu Wort, der *Jeff Bezos*, den Gründer des Versand-Unternehmens Amazon, in dieser Position ablöste: *Elon Musk*. Mit seinem Raketen-Unternehmen SpaceX will er den Menschen zum Mars bringen und mit seinem Elektro-Automobil-Unternehmen Tesla heizt er den übrigen Auto-bauern, die noch auf Verbrennungsmotoren setzen, gehörig ein. Er twittere zu seinen über 40 Millionen Freundinnen und Freunde bei Twitter nur zwei Worte: »Use Signal« (zu Deutsch: Nutze den Messenger Signal). Im deutschsprachigen Raum übernahm Comedian *Jan Böhmermann* eine ähnliche Rolle und schrieb: »Löscht WhatsApp. Jetzt!« und rief auf, Facebook zu verlassen.

Gesagt. Getan. Viele Nutzerinnen und Nutzer folgen dieser Alternative, die auch als eine Messenger-Alternative erscheint, aber wie ausgeführt auch ggf. keine sein könnte und ggf. mit Vorsicht zu genießen ist.
Stimmen die vorgenannten Vermutungen, dann kann die Lehre aus diesem Akt nur sein: besser eigene, quell-offene Server installieren und nutzen. Denn ganz sicher wird es auch eine Zeit nach WhatsApp und Facebook geben, so wie auch die Messenger AOL, Pidgin oder ICQ am Desktop ihre Zeit hatten.

Interessanter Weise gibt es kaum einen kommerziellen Anbieter eines Messengers, der seinen Geschäftsplan auf einen quell-offen Server und einen quell-offenen Klienten aufbaut. Natürlich würden Anwenderinnen und Anwender die App nicht für fünf Euro im Store kaufen, sondern diese selbst kompilieren oder von anderen freien Stellen herunterladen. Kann mit der Nutzung jedoch eines auch quell-offenen Servers Geld verdient werden, wenn eine kritische Masse sich dort befindet? Das wird die Zukunft zeigen.

Gegenwärtig heisst es weiterhin im Dokument zur Verschlüsselung bei WhatsApp: »If a business user delegates operation of their Business API client to a vendor, that vendor will have access to their private keys - including if that vendor is Facebook."[114] – zu Deutsch: Auch mit der Anpassung von WhatsApp für berufliche Nutzerinnen und Nutzer, haben die Unternehmen Zugang zu den Schlüsseln, einschließlich Facebook.

Damit gibt die Richtlinie nicht nur für Kommunikationsinhalte in Bedarfsfällen, sondern generell auch für die professionelle Nutzung und auch für die Auswertung durch den Facebook-Konzern die Inhalte frei. Es kann also zusammengefasst werden, dass WhatsApp nicht mehr zu den verschlüsselnden Messengern gehört. Ob es angemessen ist, mit Verschlüsselung zu werben, wenn die privaten Schlüssel jederzeit der Annahme eines Uploads an den Konzern unterliegen, müssen die Nutzerinnen und Nutzer mit einem Interesse dafür beurteilen.

Das taten sie auch und WhatsApp war wegen der Empörung und Flucht der Anwenderinnen und Anwender gezwungen, das Datum der letztmöglichen Zustimmung zu den neuen Datenschutzregeln, um gut drei Monate zu verlängern: Nach bisheriger Planung sollten die neuen Bedingungen bis zum 8. Februar akzeptiert sein, wenn der zu Facebook gehörenden Chatdienst weiter genutzt werden soll. Es wurde dann der 15. Mai als neue Endzeit angekündigt. Offenbar haben die heftigen Proteste und starken Abwanderungen zu Marktbegleitern zu dieser Entscheidung von WhatsApp geführt. Als schließlich vor Abschaltung noch der Funktionsumfang der App reduziert wurde - die Freundesliste wurde einfach nicht mehr angezeigt - fragte selbst die Brasilianische Regierung an, dieses aufzuheben, da viele ärmere Volksteile dort darüber kommunizierten und sicher bereit wären, ihre privaten Daten nun noch ungeschützter zur Verfügung zu stellen.

Einige Twitter-Nutzerinnen und -Nutzer kommentierten auch, ob sie dankbar dafür sein sollen, dass wenigstens die offiziellen Regularien kongruent angepasst wurden, zu dem, was ggf. auch schon seit Jahren durch die Technologie im Klienten Praxis gewesen sein könnte: die privaten Schlüssel einer Verschlüsselung durch Uploads zu stehlen, hochzuladen und zu überwachen?

In der Konsequenz bedeutet dieser theoretische Gedankengang, die privaten Schlüssel besser zu schützen z.B. auf einer Maschine, die nicht am Internet verbunden ist und stattdessen das Daten-Paket mit dem Cipher-Text von einem geschützten Gerät auf das Gerät zu kopieren, das dann am Internet den Versand regelt. Auf diese Option wird in Kapitel 7 noch weiter eingegangen. Konversion und Versand wären in einer neuen Schutzoption nach dieser Anpassung also zukünftig zu trennen? Auch könnten Schlüssel nur im flüchtigen Arbeitsspeicher eines Gerätes gespeichert werden, ggf. auch encodiert bzw. wie man auch sagt: obfuskiert. Auch darauf wird weiter unten nochmal eingegangen.

Die öffentliche Aufregung war also sehr groß und der Konzern versuchte, den eigenen Schaden zu glätten durch die Aktualisierung der Hinweise auf der Webseite mit beschwichtigenden Worten: WhatsApp bzw. Facebook werden weder private Nachrichten lesen noch Anrufe mithören. Grund dafür sei die Ende-zu-Ende-Verschlüsselung, deren Schutz gelte auch für bzw. vor den Plattformbetreibern. Doch diese Aussage entspricht nicht dem, was die Geschäftsbedingungen nun ausdrücken!

Interessant an dem WhatsApp-Dokument (Version 3) des neuen Jahres zu den Geschäftsbedingungen mit Spezifikationen zur Verschlüsselung ist weiterhin das Datum. Entweder ist es schon seinerzeit erstellt worden, oder bewusst rück-datiert worden: Auf den 22. Oktober des Vorjahres, also noch vor der europäischen Initiative zum Upload der privaten Schlüssel. Insofern kann WhatsApp diese Aktualisierung vorgenommen haben auf Basis eines Impulses der Agenturen im eigenen Lande, und die EU ist auf dieses Vorhaben aufgesprungen, oder aber EU und USA haben die politischen Verabredungen gemeinsam auserkoren und WhatsApp hat diese Umsetzungen zur Jahreswende zeitgerechter umgesetzt als beispielsweise die Gesetzgebung in den europäischen Einzelländern. Das Vergleichsdokument der WhatsApp-Spezifikationen (Version 2), in denen eine Zusicherung zur Sicherheit der privaten Schlüssel noch beschrieben ist, entstand drei Jahre zuvor (mit Datum des 19. Dezembers).

In jedem Fall haben die politischen Strategien der USA bzw. der Five-Eyes-Länder einerseits Europa beeinflusst, oder aber diese zusammen haben diese Steine zum Thema Entschlüsselung gemeinsam ins Rollen gebracht. Die Nutzerinnen und Nutzer müssen nun analytisch beurteilen, wie sie ihre privaten Schlüssel auch privat halten können - oder ob es vom Staat bzw. von staatlich beauftragten Groß-Tech-Unternehmen nur ausgeliehene private Schlüssel sein sollen: Privatheit am Tropf nur ausgeliehener Schlüssel.

Eine dokumentierte Praxis-Option des Ausleihens bzw. Hochladens von privaten Schlüsseln hätte jedoch eine epochal verändernde Qualität.

Ab wann der nicht-quell-offene Messenger technisch mutmaßlich in der Lage ist oder war, private Schlüssel hochladen und entschlüsseln zu können, bleibt in der App verschlüsselt kompiliert und unbekannt. Auch wird aufgrund der geschlossenen App nicht nachweislich, ob der erste

Schlüssel eines Chats auf dem Gerät oder dem Server erzeugt wird: Denn mit dem ersten Schlüssel werden die schematisch fortgeschriebenen Schlüssel erzeugt und mit irgendeinem - oder dem ersten - dieser Schlüssel auch die vergangenen Chats jederzeit im Klar-Text rückverfolgbar.

Eine Übersetzung eines kommentierenden Artikels der russischen Nachrichtenagentur TASS zu den Vorgängen dieses Messengers fasste es im Titel zusammen: »Neue WhatsApp-Regeln zeigen: Die Ende-zu-Ende-Verschlüsselung war eine Lüge!«[115]

Während das gesprochene Wort zu einer Freundin bzw. einem Freund in der Unverletzlichkeit der eigenen Wohnung nur durch einen richterlichen Beschluss aufgebrochen und abgehört werden darf, wird das getextete Wort, das wir zu einer entfernten (remoten) Freundin oder zu einem entfernten Freund in einem vermeintlich geschützten, digitalen Kommunikationsraum senden, nicht nach richterlicher Abwägung aufgebrochen und abgehört, sondern direkt sichtbar bei und durch Angestellte in globalen Tech-Unternehmen.

Da dieses alles zur Zeit des Ausscheidens und Amtsenthebungsverfahrens des US-Präsidenten *Donald Trump* geschah, und Twitter den Account dieses US-Präsidenten des eigenen Landes sperrte und ihn der freien Rede (im digitalen Raum) beraubte, bewertete die deutsche Bundeskanzlerin *Angela Merkel* diesen Vorgang wie folgt: »Meinungsfreiheit ist ein Grundrecht von elementarer Bedeutung. In dieses Grundrecht kann eingegriffen werden, aber entlang der Gesetze und nur innerhalb des Rahmens, den der Gesetzgeber definiert. Nicht nach dem Beschluss der Unternehmensführung von Social Media Plattformen. Unter dem Aspekt sieht die Bundesregierung Deutschland es als problematisch an, dass die Konten des US-Präsidenten nun dauerhaft durch Beschäftigte der Wirtschaft gesperrt wurden.«[116] – Interessant, denn das, was für das Recht auf freie Rede gilt, sollte auch für das Recht auf private freie Rede gelten: nämlich, dass Angestellte von Wirtschafts-Unternehmen es nicht abhören, definieren und einschränken können.

Denn: Das Recht auf Privatsphäre gilt ebenso als Menschenrecht und ist in allen modernen Demokratien verankert. Dieses Recht kann nur aufgrund des öffentlichen und damit staatlichen bzw. gesetzgeberischen Interesses an einer Person oder zu Zwecken der Strafverfolgung eingeschränkt werden. So ist der Schutz der Privatsphäre im deutschen Grundgesetz aus dem allgemeinen Persönlichkeitsrecht abzuleiten (Art. 2 Abs. 1 i.V.m. Art. 1 Abs. 1 GG). Durch die Unverletzlichkeit der Wohnung (Art. 13 GG) und durch das Post- und Fernmeldegeheimnis (Art. 10 GG, in Verbindung mit § 88 Abs. 1 zum Fernmeldegeheimnis sowie § 206 Verletzung des Post- oder Fernmeldegeheimnisses) wird der Schutzbereich konkretisiert.

Die Europäische Menschenrechtskonvention (1950) nennt ebenso in Artikel 8 das Recht auf Achtung des Privatlebens und den Schutz der Korrespondenz. Ebenso die Charter of Fundamental Rights of the European Union, 2000 (Art. 7, 8).

Und auch in den Vereinigten Staaten von Amerika hat Privatsphäre (Privacy) eine lange Tradition, die sich aus dem 4. Zusatzartikel der Verfassung ableitet (Search and Seizure: Expectation of Privacy, US Supreme Court).

Und auch weiterhin international gelten die Prinzipien des Schutzes von privater Rede, Kommunikation und Leben in der: Universal Declaration of Human Rights, 1948 (Art. 12) sowie im International Covenant on Civil and Political Rights, 1966 (Art. 17).

Die Ausnahmen hiervon (Abhören von Telefongesprächen und Wohnungen) werden als *Lauschangriff* bezeichnet und sind ebenfalls gesetzlich geregelt bzw. zu regeln. Wenn also nun die Privatheit der Bevölkerung massenhaft, dauerhaft und per Standard-Einstellung durch Unternehmensentscheidung aufgebrochen ist und quasi ein Stasi 2.0 Überwachungs-Modell der ureigensten privaten Kommunikation zu einer Partnerin oder einem Partner im privaten Familienbereich abbilden, dann wird auch dieses Grundrecht auf Privatheit massiv ausgehöhlt.

Unternehmen entscheiden anscheinend nun über unsere Privatheit und die unserer Familien im 21. Jahrhundert. Und: wird nun ein Anspruch auf Schutz der Privatheit (z.B. durch Verschlüsselung) noch ergänzend staatlich kriminalisiert, ist dieses als eine epochale Veränderung zu bezeichnen. Super Secreto: Gehört unsere Privatsphäre mit unserer souveränen Entscheidung über das, was andere wissen oder wissen sollen, (nicht) auf das Schafott der Geschichte? Oder wäre eine weitere öffentliche Diskussion dazu notwendig, welche ethischen und kulturellen Grund-Werte von ökonomischen, technischen und politischen Entscheidungsträgern definiert werden?

Erinnert diese aus technischer Sicht »Sabotage« an den innovativen Methoden der Ende-zu-Ende-Verschlüsselung durch das EU-Parlament, durch globale Sicherheitsbehörden und durch den US-amerikanischen Messenger-Monopolisten WhatsApp, der seine Verschlüsselung ggf. schwächte, an die Maschinenstürme Anfang des 19. Jahrhunderts?

Dabei zerstörte eine soziale Bewegung englischer Textil-Arbeiterinnen und -Arbeiter zahlreiche Webstühle der Woll- und Baumwollspinnereien. Diese als *Ludditen* bezeichneten Vertreterinnen und Vertreter wandten sich durch eine gezielte Zerstörung von Technik gegen die einsetzende Automatisierung und Industrialisierung und damit gegen die Verschlechterung ihrer Lebensbedingungen im Zuge der Industriellen Revolution. Benannt wurden sie nach ihrem legendenumwobenen, fiktiven Anführer *Ned Ludd*, auch bekannt als Captain Ludd bzw. General Ludd oder auch einfach King Ludd.

Diese Bewegung des Luddismus wurde 1814 schließlich militärisch niedergeschlagen. In der Folge wurde »Maschinenstürmerei« – also die technische Sabotage und Einschränkung der Ausbreitung technischen Innovationspotentials – sogar zum wirtschaftlichen Kapitalverbrechen erklärt!

Kann rund 200 Jahre später aus technischer Sicht der Ansturm zahlreicher korporativer Akteure auf die Technologien der Ende-zu-Ende-Verschlüsselung und damit ein ausgeweiteter Angriff auf die Privatheit mit ihrer ohnehin schon bestehenden Krise im 21. Jahrhundert mit damaliger Technik-Stürmerei verglichen und damit als politisch gewollte Innovationsverschleppung gekennzeichnet werden?

Oder sind heutige Aufrufe, das Grundrecht auf Privatheit zu achten, von einer neuen Captain Neo zu unterzeichnen, die ebenso als fiktive Anführerin und kollektives Pseudonym fungiert, um Privatheit wieder Gut zu machen? Im Computerspiel *The Moment of Silence* kämpfen dementsprechend »Ludditen« gegen den Überwachungsstaat.

Oder ist die Regulierung von Verschlüsselung eine technisch bremsende, aber gesellschaftlich notwendige Maßnahme?

Wie kann das traditionelle Recht auf Privatheit der Bürgerinnen und Bürger und das Ziel einer entsprechenden sozialen Bewegung auch in der digitalen Welt zu einer gewaltfreien, aber Großen Vollstreckung geführt werden? - Nicht durch Sabotage von Technik, sondern nun vielmehr durch gesteigertes Interesse an selbständigen und dezentralen Installationen der Bürgerinnen und Bürger von sicheren Technologien der Ende-zu-Ende-Verschlüsselung?

Beschleunigter Aufbau: Akzeleration statt Sabotage von Technik lautet heute in der digitalen Welt der neue Ruf einer neuen Captain Neo L. an die Basis. Doch wer ist die neue Captain L.? Der Buchstabe L könnte hier im Rahmen eines bildungspolitischen Einbezuges der Bevölkerung für die Lernenden stehen: Insbesondere Lernende zum Thema Verschlüsselung stehen, und müssen fortschrittlichen Technik-Ansätzen im Bereich von Chat, E-Mail und Messaging gegenüber offenstehen. Learning is Captain: Die Lernenden von moderner Ende-zu-Ende-Verschlüsselung sind Kapitän. Und müssen es sein? Sonst wird die auch vom Bundesdatenschutzbeauftragten kritisierte »Digitalisierung mit Scheuklappen« zur »Scheuklappen-Kryptographie«.

### 3.5    Der zehnte Akt: Die Entdeckung von innovativen Alternativen •

Wie in jedem guten Roman erfolgt nach den Streitereien und Wirrungen eine Reinigung, eine Katharsis von all den alten Zöpfen und kann verbunden werden mit einer Perspektive für die Zukunft: Die Diskussionen um das Brechen von schwachen Algorithmen, die Diskussionen um die Herausgabe von Kopien der Schlüssel und die Diskussionen um einen Zwang nicht nur zur Registrierung der technischen Infrastruktur an allen Ports, sondern auch der (bislang nur vorgeschlagene) Zwang zur Identifizierung von Personen mit ihrem Personalausweis oder gar ihrer Menschennummer wurde mit der Veröffentlichung eines stabilen Prototypen für die kommende Zeit ergänzt und bereichert. In der Veröffentlichung von *Casio Moonlander*, sowie in einem Blog des bekannten Portals FDroid mit zahlreichen Sekundärhinweisen wurde über die Fertigstellung eines neuen Messengers im Dezember 2020 berichtet. Eben zu der Zeit, in der die Diskussion um eine beabsichtigte Einschränkung der Verschlüsselung begann.

Es geht um den weltweit ersten mobilen Messenger, der einen Algorithmus anwendet, den auch die in Forschungszentren bereits verfügbaren schnellen Quanten-Computer nicht knacken können: Denn, dieser Messenger inkludiert den McEliece Algorithmus. Schlüssel können als Kopien daraus auch nicht herausgeleitet werden, da er nicht einen Schlüssel pro Sitzung, sondern pro Nachricht gleich ein ganzes Dutzend an Schlüsseln sendet. Eine Registrierung des entsprechend verwendeten quell-offenen Chat-Servers ist ebenso nicht notwendig, da es sich auf private Gestaltungsmöglichkeiten der technischen Infrastruktur bezieht. Mit einem Chat-Server zuhause ist auch keine Vorlage eines Personalausweises notwendig, wie der Twitter-Nutzer ›Ign8ite‹ bestätigt: »Der Trend wird zur selbstgehosteten Chat-Server-Lösung gehen!«

Dieser Prototyp mit seinen Entwicklungsperspektiven wird im dritten Teil des Buches weitergehend vorgestellt, denn er ist für Lehrende und Lernende ein ideales Modellprojekt: Lernen im und am Leuchtturm für die *Dritte Epoche der Kryptographie*. Doch zunächst zu dem, was die Mathematik uns allen öffentlich aufzeigt: Denn Mathematik ist keine Raketenwissenschaft, sondern durch jede und jeden erlernbar.

## 3.6    Demokratisierung von quell-offener Verschlüsselung: Ein großartiges Schauspiel nur der Mathematik? •

Die Einschränkungen von oder gar Angriffe gegen Privatheit mit der Erosion von weiteren Rechten, sowie die Unterstreichungen der Forderung nach einem Recht auf Verschlüsselung und ihrer Bildungsprozesse dazu, sind wie gesehen ein notwendiger Kraftakt zum Schauspiel in mehreren Aufzügen und Akten, das nach der EU-Initiative ausgeklügelt und choreographiert wie ein Ballett[117] Zug um Zug in einem kurzen Zeitfenster vor Weihnachten in die Öffentlichkeit kamen. Eine Choreographin oder Choreograph gab es gleichwohl nicht, doch die Akteurinnen und Akteure meldeten sich, wie es sich in der Demokratie oder einer aktiven Schulklasse gehört, zahlreich zu Wort.

Und nun will nicht mehr Deutschland »Meister Nummer 1« im Bereich der Verschlüsselung werden, sondern Europa soll Meister werden. Doch wie es scheint, nur im Bereich der Entschlüsselung, aber nicht bei dem Recht der Bürgerinnen und Bürger auf Verschlüsselung mit abhörsicherer Ende-zu-Ende-Verschlüsselung.

Da Gesetze immer auch nach politischer Verhandlung die Aufgabe von Juristinnen und Juristen sind, diese landesspezifisch auszuarbeiten, bleibt die Reise des »Rechts auf Verschlüsselung für alle« durch die Welt eine ebenso spannende gesetzgeberische Entwicklungsaufgabe, wie die Reise des Rechts durch die Welt bei der »Ehe für alle«? Und zugleich kann man es so nicht vergleichen, da bei gleichgeschlechtlichen und verschiedengeschlechtlichen Paaren, die heiraten, Gleichheit und gleiches Recht angenommen wird, die aber zwischen zwei Händlern, die Verschlüsselung anwenden wollen, je nach Handelsgut: ob Patent oder Betäubungsmittel, ggf. gar nicht besteht.

Aber sollte es wie bei der Legitimierung einer Online-Durchsuchung für die Exekutive nicht auch bei dem Anspruch an Wirtschaftsunternehmen, Schlüssel für eine klare Einsicht herauszugeben, einen richterlichen Beschluss geben? Und was sagt diese Gleichsetzung der Sicht auf Klar-Text durch Schlüsselherausgabe über die Balance und Verhältnismäßigkeit zur Online-Durchsuchung aus? Und wie unterscheiden sich die Voraussetzungen für die Anwendung eines Staatstrojaners im Gegensetz zur Anwendung einer Online-Durchsuchung? Ist es vergleichbar, als wenn man der Unverletzlichkeit der Wohnung eine Verordnung gegenüberstellte, dass Fensterglas und Gardinen fortan verboten werden und jede Passantin und jeder Passant in die Wohnung eintreten darf? Oder Bürgerin und Bürger verpflichtet wären, mithörende Mikrophone namens Alexa, Bixby, Google Assistant, Android oder Siri in der eigenen Wohnung zu installieren? Definiert eine Regelung zu mobilen Internet-Geräten mit verpflichtenden Mikrophonen in unseren Wohnungen bald eine neue STASI 2.0 – die nicht durch richterlichen Beschluss im Zaume gehalten wird, sondern bei der es für die Unternehmen dieser Sprachassistenten selbstverständlich ist, dauerhaft potenziell lauschen zu können – und wir diese sogar selbst installieren?

Im Film »Zero Dark Thirty« zur dokumentarischen Aufarbeitung der Suche nach Al-Qaida-Terroristen-Führer *Osama bin Laden* und seinen Nachrichten-Mittelsmännern ist die Szene noch präsent, wie mit einem Taxi der Handyempfang eines Motoradfahrers manuell nachverfolgt wurde. Dieses Trauma unkontrollierter Menschen ist heute nicht nur durch die Überwachung der Smartphones behoben, sondern auch die Autos folgen der Überwachungstechnologie der Smartphones: Man mag meinen, dass Tesla nicht als Autounternehmen für den Elektro-Antrieb gegründet wurde, sondern als Überwachungswerkzeug mit zweideutiger Funktion: Jeder Tesla-Wagen hat rundum mindestens sechs hochauflösende Kameras, die fahrend und parkend einen Wächtermodus garantieren, mit dem die Umgebung auf Tesla-Servern aufgezeichnet wird. Mit zukünftiger Gesichtserkennung und auch heute schon können sich Passantinnen und Passenten nicht gegen die Aufzeichnung wehren. Wie bei WhatsApp, dass die Freundeskontakte ungefragt hochlädt, lädt auch Tesla die Bilder der Nachbarinnen und Nachbarn ungefragt auf seine Server hoch. Tesla-Wagen dürften gemäß der deutschen und europäischen Rechtsprechung mit dieser Kamera-Funktion nicht ausgestattet sein und auf den Straßen fahren. Die Datenschutzbehörde in Baden-Württemberg untersagt das Parken und Fahren der Tesla-Fahrzeuge, da hier Kameras fest verbaut sind und eine unkontrollierte Dashcams-Funktion enthalten ist. Zuvor hatte der *Deutsche Bundesgerichtshof* (BGH) schon einige Jahre zuvor geurteilt, dass die Nutzung von sog. Dashcams grundsätzlich unzulässig ist (Az. VI ZR 233/17). Muss der *Technische Überwachungsverein* (TÜV) regelmäßig die Deaktivierung bestimmter technologischen Funktionen für die Zulassung der Autos zertifizieren?

Verschlüsselungstechnologie ist einfacher zu beurteilen, da diese jede und jeder selbst installieren muss, als Überwachungstechnologie, die durch Technologieunternehmen möglicherweise in enger Kooperation mit dem Staat de facto von vorneherein vorgesehen wird.

Wenn wir wissen, dass ein Klar-Text unserer privaten Alltags-Kommunikation nicht ins Internet zu senden ist, entscheiden Nutzerinnen und Nutzer es letztlich somit auch selbst in der praktischen Umsetzung, ausschließlich Cipher-Text ins Internet zu senden (oder oben genannte Abhörwanzen nicht zu kaufen). Wir erinnern uns: Unverschlüsselte Sendungen ins Internet sind wie Postkarten: sie können offen mitgelesen werden oder werden nach Speicherung durch Computer ausgewertet.

Nicht nur die Mathematik lehrt uns: Heutzutage ist Verschlüsseln keine Raketenwissenschaft mehr: Verschlüsselungstechnologien sind allgemein frei verfügbar und zugänglich. Dieses wird als Säkularisierung und »Demokratisierung von Verschlüsselung«[118] bezeichnet. Quell-offene Programme, wie beispielsweise die derzeit sehr umfassend und fortschrittlich ausgearbeitete Verschlüsselungssoftware Spot-On oder der einfache Messenger auf E-Mail-Basis namens Delta-Chat und weitere im letzten Abschnitt dieses Bandes genannte, tragen zum täglichen Brot des Verschlüsselns bei. Der Sprecher *Linus Neumann* vom Chaos Computer Club forderte gar: »Nur frei verfügbare, überprüfbare und offene Protokolle (und damit Programme) sollen genutzt werden dürfen!«[119]

Weltweit allen Beteiligten – abgesehen von Staaten, die es mit der Demokratie nicht ganz so ernst nehmen und jeden Ausspruch, jede Reise und jeden Informationswunsch einer Bürgerin und eines Bürgers kontrollieren wollen – ist deutlich, dass Kryptographie ein Standard ist, auf den Bürgerinnen und Bürger nicht verzichten können und werden. Im Gegenteil, es ist erforderlich, als Nation eine eigenständige Rolle zu spielen in der Entwicklung und Förderung von Grundlagenforschung, Algorithmen, Programmen zur Verschlüsselung und der Vorhaltung der notwendigen Infrastruktur sowie der Definition entsprechender Sicherheitsstandards.

Niemand in demokratischen Ländern kann heutzutage Verschlüsselung und deren Erforschung ernsthaft begrenzen, weder die Erstellung von entsprechenden Programmen, noch die Erforschung von den dazugehörigen Grundlagen, noch die Anwendung einer verschlüsselnden Lösung. Das heißt, ganz konkret: den Versand von Cipher-Text z.B. über das Internet, wenn also der klar lesbare Teil der Nachricht in verschlüsselte Zeichen umgewandelt wurde, wird es auch zukünftig geben.

Entsprechend haben zur Entschlüsselung beauftragte Analystinnen und Analysten auch ihre Strategie ergänzt: Sie versuchen, Überwachung zu installieren, bevor eine Nachricht verschlüsselt wird, oder wenn sie bei der Empfängerin bzw. beim Empfänger wieder entschlüsselt wird. Das Brechen von Verschlüsselung ist zwar als Versuch weiterhin möglich, aber bei entsprechenden Algorithmen auch schwieriger und bei Multi-Verschlüsselung auch zunehmend unmöglich. Daher hat sich der Fokus verschoben, die Kontrolle von gesandter Kommunikation dort abzugreifen, wo sie noch nicht verschlüsselt wurde oder wieder entschlüsselt vorliegt: Also beim Eintippen oder beim Lesen der Klar-Text-Nachricht.

Quell-offene Verschlüsselung wird daher in der Demokratie zusammenfassend aus vielerlei Gründen benötigt:

- Unsere Wirtschaft beruht auf Verschlüsselung: Unternehmen, Menschen, Kunden, Entwicklerinnen und Entwickler sowie die Förderinnen und Förderer von Innovationen benötigen eine digitale Sicherheit, die mit Verschlüsselungsprozessen einhergeht.
- Ein Staat muss mit Verschlüsselung systemrelevante und insofern kritische Infrastrukturen schützen: Anbieter von für die Gemeinschaft und nationale Sicherheit lebenswichtige Infrastruktur wie auch Dienstleistungen im Bereich der Banken, Gesundheit, Stromversorgung, Wasserwirtschaft, Mobil-Funk und Internetversorgung sowie auch andere Anbieter müssen ausgestattet werden mit der

bestmöglich verfügbaren Verschlüsselung und entsprechenden Sicherheitstechnologien.

- Aber auch aus juristischen Gründen und Gründen gemeinsamer Regulierungsabsprachen wird Verschlüsselung benötigt. Dieses betrifft z.B. die Akteure im Gesundheitswesen wie auch die Anbieter von Datenverwaltung, die personenbezogene oder geschäftsbezogene Daten speichern, verarbeiten oder versenden. Sie müssen ebenso die besten Technologien vorhalten, um Angriffe abzuwehren oder die Integrität der Daten zu schützen. Als Beispiel sei die Datenschutz-Grund-Verordnung DSGVO/GPDR in Europa benannt, nach der Rechte des Individuums bestehen, den Schutz und damit z.B. die Verschlüsselung oder auch die Löschung von Daten rechtlich einzufordern.

- Das heißt also, es bestehen für den Einzelnen Rechte, sich in der Öffentlichkeit sicher zu fühlen und das private und kommerzielle Leben und dessen Interaktionen u.a. durch Verschlüsselung geschützt zu wissen. Dieses wird unter dem Stichwort »Privatheit als Standardeinstellung« (Englisch: »Privacy by Default«) verstanden.

- Aber nicht nur auf der Mikro-Ebene des Individuums, auch der Staat hat auf der Makro-Ebene ein gesteigertes Interesse an Schutz: Die Nation, der Staat und auch dessen lokale Agenturen müssen sicherstellen, dass behördliche Daten und Informationen, die sie verarbeiten, sicher sind.

- Neben dem Interesse der einzelnen Staaten an der Aufzeichnung der Kommunikation der Bürgerinnen und Bürger ist weiterhin anzunehmen, dass insbesondere verschiedene Angreiferinnen und Angreifer ein größeres Interesse haben, verschlüsselte Nachrichten zu entschlüsseln, als dass derzeit einzelne Bürgerinnen und Bürger ein Interesse haben, eigene Nachrichten zu verschlüsseln. Hinter diesem Hacking steht heutzutage auch ein großes wirtschaftliches Interesse.


Niemand kann daher auf Verschlüsselung und die dahinterstehende Mathematik verzichten. Und jede und jeder kann sie erlernen. Sie ist daher nicht nur demokratisiert, sondern auch quell-offen für alle verfügbar. Es geht vielmehr darum, für das eigene Land bzw. für seine anwendenden Mitbürgerinnen und Mitbürger den bestmöglichen Standard zu entwickeln und diesen zu nutzen. Erneute politische Initiativen, Verschlüsselung verbieten zu wollen, anstatt Verschlüsselung als Grundrecht auf Privatheit etablieren zu wollen, fallen also hinter den Status Quo der Diskussion, dass Verschlüsselung ein Standard ist, der nicht nur dringend gebraucht wird, und nicht nur öffentlich, sondern auch technisch nicht mehr zu unterbinden ist.

Werden also die derzeit verstärkt geführten öffentlichen Diskussionen um Ende-zu-Ende-Verschlüsselung und die Optionen der Steganographie zum Verstecken, Transformieren und Ausblenden von ggf. multiverschlüsselten Cipher-Text wie schon vor einigen Jahrzehnten nach einiger Zeit dazu führen, dass diese etablierter und weniger dämonisiert bzw. quasi verfolgt oder gar marginalisiert werden?

Werden wir in einer Lernkurve erkennen, dass

- wir uns mit diesen Standards und Innovationen und deren Implementationen in zahlreichen Werkzeugen, Applikationen und Messengern beschäftigen müssen?
- wir Studierende sowie Schülerinnen und Schüler darin ausbilden wollen?
- wir quell-offene Praxis- und Lern-Projekte insbesondere im Bereich der mobilen Kommunikation als Alternativen zum Monopol WhatsApp zu fördern haben?
- und wir Lehrpläne erweitern und aktualisieren sowie Bibliotheken mit neuen Fachbüchern entsprechend ausstatten sollten?
- Was können wir aus den amerikanischen »Crypto-War«-Diskussionen in den 1990er Jahren also lernen, die nach zehn Jahren schließlich asymmetrische GPG-Verschlüsselung nicht kriminalisierte, sondern allgemein erlaubte? Heute plötzlich soll die Ende-zu-Ende-Verschlüsselung nach nunmehr diesen vielen Jahrzehnten in Europa kontrolliert werden und erneute Diskussionen darüber könnten diese Technologieeinschränkung wieder über Dekaden binden und Lernprozesse stoppen?
- Und: Wer den Bürgerinnen und Bürgern kleine Taschencomputer namens Smartphones zur Überwachung derselben zur Verfügung stellt, sollte sich nicht wundern, wenn diese die vorhandene Technologie entsprechend nutzen, um darüber im Standard verschlüsselte Nachrichten zu versenden?

Zu kaum einem politischen Vorgang hat es eine regional so großflächige Allianz und Einheitlichkeit über zahlreiche Expertinnen und Experten, Lehrende und Bildungsinstitutionen hinweg gegeben. Die zentrale zusammenfassende Botschaft der Scientists4Crypto an Hochschulen, Universitäten und Forschungsgruppen ist: »Kryptographie ist öffentliches Wissen und kann nicht ausgeschaltet werden.«[120]

Nach dem Prinzip von Kerckhoffs[121] ist die Offenheit der Spezifikation kryptographischer Werkzeuge ein wesentlicher Bestandteil für Sicherheit und Vertrauen. Folglich sind die meisten Systeme und viele qualitativ hochwertige und benutzerfreundliche Implementierungen öffentlich bekannt, was jeden Versuch, die Verwendung dieser Mechanismen einzuschränken, direkt vergeblich macht. Das Kerckhoffs'sche Prinzip wurde im Jahr 1883 von *Auguste Kerckhoffs*, niederländischer Linguist und Kryptologe, formuliert und ist heute ein bekannter Grundsatz der modernen Kryptographie, welcher besagt, dass die Sicherheit eines (symmetrischen) Verschlüsselungsverfahrens nicht auf der Geheimhaltung des Verschlüsselungsalgorithmus beruht, sondern auf der Geheimhaltung des Schlüssels beruhen muss.

Ebenso hat *Jimmy Wales*, der Gründer der Wikipedia, die Freiheit der unverschweigbaren und vielmehr zu erlernenden Fremdsprache »Kryptographie« schon vor einigen Jahren wie folgt kommentiert: »Den geschützten Weg der Kommunikation, in welchem Lauscherinnen und Lauscher die Nachrichten nicht abhören können, also die Ende-zu-Ende-Verschlüsselung, zu verbannen, möchte ich mit dem Versuch vergleichen, die Mathematik zu verbannen.«[122]

Schauen wir uns nach diesem Statement und Auftrag zur öffentlichen mathematischen und informationstechnologischen Bildung in den folgenden Abschnitten daher wesentliche Grundlagen, Funktionen und Innovationen von Verschlüsselungstechnologien an. Verschlüsselung ist inzwischen nicht nur abstinent und kenntnisfrei in der Übertragung von Schlüsseln, sie ist auch multi-verschlüsselt, exponentiell geroutet und sicher gegen die schnellen Quanten-Computer. In einem weiteren Abschnitt werden bei über zwei Dutzend ausgewählten quell-offenen, und damit weltweit verfügbaren Programmen zur Verschlüsselung deren einzelne Charakteristika und Entwicklungsstandards erläutert.

Denn: die wirkliche Hauptrolle zum Thema Verschlüsselung muss den Lernenden gelten, wenn wir zukünftig über Verschlüsselungstechnologien bzw. ihre quell-offenen Funktionen und Modellprojekte sprechen.

## 3.7 Mein Auftakt: Wie gehe ich als Lernender persönlich an das Thema Verschlüsselung heran? •

Verschlüsselung überlassen wir bislang Mathematikerinnen und Mathematikern, Informatikerinnen und Informatikern oder den Kennerinnen und Kennern eines Personal-Computers - also insgesamt denen, die sich mit Datenverarbeitung und App-Programmierung auskennen. Wir wenden Verschlüsselung ggf. bislang noch nicht selbst an oder möchten sie gerne anwenden lernen, weil wir politisch mitbekommen, dass sie in der öffentlichen Diskussion immer wieder ein aktuelles Thema oder auch für die eigene Privatsphäre wichtig ist.

Neben der Entwicklung einer persönlichen Haltung zum Thema und praktische Kenntnisse in der Anwendung von Verschlüsselung und ihrer Werkzeuge, ist es nicht nur für die Fachdisziplin relevant, die drei Geschwister WHAT, HOW, und WHY kennen zu lernen und anzuwenden – sondern dies kann auch für jeden Lernenden eine Vorüberlegung als erster Einstieg sein. Das heißt: WAS machen wir oder wollen wir machen und erlernen, WIE machen wir das und noch viel wichtiger: WARUM machen wir dieses oder haben eine entsprechende Haltung und Strategie, dieses Wissen so zu erwerben (und andere Inhalte ggf. nicht so ausgeprägt).

Die Anwendung dieses Lern-Drei-Klangs von WHAT-HOW-WHY im Kontext von Kryptographie und Verschlüsselung ist deshalb so zentral, weil uns auffallen mag, dass erstens die Inhalte des WAS einerseits uns genau betreffen sollten, also adressatengerichtet sein sollten, an unseren Bedürfnissen und Interessen ausgerichtet sein sollten. Die Inhalte andererseits auch entsprechend modern sein sollten, um nicht alte Hüte zu betrachten, sondern um mit dem Lern-Curriculum auf der Höhe der Zeit zu sein. Zweitens, das WIE mag darüber hinaus mehr eine Frage der Vermittlung durch die Lehrenden sein, mit wieviel Praxisbezug das Thema Verschlüsselung ausgestattet sein darf, wieviel Mathematik oder Programmierarbeit enthalten sein muss oder welche Software-Applikationen erlernt werden sollen - und, über welche Lernformen all dieses vermittelt wird.

Und schließlich drittens: das WARUM wir etwas lernen sollten oder lernen wollen ist oftmals auch von der ganz persönlichen Interessenslage und einem formalisierten Strategie- und Lehr-Plan abhängig. Daher sollte damit begonnen werden.

Diese Gemenge- und Interessenslage kann bei jeder und bei jedem ganz unterschiedlich sein: manche wollen die Grundlagen erweitern, andere finden sich das erste Mal in die Thematik ein. Wer zu einem Kurs oder Workshop für Kryptographie geht, möchte ggf. auch eine Software, ein Werkzeug ausprobieren oder vergleichen, oder ist politisch motiviert und möchte über die Standpunkte der einzelnen Verbände, Organisationen und Staaten lernen, sich dazu eine eigene Meinung bilden.

Und es gibt auch die Open Source Evangelisten, die quell-offene Applikationen fördern möchten - was in der Kryptographie auch richtig ist, denn nur mit quell-offenen Programmen kann man nachweisen, dass sie sicher sind und keine Hintertüren beherbergen. Dazu gehört dann auch die Absicht, ggf. eine neue Kultur der Verschlüsselung aufzubauen – immer noch werden derzeit zu viele Nachrichten ohne Verschlüsselung ins Internet gesandt. Der Anteil der Nachrichten, die verschlüsselt ins Internet gesandt werden, muss dieser Interessenslage nach noch weiter erhöht werden, bis versendeter Klar-Text gegen Null geht.

Andere wiederum, wie z.B. Journalistinnen und Journalisten, wollen ganz konkret erfahren, wie eine Nachricht verschlüsselt wird, die sie einer Informantin oder einem Informanten oder dem Redaktions-Büro zusenden. Manche fragen sich wiederum einfach, warum die IT-Abteilung der eigenen Firma oder Organisation die Kommunikation nicht umfassender auf Verschlüsselung umstellt – insbesondere dann, wenn ein Informationsaustausch zwischen Anwältinnen und Anwälten, Kundinnen und Kunden oder gar Informantinnen und Informanten besteht. Und dann gibt es die Schülerinnen und Schüler sowie Studierenden, die ihre Lernerfahrungen mit Verschlüsselung beschleunigen und vertiefen möchten, weil die Inhalte bald prüfungsrelevant werden. Auch können so Themenstellungen gefunden werden, die es wert sind, in einer Haus- oder Examensarbeit vertieft zu werden.

Polizistinnen und Polizisten bringen zugleich die Sichtweise von Analystinnen und Analysten mit: Wie kann Verschlüsselung gebrochen oder Klar-Text zumindest abgegriffen werden?

Oftmals gehen aus so einem angebotenen Workshop auch persönliche Kontakte oder gar bleibende Freundschaften hervor, denn zum Verschlüsseln braucht es ja immer eine oder einen, die oder der die Nachricht erhält - und auch zum Entschlüsseln und Rücksenden einer Nachricht bereit ist. Das ist auf den Smartphones von heute sehr einfach, da man diesen Taschencomputer ja immer dabeihat. Doch man wird schnell feststellen, dass diejenigen, die nicht bereit sind, einen neuen Messenger mit einem selbst auszuprobieren, ggf. auch nicht die richtigen Freundinnen und Freunde sind?

Doch zum Glück gibt es auch die Sorte von Menschen, die ihre Kenntnisse und Erfahrungen gerne mit anderen teilen, so dass diese davon profitieren können. Die Arbeitsgruppe in der Schule ist eine ideale Lernumgebung, in der man Feedback austauschen kann: über kryptographische Prozesse und über Wege des Erlernens dazu.

*Abbildung 11:* Meine Geschichte - Erwartungshaltungen

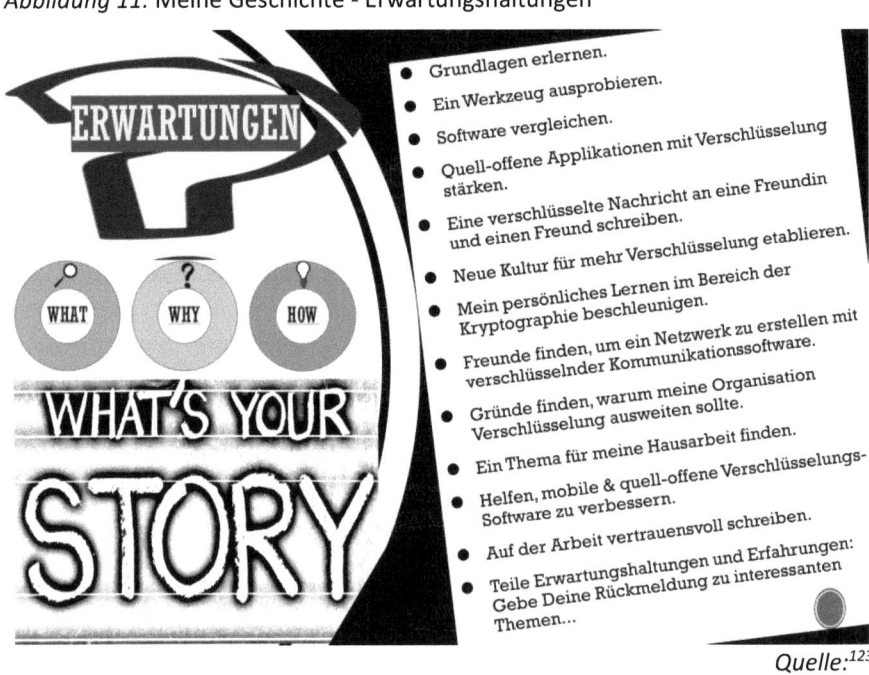

Quelle:[123]

Wer weiß, mit welcher Motivation man selbst an einem ersten Kennenlernen von Kryptographie teilnimmt, weiß auch zügig, welche Lerninhalte
einen Schwerpunkt erfahren sollten: Es geht an einem ersten kurzen Tag
der Einführung in die Kryptographie in jedem Fall um die Generierung von
Schlüsseln, mit denen die Nachricht verschlüsselt werden soll. Die Einrichtung eines E-Mail-Programmes, um darüber verschlüsselt kommunizieren
zu können. Sowie auf einem Smartphone zunehmend auch um die Einrichtung eines Chat-Programmes, eines Messengers, um verschlüsselte Nachrichten über einen eigenen Server versenden zu können.

Und dann ist es so weit: Eine erste verschlüsselte Nachricht wird versandt und es wird geschaut, wie der Cipher-Text der Nachricht ausschaut.
Natürlich geht es auch darum, die relevanten Begriffe der Kryptographie
kennen zu lernen und die modernen Methoden der Verschlüsselung zu
verstehen. Das sind die üblichen Ziele auf der didaktischen Seite der Wis-
sensvermittlung – aber vor allem: Die zu erlernende Thematik soll auch
Spaß machen!

Daher ist es wichtig, Gruppenarbeiten und auch praktische Übungen in
den Lernprozess einzubinden. Lernende sind daher aufgefordert, gerade
den praktischen Teil nicht zu vernachlässigen. Die Software-Applikationen
und Werkzeuge im letzten Drittel dieses Bandes sind einfach zu installieren (und für Fortgeschrittene auch zu kompilieren oder gar zu program-
mieren). Im Team mit anderen kann die Verschlüsselung von Inhalten und
Daten ausprobiert werden. Eine erste Lernvorbereitung ist daher, sich
selbst gewiss zu werden, was, wie und warum einem im Erlernen von Verschlüsselung wichtig ist, um diese ersten Blickwinkel, die zu vertieften
Schwerpunkten werden können, mit anderen im Dialog zu besprechen.

Das Konzept des vorliegenden Bandes ist es daher auch, die Positionen
gesellschaftlicher und politischer Diskussion zu verbinden mit den referen-
zierten Expertisen aus technischer Sicht, den anwendbaren Programmen,
Werkzeugen und Applikationen; sowie drittens, einen innovativen Ausblick
damit in die *Dritte Epoche der Kryptographie* zu verbinden. Jede und jeder
soll in diesen Inhalten etwas Neues zur Vertiefung finden können! Und
viertens wird ein Einbezug von insbesondere quell-offenen Grundlagen
vorgesehen: Super-Secreto-Verschlüsselung, die mit ihrem Quell-Code
grundsätzlich allen zur Verfügung steht.

# 4 HISTORISCHE ANFÄNGE UND GRUNDLAGEN DER KRYPTO-GRAPHIE ●

Die historischen Anfänge der Verschlüsselung reichen weit zurück. Seit jeher es Menschen gibt, wird versucht, Kommunikation so zu gestalten, dass andere sie nicht sofort verstehen. Sollte man hier beim Turmbau zu Babel nach Genesis 11, 1-9 beginnen, bei dem die babylonische Sprachverwirrung begonnen haben soll? Zeitlich nach der Sintflut begann also auch eine Art von Verschlüsselung.

Kryptographie (wörtlich übersetzt: Geheimschrift) ist die Beschäftigung mit der Geheimhaltung von Informationen. Diese Informationen beziehungsweise Texte oder Daten werden mit Hilfe einer Abfolge von Einzelschritten, einem Algorithmus, in eine Form überführt, die für Unbefugte nicht zu lesen, beziehungsweise zu verstehen ist. Aber: man kann die durcheinandergewirbelten Buchstaben auch wieder in lesbaren Text zurückverwandeln.

Ein zentraler Aspekt bei Verschlüsselung ist, dass in der Regel sowohl ein solcher Algorithmus, als auch ein Schlüssel (Englisch: Key) beim Prozess Anwendung finden. Der Algorithmus legt schematisch fest, wie die Zeichen zu verschlüsseln, d.h. zu ersetzen und zu mischen sind. Ein Schlüssel (dabei handelt es sich ebenso um eine Zeichenfolge) stellt die weitere Komponente dar, die spezifiziert, wie der Algorithmus den Ursprungstext verschlüsselt. Auch wenn die Verschlüsselungsmethode bekannt ist: Ohne den Schlüssel soll eine Entschlüsselung nahezu unmöglich sein.

Oft werden Personen ab dem Mittelalter, deren Geschichten um Not und Strategie zur Geheimhaltung ausführlicher überliefert sind, historisch mit Verschlüsselung in Verbindung gebracht. Für diese Überlieferungen spielte der Buchdruck ebenso eine entscheidende Rolle: Denn nach Sprache und Schrift war *Johannes Gutenberg*s Entwicklung des Buchdrucks die dritte große Revolution, die das finstere Mittelalter durch die Renaissance und das Zeitalter der Aufklärung ablöste. Ganz neue kulturelle, gesellschaftliche und technische Entwicklungen wurden möglich und konnten gedruckt überliefert werden. Und: Die Beschäftigung mit gedruckten Schriften ließ diese nun auch als Geheimschriften weiterentwickeln.

Um eine sehr frühzeitige Person jedoch schon vor *Jesu Christi* Geburt kommt man nicht herum, wenn man sich mit Verschlüsselung beschäftigt: und das ist *Gaius Iulius Caesar*. Er ist uns nicht nur beim Gedanken an Rom oder Latein, und beim Dressing des gleichnamigen Salates erhalten geblieben, sondern nach ihm ist auch ein erster simpler Verschlüsselungs-Algorithmus benannt worden: Die Caesar-Verschlüsselung. Die Caesar`s Cipher ist eine Art Substituierungs-Algorithmus, bei der jeder Buchstabe im Klar-Text ersetzt wird durch einen genau abgezählten Buchstaben in der Folge des Alphabetes. Zum Beispiel mit einer rechten Verschiebung um drei Stellen wird aus dem A ein D. Jedes A wird durch ein D ersetzt. Und so fort.

*Gaius Iulius Caesar* soll diese Methode nicht nur selbst erfunden, sondern in seinen Briefen praktisch angewandt haben, um so die Alleinherrschaft von Rom zu gewinnen.

*Abbildung 12:* Die Caesar`s Cipher

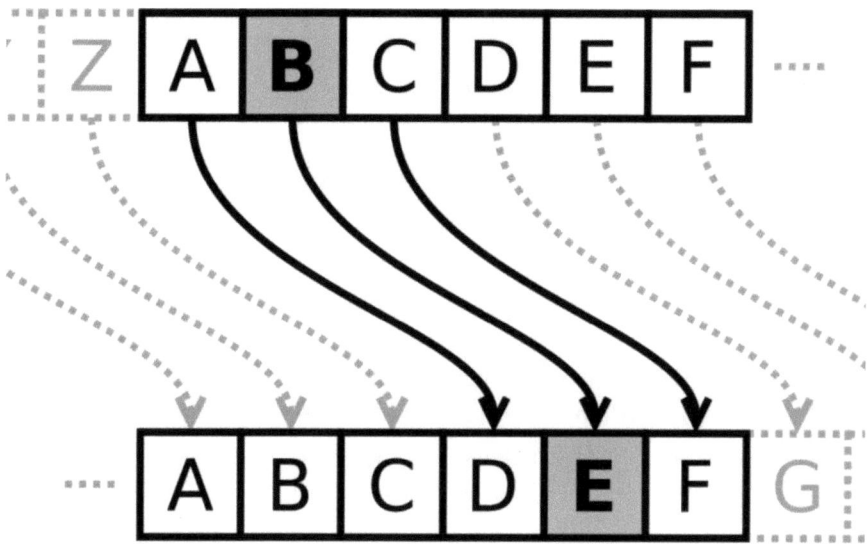

*Quelle:*[124]

Ein anderer Algorithmus mit ähnlichem Prinzip ist der ROT-13-Algorithmus – ausgeschrieben geht es um die ROTATION nun von 13 Stellen. Damit wird jeder Buchstabe des Alphabetes um 13 Stellen entlang des Alphabets ersetzt. Aus A wird also nicht D, sondern der dreizehn Stellen weitere Buchstabe des Alphabetes wird gewählt. Aus A wird N. Am Ende bei Z angekommen wird wieder am Beginn bei A weitergezählt. Mit ROT-13 wird aus dem Wort HELLO die Zeichenfolge URYYB.

*Abbildung 13:* ROT-13-Verschlüsselung

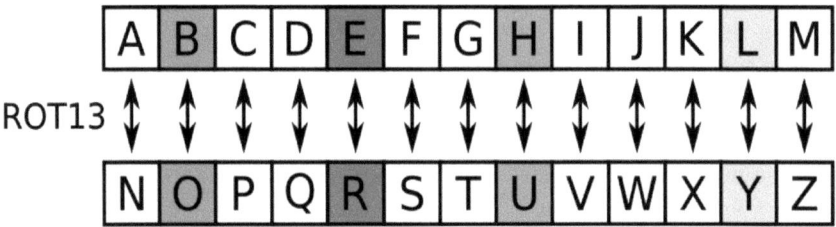

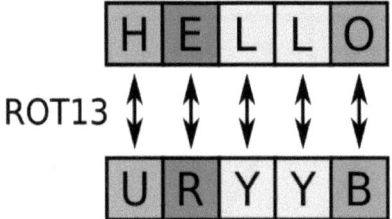

*Quelle:*[125]

Die Zahl der Rotation bzw. Verschiebung der Buchstaben zu einem Ersetzungsbuchstaben kann frei gewählt werden. Zur Vereinfachung ist seinerzeit ein kleines Werkzeug entwickelt worden, das zwei Kreis-Scheiben wie auf einem Ziffernblatt einer Uhr kombiniert: Innen der Original-Buchstabe und Außen der als Ersetzung gefundene Buchstabe. Beide Kreise konnte man gegeneinander drehen und somit leicht den entsprechenden Substitutions-Buchstaben finden. Es wird bei dieser Methode der Verschlüsselung daher auch von einer Verschiebe-Chiffre bzw. einer Chiffrierscheibe gesprochen. Scheiben dieser Art gibt es seit dem 15. Jahrhundert. Die Entwicklung der ersten Chiffrierscheibe wird *Leon Battista Alberti* zugeschrieben, der als Kleriker und langjähriger Angestellter der päpstlichen Kanzlei auch Fachmann für antike Baukunst in Florenz und Rimini war.

*Abbildung 14:* Substitution mittels eines Verschiebe-Kreisels

Diese historischen Methoden der Verschlüsselung sind faszinierend, bieten jedoch mit heutigem Blick keinerlei Sicherheit und können sofort mit etwas Grips oder elektronischer Hilfe gebrochen werden. Sie beschrieben die Anfänge der symmetrischen Verschlüsselung, bei der der Schlüssel, eine Zeichenfolge bzw. ein Passwort, auf beiden Seiten bekannt sein muss und eingesetzt wird.

Das heißt, die Zeichenfolge der Ersetzung muss nicht in alphabetischer Reihenfolge sein, sondern kann eine beliebige, ggf. zufällige Zeichenfolge oder ein Passwort sein.

Heute unterscheiden wir zwei Arten von Verschlüsselung: Neben der symmetrischen Verschlüsselung kam im Zeitalter der Computer noch die asymmetrische Verschlüsselung hinzu, auf die wir weiter unten eingehen. Zunächst nochmal zum heutigen Standard der symmetrischen Verschlüsselung.

## 4.1 Von Caesar über Enigma zum AES: Die symmetrische Verschlüsselung •

Wie gesehen müssen bei der symmetrischen Verschlüsselung beide Beteiligte, in der üblichen Sprache wird von Alice und Bob gesprochen, die gleiche Zeichenfolge (z.b. das Alphabet) oder das gleiche Passwort kennen, um den Klar-Text in verschlüsselten Text zu konvertieren - und umgekehrt den verschlüsselten Text wieder in Klar-Text umzuwandeln.

Dieses kann also gemäß der Caesar-Cipher die Zahl 13 für ROT-13 sein, oder ein ROT-3, wenn der Buchstabe nur 3 Schritte im Alphabet weitergerückt werden soll.

Schlüssel ist dann die um 3 bzw. 13 Stellen versetzte Zeichenfolge (des Alphabets) und mit diesem festgelegten Verfahren ergibt sich der Cipher-Text der Verschlüsselung. Beide Beteiligte, Alice und Bob, müssen sich auf eine Zahl bzw. Zeichenfolge einigen, damit sie synchron die Prozedur der Wandlung vollziehen können. Einmal drei Schritte im Alphabet vor zur Verschlüsselung und drei Schritte wieder zurück zur Entschlüsselung.

Wie Zwillinge spiegeln sich Alice und Bob und haben die gleichen Informationen zum geheimen Schlüssel, um einen symmetrischen Algorithmus zur Verschlüsselung zu bedienen. Daher wird es symmetrische Verschlüsselung genannt. Der griechische Begriff »Gemini« (Deutsch: Zwilling) wird daher gelegentlich auch für diese Zwillingssituation eingesetzt. Das Gemini ist die Zahl »13« als Information mit Verweis auf die an einer bestimmten Position beginnende Zeichenfolge des Alphabets, die beide Seiten kennen, um diesen Schlüssel zur Konvertierung der Texte einzusetzen.

Die Prozedur läuft also dann wie folgt: Alice und Bob verständigen sich auf die Nutzung dieses symmetrischen Verschlüsselungssystems. Sie einigen sich auf die Zahl »13«, mit der die Rotation ROT im Alphabet stattfinden soll.

Alice nimmt ihren Klar-Text und wendet den Algorithmus ROT an mit dem Schlüssel einer Zeichenkette, die 13 Zeichen im Alphabet versetzt ist. Dieses erzeugt den Cipher-Text, den dann keiner mehr lesen bzw. verstehen kann. Alice sendet den Cipher-Text schließlich zu Bob.

Bob kann den Cipher-Text zurück wandeln, denn er kennt mit diesen gespiegelten Informationen als Quasi-Zwilling ebenso den Schlüssel und den Algorithmus in diesem symmetrischen Verschlüsselungssystem. Er muss jeden Buchstaben im Cipher-Text also wieder 13 Positionen im Alphabet mit dem Algorithmus ROT zurückdrehen und erhält so eine lesefähige Version der Nachricht.

Hier wird bereits deutlich, dass das Grundproblem der symmetrischen Verschlüsselung darin besteht, nicht nur den Cipher-Text von Alice zu Bob zu transferieren, sondern auch den Schlüssel. Wenn beides auf demselben Weg erfolgt, ist dieses ggf. ungeschickt, denn eine Angreiferin bzw. ein Angreifer kann beides abgreifen und zusammenführen und kennt die Methode, mit der der Text gewandelt wurde: die ROT-Verschiebung wie ggf. auch den Schlüssel zu diesem Algorithmus: Es wurde um 13 Positionen in der definierten und bekannten Zeichenfolge des Alphabets verschoben. Schlau wäre es also, den Schlüssel mit der 13 Stellen versetzten Zeichenfolge auf einem anderen Weg zu übermitteln oder diesen in der Vergangenheit bereits unbeobachtet übermittelt zu haben.

Diese Art der symmetrischen Verschlüsselung ist also schon viele Tausend Jahre bekannt.

Die Verschlüsselung durch Substitution von Buchstaben wurde im Laufe der Zeit durch weitere Mechanismen und Algorithmen verfeinert, z.B. um auszuschließen, dass eine Analyse einer Buchstabenhäufigkeitsverteilung zum Vorschein bringt, dass beispielsweise der Buchstabe E überdurchschnittlich in unseren Texten erscheint (er kommt mit etwa 17 Prozent am häufigsten vor, gefolgt vom Buchstaben N mit etwa 8-9 Prozent, weitere, wie das I, folgen erst mit 6-7 Prozent). Ab dem Ersten Weltkrieg wurde diese symmetrische Kryptographie dann insbesondere genutzt, um auf Basis weniger entschlüsselter Informationen ganze Feldkriege zu entscheiden. So entstanden zahlreiche kryptographische Systeme, die auch in elektromagnetischen Maschinen zur Verschlüsselung von militärischen Texten eingesetzt wurden. Hier ist vor allem im Zweiten Weltkrieg die Enigma-Maschine zu nennen, die Rotationen mittels Walzensätze mechanisch umsetzte. Der Clou dabei war, dass die verschiedenen Walzen beweglich waren und daher einen Buchstaben nicht immer auf denselben anderen Buchstaben abbildeten. Einfache Verfahren zur Erkennung von Buchstabenhäufigkeiten scheiterten daher.

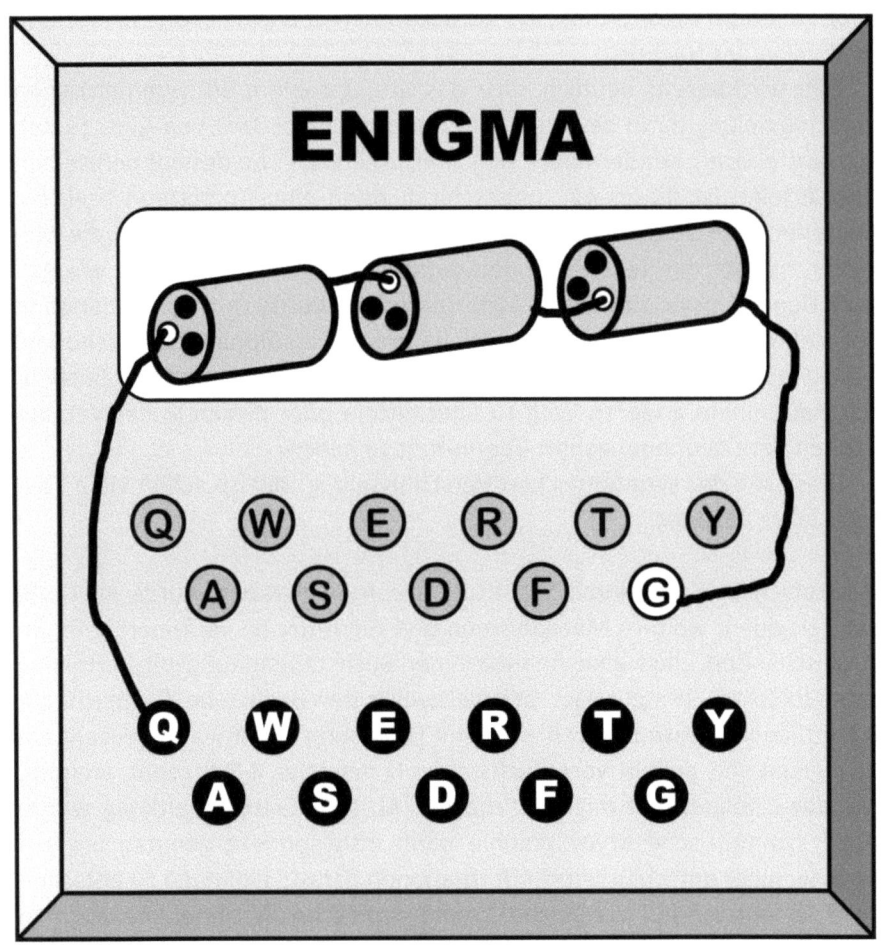

*Eine stark vereinfachte Darstellung einer Enigma-Maschine: unten die Tastatur, in der Mitte die Leuchtanzeige für das resultierende Chiffre-Zeichen, oben das Walzensystem und als Linie der Draht, der das elektrische Signal weiterleitet.*

Zum Knacken der Verschlüsselung bzw. Herausfinden der als Schlüssel eingesetzten Passwort-Zeichenfolge waren entweder aufwändige mathematische Analysen notwendig oder das Studium von abgefangenen Enigma-Maschinen, die der Gegenseite in die Hände fielen. Erst bei einer physischen Demontage konnte man sehen, wie viele Walzen darin enthalten waren und wie diese elektrisch verdrahtet wurden – und welche Buchstaben sie benutzen.

Die heutigen Super-Computer können mit ihrer Rechenleistung Enigma-verschlüsselte Texte des Zweiten Weltkrieges, wie zu Beginn dieses Jahrhunderts nachgewiesen, nun erfolgreich entschlüsseln – für die damalige Zeit waren es also relativ sichere, maschinell unterstützte Verfahren auf elektro-magnetischer Basis. Umso mehr sind die De-Codierungen der Enigma-Texte, die um den britischen Mathematiker *Alan Turing* erfolgten, als geniale Leistung zu würdigen.

*Alan Turing* war nicht nur britischer Logiker, Mathematiker und Kryptoanalytiker, sondern auch Informatiker und gilt heute als einer der einflussreichsten Theoretiker der frühen Computerentwicklung und Informatik. Er schuf einen großen Teil der theoretischen Grundlagen für die moderne Informations- und Computertechnologie und nahm Einfluss auf die Entwicklung der Künstlichen Intelligenz, was unser aller Leben heute maßgeblich beeinflusst.

Das Berechenbarkeitsmodell der nach ihm benannten Turingmaschine bildet eines der Fundamente der Theoretischen Informatik - neben seinen Verdiensten in der Entschlüsselung der Texte aus den Enigma-Maschinen. Seine Leistungen sorgten nach Einschätzung von Historikern wahrscheinlich für eine Verkürzung der Kriegsdauer und halfen letztlich, viele Leben zu retten.

*Alan Turing* musste sich schließlich zwischen einer Gefängnisstrafe oder einer Hormonbehandlung entscheiden. Er wählte letzteres und erkrankte 1952 in Folge dieser staatlich erzwungenen Hormonspritzen an einer Depression und starb etwa zwei Jahre später durch Suizid. Der Zwang zur Kastration mittels chemischer Medikamente traf ihn - in seiner Seele und damit Existenz: Das Wissen um Homosexualität war im letzten Jahrhundert gering und gleichgeschlechtliche Lebensgemeinschaften waren noch nicht gesellschaftlich oder juristisch anerkennend gleichgestellt.

Im Jahr 2009 würdigte der damalige britische Premierminister *Gordon Brown* schließlich seine »außerordentlichen Verdienste« während des Krieges; nach dieser offiziellen Entschuldigung sprach ihm auch *Königin Elisabeth II.* postum die Ehre der »Königlichen Begnadigung« aus. Heute trägt der 50-Pfund-Schein der Bank of England sein Portrait, die Scheine wurden ab dem 23. Juni, seinem Geburtstag, ausgegeben. Dies macht deutlich, wie stark die Führungspersonen seines Landes den schwulen

Wissenschaftler *Alan Turing* heute ehren. Der Twitter Nutzer ›Sherlock-down Stayholmes‹ kommentierte zum Todestag: R.I.P. *Alan Turing* – ich bin mir sicher, Instant Messenger mit Ende-zu-Ende-Verschlüsselung hätten ihm gefallen.

Heutzutage sind die Ersetzungen und sodann Verschiebungen und Rotationen von Zeichen in modernen Algorithmen jedoch in mehreren Runden so ausgefeilt, dass sie selbst mit Hilfe eines Computers ohne entsprechenden Schlüssel bzw. Zeichenfolge nicht so einfach rückgerechnet bzw. gebrochen werden können. Es geht somit nicht mehr nur um die Ersetzung eines Buchstabens mit einem naheliegenden Nachbar-Buchstaben. Nach den Ersetzungen von Zeichen werden ganze Blöcke von Buchstaben miteinander verschoben, gedreht, getauscht – der Einfachheit halber kann man sagen: gemischt. Eine präzise Prozedur in mehreren Runden macht es Mensch wie auch selbst leistungsfähigen Computern unmöglich, den ursprünglichen Klar-Text ohne weitere Details zu Algorithmus und angewandtem Schlüssel bzw. zur eingesetzten Zeichenfolge wieder herauszufinden.

AES-256 heißt der heutige Standard, mit dem Nachrichten symmetrisch verschlüsselt werden. AES steht für Advanced Encryption Standard (AES) (zu Deutsch etwa »fortschrittlicher Verschlüsselungsstandard«) und wird auch manchmal »American Encryption Standard« genannt, da dieser Algorithmus in den vereinigten Staaten von Amerika offiziell standardisiert wurde. Ursprünglich wurde der Algorithmus von den beiden belgischen Kryptologen *Vincent Rijmen* und *Joan Daemen* zunächst unter der Bezeichnung Rijndael entwickelt. Heute sind sie Hochschullehrer an der KU Leuven bzw. Radboud University Nijmegen in Belgien.

AES-256 setzt die Konvertierung nicht pro Zeichen um, sondern sie erfolgt mit einer Blocklänge von 128 Bit und die Wahl der Schlüssellänge ist auf 256 Bit festgelegt. Damit wird das Modell insofern etwas komplexer, als dass Zeichenfolgen substituiert und in mehrfachen Runden rotiert werden und dieses mit einem Schlüssel, der nicht wenige Zeichen umfasst, sondern insgesamt 256 Bit.

Die Funktionsweise des AES wird hier der Einfachheit halber mehr prozesshaft als mathematisch beschrieben.

Es geht darum, den Nachrichtentext in kleinere Blöcke zu teilen, und diesen in eine Matrix, eine Tabelle, z.B. mit 4x4 Zellen zu schreiben.

Gleiches wird mit dem Schlüssel gemacht, der ggf. mit einer mathematischen Operation verlängert bzw. passbar auf die erforderliche Zeichen-Länge gebracht wird.

Es geht darum, den Klar-Buchstaben in einer Zelle dieser Tabelle (mit einer mathematischen Funktion) zu ersetzen in Verbindung mit dem Zeichen aus der Tabelle, die sich aus der Zeichenkette des Schlüssels (Passwort) zusammensetzt.

Schließlich werden in dieser Matrix-Tabelle Zeilen und Spalten verschoben und vermischt.

Der AES-Algorithmus kennt dazu im wesentlichen folgende Prozess-Schritte:

### (Vorbereitung) Schlüsselexpansion

Zunächst müssen aus dem Schlüssel verschiedene Teilschlüssel (auch Rundenschlüssel genannt) erzeugt werden, die jeweils die gleiche Größe wie ein Datenblock haben. Somit muss der ursprüngliche Schlüssel mittels einer mathematischen Operation auf die entsprechende Länge erweitert werden (Schlüsselexpansion).

### (Vorbereitung) Konfusion mit der S-Box

Eine Substitutionsbox (S-Box) dient zur mono-alphabetischen Verschlüsselung. Sie gibt an, wie jedes Byte eines Blocks durch ein anderes zu ersetzen ist. Eine S-Box dient daher als Prozess-Schritt eines Verschlüsselungsalgorithmus üblicherweise dazu, die Beziehung zwischen Klar- und Cipher-Text zu verwischen, was in der kryptologischen Fachsprache auch Konfusion genannt wird.

### (0) AddRoundKey

Vor der ersten und nach jeder Verschlüsselungsrunde wird der Datenblock mit einem der Rundenschlüssel XOR-verknüpft. Die ist die einzige Funktion, in die der Benutzerschlüssel eingeht. Eine bitweise XOR-Verknüpfung zwischen dem Block und dem aktuellen Rundenschlüssel zeigt die folgende Abbildung zu AddRoundKey.

*Abbildung 16:* Die AES-Funktion AddRoundKey

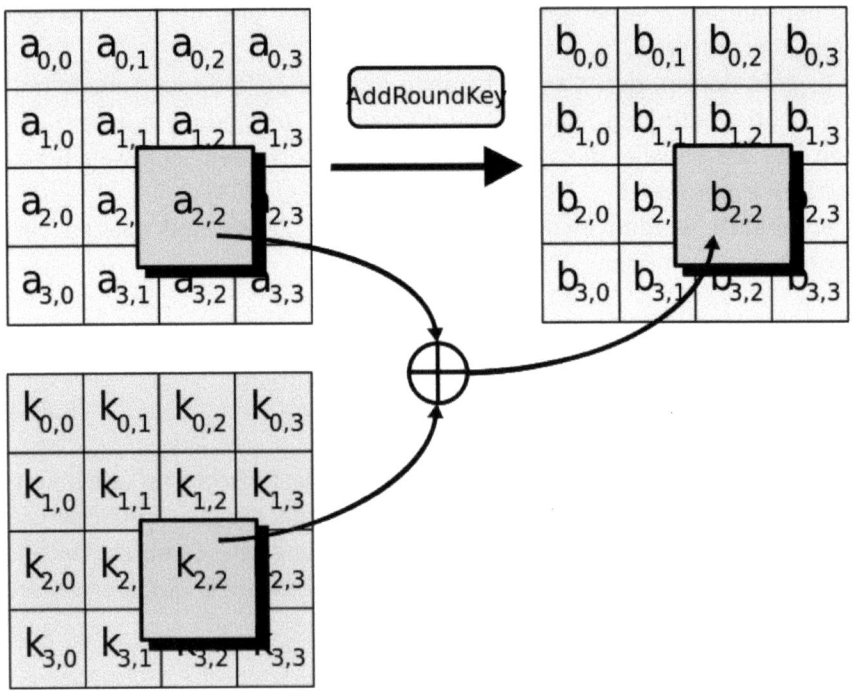

**(1) SubBytes**

Im ersten Schritt jeder Runde wird jedes Byte B im Block durch den Eintrag S(B) der S-Box ersetzt. Somit werden die Daten byteweise monoalphabetisch verschlüsselt. Diese Funktion heißt SubBytes.

*Abbildung 17:* Die AES-Funktion SubBytes

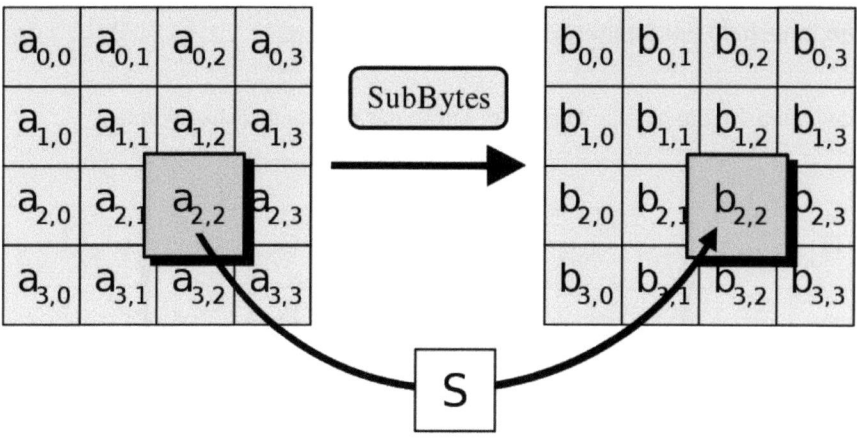

*Quelle:*[129]

**(2) ShiftRows**
Zeilen werden in dieser Funktion um eine bestimmte Anzahl von Spalten nach links verschoben. Wie erwähnt, liegt ein Block in Form einer zweidimensionalen Tabelle mit vier Zeilen vor. In diesem zweiten Schritt jeder Runde werden die Zeilen um eine bestimmte Anzahl von Spalten nach links verschoben. Überlaufende Zellen werden von rechts fortgesetzt. Die Anzahl der Verschiebungen ist zeilen- und blocklängenabhängig.

*Abbildung 18:* Die AES-Funktion zur Verschiebung der Reihen (ShiftRows)

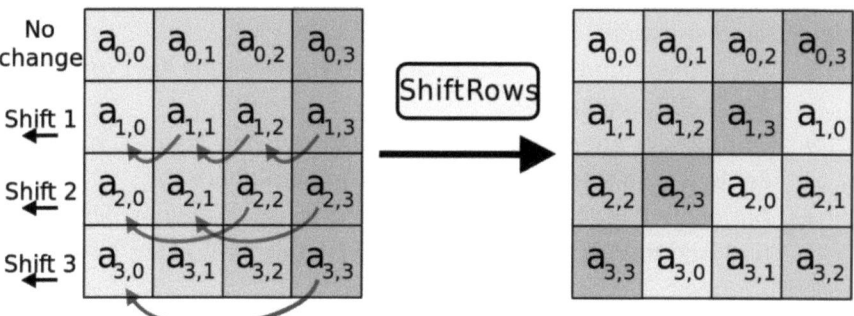

*Quelle:*[130]

## (3) MixColumns

Als dritte Operation jeder Runde außer der Schlussrunde werden die Daten innerhalb der Spalten vermischt.

*Abbildung 19:* Die AES-Funktion zum Mixen der Kolumnen (MixColumns)

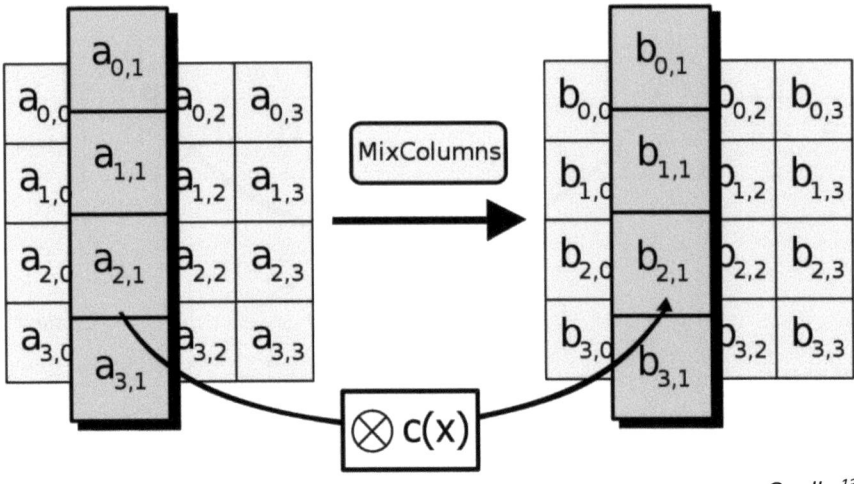

Begleitet werden die Schritte durch eine Auftaktrunde sowie am Ende auch durch eine optimierende Schlussrunde mit Elementen dieser Prozessschritte.

In einer sehr abstrakten Prozessabfolge lassen sich die Schritte also wie folgt zusammenfassen:

- Die initiale Runde besteht - nach der Vorbereitung KeyExpansion - aus: AddRoundKey.
- Es folgen 9 oder 11 oder 13 Runden mit den Prozess-Schritten: SubBytes, ShiftRows, MixColumns und AddRoundKey.
- Die finale Runde macht mit der Abfolge von SubBytes, ShiftRows und AddRoundKey schließlich 10, 12, oder 14 Runden in der Gesamtheit.

Und: die Entschlüsselung erfolgt genau so, nur rückwärts.

Anders als der Cäsar-Algorithmus und das im kommenden Abschnitt erläuterte One-Time-Pad verschlüsselt AES nicht jedes Zeichen einzeln, sondern ganze Blöcke von Zeichen. Man spricht daher auch von einer Block-Chiffre.

Verschiedene Betriebsmodi stehen beim AES zur Verfügung: Beim ECB-Modus (Electronic Code Book) wird jeder Block unabhängig für sich verschlüsselt, was wiederum zu erkennbaren Mustern und Wiederholungen führen kann. Daher verknüpft der CBC-Modus (Cipher Block Chaining) jeden Block mit der Verschlüsselung des vorherigen Blocks, was das zuvor genannte Problem vermeidet. Derzeit wird der GCM-Modus (Galois/Counter-Mode) als besonders sicher angesehen, da hier ein authentifizierter Verschlüsselungsmodus mit assoziierten Daten umgesetzt wird, um sowohl die Authentifikation als auch die Verschlüsselung von Nachrichten zu ermöglichen.

AES ist also als ein komplexes Modell von Ersetzungen, Verschiebungen und Vermischungen zu verstehen – eine große Mischmaschine, deren Prozesse im Vergleich zum Caesar-Algorithmus besser von Computern automatisiert erledigt werden.

### 4.1.1   Ein Sonderfall: Das One-Time-Pad (OTP) •

Eine weitere, als besonders sicher angesehene Variante ist neben den Konvertierungsprozessen von AES-256 das sog. »One-Time-Pad« (OTP). Zu Deutsch etwa eine Zeichenfolge, die nur einmal angewandt wird.

Hier wird bitweise, also Zeichen für Zeichen ersetzt; daher spricht man auch von Stromverschlüsselung oder im Englischen von einer Stream-Cipher.

Das OTP hat folgende Eigenschaften:

- **Erstes Kennzeichen: Die Länge des Schlüssels ist genau so lang wie die Länge der Nachricht:** Hier ist das Passwort bzw. die Zeichenfolge des Schlüssels nicht 256 Bit lang, sondern der Schlüssel ist genau so lang wie der Klar-Text selbst. Damit wird jedes Zeichen durch ein anderes Zeichen in der zufälligen Folge des One-Time-Pads ersetzt.

- **Zweites Kennzeichen: Die Zeichenfolge für den Schlüssel muss wirklich zufällig sein:** Die Zeichenfolge des Schlüssels muss dem Zufallsprinzip unterliegen. Da jeder Austausch bzw. das Zeichen für die auszutauschende Stelle zufällig ist, ist jeder Cipher-Text gleich wahrscheinlich für jeden Klar-Text.

- **Drittes Kennzeichen: Schlüssel bleibt weiterhin geheim:** Als weiteres Kennzeichen dieses Verschlüsselungssystems ist zu vermerken, dass der Schlüssel geheim zu halten ist.

- **Viertes Kennzeichen: Schlüsseltransfer ist noch nötig:** Bis in die 1970er Jahre gab es nur die symmetrischen Kryptosysteme, bei denen Alice als Senderin und Bob als Empfänger denselben geheimen Schlüssel kennen. Das heißt der Schlüssel muss von Alice zu Bob transferiert werden. Schlüsselaustausch und Schlüsselverwaltung - das Schlüsselmanagement insgesamt - stellt sich hier beim OTP also weiterhin als große Herausforderung dar, zumal die Zeichenkette länger sein kann als ein kurzes Passwort.

Das Verfahren wurde zum ersten Mal durch den amerikanischen Kryptologen *Frank Miller* bereits im Jahr 1882 vorgeschlagen. Er studierte an der Yale University und war ein amerikanischer Kryptologe und Bankier aus Sacramento. Wiederentdeckt und zum Patent angemeldet wurde es erst 35 Jahre später durch *Gilbert Vernam*. Er und *Joseph Mauborgne* machten es in den Folgejahren unter dem Kürzel OTP populär.

*Frank Miller* stellte 1882 ein Codebuch auf, das für 14.000 Begriffe und Satzteile entsprechende Zahlen als Verschlüsselung vorsah. Als weitergehende (Multi-)Verschlüsselung schlug er vor, diese Code-Zahlen in einem zweiten Schritt mit Zufalls-Zahlen aus einer Tabelle zu verknüpfen, d.h., diese Zufalls-Zahlen zu den Code-Zahlen zu addieren. Die so erhaltenen Ergebnis-Zahlen wurden als Geheimtext per Telegraf an die Gegenseite gesendet. Nur beide Seiten durften als einzige über die Liste der Zufalls-Zahlenliste verfügen. Dann konnten nach Übermittlung einfach die Zufalls-Zahlen wieder vom Geheimtext subtrahiert werden - man erhielt die Code-Zahlen, die wieder in Worte übersetzt wurden.

Überträge fanden statt, d.h. kam man bei der Addition auf eine Zahl größer als 14.000, so wurde die Zahl 14.000 wieder subtrahiert, um stets eine Zahl von 1 bis höchstens 14.000 als Geheimzahl zu erhalten. Die Subtraktion und Addition sind daher als Modulo-Operationen mit der Basis 14.000 aufzufassen.

Statt einer Addition bzw. Subtraktion auf Basis eines Code-Buches kann aber auch die XOR-Operation verwandt werden.

*Abbildung 20:* Exemplarische Zeichenfolge eines One-Time-Pads (OTP)

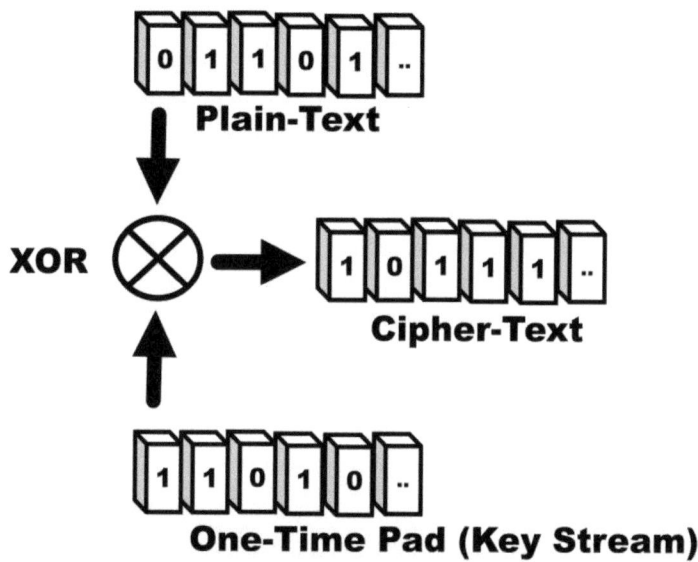

Quelle:[132]

*Die Grafik zeigt im obersten Strang den Klar-Text, der zu 0 und 1 konvertiert wurde. Der dritte Strang ist die Zeichenfolge des One-Time-Pads. Beide werden XOR-verknüpft. D.h. in der Mitte resultiert der Stang des Cipher-Textes ebenso mit 0 und 1. Nach XOR ergeben an der ersten Position 0 und 1 gleich 1 sowie an der zweiten Stelle 1 und 1 gleich 0 und so fort. Um den Cipher-Text wieder in den Klar-Text rückzuverwandeln, bedarf es der Kenntnis des OTP-Strangs. Und: Mit Kenntnis des Klar-Text-Strangs kann mit dem Cipher-Text auch die Zeichenkette des OTPs gebildet werden.*

Der Klar-Text wie auch die Zeichenkette des OTP-Schlüssels wird binär in Form von 0 und 1 dargestellt. Zur Vermischung und damit Transformation der Bits wird neben einer reinen Buchstaben-Ersetzung oft eine Exklusiv-Oder-Verknüpfung (XOR) von Klar-Text- und Schlüssel-Bits angewandt, denn diese ist besonders einfach durchzuführen. Der Prozess wird oft auch als »Modulo 2« bzw. als »exclusive OR«, also kurz: »XOR« bezeichnet, wie es zu Beginn schon beschrieben wurde. Die Art der Kombination ist jedoch beliebig und muss nicht geheim gehalten werden. Alternativ kann also auch eine andere Verknüpfung, beispielsweise pro Zeichen jeweils eine Addition (ohne Übertrag) verwendet werden.

Die Grafik verdeutlicht somit auch die zu Beginn beschriebe Weise, wenn der Klar-Text die Nullen und Einsen des Films von *James Bond* sind und das One-Time-Pad die Key Stream Folge der Nullen und Einsen des Films *Mickey Maus* darstellen. Beide zusammen ergeben einen Cipher-Text, der nichts mehr mit den Nullen und Einsen der verschmolzenen Originale zu tun hat. Und es wird deutlich: wenn der Schlüssel lang genug ist, könnte er auch eine eigenständige Botschaft sein, d.h. der Cipher-Text (bzw. das XOR-Resultat) wird in diesem Sonderfall rückverwandelt in zwei Botschaften: einmal den OTP-Text des Key-Streams und einmal den Klar-Text (wenn eines von beiden bekannt ist).

### 4.1.2 Dreidimensionales Mischen als Gedanken-Modell bei der Cube Encryption •

Während das OTP als Schlüssel eine lange Zeichenkette mit wirklich zufälligen Zeichen für Ersetzungen oder für eine XOR-Operation nutzt, wird beim AES eine kurze Zeichenkette genutzt, bei der dann nachgelagert ordentlich gemischt werden muss. Aufgrund der Bekanntheit des Verfahrens und der zunehmend hohen Rechengeschwindigkeit von Computern mag man sich die Frage stellen, ob das Mischen ausreichend genug ist, um das Mischungs-Ergebnis nicht doch wieder mittels Versuch und Irrtum zurück mischen zu können, um so den Klar-Text unter Einbezug der Ersetzungen aus der Zeichenkette des Schlüssels wieder zu erstellen.

Um es vorweg zu nehmen: die amerikanische Normungs-Behörde NIST (das US-Pendant zur europäischen DIN) sieht den AES-Algorithmus weiterhin als sicher an. Dennoch soll in diesem Abschnitt die Fragestellung aufgegriffen werden, wie ein Gedankengang aussehen kann, diesen oder einen Algorithmus allgemein so zu strukturieren, dass ggf. eine höhere Komplexität und damit Sicherheit entsteht.

Die Prozesse des AES finden alle zweidimensional auf einer 4x4-Tabelle (im Folgenden auch weiterhin Matrix genannt) statt. Was wäre, wenn wir nicht nur auf einer Matrix mischen, sondern in mehreren hintereinander geschalteten Matrixen – nicht nur um noch mehr oder noch komplexer mischen zu können, sondern auch, um weitere Schlüssel auf jeder Ebene einer zusätzlichen Matrix einzuführen?

Die beiden indischen Autoren *S. Srisakthi* und *A.P. Shanthi* von der Anna University in Chennai haben daher zur Stärkung des AES-Algorithmus vorgeschlagen, dass bei der Verschiebung der Zeilen bzw. Zeichen innerhalb der zweidimensionalen Matrix jeweils noch neue Schlüssel eingesetzt werden.[133]

Die erweiterte Schlüsselabhängigkeit erhöht die Sicherheit des Algorithmus: Die Ergebnisse der Autoren zeigen, dass ein statistisches Muster des Klar-Textes über den Cipher-Text stärker verteilt wird, also harmonisierter, gleichmäßiger und damit unauffälliger wird, wodurch der Klar-Text vor der Kryptoanalyse besser geschützt wird.

Wenn beim AES Zeichen substituiert werden, die XOR-Operation durchlaufen wird und dann in einer Matrix Zeilen und Spalten verschoben werden, und dieses über mehrere Runden hintereinander, dann ist dieses vereinfacht gesagt ein umfangreicher Vorgang des Mischens. Noch mehr Mischen innerhalb der gleichen Konstellation bringt jedoch nicht unbedingt höhere Sicherheit. Wer beim Scrabble-Spiel schlechte Buchstaben hat, hat halt auffällig schlechte Buchstaben. Da bringt auch ein Mehr an Mischen nichts, wenn man auffällig viele Buchstaben E hat.

Möglicherweise würde die Sicherheit erhöht, wenn in einem Zwischenschritt vor einem weiteren Mischen, weitere Buchstaben-Abschnitte mit einem weiteren Schlüssel – also quasi einem weiteren Passwort als Zeichenfolge – substituiert werden. Die Blöcke des Klar-Textes also jeweils unterschiedliche Schlüssel-Zeichenketten erhalten.

Mehrere AES-Prozesse können auch parallel und interdependent angewandt werden. Zeichen-Elemente eines Blocks bzw. einer Matrix des Klar-Textes wandern nach dem Mischen in eine andere Matrix und substituieren dort, wobei dort bereits ein anderer Schlüssel angewandt wurde.

Alle verfügbaren Matrix-Ebenen in diesem Würfel werden so durchlaufen, bis das Zeichen-Element wieder in der ersten Matrix-Ebene eingefügt wird.

Das Verschieben von Spalten und Zeilen findet beim AES bislang auf einer zweidimensionalen Ebene statt. Die Tabelle, die Matrix, hat wie oben zum AES abgebildet 4x4 Felder. Der Anschaulichkeit halber sei im Folgenden ein Modell mit einer Matrix mit 8x8 Feldern gedacht: wie bei einem Schachbrett.

Es ist beim AES beispielsweise mit der Funktion »ShiftRow« quasi so, als wenn ein Turm am Ende des Schachbretts herausfällt und zum Beginn der Linie wieder eingefügt wird – in der gleichen Matrix, bzw. auf demselben Schachbrett.

Könnte man nun dieses vom AES bekannte Verfahren des Ersetzens und Mischens nicht auch in einem dreidimensionalen Würfel durchführen? Stellen wir uns acht aufeinander gestapelte Schachbretter vor, sie ergeben einen 8 x 8 x 8 Felder-Würfel, in dessen Zellen die Zeichen des Klar-Textes einfließen.

Dieser Gedankengang könnte ›Cube Encryption Standard‹ (CES) – deutsch: Würfel-Verschlüsselung - genannt werden und wird im Folgenden nur modellhaft und allgemeinverständlich illustriert vorgestellt, um Lernende anzuregen, eigene Vorstellungen von Prozess-Abläufen bei Algorithmen zu gestalten. Es geht nicht darum, alles bis ins Kleinste vorzugeben oder mathematisch zu berechnen, sondern gegebene Algorithmen zu hinterfragen und eigene Prozesse zu kreieren.

Beim dreidimensionalen Ersetzen und Mischen nach dieser zu entwickelnden Cube Encryption wird – bleiben wir im Bild des Schachbretts – der Turm, der aus einer Spalte oder Zeile einer ersten Schachbrett-Matrix herausgeschoben wird, nicht auf dem gleichen Schachbrett wieder eingesetzt, sondern findet auf einer anderen Position einer anderen, zweiten Ebene des Würfels seinen Platz.

Stellen wir uns wie genannt mehrere Schachbretter übereinander vor, die einen dreidimensionalen Raum bilden. Wie eine Pralinen-Etagere mit verschiedenen Ebenen, mit jeweils einem Schachbrett auf jeder Ebene.

Der Turm, der auf Ebene 1 eine Zeile oder Spalte des Schachbretts verlässt, wird eingesetzt auf der Ebene 2 eines weiteren Schachbretts und schiebt somit dort ein Zeichen-Element des aktuellen Mix-Status auf diesem Brett ebenso weiter auf Ebene 3 und so fort, bis eine Figur aus dem

Schachbrett des letzten obersten Schachbretts wieder auf das Schachbrett in der Ebene 1 fällt und den ursprünglichen Turm ersetzt.

Dabei ist es möglich, die übereinandergestapelten Schachbretter nach jeder Runde beispielswiese 90 oder 180 Grad links oder rechtsherum zu drehen. Dieses bedeutet, dass eine weitere Mix-Prozedur als Prozess-Schritt eingefügt wird, die 90 oder 180 Grad linksherum oder 90 oder 180 Grad rechtsherum funktionieren kann, und Zeilen und Spalten dreht oder vertauscht.

Und zuvor wurden neben diesen weiteren Mischvorgängen weitere Schlüssel auf jeder Ebene eingesetzt: der Turm kann so im Bilde bleibend durch die Figur einer Dame oder der Figur eines Bauerns ersetzt werden. Jede Schachbrett-Ebene hat ihren eigenen Schlüssel, der zur Substitution genutzt wird.

Der baltische Schachmeister und frühere Mathematiklehrer *Lionel Kieseritzky* konstruierte bereits Mitte des 19. Jahrhunderts ein »Raumschach«, sein Kubik-Schach mit 8×8×8 Spielraum.

Anfang des 20. Jahrhunderts hatte dann *Ferdinand Maack* ebenso eine Idee zu einem dreidimensionalen Raumschach: Er positionierte mehrere Schachbretter übereinander zu einem Würfel und modifizierte die Zugregeln. Nach anfänglichen Experimenten noch mit 8 herkömmlichen Schachbrettern übereinander und einem normalen Figurensatz, stellte er fest, dass das Spiel deutlich zu komplex war. Er reduzierte es in der Endfassung auf ein System mit nur 5×5 Schachfeldern pro Brett und 5 Brettern (Polychor System Schach).

*Abbildung 21:* Fünf 5x5-Schachbretter übereinander im Polychor-Schach als Modell für eine 3D-Matrix im Raumschach

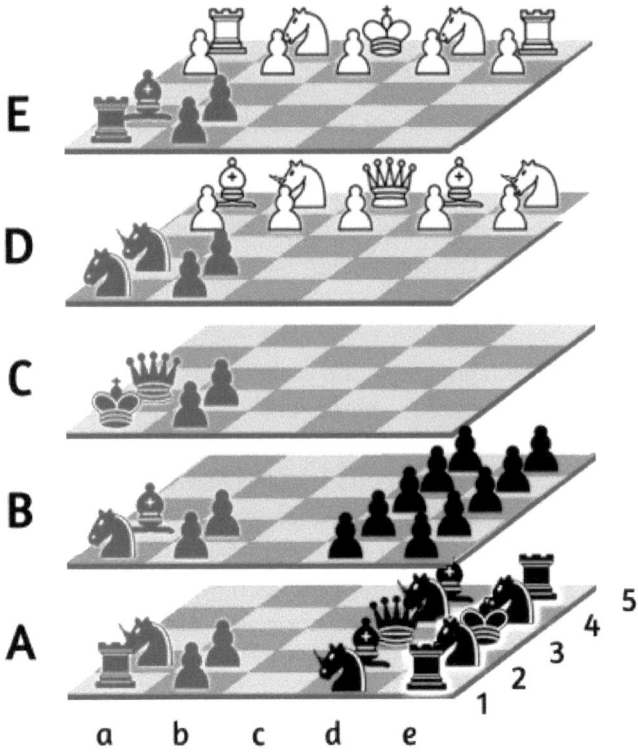

Mit den regulären Schachbrettern lässt sich heute mit Hilfe der Computer-technik jedoch eine komplexe Misch-Maschine quasi als dreidimensionaler 8x8x8-Würfel darstellen, der übertragen auf zu kreierende Algorithmen-Schritte in der Kryptographie beispielsweise in einem 3D-AES mehrere Zeichenketten (Passwörter) als Schlüssel zur Substitution einsetzen lässt: auf jeder Schachbrett-Ebene eine eigene Zeichenkette.

Die Zeichenketten der Schlüssel für Ebene 1 und Ebene 2 und so fort, könnten hintereinander geschrieben auch eine lange Zeichenkette erge-ben. Die Länge der so aneinandergefügten Passwort-Zeichenketten kann je Länge auch in die Nähe der Länge einer üblichen Chat Nachricht kommen, wie bei einem OTP.

Der bereits gut bestehende Zufall bei den Zeichen einer OTP-Zeichenkette würde in einer zusammengefügten Zeichenkette aus den Schlüsseln für die einzelnen Schachbrett-Ebenen nochmals eine weitere Vermischung erfahren, indem diese (zufällige) Zeichenkette portioniert wird, und dann diese Portionen auf unterschiedlichen Ebenen als Schlüssel für definierte Zeichenketten-Folgen (Blöcke) des Klar-Textes eingesetzt werden..

Das heißt: Eine Nachricht beispielsweise mit 40 Zeichen, die mit einer Zeichenkette von 40 zufälligen Zeichen verschlüsselt wird wie beim OTP, hat ggf. einen Vorteil, wenn die 40 Zeichen lange Zeichenkette des Schlüssels nochmal in 5 Portionen (für obiges 5er Modell) à 8 Zeichen geteilt wird. Jede der in der Abbildung dargestellten 5 Schachbrett-Ebenen erhält eine eigene Zeichenkette für Substituierungen und jede Ebene kann *individuell* diese Zeichen ergänzend für Substitutionen einbringen (ggf. auch nach unterschiedlichen Mischvorgängen bzw. Zeitpunkten im Prozess).

Möglicherweise wird es zukünftig erforderlich sein, mehrere Passwörter an verschiedenen Blöcken bzw. abgegrenzten Teilen der Klar-Text-Zeichenfolge einzubringen, oder besser: gleich mehrere Mischmaschinen bzw. Misch-Ebenen mit ihren jeweils eigenen Passworten parallel in einem Würfel zu bemühen. Wobei ein Element oder Block aus einem Misch-Vorgang dann auch in den neuen Mischvorgang des nächsten Mischers bzw. der nächsthöheren Mischebene platziert werden könnte. (Eine ähnliche Verkettung sieht der Cipher-Block-Chaining-Modus (CBC) beim bisherigen 2D-AES vor.)

Damit sind wir nicht nur bei komplexerem Mischen und der Hinzuführung von weiteren Zeichenketten als Schlüssel auf verschiedenen Ebenen, sondern wir können drittens auch die einzelnen Misch-Ebenen wieder miteinander verbinden, indem Schachfiguren des ersten Schachbretts auf das Schachbrett der zweiten Ebene wandern – bzw. im mathematischen Sinne Zellenwerte einer ersten Matrix in Zellen der zweiten Matrix einwandern, substituiert oder XOR-verknüpft werden.

Wann, von welcher Zeile oder Spalte ein Zeichen in die zweite Ebene springt, und ob eine Ebene des Würfels um 180 Grad gedreht wird oder Substituierungen auf der jeweiligen Ebene durchgeführt werden, ist Aufgabe der Ausgestaltung eines solchen Algorithmus, die zukünftige Prozess-Ingenieurinnen und Prozess-Ingenieure in Anbetracht gesteigerter Rechenkapazität von Computern aufnehmen oder durchdenken, wenn sie Spaß daran haben.

So ein dreidimensionales Verfahren der Würfel-Verschlüsselung kann auf jeder Ebene acht Mal parallel angewendet werden mit dann insgesamt acht verschiedenen Schlüsseln. Maßnahmen könnten sein: Berücksichtigung zu substituierender Zeichen, Verschieben eines Zeichens (oder Blocks) auf eine neue Ebene, drehen verschiedener Ebenen, so dass Zeilen zu Spalten werden oder sich rückwärts darstellen, Definition von individuellen Prozess-Zeitpunkten, wann dieses passiert etc.

Durch mehrere Ebenen und individuelle Zeichenketten zur Substituierung auf jeder Ebene und beschriebener dreidimensionaler Mischoptionen, ist anzunehmen, dass die Kombinationsvielfalt und Komplexität erhöht wird. Mein Unterstützer zu diesem Buch, *Jo van der Lou*, würde sagen: Beautiful.

Machen wir uns also auf, die Prozess-Schritte für parallel zugeführte Zeichenketten zur Substitution und das Mischen in und mit mehrfachen Matrix-Ebenen inklusive drittens, Ebenen überspringender Matrix-Einträge einer Cube-Encryption multi-dimensional zu definieren.
(Auch könnte man diese gedankliche Übung nicht nur mit Schachbrettern im 8x8x8 Würfel durchdenken, sondern auch anschaulich an einem 3x3x3-Raum eines Zauberwürfels, oder klassisch im 4x4x4- bzw. 6x6x6-Würfel).
Die Cube Encryption hat jedoch nichts mit der Rubik's Cube Cipher[135] von *Douglas W. Mitchell* zu tun, bei der der Klartext auf einen Zauberwürfel geschrieben wird und der Würfel dann gedreht wird, um die Zeichen zu vermischen. Dort werden keine Substituierungen bzw. weitere Schlüssel eingesetzt.

Dieser spielerische Ausblick auf eine Würfel-Verschlüsselung kann als weiter auszuarbeitende Vision Modelle für ein zukünftiges dreidimensionales und komplexeres Schema hervorbringen: Möglicherweise ein neuer Cube-Algorithmus, den Studierende als Alternativ-Vorschlag ihrer eigenen Hochschule zum AES durchdenken?


Kommen wir zur bestehenden und angewandten Verschlüsselung zurück, die sich zeitlich etwa mit der Verfügbarkeit von Computern unter dem Namen der asymmetrischen Verschlüsselung entwickelte.

## 4.2    Asymmetrische Verschlüsselung •

Bei der asymmetrischen Verschlüsselung wenden Alice und Bob nun insgesamt vier Schlüssel an. Jeder hat sowohl einen öffentlichen Schlüssel als auch einen privaten Schlüssel. Jeder hat also ein Schlüssel-Paar.

Alice und Bob müssen dabei den öffentlichen Schlüssel miteinander tauschen, und jeweils den privaten Schlüssel geheim halten.

Der öffentliche Schlüssel des Gegenübers ermöglicht es nun, Daten für die Besitzerin bzw. den Besitzer des zugehörigen privaten Schlüssels zu verschlüsseln, und mit weiteren Konstellationen (bzw. Schlüsseln) die digitalen Signaturen zu prüfen bzw. eine Authentifizierung umzusetzen. Der private Schlüssel ermöglicht es, mit dem eigenen öffentlichen Schlüssel verschlüsselte Daten zu entschlüsseln (sowie sich auch zu authentifizieren und eigene Nachrichten zu signieren) – also zu verbriefen, dass eine Nachricht auch von einem selbst ist.

Dieses wird daher auch als sog. »Public-Key«-Verschlüsselungsverfahren bezeichnet, zu Deutsch: ein Krypto-Verfahren mit einem öffentlichen Schlüssel. Es wird oft auch als *»Public Key Infrastructure«* (PKI) bezeichnet, um darauf zu verweisen, dass es für das Management und Bekanntsein der Schlüssel einer Infrastruktur bedarf.

Es ist ein Verfahren, um mit einem öffentlichen Schlüssel einen Klar-Text in einen Cipher-Text umzuwandeln, aus dem der Klar-Text nur mit einem dazugehörigen privaten Schlüssel wiedergewonnen werden kann.

Da der öffentliche Schlüssel nicht geheim ist, braucht bei asymmetrischen Verfahren der Kanal beim Schlüsselaustausch nicht abhörsicher zu sein; wichtig ist nur, dass der öffentliche Schlüssel der Inhaberin bzw. dem Inhaber des dazugehörigen privaten Schlüssels zweifelsfrei zugeordnet werden kann.

Dazu kann beispielsweise eine vertrauenswürdige Zertifizierungsstelle ein digitales Zertifikat ausstellen, welches den öffentlichen Schlüssel einer Inhaberin oder einem Inhaber bzw. der jeweiligen E-Mail-Adresse zuordnet. Als Alternative kann auch ohne zentrale Stelle ein Vertrauensnetz durch gegenseitiges Zertifizieren von Schlüsseln aufgebaut werden (Englisch: Web of Trust), d.h. andere Freundinnen und Freunde signieren und bestätigen die Echtheit des eigenen Schlüssels.

*Abbildung 22:* Asymmetrisches Verschlüsselungsverfahren

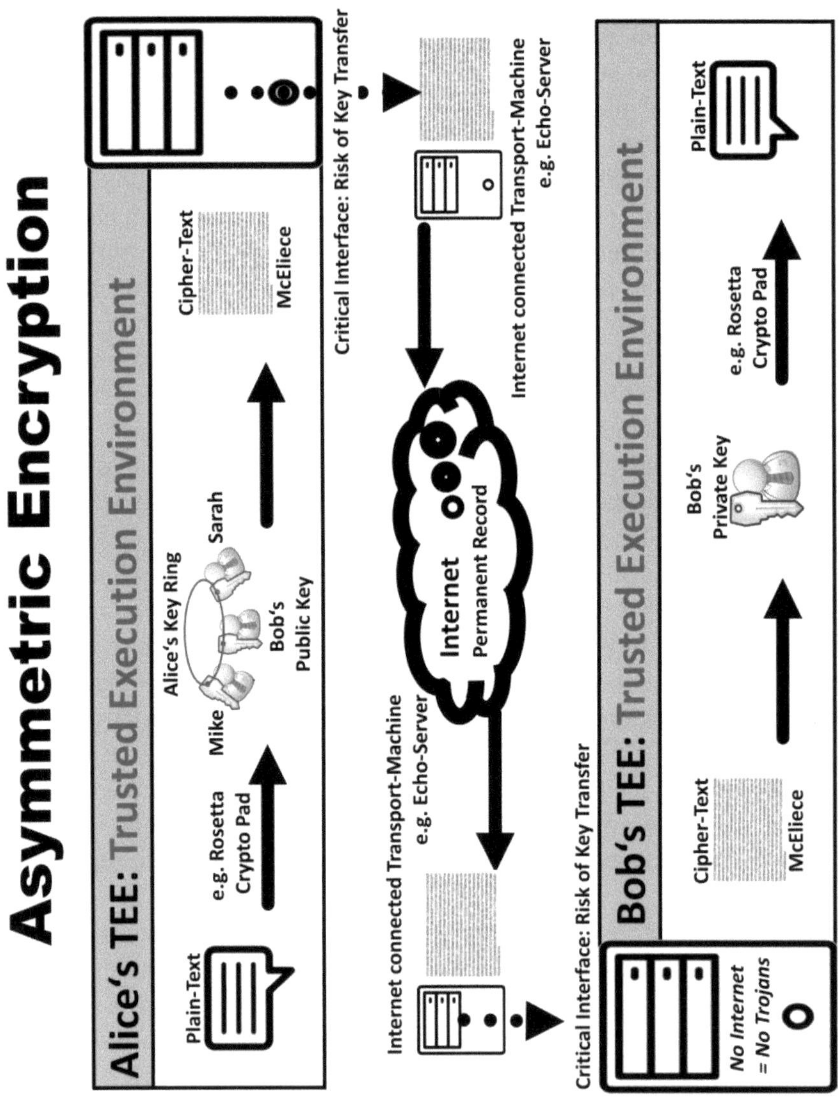


*Quelle:* [136]

*Bei der asymmetrischen Verschlüsselung haben Alice und Bob jeweils einen priva-*
*ten und öffentlichen Schlüssel. Beide müssen den öffentlichen Schlüssel tauschen.*
*Der öffentliche Schlüssel des Gegenübers verschlüsselt die Nachricht. Erhält Bob*
*eine verschlüsselte Nachricht von Alice, kann er diese unter Einbezug seines priva-*
*ten Schlüssels wieder in Klar-Text rückverwandeln. Idealerweise findet die Wand-*
*lung von Klar-Text in Cipher-Text auf einer vertrauensvollen Ausführungsumge-*
*bung statt (Englisch: Trusted Execution Environment, kurz: TEE). Das Risiko des*
*Transfers privater Schlüssel oder einer Kopie des Klar-Textes kann durch eine In-*
*ternet-Kappung verringert werden.*

Nachdem *Whitfield Diffie* und *Martin Hellman* im Jahr 1976 eine Theorie
zur Public-Key-Kryptographie veröffentlicht hatten[137], die weiter unten
noch ausführlicher erläutert wird, versuchten die drei Mathematiker
*Ronald Rivest*, *Adi Shamir* und *Leonard Adleman* am amerikanischen Massachusetts Institute of Technology (MIT), diese Annahmen zu widerle-
gen[138].

Den Beweis konnten sie bei verschiedenen Verfahren durchführen, und
stießen jedoch schließlich auf eines, bei dem sie keinerlei Angriffspunkte
fanden. Hieraus entstand 1977 das Verschlüsselungsverfahren RSA, der
erste veröffentlichte Algorithmus zur asymmetrischen Verschlüsselung.
Der Name RSA steht für die Anfangsbuchstaben ihrer Nachnamen. Es funktioniert wie oben beschrieben mit öffentlichen und privaten Schlüsseln.

Der Amerikaner *Ron Rivest* ist Hochschullehrer am Massachusetts Institute of Technology (MIT) in Cambridge. *Adi Shamir*, geboren in Tel Aviv,
kehrte als israelischer Kryptograph ab den 1980er Jahren an das Weiz-
mann Institut in Israel zurück. Und *Leonard Adleman*, als Sohn in einer
jüdischen Familie in Californien geboren, ging in den 80er Jahren als Hochschullehrer an die University of Southern California in Los Angeles.

Seit 2016 sieht die amerikanische Behörde NIST dieses Verfahren jedoch als »nicht länger sicher«[139] an, angesichts der zunehmenden Rechenkapazität von Quanten-Computern. Als nicht gebrochen gelten hingegen
der 1978 von *Robert McEliece* entwickelte McEliece-Algorithmus sowie der
Algorithmus NTRU (aus dem Jahr 1996)[140]. Diese basieren, wie wir noch
sehen werden, lose auf Gitterproblemen, die selbst mit Quantenrechnern
als nicht knackbar gelten.

RSA hatte in seinen rund 40 Lebensjahren weite Verbreitung gefunden,
wurde also in zahlreiche Software-Applikationen eingebaut, und berechnet sich mit beiden Schlüsseln auf mathematische Weise über Primzahlen.

Der öffentliche Schlüssel (Englisch: public key) ist ein Zahlenpaar (e,N) und der private Schlüssel (Englisch: private key) ist ebenfalls ein Zahlenpaar (d,N), wobei N bei beiden Schlüsseln gleich ist. Man nennt N den RSA-Modul, e den Verschlüsselungsexponenten und d den Entschlüsselungsexponenten. Diese Zahlen werden durch ein mathematisches Verfahren erzeugt, in dem zufällig und stochastisch unabhängig zwei Primzahlen p ungleich q gewählt werden. Da eine Primzahl p nur durch 1 und sich selbst teilbar ist, ist sie zu den Zahlen 1 bis p-1 teilerfremd. Weil sie größer als 1 ist, ist sie außerdem nicht zu sich selbst teilerfremd. Mit dem Verschlüsselungsexponenten e kann dann eine Nachricht vom Klar-Text in den Cipher-Text gewandelt werden.

Unter anderem wird die eulersche Funktion in einer (später andernorts zu vertiefenden) mathematischen Berechnung durchgeführt: Die eulersche Phi-$\phi$-Funktion ist eine zahlentheoretische Funktion, die für jede positive natürliche Zahl n angibt, wie viele zu n teilerfremde natürliche Zahlen es gibt, die nicht größer als n sind (auch als Totient von n bezeichnet).

Um eine Nachricht m schließlich zu verschlüsseln, verwendet die Absenderin oder der Absender die Formel

c ist äquivalent zu m hoch e (mod N)

und erhält so aus der Nachricht m den Geheimtext c. Die Zahl m muss dabei kleiner sein als der RSA-Modul N.

Der Prozessablauf stellt sich daher zusammengefasst wie folgt dar: Alice und Bob einigen sich auf ein asymmetrisches Kryptoverfahren, z.B. statt RSA nehmen sie den heute noch sicheren McEliece Algorithmus (mit und aufgrund seiner spezifischen mathematischen Berechnung). Alice und Bob tauschen ihre öffentlichen Schlüssel aus. Alice verschlüsselt nun ihre Nachricht, indem sie den öffentlichen Schlüssel von Bob nutzt. Alice sendet den Cipher-Text zu Bob. Nun kann Bob mit seinem privaten Schlüssel die Nachricht von Alice wieder decodieren und lesen, dank oben exemplarisch in den Prozess-Schritten dargestellten mathematischen Berechnungen.

## 4.2.1  GPG (GNU Privacy Guard) ●

Verschlüsselung sollte nach dem damaligen Leitmotiv der Entwicklerinnen und Entwickler der 1990er Jahre einfach und stark sein, damit besonders die sozialen Bewegungen der Bürgerinnen und Bürger in den USA sich der Überwachung durch staatliche Behörden entziehen können. Auch sollte Verschlüsselung entsprechend freundlicher in der Anwendung gestaltet werden.

Mit PGP (abgekürzt für Englisch: Pretty Good Privacy, zu Deutsch so viel wie: »ziemlich gute Privatsphäre«) ist in der ursprünglichen Entwicklung von Software-Programmierer *Phil Zimmermann* ein Verfahren und Programm entstanden, mit dem Texte bzw. E-Mails gemäß der asymmetrischen Methode mit einem öffentlichen Schlüssel verschlüsselt werden können.

Es wird in der quell-offenen Variante auch OpenPGP oder GnuPG genannt bzw. mit: GPG abgekürzt – dieser Begriff soll auch im Weiteren genutzt werden.

Heute engagiert sich *Phil Zimmermann* auch im Bereich sozialer Netzwerke wie Okuna, ehemals Openbook, das eine ethische und datenschutzfreundliche Alternative zu bestehenden sozialen Netzwerken, insbesondere Facebook, darstellen soll. Okuna befindet sich aufgrund seiner spezifischen Finanzierungsform weiterhin noch in einer Testphase und die Alternativen RetroShare und Mastodon sind bereits wesentlich ausgereifter.

Die erste PGP-Version wurde von ihm im Jahr 1991 geschrieben und verwendete den RSA-Algorithmus zur Verschlüsselung der Daten. Spätere Versionen benutzten auch den Elgamal-Algorithmus, der auf den ägyptischen Kryptologe *Taher Elgamal* zurückgeht, der dieses Kryptosystem schon zehn Jahre zuvor in seiner Jugendzeit veröffentlichte, bevor er in den 90er Jahren Chef-Wissenschaftler für den damaligen Browser Netscape und schließlich technischer Chef der bekannten Vertriebs-Datenbank ›Salesforce‹ wurde.

Heute betreut der Entwickler *Werner Koch* aus Deutschland einen großen Teil der aus diesen Ursprüngen abgeleiteten, freien und quell-offenen Code-Grundlagen von GPG bzw. der zugrundeliegenden Software-Bibliothek. Er wurde für seine jahrelangen Verdienste um GPG noch vor wenigen Jahren mit dem FSF Award ausgezeichnet (Award for the Advancement of Free Software der Free Software Foundation).

Um Rechenkapazitäten der damalig langsamen Computer zu schonen, wird bei GPG nicht die ganze Nachricht asymmetrisch verschlüsselt. Stattdessen wird die eigentliche Nachricht aus Effizienz-Gründen symmetrisch und nur der verwendete Schlüssel asymmetrisch verschlüsselt. D.h. dieser symmetrische Schlüssel wird dann z.b. mit dem RSA-Kryptosystem mit dem öffentlichen Schlüssel der Empfängerin bzw. des Empfängers verschlüsselt und der Nachricht hinzugefügt.

Wiederum eine hybride Verschlüsselung. Dazu wird jedes Mal ein symmetrischer Sitzungs-Schlüssel (Englisch: session key) zufällig erzeugt. Dadurch ist es auch möglich, eine Nachricht für mehrere Empfängerinnen und Empfänger gleichzeitig zu verschlüsseln.

Heute spielt Rechenkapazität aber nicht mehr eine so große Rolle, da die Computer und mobilen Geräte wesentlich schneller geworden sind.

Wie folgt sieht eine GPG-verschlüsselte Nachricht aus:

*Abbildung 23:* Beispiel eines mit GPG verschlüsselten Textes

```
-----BEGIN PGP MESSAGE-----
Version: GnuPG v2.0.16 (GNU/Linux)

hTEMA1PUVhZb8UnsAQf+KS9PNvkWYFONnoStveMc4KwvGT7WlRFv/ZACvdyFsKDO
icurhL57uh56KCof1m5drfftwjDQWgNyMy0cixqV/2WzeQgjZILE0Z1FDg7cgAbs
UZvy2hmaJf0dhHEUziALotfUMhoSeHeObxmomzb7vovJv5tWDtQ9W+p2tbQ4tiin
LAsJtwQhEVTN1tootBteC0dTgOdISe6kfqUSoN3A22SiSUihmjxMPiiO6iZB8gBS
hhfiSPa4khNwODncRe2BjqW+YQHf7L6CfLjx2S1BCSr+KWLmUnVdWSUonhHPF9mI
E/q7t2uoBWg0iQgCjQubgYeqSUYN/xWpqAUX9O71zdKUAbVjjLVT0qTjNLLvms2H
s4BDzHEqKeuGuMAWFzyfuW+VNofTxtcHhzrdjPuYi7sRL3YNUvqUpcGeKGyTApW2
k/fd7U32av7Pq63NoKK2g3RFcyBUiSdN1NhW8TYS1NdMSMXNw1R9dWVgFmsLj2vs
Rv89ufRiPbNLDXcx7CkRrTf13q0miy1850d6k5nt8qUFrnh4xQ==
=z6Xk
-----END PGP MESSAGE-----
```

*Quelle:* [141]

Die GPG-Verschlüsselung ist jedoch in den bisherigen Oberflächen der Programme des vorherigen Jahrhunderts nicht so benutzerfreundlich implementiert worden, wie es sich manche gerne wünschen. Kopf- oder Betreff-Zeilen einer E-Mail wurden nicht verschlüsselt oder unterschiedlich gehandhabt. GPG wurde daher auch nicht wirklich populär. Es ist bislang in den E-Mail-Programmen wie Thunderbird, Outlook, den Webmailern und anderen auch noch nicht als Standard implementiert. Auch eine Funktion REPLEO oder AutoCrypt fehlte: Auf die Funktion AutoCrypt wird weiter unten noch eingegangen: es bezeichnet den automatisierten REPLEO-

Austausch von Schlüsseln. Nutzerinnen und Nutzer mussten bislang die Verschlüsselung aufwändig manuell einrichten.

Noch vor einigen Jahren forderte der Leiter der Sicherheits-Redaktion des bekannten *Heise*-Fach-Portals *Jürgen Schmidt*: »Lasst PGP/GPG endlich sterben.«[142] – Und wer hätte es gedacht, dass dieser Standard im Delta-Chat-Klient, auf den wir später ebenso noch ausführlicher eingehen, mit REPLEO bzw. AutoCrypt wenige Jahre später nochmal eine Renaissance erfährt? REPLEO rettet. AutoCrypt auch.

Auch wenn GPG immer noch auf den alten, ggf. unter Bedingungen als kritisch geltenden Algorithmen aufbaut, und NTRU oder McEliece in den jeweiligen Software-Bibliotheken noch nicht eingebaut sind – bzw. sie auch keine modernere Ausgestaltung eines Schlüsselmanagements enthalten, so wurde GPG doch durch diesen automatisierten und verschlüsselten Versand der eigenen öffentlichen Schlüssel zum Gegenüber innerhalb der anwendenden Klienten durchaus schon attraktiver und gilt weiterhin als bekannter Standard in der Verschlüsselung.

Er wurde zwischenzeitlich auch vom bundesweiten Sicherheits-Institut BSI zum Einsatz für behördliche Kommunikation gefördert und für Geheimdokumente in der Stufe »Verschlusssachen: nur für den Dienstgebrauch (VS-NfD)« freigegeben.

Insbesondere bleiben die Anfänge von GPG historisch interessant – z.B. hinsichtlich, welche zukünftigen Auswirkungen es hatte: Die Entwicklung einer besseren Verschlüsselung führte nach öffentlicher Rezeption und auch kritischen Würdigungen wenige Jahre später dazu, dass beabsichtigte Beschränkungen von Verschlüsselung aufgehoben wurden. Ein neuer Standard wurde akzeptiert und eingeführt - so kann eine Quintessenz und Lernkurve aus den 1990er Jahren zusammengefasst werden.

Das kann bei den aktuellen Diskussionen um Verschlüsselung in Europa und den assoziierten Ländern der Five-Eyes ggf. ebenso der Fall sein, wenn es um die Ende-zu-Ende-Verschlüsselung oder besonders sichere Verschlüsselung z.B. mit dem McEliece-Algorithmus gehen wird - oder auch um eine Schlüssel-transportfreie (Ende-zu-Ende)-Verschlüsselung oder um die Fiasko-Schlüssel, bei denen besonders viele Schlüssel übertragen werden. Transport-Abstinenz oder gerade ihr Gegenteil, das Senden von Schlüsseln gleich im ganzen Dutzend, sind wesentliche Stichworte und Kriterien für die weitere Entwicklung der modernen und angewandten *Kryptographie in der Dritten Epoche*. Schlüsselmanagement kommt nicht nur durch politischen Impuls, sondern auch durch technische Innovationen als Besprechungs-Thema auf die Agenda.

In seinen Anfangsjahren durfte GPG-Verschlüsselung jedoch nicht lizenzfrei aus den USA exportiert werden, da es, ähnlich wie Waffen, unter ein Exportgesetz fiel. Ende der 1990er Jahre wurden diese Gesetze jedoch liberalisiert, und diese Art von Verschlüsselungs-Software konnte fortan in den meisten Ländern der Welt genutzt werden.

Um diese Beschränkung damals zu umgehen, wurde der vollständige Quell-Code 1995 schlichtweg als Buch gedruckt. In Antiquariaten ist die ISBN 9780262240390 noch zu horrenden Preisen als seltenes Exemplar erhältlich. Als Buch konnte die Software legal distribuiert werden: Die starken Gesetze zur Presse- und Meinungsfreiheit in den USA ermöglichten es dann, dass die Verschlüsselungsmethode auch in anderen Nationen abgetippt und veröffentlicht wurde.

Heutzutage ist dieses undenkbar, zumal es quell-offene und damit lizenzfrei Projekte gibt, deren Quell-Code jederzeit auf Internet-Webseiten wie Github, Sourceforge, Bitbucket oder Codeberg bereits kontinental übergreifend öffentlich lesbar ist.

Ebenso hat beispielsweise der weltweit erste mobile McEliece Messenger Smoke Crypto Chat ergänzend auch die analoge Gutenberg-Methode des modernen Buchdrucks für die technische Dokumentation gewählt: Die dokumentarischen Erläuterungen mit Referenz zu den jeweiligen Java-Zeilen sind als Lehr- und Lernmaterial für Lehrerinnen und Lehrer, Schülerinnen und Schüler sowie Entwicklerinnen und Entwickler nicht nur im globalen Web seit vielen Jahren öffentlich, sondern inzwischen auch auf Papier gedruckt les- und erlernbar.

Die Erläuterungen von *Casio Moonlander* finden sich einmal gedruckt auf rund 1000 Seiten Papier (mit den beiden ISBNs 9783752691993 & 9783752692006) bzw. sind weiterhin auch als E-Book für einen Euro bzw. Dollar über die üblichen E-Book-Reader wie Kindle, Tolino, Kobo oder Lifebook lesbar.

Lehr- und Lernmaterial über innovative Modellprojekte, Prototypen und Methoden heutiger Technologien wie der Anwendung des McEliece-Algorithmus ist somit jederzeit von jedem Buchhandel, Walmart oder Playstore bzw. in jeder Bibliothek bestellbar oder instant herunterladbar. Alle können somit überall in Anbetracht der superschnellen Computer super sicher und super secreto bleiben.

Edukation bedeutet für all diejenigen, die die Dinge gerne in eigenen Händen nachlesen möchten, neben den Lernoptionen zugleich Säkularisierung und Demokratisierung von Wissen – hier bezüglich grundlegendem (mathematischen) Wissen bzw. praktischer (Programmier-) Erfahrungen im Bereich der zukunftsträchtigen asymmetrischen Verschlüsselung mit McEliece - statt dem alten GPG mit RSA oder Elgamal als Algorithmus. Ob GPG wohl tot gesagt bleibt oder ein neues Herz durch eine McEliece-Transplantation bekommt?

### 4.2.2  S/MIME •

Für die Verschlüsselung von E-Mails haben sich für PKI-basierte asymmetrische Verschlüsselung zwei Verfahren etabliert: Das eine ist das bereits vorgestellte PGP/GPG und das andere, seltener angewandte ist S/MIME. Es steht für Secure/Multipurpose Internet Mail Extension, ist also eine Erweiterung für das E-Mail.

Beide basieren auf den gleichen kryptographischen Methoden. Sie differieren lediglich in der Zertifizierung von öffentlichen Schlüsseln und damit auch in den Modellen des Vertrauens. Somit sind auch beide Verfahren nicht miteinander kompatibel. Das bedeutet, dass Nutzerinnen und Nutzer des einen Verfahren signierte oder verschlüsselte Nachrichten mit Nutzerinnen und Nutzern des anderen Verfahrens nicht austauschen können.

S/MIME beschreibt ein standardisiertes Verfahren, in dem sog. »X.509«-Zertifikate genutzt werden. Die Zertifizierung des öffentlichen Schlüssels wird angeboten als ein Service durch öffentliche »Trust Center« als Zertifizierungs-Authoritäten, also Vertrauen gebende Institutionen.

Das Vertrauensmodell ist damit hierarchisch. Die Identitäten werden verifiziert über eine Kette an Zertifikaten, angefangen vom Zertifikat der Nutzerinnen und Nutzer bis hin zu jeder zugeschriebenen Zwischen-Zertifizierungs-Autorität bis letztlich zum Root-CA-Zertifikat der entsprechenden Körperschaft auf oberster Ebene.

Aufgrund der Abhängigkeit von zentralen Strukturen bzw. der interdependenten Abhängigkeiten dieser Verflechtungen und der selteneren Anwendung soll diese Möglichkeit der Verschlüsselung nicht weiter betrachtet werden, zumal sich das offene GPG / GnuPG hier mit einem privaten und öffentlichen Schlüssel auch stärker etabliert hat und bekannter ist.

Schüssel, die direkt aus einer Anwendung heraus erzeugt werden und auch selbst-signiert sein können, also ohne zentrale Autorität in einem sich gegenseitig bestätigenden Geflecht von Zertifizierungen befinden können, sind sicherlich anwendungsfreundlicher.

## 4.3 Hash-Funktionen, Zertifikate und Signaturen: SHA, Argon2 & Co. •

Eine Hash-Funktion ist jegliche ausreichend gut definierte Prozedur oder mathematische Funktion, die einen großen, ggf. in der Länge variablen Anteil an Daten in einen kleinen Index konvertiert. Üblicherweise ein Integer, der als Index zu einer Daten- bzw. Zeichen-Anordnung dient.

Die Werte, die aus einer Hash-Funktion resultieren, werden Hash-Werte, oder Hashes genannt.

Aus dem Satz »Hallo Welt« kann mit einer Hash-Funktion eine Art Zeichenkette wie »6e32f66f62a8d… 98a2cc« gebildet werden. Eingesetzt wird so eine Funktion, beliebig lange Zeichenketten auf einen kurzen Hash abzubilden, beispielsweise bei digitalen Unterschriften, bei ineinander verketteten Transaktionen wie der Blockchain oder ganz einfach bei der Sicherheit von Datei-Downloads. Der kurze Hash einer großen Download-Datei soll vor dem Download der gleiche sein, wie er nach dem Download gemessen wird – dann ist die Datei während des Downloads nicht verändert worden.

Kollisionen sind dabei unvermeidbar, d.h. es kann mehrere Text-Passagen oder Dateien geben, die in demselben Hash resultieren. Hingegen bei einer kryptographischen Hash-Funktion werden zusätzliche Eigenschaften erfüllt: Sie sollten (streng) resistent gegen solche Kollisionen sein. D.h. aus einem Satz oder einer Zeichenkette sollte auch nur ein Hash-Wert generiert werden und dieser Hash-Wert auch nicht ein zweites Mal aus einem anderen Satz generiert werden können. Wird in dem Satz auch nur ein kleines Zeichen geändert, ergibt sich i.d.R. ein völlig neuer Hash, eine ganz andere Zeichenfolge. Dieses wird als Lawinen-Effekt bezeichnet.

Zugleich ist eine Hash-Funktion nicht umkehrbar. Aus einem Hash kann kein vollständiger Satz zurückgebildet werden. Es ist daher keine Verschlüsselung, die wieder ent-schlüsselt werden könnte.

Dennoch sind manche Super-Computer heute in der Lage, sog. »Regenbogentabellen« zu füllen und zahlreiche Sätze bzw. Zeichenketten, die zu Hashes führen, zu speichern. Taucht ein Hash nochmals auf, kann man mit der inversen Suche über die Hashes in der Tabelle zu dem ursprünglichen langen Text zurückkommen, da alle Paare von Hash und zugehöriger Zeichenkette gespeichert sind.

Da Hashes oftmals bei Passworten eingesetzt werden, könnte so ein Passwort ermittelt werden, wenn der Hash und das Passwort in einer solchen Regenbogen-Tabelle verzeichnet sind. Damit das nicht passiert, werden die Passworte in einer entsprechenden Länge vorgegeben oder auch mit einem sog. »kryptologischen Salz« (also automatisiert ergänzt mit weiteren Zeichen) jeweils verlängert, was ebenso zu einer Erhöhung der Möglichkeiten führt, damit eine Regenbogen-Tabelle ggf. nicht alle Kombinationen aller möglichen Wortschöpfungen verzeichnen kann. Man speichert die Salz-Zeichenkette mit dem Hash-Wert des Passwortes ab. So nützt es Regenbogen-Tabellen dann nichts mehr, weil Angreiferin und Angreifer für jeden neuen Salz-Wert eine neue Regenbogen-Tabelle mit allen möglichen Passworten der Welt benötigten.

Ein bekannter Hash Algorithmus ist z.B. SHA-512, damit wird ein Satz aus Wörtern in eine kurze Zeichenfolge gewandelt. Ein solcher SHA-3 ist seit 2015 am Start. Ein weiteres besonders sicheres Hash-Verfahren heißt Argon2. Besonders kurze Hashes erzeugt auch das Verfahren mit Sip-Hash.

Wichtig ist, dass man Hashes nicht in lesbare Zeichenfolgen wieder zurückwandeln kann. Warum, das werden wir weiter unten noch sehen, beispielsweise wenn ein Hash bei einem Cipher-Text beigelegt wird, wie es das Echo-Protokoll z.B. in einer verschlüsselten Echo-Kapsel vollzieht. Und: Die meisten Applikationen speichern auch nicht Passworte für den Login, sondern nur deren Hashes. Wenn Politikerinnen oder Politiker also eine Herausgabe von Passworten verlangen, können Unternehmen diese oft nur im Hash anbieten, nicht aber das Passwort selbst.


Eine weitere Rolle neben Hashes spielen Signaturen und Zertifikate: Eine digitale Signatur wird über ein asymmetrisches Kryptosystem erstellt, bei dem ein Sender mit Hilfe eines geheimen Signaturschlüssels (dem Private Key) zu beliebigen Daten, also z.B. einer digitalen Nachricht, einen Wert berechnet. Dieser Wert wird digitale Signatur genannt. Sie ermöglicht es, mit Hilfe des öffentlichen Verifikationsschlüssels (dem Public Key) die nicht-abstreitbare Urheberschaft und Integrität der Nachricht zu prüfen. Um eine mit einem Signaturschlüssel erstellte Signatur einer Person zuordnen zu können, muss der zugehörige Verifikationsschlüssel dieser Person zweifelsfrei zugeordnet sein. Das heißt, ein Schlüsselpaar für die Verschlüsselung ist erforderlich und ggf. ein weiteres Schlüsselpaar für die Signaturen.

Ein digitales Zertifikat ist ein digitaler Datensatz, der bestimmte Eigenschaften von Personen oder Objekten bestätigt und dessen Authentizität und Integrität so durch kryptographische Verfahren geprüft werden kann. Das digitale Zertifikat enthält insbesondere die zu seiner Prüfung erforderlichen Daten. Die Ausstellung des Zertifikats erfolgt durch eine offizielle Zertifizierungsstelle - im Englischen: *Certification Authority* (kurz: CA). Eingesetzt werden Public-Key-Zertifikate oft nach dem Standard X.509, welcher die Identität der Inhaberin bzw. des Inhabers und weitere Eigenschaften eines öffentlichen kryptographischen Schlüssels bestätigen.

Soweit einige kryptographische Grundlagen, die weiter zu vertiefen sind. Warum wir in der Kryptographie am Beginn einer neuen, *Dritten Epoche* stehen, verdeutlicht der nächste Abschnitt.

# 5 DIE DRITTE EPOCHE DER KRYPTOGRAPHIE: EIN ZEITALTER FÜR MULTI-VERSCHLÜSSELUNG, EXPONENTIELLE VER- SCHLÜSSELUNG & QUANTUM-SICHERE VERSCHLÜSSELUNG?

●

Während die erste Epoche mit der jahrtausendalten symmetrischen Ver- schlüsselung mit einem Passwort beginnt, die zweite Epoche mit der com- puterbasierten Verschlüsselung durch private und öffentliche Schlüssel gekennzeichnet ist, muss sich nun eine *Dritte Epoche der Kryptographie* auf die schnellen Rechenkapazitäten von Super-Computern einstellen.

Sog. Quanten-Computer sind Höchstleistungsrechner, die nicht nur be- sonders schnell sind, sondern auch mit einer neuen Methode basierend auf quantenmechanischen Zuständen rechnen.

Zugleich können heute bestehende Stärken und Sicherheiten in den Verschlüsselungen und ihren Prozessen nachhaltiger angewandt werden, wie z.B. bei der verstärkten Nutzung von mathematischen Berechnungen, die gewisse Vorteile bieten; z.B. hinsichtlich Schlüsselgrößen oder sicherer Schlüssel-Übertragungen durch sog. kenntnisfreie Beweise oder mehrfa- che Absicherungsmethoden auch durch Multi-Verschlüsselung. Dazu mehr in den übernächsten Abschnitten.

Das Neue, was kommt, hat zunächst den Effekt, dass Althergebrachtes in absehbarer Zeit nicht mehr bzw. nur mit Einschränkungen verwendet werden kann. Wir kennen es aus allen anderen Lebensbereichen ebenso: Das, was jahrelang genutzt wurde, und bekannt ist, müssen wir aufgeben, um das Neue nutzen zu können. Und viele sagen am Ende, gut, dass wir es gemacht haben: das neue Bett, die Veränderung der Möbel für das neue Zimmer der Tochter, das neue Werkzeug, die neuen Messer, die neue Smart-Home-Heizung, der neue Wagen mit Strom, oder der neue Monitor ohne Quecksilber, all das ist besser, als das alte Gerät und Werkzeug der Vorzeit. Und so ist es auch mit dem bislang sehr bekannten Verschlüsse- lungs-Algorithmus RSA. Aufgrund schneller Quanten-Computer ist das nahe Ende seines Produktlebenszyklus nun da.

## 5.1 Aufbruch und Abschied: No Longer Secure •

RSA war lange Zeit der fundamentale Baustein für Sicherheit im Internet - bei HTTPS, VPNs, SSH und so weiter - denn es ermöglicht neben der Verschlüsselung auch digitale Signaturen und sicheren Schlüsselaustausch. Viele Generationen haben RSA liebgewonnen, haben daran gelernt, mathematisch berechnet, diesen Algorithmus in ihre Applikationen eingebaut.

Und was, wenn RSA bald das Ende seines Produktlebenszyklus erreichen würde? Was würde passieren, wenn RSA nicht mehr als sicher gelten kann?

Denn, falls eine Applikation nicht mit mehreren Algorithmen zur Auswahl programmiert wurde, ist diese Applikation ggf. auch nicht zukunftsfest und der Algorithmus kann in der Programmierung nicht ohne weiteres ausgetauscht werden, es kommt mit dem Ende der Laufzeit für diese Applikation auch ein wirtschaftlicher Schaden auf das Unternehmen zu, das RSA anbietet. Daher wird immer versucht werden, das Ende des Lebenszyklus von RSA möglichst lange aufrechtzuerhalten.

Resistenz gegenüber Veränderungsnotwendigkeiten besteht aber auch, weil man diesen gewohnten Algorithmus quasi liebgewonnen hat: Ist es so, als nähme man uns mit RSA eins der spezifischen Kuscheltiere weg? So soll der Nobelpreisträger der Physik des Jahres 1918 und Begründer der Quantenphysik *Max Planck* gesagt haben: Eine neue wissenschaftliche Wahrheit pflegt sich nicht in der Weise durchzusetzen, dass ihre Gegnerinnen und Gegner überzeugt werden und sich als belehrt erklären, sondern vielmehr dadurch, dass diese allmählich aussterben, und dass die heranwachsende Generation von vornherein mit der Wahrheit vertraut gemacht wird. Oder wie der Volksmund bemerkt: An einer Weggabelung, an der ein Weg in die Zukunft führt, stehen 10.000 Wächterinnen und Wächter der Vergangenheit.

Nähern wir uns der anzunehmenden und ggf. noch weiterhin geltenden Sicherheit von RSA daher ganz un-emotional-fachlich und mit sachlicher Berechnung. *Wilhelm Drehling* berechnet als angewandter Informatiker aus der Hochschule Hannover folgendes Beispiel[143]: Die Zahlen 2281 und 3323 sind Primzahlen. Sie zu multiplizieren ist keine große Herausforderung und zur Not mit Zettel und Stift ganz ohne Taschenrechner zu schaffen: 7.579.763 ist das Ergebnis. Stellt man einem Menschen dagegen die

Aufgabe, die zwei Primzahlen zu finden, die multipliziert 7.579.763 ergeben, vergeht den meisten selbst mit einem Taschenrechner der Spaß. Um die passenden Primzahlen zu finden, muss man nämlich wohl oder übel ausprobieren: Kann man die Zahl durch 3 teilen? Nein. Auch nicht durch 5, 7, 11 oder 13? Sehr viele Probedivisionen sind nötig, bis man endlich bei der Primzahl 2281 angekommen ist und sogleich weiß, dass 2281 und 3323 die gesuchten Primfaktoren sind.

Während der Hinweg bei dieser Multiplikation einfach ist, ist der Rückweg, also die Faktorisierung, aufwendiger. Doch ist sie aufwendig genug, um dieses nicht berechnen zu können? Es wird gerne von einer Einweg-Funktion gesprochen. Doch das ist m.E. nicht richtig, denn auch der umgekehrte Weg geht, wenn auch schwer oder aufwendig. Es ist vergleichbar mit einem Briefkasten, in den die Postbotin oder der Postbote den Brief einwerfen kann, man ihn jedoch nur schwer herausbekommen. Es liegt an der Falltüre. Doch dieses Bild der Einweg-Falltüre hinkt ebenso: mit langen Fingern hat jede und jeder schon mal einen Brief auch wieder aus dem Briefkasten herausgezogen.

In obigem Rechenbeispiel genügt ein kurzer Blick in eine Mathe-Fibel oder ins Internet zu einer Liste der Primzahlen. Die Primzahl 2281 ist die 339zigte Primzahl in der aufsteigenden Liste aller Primzahlen. Es reichen also 339 Versuche aus, die Zahl 7.579.763 durch eine der 339 Primzahlen zu dividieren, um nach dem 339. Versuch festzustellen, dass dieses auf eine ganze Zahl auskommt: 3323. Bei jedem Ergebnis einer ganzen Zahl dieser Division muss dann nur geprüft werden, ob diese Zahl ebenso in der Liste der Primzahlen vorhanden ist.

Auch wenn mit diesem Beispiel nur relativ kleine Primzahlen genutzt wurden - der einfache bzw. aufwendige Rechenweg wird jedoch deutlich: Und natürlich ist es nicht so einfach, da es bei RSA noch weitere Konstanten wie den RSA Modul N gibt.

Doch Quanten-Computer sollten dieses in einem zügigen Verfahren zusammenbringen können – so dass jede und jeder selbst einschätzen muss, dass die sogenannte Einwegfunktion nur bedingt eine ist: Denn es geht lediglich darum, wie schnell wir alle Primzahlen in dieser Berechnung durchprobieren können. Müssen wir also selbst aufpassen, gedanklich nicht in diese Falltüre hineinzufallen - mit einer falschen Sicherheitsannahme durch diesen Begriff?

Manche Nutzerinnen und Nutzer knacken ein RSA-100 mit einem regulären Heim-Desktop-Computer innerhalb einer Woche, wofür die Computer vor 40 Jahren noch 75 Jahre benötigten.

Vor einigen Jahren schon bewiesen französische Wissenschaftler um *Fabrice Boudot*[144] an der Université de Limoges die Möglichkeit, RSA zu brechen (damals mit 705-Bit-Schlüsseln).

Mit Hilfe von zwei zusammengeschalteten Super-Computern - »Lomonosov« und »Zhores« - zweier Moskauer Institute, gelang es drei russischen Wissenschaftlern für das ebenso kleinere RSA-232 mit 786 Bit diesen Rechenprozess zu knacken und die Zahlen zur Faktorisierung zu ermitteln. Diese beeindruckende Leistung haben *Nikolai Zamarashkin* und *Dmitry Zheltkov* sowie ihr Kollege *Sergey Matveev* mit ihren Rechnern erzielt.[145]

Es finden gar ganze Wettbewerbe statt, um RSA zu brechen. Nur was bewiesen ist, könnte geglaubt werden. Zudem berechnen viele Mathematikerinnen und Mathematiker die Anzahl der notwendigen Rechenoperationen bei entsprechenden Schlüssel-Längen und wie lange bei jeweiliger Rechenkapazität eine Brechung dauern könnte.

Heute sollten daher Schlüssellängen von mindestens 4096 Bit eingesetzt werden und es gilt daher auch: angesichts der Quanten-Rechner wird empfohlen, den Algorithmus RSA besser nicht mehr zu verwenden, da er nicht mehr als sicher gilt.

*Abbildung 24:* Zeitdauer zum Brechen von RSA in Abhängigkeit von unterschiedlichen Rechen-Geschwindigkeiten - Was zu berechnen war – Lateinisch etwa: »Quod Erat Demonstrandum«

| RSA-Schlüssel: | 50 Digits | 75 Digits | 100 Digits |
|---|---|---|---|
| Operationen | $1,4 \times 10^{10}$ | $9,0 \times 10^{12}$ | $2,3 \times 10^{15}$ |
| PC 1978 | 3,9 Stunden | 104 Tage | 79 Jahre |
| PC 2018 | 7 Sekunden | 7 Stunden | 7 Tage |
| 442 PFLOPS | Quod | Erat | Demonstrandum |
| 5 QuBits 2015 | Quod | Erat | Demonstrandum |
| 53 QuBits 2019 | Quod | Erat | Demonstrandum |
| 500 QuBits 2023 | Quod | Erat | Demonstrandum |

*Quelle:* [146]

Beeindruckend ist jedoch nicht die zunehmende Kapazität zusammengeschalteter schneller Super-Computer, oder gar die Analyse der Potenzen der Quanten-Computer, auch nachhaltige logische Beweise, dass der RSA-Prozess angreifbar werden könnte, sind interessant. Neben reiner Rechen-Power gibt es also auch mathematische Ansätze, um RSA zu brechen.

Auf dem öffentlichen ePrint Archiv wurde von dem deutschen Kryptologen *Claus Peter Schnorr* 2021 ein Artikel veröffentlicht, das dieses Verfahren angeblich zerstört: »This destroys the RSA cryptosystem«[147].

*Claus Peter Schnorr* wurde schon vor einer ganzen Dekade nach 40 Jahren an der Universität Frankfurt emeritiert und gilt heute weiterhin als einer der bekanntesten deutschen Kryptographen, denn er entwickelte ein Identifikationsschema auf Basis des diskreten Logarithmus (1989/91), dessen Variante heute nach Patentauslauf noch verwendet wird.

Seine Arbeit zu »Fast Factoring Integers by SVP Algorithms« will es nun geschafft haben, dass sehr große Zahlen sehr zügig in Primfaktoren zerlegt werden können. Denn der Rechenaufwand steigt exponentiell mit der Größe der Zahlen und machte RSA bislang sicher.

Mysteriös war jedoch, dass dieser Satz der »Zerstörung des RSA Systems« in einer zweiten neueren Version[148] des Papiers aus der Universität Frankfurt nicht enthalten ist, die ursprüngliche Version datierte zurück auf den 31. Oktober des Vorjahres.

Blockchain-Forscher *Tim Ruffing* forderte in einer Twitter-Besprechung bereits, das Paper vom Server zu löschen.

Gegenüber dem bekannten IT-Fach-Portal *Heise online* bestätigte der Autor *Claus Peter Schnorr* jedoch, dass es sich um seine Arbeit handele und er lediglich versehentlich die falsche Version hochgeladen habe. Er habe das jetzt korrigiert und eine neue Version hochgeladen, die auch die These der RSA-Zerstörung enthält.[149]

Schließlich kommentieren verschiedene Experten das vorgeschlagene Verfahren. So z.B. die Mathematikerin *Sophie Schmieg* oder auch Sicherheitsinformatiker *Matthew Green* waren neugierig auf weitere Beweise und die Bereinigung von möglichen Fehlern.

Stumpfes ausprobieren, ist also eine Methode, die Berechnung zu knacken, es mathematisch schlau zu errechnen, die andere Art. Neben o.g. Schnorrs Fast Factoring gab es historisch viele weitere Ansätze, auf die hier nicht weiter eingegangen werden kann: wie den Lehmann-Algorithmus, das Pollard-Rho-Verfahren, die P-1-Methode oder die Fermat-Faktorisierung, bis hin zu einer quadratischen Sieb-Methode z.B. MSIEVE.

Einen Algorithmus müssen wir uns jedoch merken, es ist der Shor-Algorithmus, mit dessen Verfahren man theoretisch das Faktorisierungsproblem und den diskreten Logarithmus unter Anwendung von Quanten-Computern in endlicher Zeit – bzw. angesichts eines langsamen Prozessors im Desktop-PC zuhause – dann in Windeseile auflösen kann.

Der Shor-Algorithmus zählt nicht nur zu der Klasse der Faktorisierungsverfahren, sondern nutzt Mittel der Quanteninformatik. Er berechnet auf einem Quanten-Computer einen nichttrivialen Teiler einer zusammengesetzten Zahl. Damit ist der Shor-Algorithmus für die Kryptographie sehr bedeutend, weil er diesen nichttrivialen Teiler essenziell schneller findet als klassische Algorithmen und Berechnungsmethoden: Der Shor-Algorithmus hat nur eine kurze, polynomielle Laufzeit (statt der deutlich höheren Zeit für subexponentielle Verfahren).

Dies stellt eine besondere Gefahr für die RSA-Kryptosysteme dar, deren Sicherheit gerade auf der Annahme beruht, dass kein Faktorisierungsverfahren mit polynomieller Laufzeit existiert - das also schnell genug eine Lösung für die gesuchten Primzahlen finden kann. Mit den schnellen Quanten-Computern und der Shor-Berechnung kann dieses nun gelingen.

*Peter Shor* veröffentlichte diesen Algorithmus 1994/1997, als er zu dieser Zeit bei den AT&T Bell Laboratories beschäftigt war. In seiner Arbeit wird auch noch ein zweiter Algorithmus zur Berechnung des diskreten Logarithmus beschrieben, der ebenfalls als Shor-Algorithmus bezeichnet wird. Der diskrete Logarithmus wird bei der Diffie/Hellman-Schlüsselberechnung eingesetzt.


Können denn nun mit Rechenpower und/oder einer mathematisch geschickten Berechnung die grundlegenden Werte von RSA in akzeptabler Zeit gefunden werden?

Es ist klar, dass der welteinflussreichste Arbeitgeber für Kryptographinnen und Kryptographen – die NSA in den USA – Durchbrüche beim Knacken von Verfahren nicht freiwillig zu veröffentlichen pflegt. Dennoch geschah genau dieses in den USA. Bereits 2016 schon. Und zwar für RSA.

Tatsache ist insofern, als das ebenso zur Regierung gehörende amerikanische Normungsinstitut NIST damals bekannt gegeben hat, dass RSA und auch die elliptischen Kurven wie ECDSA als gebrochen gelten in Anbetracht der schnellen Quanten-Computer.

Nicht, weil das Verfahren an sich einen mathematischen Fehler hätte, oder eine neue Berechnungsmöglichkeit gefunden worden wäre, das aufwändige Verfahren in kürzerer Zeit hinzubekommen, sondern tatsächlich, weil die schnellen Super-Quanten-Computer heutzutage in der Lage sind, schneller zu rechnen, als wir es uns vor wenigen Jahren noch vorstellen konnten.

Inzwischen kümmern sich Medien wie Programmiererinnen und Programmierer zunehmend um diese Entwicklungen und mögliche Alternativen: Viele Vertreterinnen und Vertreter der öffentlichen Pionier-Diskussionen um RSA sind in einem Jahrgang geboren worden, in denen es noch keine Taschencomputer – oder gar Quanten-Computer – gab, doch plötzlich teilt die amerikanische Regierungsbehörde NIST mit, dass es nun so weit ist, in der heutigen Zeit diese Rechenmöglichkeiten mit Auswirkungen auf Verschlüsselung berücksichtigen zu müssen. Die Öffentlichkeit begann nun mit neuen Pionieren, diese Informationen aus den Gremien der Expertinnen und Experten zu diskutieren.

*Abbildung 25:* RSA und ECDSA (Elliptische Kurven): »No longer secure« – in der NIST-Veröffentlichung

| Cryptographic Algorithm | Type | Purpose | Impact from large-scale quantum computer |
|---|---|---|---|
| AES-256 | Symmetric key | Encryption | Larger key sizes needed |
| SHA-256, SHA-3 | | Hash functions | Larger output needed |
| RSA | Public key | Signatures, key establishment | No longer secure |
| ECDSA, ECDH (Elliptic Curve Cryptography) | Public key | Signatures, key exchange | No longer secure |
| DSA (Finite Field Cryptography) | Public key | Signatures, key exchange | No longer secure |

**Table 1 - Impact of Quantum Computing on Common Cryptographic Algorithms**
*Quelle:* [150]

RSA ist »nicht mehr sicher« (Englisch: »no longer secure«), das heißt also: »gebrochen«. Nicht durch unsere Praxis, als dass wir es zuhause selbst brechen könnten. Nein, es gilt als gebrochen qua Definition: und wer könnte diese Definition besser aussprechen als das offizielle Normungsinstitut der USA: die NIST. Und gleiches gilt für die Kryptographie mit elliptischen Kurven, z.B. im Algorithmus ECDSA; sowie für den Algorithmus DSA.

Es ist so, als wenn eine Nutzerin oder ein Nutzer von Cannabis für sich erkennt, dass der Wirkstoff dieser Pflanze nicht gefährlich sei. Wenn jedoch ein Staat zusammen mit Medizinerinnen und Medizinern erklärt, dass er aufgrund seiner Auswirkungen als nicht verkehrsfähig und damit als illegal zu definieren sei, dann sollte diese Definition für alle gelten. Nun könnte man argumentieren, dass Entwicklerinnen und Entwickler bei RSA gerne rechts blinken und bei Cannabis ggf. ebenso links abbiegen - Standardisierung bedeutet jedoch, dass wir alle streng geradeaus fahren, wenn es so definiert ist.

Dass Otto Normal einen Super-Computer nicht im nächsten Super-Markt kaufen kann, bedeutet ja nicht, dass »Quantum Supremacy«, die Überlegenheit dieser schnellen Computer, nicht existierte. »Kann gebrochen werden« bedeutet also: »ist gebrochen«. Wer auf dem Mars landen kann, wenn auch nur mit hochspezieller Ausrüstung, kann behaupten, dass die Unmöglichkeit, auf dem Mars landen zu können, gebrochen wurde: Es ist möglich, auf dem Mars zu landen. Ganz gleich, ob wir es gezeigt bekommen haben, nachvollziehen können oder gar selbst die Reise schon heute antreten können.

Das schnelle Tempo, die weitere Entwicklung und die Vernetzung der Quanten-Computer wird daher definitiv Auswirkungen auf die Verschlüsselung mit RSA haben.

Mit dieser Entwicklungsperspektive gilt RSA nicht mehr als sicher. Und es soll schon etwas heißen, wenn eine Behörde wie die NIST dieses der Weltöffentlichkeit (wie schon vor vielen Jahren) offiziell mitteilt.


Und es ist ja viel mehr anzunehmen, dass Behörden eher langsam arbeiten und die Erkenntnisse der Wissenschaft erst nach mehreren Bestätigungen und langen Jahren in einem Normungsinstitut gebündelt werden, um dieses zu veröffentlichen.

Zugleich ist, wie oben schon angedeutet, anzunehmen, dass man bewusst Meldungen zu Sicherheitslücken auch nur verzögert an die Öffentlichkeit gibt, um genügend Zeit für die Entwicklungen von Alternativen zu haben, oder Kriminelle weiterhin in Sicherheit zu wiegen. Und schließlich würde es eine Lawine in Wirtschaft und Verwaltung auslösen, wenn wir plötzlich feststellten, dass ein verwendeter Algorithmus im Personalausweis oder der sicheren Verbindung beim Shopping oder zur Bank zum Wackel-Kandidaten würde. Welche behördliche Entscheidungsträgerin und welcher behördliche Entscheidungsträger würde einen Impfstoff, der offensichtliche Gesundheitsrisiken birgt, weiterhin im Verkehr belassen?

Es macht daher Sinn, sich im kleinsten gemeinsamen Nenner an die öffentlichen Normungen zu halten, die in jeder Dekade angepasst werden: Die Standards sind im Manual TS-02102 des deutschen *Bundesamtes für Sicherheit in der Informationstechnik* (BSI), beim amerikanischen *National Institute of Standards and Technology* (NIST) im Manual SP-800 oder in Europa bei den Reports der europäischen ENCRYPT-CSA nachzulesen[151].

Und zugleich sollte man hellhörig sein, wenn nicht Wissenschaft experimentell, sondern eines bzw. das weltweit führende dieser Normungsinstitute politisch offiziell erklärt, dass eine Verschlüsselung nicht mehr sicher ist, pardon: als nicht mehr sicher gilt. Denn es gilt dann das Offizielle. Also: nicht mehr sicher ist.

Das deutsche Bundesamt BSI hat beispielsweise die NIST-Erklärung zu RSA-»No longer secure« aus dem Jahr 2016 erst vier Jahre später nach Aufforderung durch Twitter-Anfragen in einem Bericht thematisch tiefergehend öffentlich diskutiert. So fragte eine Twitter-Nutzerin am 21. März 2020: »Warum wird der Algorithmus ECDSA empfohlen bis zum Jahr 2022 oder sogar gekennzeichnet bis zu den Jahren 2025+/2026+ durch das *Bundesamt für Sicherheit in der Informationstechnik* (BSI) im Jahr 2018 [in der Richtlinie TR-03111] bzw. erneut im Jahr 2019 [in der Richtlinie TR-02102-2], während das amerikanische Institut NIST bereits im Jahr 2016 feststellt: »no longer secure«? Wann werdet Ihr Eure Papiere aktualisieren?«

Dieses erfolgte dann nur eine Woche später (in der öffentlichen Berichterstattung am 27. März 2020), indem - manche aufgeweckte Tweets sprachen von - *Dornröschen* eine ggf. schnell zusammengeschriebene neunseitige Handlungsempfehlung für Post-Quanten-Kryptographie[152] veröffentlichte. Heute trägt das anscheinend aktualisierte und nachgebesserte BSI-Dokument einen Stand von August 2020, ein halbes Jahr später.

*Frank Wilhelm-Mauch*, Institutsleiter am Forschungszentrum Jülich, der auch als Initiator des Projekts »Open Super Q« gerade selbst einen Quanten-Computer entwickelt, resümiert auf den Punkt: »Deutschland war bislang ein schlafender Riese, ist jetzt aber aufgewacht.«[153]

Es ist also nicht so, dass an diesen Themen nicht gearbeitet wird. Es ist ggf. auch ein Politikum, Sicherheitsbedenken im öffentlichen Dialog zu verarbeiten. Erst 2020 wurde seitens des deutschen BSI-Instituts deutlicher hingewiesen, direkt auf Seite 2 einer neuen Richtlinie: angesichts der Quantenrechner besser den McEliece Algorithmus zu nutzen und für RSA gilt: »Übergangsweise Verlängerung der Konformität von RSA-Schlüsseln mit einer Schlüssellänge ab 2000 Bit auf Ende 2023.«[154] Oops – Verlängerung wie beim Fußball-Spiel heißt: Die letzten Minuten haben begonnen, bevor einige nach Hause gehen dürfen.

Das Zeitalter der Quanten-Computer beginnt ja erst und lässt uns in der Morgenstimmung noch eine Weile die Glieder strecken, bevor wir zu Tages-Best-Form auflaufen, in der die öffentlich kommunizierten Erkenntnisse zum Forschungsgebiet der Quanten-Computer sich also weiter entwickeln: Im Turm der Elfen, der Hasen und der Dornröschen wird kräftig Seide gesponnen.

Und die an Fakten orientierten Berechnerinnen und Berechner einer zeitbezogenen Wahrscheinlichkeit, RSA mit Quantum-Überlegenheit brechen zu können, halten die Einschätzung einer Unsicherheit von RSA ja eh schon nach wie vor für »gesponnen«.

Für welches der beiden Teams mögen sich Nachwuchs-Forscherinnen und -Forscher in der Tradition von *Max Planck* begeistern? Sicher ist aber: Daten, die mehr als weitere Jahre geschützt bleiben sollen, sollten besser nicht mit dem Algorithmus RSA verschlüsselt werden!

Doch auch mit Bürgerinnen und Bürger ist das neue Gold und seine Bugs zu besprechen, wie Applikationen mit quantum-sicherer Verschlüsselung durch sie anzuwenden sind oder sie bei Konferenzen, die eine Post-Quanten-Kryptographie thematisieren, besser und frühzeitiger einbezogen werden können: Jede und jeder hat zunächst einmal die Fragen, wie viele Quanten-Computer gibt es auf der Welt, und wo stehen sie, wer hat Zugang dazu und wie schnell können sie tatsächlich rechnen? Und: Welche mathematischen Auswirkungen hat es auf die Berechnung von RSA-Verschlüsselung und warum ist so eine Berechnung bei anderen Algorithmen langsamer oder nicht möglich? Wie und warum können Quanten-Computer mit dem Shor-Algorithmus die Faktorisierung des RSA-Algorithmus also so schnell berechnen?

## 5.2 Quanten-Computer und ihr überlegener Durchbruch in eine neue Epoche ●

Bislang wurden klassische Computer mit extremer Rechenkraft in verschiedenen Forschungseinrichtungen als Super-Computer bzw. auch Hochleistungsrechner bezeichnet: Sie haben eine besonders große Anzahl an klassischen Prozessoren, die über 95 Prozent mit Linux betrieben werden. Man kann es sich vorstellen als zahlreiche, hintereinander geschaltete Desktop-Computer, die wir aus unseren Arbeitszimmern her kennen.

Der derzeit schnellste Super-Computer steht in der Stadt Kobe in Japan und gehört zum RIKEN Center for Computational Science. Sein Name ist FUGAKU und er hat 152.064 Prozessoren der Art A64FX (mit 48 Kernen und 2,2 GHz). Damit kann er 442 Peta-Flops erreichen - so die Einheit für diese Rechengeschwindigkeit.

Diese FLOPS (englisch für: Floating Point Operations Per Second, kurz: FLOPS) sind Gleitkommaoperationen pro Sekunde und ein Maß für die Leistungsfähigkeit von Hochleistungsrechnern bzw. deren Prozessoren: bezeichnet werden damit die Anzahl der Gleitkomma-Operationen (Additionen oder Multiplikationen), die von ihnen pro Sekunde ausgeführt werden können. Die Anzahl der Gleitkommaoperationen ist jedoch nicht unbedingt direkt proportional zur Taktgeschwindigkeit des Prozessors, da – je nach Implementierung – Gleitkommaoperationen unterschiedlich viele Taktzyklen benötigen.

In Deutschland steht der derzeit siebt-schnellste Super-Computer der Welt namens JUWELS am *Forschungszentrum in Jülich* (FZJ).[155] Dank eines neuen Booster-Moduls sind nun 85 Peta-Flops möglich, was 85 Billiarden Rechenoperationen pro Sekunde oder der Rechenleistung von mehr als 300.000 modernen PCs entspricht. Aber auch eine Variante der oben genannten japanischen Maschine FUGAKU steht dank Kooperation mit Fujitsu den Wissenschaftlerinnen und Wissenschaftlern (remote, d.h. als Fernsteuerung) an der Universität Regensburg als Erste in Europa seit Juli 2020 für Simulationen zur Verfügung.

Während diese klassischen Computer bzw. Super-Computer binär rechnen, d.h. die Welt in Null und Eins unterscheiden und auf der Basis der Gesetze der klassischen Physik arbeiten, rechnet ein Quanten-Computer mit einzelnen Teilchen, die den Gesetzen der Quantenphysik gehorchen. Das können zum Beispiel Elektronen, geladene Atome (Ionen) oder Licht-quanten sein.

Diese Teilchen zeigen ein Verhalten, dass man aus der klassischen Physik her nicht kennt: Hierbei werden eine quantenmechanische Kohärenz (auch Superpositionsprinzip genannt), und zweitens die Quantenver-schränkung als bedeutsam benannt: D.h. so ein Atom kann sich an zwei Orten gleichzeitig aufhalten oder sich wie eine Welle ausbreiten, Teile der Welle können sich überlagern und auslöschen. Sind diese Objekte Infor-mationsträger, können sie gleichzeitig eine 0 und eine 1 speichern. Ein Algorithmus muss nun so geschickt sein, diese Unwägbarkeiten als Schnel-ligkeit einzusetzen, aber auch Unwägbarkeiten wie gegenseitiges Löschen der Wellen herauszufiltern bis zum richtigen Ergebnis bei Messung.

Wichtig ist, dass die Verarbeitung dieser Zustände also nach diesen quantenmechanischen Prinzipien erfolgt, was es ermöglicht, nicht nur parallel zu rechnen, sondern auch schneller zum Ergebnis zu kommen.

Die Rechengeschwindigkeit der Quanten-Computer wird nun nicht mehr in Peta-Flops wie bei den Super-Computern bzw. Hochleistungs-rechnern klassischer Art bezeichnet, sondern in QuBits.

Nach bislang theoretischen Studien wurden einige dieser Konzepte weiter erprobt und Quanten-Computer mit zunächst wenigen QuBits reali-siert: Der Rekord liegt bei rund bis zu 50 QuBits für manche Quanten-Computer.

Mit dem Titel »Quantum Supremacy« wurde 2019 nachgewiesen, dass ein entsprechender Quanten-Computer von Google eine Rechenoperation in wenigen Sekunden lösen konnte - und damit die klassischen Super-Computer ins Hintertreffen geraten sind.

Mit diesem Forschungsergebnis wurden die Quanten-Computer erstmals nicht nur schneller als die klassischen Super-Computer, folgerichtig wan-delt sich die führende Einheit der Rechengeschwindigkeit auch von Peta-Flops zu QuBits. Diesen Prozess nennt man Quanten-Überlegenheit (engl. Quantum Supremacy) – wie genannt, bei der Lösung eines komplexen Problems sind die Quanten-Computern gegenüber klassischen Super-

Computern nun einfach überlegen. Gemeint ist damit also auch der Zeitpunkt, ab dem ein Quanten-Computer eine Aufgabe in akzeptabler Zeit
lösen kann für die ein Computer, dessen Technik auf herkömmlicher Digi-
taltechnik basiert, eine nicht realisierbare Rechenzeit benötigen würde.

Und dieser Zeitpunkt war 2019 mit dem Ausruf »Quantum Supremacy«[156] von Google in die Wissenschafts-Gemeinde erreicht: deren Computer hieß »SYCAMORE« und war 53 QuBits schnell. Von der Forscher-
gruppe um die Physiker *John M. Martinis, Frank Arute* und anderen wurde
mit SYCAMORE experimentell nachgewiesen, dass Zufallszahlen gemäß
einer speziellen Wahrscheinlichkeitsverteilung erzeugt werden konnten.

*John Martinis* ist als US-amerikanischer Physiker, der sich als Hochschullehrer an der University of California, Santa Barbara (UCSB) mit
Quanteninformationstheorie befasst, zugleich auch seit einigen Jahren mit
einem AI-Quantum-Team für den Bau eines fehlertoleranten Quanten-
computers seitens Google beauftragt, zu dem auch *Frank Arute* und weitere gehören.

Die Zufallszahlen in dieser Experiment-Anordnung waren so gewählt,
dass die entsprechende Aufgabe mit SUMMIT, dem derzeit zweit-
schnellsten klassischen Super-Computer der Welt (beim Oak Ridge National Laboratory angesiedelt), 10.000 Jahre dauern würde, während der
Quanten-Computer SYCAMORE nur 200 Sekunden benötigte. In dieser Zeit
bekommt Opa noch nicht mal ordentlich die Brille geputzt! SYCAMORE
machte das Rennen.


Seit einigen Jahren investieren nun viele Regierungen und Forschungsor-
ganisationen sowie große Computer- und Technologiefirmen weltweit in
die Entwicklung von Quanten-Computern, die von vielen als eine der entstehenden Schlüsseltechnologien des 21. Jahrhunderts angesehen werden. Damit hat auch die *Dritte Epoche der Kryptographie* begonnen.

Die Entwicklung ist nicht nur in der rasant schnellen Entschlüsselung
von alten Algorithmen wie RSA oder elliptischen Kurven zu sehen, sondern
auch in neuen Methoden der Verschlüsselung (unter Gewährleistung der
Quantenphysik) und der Resistenz-Prüfung von bisherigen Verschlüsselungsverfahren gegenüber der schnellen Rechengeschwindigkeit (d.h. operative Anwendung dieser schnellen Rechengeschwindigkeit von Quanten-
Computern).

Unter Ausnutzung dieser Effekte können nun bestimmte Probleme der Informatik, z.B. die Suche in extrem großen Datenbanken und die Faktorisierung großer Zahlen (siehe zuvor: Shor Algorithmus) effizienter gelöst werden als mit klassischen Computern. Viele mathematische Probleme sind heute leichter lösbar und damit muss auch Verschlüsselung, die auf diesen Problemen beruht, als unsicherer bezeichnet werden.

RSA gilt in Anbetracht dieser Entwicklungen als nicht mehr sicher, dass hat das amerikanische NIST-Institut nun schon offiziell bekannt gegeben. Die Algorithmen McEliece und NTRU gelten hingegen weiterhin als sicher. Es muss also nur ein Austausch der Algorithmen in den Programmierungen bekannter Software stattfinden.

Ebenso haben die Forscherinnen und Forscher, Staaten und Regierungen erkannt, dass es notwendig ist, landeseigene Quanten-Computer vorzuhalten, um zumindest Verschlüsselungen dieser alten, schwachen Art zunehmend schneller brechen zu können.

Doch der Stand der Forschung ist inzwischen schon weiter: Es geht nicht mehr nur um einzelne Quanten-Computer, sondern mehrere dieser Hochleistungscomputer sollen in einem Netzwerk miteinander verbunden werden. Diese Quantennetzwerke, die den Kern von Quantenkommunikationssystemen bilden, ermöglichen es physikalisch getrennte Quantengeräte, Informationen ebenso in Form von Quantenbits auszutauschen. So ein Netzwerk, das viele einzelne Quantengeräte miteinander verbindet, soll dabei helfen, Aufgaben zu lösen, die einen einzelnen Quanten-Computer bislang überfordern. So sendet China bereits nicht-brechbare Kommunikation von der Erde zu Satelliten - mittels Quanten-Technologie[157]. Ebenso haben weitere asiatische Forscher ein Quanten-Kommunikationssystem zum Ziel erklärt, das sich nicht nur auf eine Hochgeschwindigkeit bezieht, sondern auch auf Langstrecken[158].

Diese Verbindungen sollen kompatibel an die Verbindungen klassischer Kommunikationstechnik angeschlossen werden. Das sorgt nicht nur in der Forschungsgemeinschaft für Zuspruch und Enthusiasmus, sondern auch für Wettbewerb an den universitären Standorten: So hat das US-Verteidigungsministerium eine Strategie zur Schaffung eines Quanteninternets veröffentlicht und amerikanische Wissenschaftlerinnen und Wissenschaftler haben zwischen Vororten um Chicago beispielsweise ein über 80 Kilometer langes Quanten-System errichtet.[159] In Europa wurde zeitgleich eine *Quantum Internet Alliance* (QIA) gegründet, ebenfalls mit dem

Ziel, ein solches großes europäisches Quantennetzwerk aufzubauen. Dabei geht es nicht nur um Forschung und Verfügbarmachung, sondern auch um die Nutzung der Rechenkraft für das Brechen von Verschlüsselung.

Auch finanziell investieren die Regierungen der führenden Industrie-Nationen massiv im Bereich der Quanten-Computer – während Daten das neue Öl sind, scheint Quanten-Technologie eine Art neue Warp-Energie zu sein: Die USA haben ihrerseits den National Quantum Initiative Act unterzeichnet, der 1,2 Milliarden US-Dollar für Investitionen in diesem Bereich vorsah. Gleichzeitig hat die Europäische Kommission ein Quanten-Flaggschiff-Programm in Höhe von 1,0 Milliarden EUR (1,20 Milliarden USD) auf den Markt gebracht. Auch Großbritannien befindet sich in der Mitte eines nationalen Quantentechnologieprogramms (NQTP), für das insgesamt mehr als 1,37 Milliarden USD investiert wurden.

So beschloss auch die deutsche Bundesregierung im Jahr der politischen In-Frage-Stellung der Ende-zu-Ende-Verschlüsselung ein 130 Milliarden Euro umfassendes Konjunkturprogramm, in welchem speziell Quantentechnologien mit einem Finanzvolumen in Höhe von mehreren Milliarden Euro gefördert werden. Mit dem Ziel, den Auftrag zum Bau von Quanten-Computern mit mindestens 100 individuell ansteuerbaren QuBits und einem Skalierungspotenzial auf 500 QuBits an geeignete Konsortien aus Wissenschaft und Unternehmen zu vergeben.

Auch wenn SYCAMORE nun SUMMIT oder FUGAKU geschlagen hat, Hochleistungsrechner beider Systeme, sowohl quantenmechanische wie auch digitale Computer, bleiben komplementär und entwickeln sich Hand in Hand, um auch die Forschungsverbünde zu fördern und zu vernetzen.

In Berlin ging bereits im Jahr 2019 mit LISE einer der damals leistungsstärksten Computer am Konrad-Zuse-Institut im Stadtteil Dahlem ans Netz. Benannt nach der Physikerin *Lise Meitner* (1878-1968) schaffte er beim Start 16 Billiarden Rechenoperationen pro Sekunde.

*Konrad Zuse* war eigentlich Bauingenieur, darüber hinaus aber auch Erfinder und baute 1941 mit seiner Entwicklung der Z3-Maschine den ersten frei programmierbaren und binär arbeitenden Rechner und damit den ersten funktionsfähigen Computer der Welt. *Lise Meitner* war Kernphysikerin und veröffentlichte 1939 die erste physikalisch-theoretische Erklärung der Kernspaltung.

In die Berliner Förderung aufgenommen wurden neben dem Zuse-Institut die drei großen Berliner Universitäten sowie die Charité - das ältes-te Krankenhaus von Berlin und eine der größten Universitätskliniken Europas. Der Berliner Super-Computer kostete zusammen mit seinem Zwilling Emmy in Göttingen 30 Millionen Euro[160]. Insgesamt wird es so acht Zentren für Nationales Hochleistungsrechnen in Deutschland geben, neben Berlin in Aachen, Darmstadt, Dresden, Erlangen-Nürnberg, Göttingen, Karlsruhe und Paderborn sowie ein Institut für Quantentechnologien in Ulm.

Mit 27 Qubits wurde das Quantum System One von IBM 2021 der erste und damit auch leistungsstärkste Quantencomputer für Europa: Er steht in Deutschland in Ehningen nahe Stuttgart und wird von der Fraunhofer Gesellschaft für anwendungsorientierte Forschung betrieben.

Für Vernetzungen und Koordinationsaufgaben wurde eine »ressort-übergreifende Dachorganisation« in Form einer *Deutschen Quantenge-meinschaft* (DQG) eingerichtet. Die Anzahl der Quanten-Computer wird an verschiedenen Standorten also zunehmen und sie werden auch schneller, vernetzter und effizienter werden – und damit auch größeren Personengruppen zur Verfügung stehen.

Mit Azure Quantum hat beispielsweise Microsoft eine Cloud-Lösung am Markt, mit der Kundinnen und Kunden schon heute auf ganz verschiedene Quanten-Rechner zugreifen und die angewandte Entwicklung von Quanten-Software proben können. Eine weitere bekannte Plattform, mit der Privatpersonen, die sich für Quantencomputing interessieren, kleinere Experimente durchführen können, ist der Quantum Composer von IBM. Neben Microsoft und IBM, sind weiterhin mit Google und Amazon nicht nur große IT-Unternehmen auf diesem Gebiet aktiv, sondern auch zahlreiche Wissenschaftlerinnen und Wissenschaftler sowie Entwicklerinnen und Entwickler, die sich auch in entsprechenden Foren, Mailinglisten und der Community rege austauschen.

Letztlich wird die Entwicklung der Quanten-Computer genauso spannend sein, wie die Entwicklung einer Reise zum Mars. Und wer weiß, ggf. hat das Brechen von RSA bereits 2016 schon stattgefunden, es bleibt nur offen, wie viele QuBits welche Schlüsselgröße von RSA in welcher Zeit geschafft haben? Also: reguläre Computer haben eine Schlüsselgrösse von 795 Bit geknackt, dann werden 5 QuBits in 2016 oder 53 QuBits in 2019 sowie zukünftige Geschwindigkeiten auch höhere Schlüsselgrössen von RSA knacken. No longer Secure.

Eine deutsche Vision wurde mit dem Meilenstein in der »Roadmap Quantum-Computing«[161] formuliert: Ziel sind »international wettbewerbsfähige Quantenrechner mit einem hohen dreistelligen Skalierungspotenzial an Qubits.«

Und auf dem amerikanischen Kontinent möchte IBM die Zahl seiner QuBits in seinen Quanten-Computern von derzeit schon inzwischen 65 gestaffelt auf 1121 steigern: Von dem aktuellen Quantenprozessor IBM Quantum »Hummingbird« mit 65 QuBits soll die Zahl der QuBits über 127 im nächsten Jahr (»Eagle«) und sodann über die Jahre gesteigert werden mit 433 QuBits (»Osprey«) bis auf 1121 QuBits in der Maschine »Condor«.[162] Schneller zu rechnen, ist sicherlich einfacher, als schneller zum Mars zu fliegen. Daher ist nicht nur in den USA eine ganze Startup-Szene entstanden, um Quanten-Rechnen populär zu machen: Gründerstimmung, als wenn *Linus Torvalds* den Linux-Kernel neu programmiert oder *Bill Gates* Microsoft neu gründet. Die Letzte und auch den Letzten am Quanten-Markt beißen die Hunde? Auch *Steve Jobs* hätte die Quanten in seiner Garage spezifiziert.

Die Firmen Global Foundries und Psiquantum[163] kündigten nun an, den ersten Quantencomputer mit einer Million Qubits zu bauen. Anstatt extrem tief abgekühlte Atome, Ionen oder Supraleiter mit genauso tiefgekühlter Elektronik zu benutzen, sollen die Quanteneigenschaften mithilfe der Eigenschaften von Licht erzeugt werden, das in einem optischen System eingeschlossen wird. In diesem optischen Quanten-Computer auf Basis von Licht werden nacheinander immer wieder neue Pakete von verschränkten Photonenpaaren in unterschiedlichen Frequenzbändern in eine Glasfaserleitung eingespeist. Das Licht bewegt sich darin mit fast 300.000 Kilometern pro Sekunde. Die Quantenzustände lassen sich so mit ausreichender Qualität erzeugen und messen und seine Quanteneigenschaften können auch manipuliert werden. Am Ende der Glasfaser kommen die Photonen nach einiger Zeit wieder zurück in den Computer. Zusammen mit klassischer Computertechnik sollen demnächst so auch Quantenrechnungen mit vielfachen tausend Qubits durchgeführt werden.

Die Fortschreibung der Verschlüsselung in *der Dritten Epoche der Kryptographie* kennt also heute schon durchdringende Technologien - wie auch ihre Schilde: Da es bislang nur einige wenige Programme und Messenger mit dem McEliece-Algorithmus gibt, wird hier auch ein entscheidendes Differenzierungsmerkmal zu bisherigen Applikationen deutlich.

Zunächst die Applikation Spot-On, wie auch GoldBug, und schließlich im Bereich mobiler Endgeräte der Smoke Messenger, waren und sind weltweit erste produktive Modell-Programme und funktionsfähige Prototypen im Bereich der quantum-computing-sicheren Verschlüsselung mit diesem Algorithmus. Und dieses nicht nur in einer anwendungsfreundlichen Programmierung, sondern auch quell-offen für alle verfügbar.

Zugleich sind McEliece und implementierende Programme nicht die einzig verbleibende Hoffnung auf Sicherheit trotz bzw. im Angesicht der Quanten-Computer. Auch bestehende Prozesse können verbessert werden, um Verschlüsselung sicherer zu machen. Dazu können z.B. die Themen zur Multi-Verschlüsselung bzw. auch Protokoll-Gestaltungen zur Übertragung von verschlüsselten Nachrichten-Kapseln einbezogen werden.

### 5.3    Multi-Verschlüsselung: Ein Cocktail an der Bar? •

Der Begriff Multi-Verschlüsselung beschreibt den Prozess der Verschlüsselung von bereits verschlüsselten Texten bzw. Daten. Anstelle eines Klar-Textes wird ein bestehender Cipher-Text einfach nochmal verschlüsselt. Entweder einmal mehr oder auch mehrfach nochmal verschlüsselt. Dabei kann der Algorithmus zum Verschlüsseln auch wechseln. Wie bei einem alkoholischen Cocktail werden bei Multi-Verschlüsselung verschiedene Algorithmen und Methoden als Ingredienzien vermixt angewandt. Multi-Verschlüsselung wird auch als Super-Encipherment oder Super-Encryption bzw. kaskadierende Cipher (englisch:»Cascading Cipher«) bezeichnet.

Oder man nennt sie einfach Cocktail-Verschlüsselung, wenn nicht die Barkeeperin oder der Barkeeper, sondern die Kryptographin bzw. der Kryptograph einfach überzeugender im Zusammenfügen und Mixen von Ingredienzien nach einer zuvor definierten Abfolge ist: Ein Cocktail wie ›Ellie's McSunrise‹, ›Golden Quanten-Grasshopper‹, ›CCCatch Club Cocktail - Cause you are young and need the Alco-rithm‹, ›Pool on the Euro-Beach‹, ›Ulmer Ziphtis Zombie‹, ›Fluffy French Fiasco‹ oder ›NTRU on the RSA-Rocks‹ gefällig? – Kreuzen Studierende der Mathematik vor dem Lernen zukünftig öfter an der Bar auf statt nach dem Lernen und Abschluss der Examensarbeit, könnten Prozeduren sicherlich solche Namen wie diese für eine Multi-Mix-Crypto-Rezeptur tragen. Es erinnert an *Harry Potter*s Vielsaft-Trank (»Poly-Juice Potion«), der die Gestalt transformiert und als Ingredienzen bekanntlich Florfliegen, Blutegel, Flussgras und Knöterich, ein gemahlenes Horn eines Zweihorns und kleingeschnittene Haut einer Baumschlange kennt.

Das heißt, ein Multi-Algorithmus zum Verschlüsseln kann zuerst McEliece sein, dann NTRU und der Cipher-Text wird schließlich nochmal mit einer symmetrischen AES-Verschlüsselung versehen oder durch einen TLS-Kanal basierend auf RSA abgesichert durchgeleitet.

Um dieses zu erreichen, werden oftmals zunächst auch hybride Systeme für Kryptographie eingesetzt, die sowohl symmetrische (also quasi mit einem Passwort) als auch eine asymmetrische Verschlüsselung (mit einem öffentlichen Schlüssel) anwenden können. Hier wird darauf verwiesen, dass ein symmetrisches Verschlüsselungsverfahren besonders effizient, und ein asymmetrisches Verschlüsselungsverfahren mit einem öffentlichen Schlüssel besonders bequem sei. Denn mit dem öffentlichen Schlüssel muss der Schlüssel nur einmal übertragen werden. Angesichts heutzutage ausreichender Prozessoren-Kraft spielt das jedoch keine Rolle mehr. Beide Verfahren können genutzt werden, z.B. um die Daten mit einem Schlüssel eines symmetrischen Systems effizient zu verschlüsseln und den Schlüssel dafür über einen Kanal zu senden, der über ein asymmetrisches Verschlüsselungssystem gebildet wird - oder umgekehrt.

Multiple Verschlüsselung reduziert zudem die Folgen, wenn ein favorisierter Algorithmus bereits schwach oder gebrochen ist, und die Daten kontinuierlich offengelegt werden, ohne dass wir davon wissen. Mehrfache Verschlüsselung ist also immer sicherer als nur eine einmalige Verschlüsselung. (Doppelt Alkohol im Cocktail hilft also, wenn ein Alkohol schon mal schlecht sein sollte oder nicht genügend Umdrehungen haben sollte, um im Bild einer Cocktail-Verschlüsselung zu bleiben.)

Dieses wird manchmal in einigen kurzen Anmerkungen hinterfragt, mit dem Argument, dass die Sicherheit eines Algorithmus durch die zweite Anwendung eines anderen Algorithmus ggf. auch geschwächt werden könnte. Doch das sind bislang nur Annahmen. Auch ist zu vermuten, dass dieses Argument öffentlich benutzt wird, um die Multi-Verschlüsselung nicht populär werden zu lassen. Das heißt, sie könnte im Gegenteil so sicher sein, dass sie besonders schützt. Insgesamt gibt es bislang noch wenig

Forschung zur Multi-Verschlüsselung. Und de facto gibt es kaum Aussagen, wie ein Klar-Text sich verhält, wenn er zuerst mit McEliece verschlüsselt wird, der resultierende Cipher-Text dann mit RSA und das Ergebnis schließlich nochmals mit AES verschlüsselt wird. Oder ob ein Klar-Text sicherer ist, wenn er zuerst mit AES und dann mit NTRU und schließlich mit McEliece verschlüsselt wird.

Es ist in jedem Fall anzunehmen, dass ein Cipher-Text, der nochmals verschlüsselt wird, sicherer verschlüsselt ist als ein nur einmalig verschlüsselter Cipher-Text, da die Buchstaben des Cipher-Textes keiner menschlich lesbaren Logik unterliegen (also mit bloßem Auge weder semantisch noch syntaktisch erschlossen werden können), sondern nur der Logik des angewandten Algorithmus unterliegen. Auch ein Computer weiß nicht, welcher Algorithmus im dritten Verschlüsselungsvorgang angewandt wurde und ob ein zugrundeliegender Cipher-Text die Buchstaben oder Blöcke durcheinandergewürfelt bekommen hat mittels RSA oder mittels des NTRU-Algorithmus.

Somit ist selbst ohne mathematischen Beweis zu schließen, dass die These »mehrfaches Verschlüsseln muss in jedem Falle sicherer sein« mehr wiegen muss gegenüber einer mathematisch unbewiesenen These, dass Cipher-Text nach erneuter Verschlüsselung unsicherer werden würde oder werden könnte.

Da wir wissenschaftlich nicht immer nachweisen können, dass ein bestimmter Algorithmus stark ist, stellt sich nicht die Frage, ob in der Kaskadierung nachfolgende Algorithmen stark sind, sondern was uns glauben lässt, dass ein bestimmter Algorithmus so stark ist, dass kein zusätzlicher Schutz erforderlich ist. Jegliche neue Verschlüsselung eines Cipher-Textes ist also als zusätzlicher Schutz anzusehen. Es ist wie eine Puppe in der Puppe: Das bekannte Spielzeug der »Matryoshka Doll« (auch Babushka genannt) zeigt, dass die äußere Hülle die darin weiterhin verborgenen Puppen schützt.

Bis nicht spezifische mathematische Nachweise erbracht sind für eine definierte Konstellation einer Kaskadierung unterschiedlicher Algorithmen gilt die Annahme eines besseren Mischens und Schützens. Es gilt so lange daher die einfache Volksweisheit: Eine Kaskade von Algorithmen ist mindestens so schwer zu brechen wie eine ihrer Komponentenchiffren. Multi-Verschlüsselung verspricht nicht ein besseres, aber sichereres Leben durch gestärkte Verschlüsselung. Jede Schneiderin und jeder Schneider wird bestätigen: Doppelt genäht hält besser! Wenn ein Algorithmus defekt ist (etwas, das wir möglicherweise nicht wissen werden), kann die serielle Verwendung anderer Algorithmen die einzige Sicherheit im System darstellen.

Die Verschlüsselungsprogramme GoldBug und Spot-On sind im Bereich der Multi-Verschlüsselung gut ausgestattet und Pioniere auf dem Gebiet der angewandten Kryptographie zur Multi-Verschlüsselung. Sie legten die modernen Grundlagen der Multi-Verschlüsselung mit drei oder vier oder mehr Ebenen zur Verschlüsselung, auch wenn weitere Systeme hybride Verschlüsselung mit zwei Ebenen durchaus einige Jahre schon in der Kombination anwenden, jedoch nicht in der mehrfachen Umkapselung einer Nachricht bzw. der seriellen Verschlüsselung von Cipher-Text. Reguläre hybride Systeme unterscheiden sich meist in der Anwendung des Versandes eines Schlüssels durch einen weiteren verschlüsselten Kanal, und beziehen sich nicht so sehr auf die erneute Verschlüsselung bereits vorliegenden Cipher-Textes.

Spot-On implementiert dabei zunächst auch ein hybrides Verschlüsselungs-System, das auch Authentifizierung und Vertraulichkeit einschließt. Hybride meint wie schon zuvor erläutert, das beide Varianten im Verschlüsselungssystem vorhanden sind, sowohl das symmetrische Verschlüsselungssystem wie auch das asymmetrische Verschlüsselungssystem mit den öffentlichen Schlüsseln.

Ein Teil in Spot-On generiert also den Schlüssel für die Authentifizierung und die Verschlüsselung der Nachricht. Diese beiden Schlüssel werden genutzt, um die Daten (das ist die Nachricht) zu authentifizieren und quasi als Kapsel zu verschlüsseln. Die Schlüssel (für Authentifizierung und für Verschlüsselung) werden dann für den Transport verschlüsselt über den Teil der Verschlüsselung mit öffentlichen Schlüsseln des Systems.

Beide Verfahren können beliebig miteinander kombiniert werden, also in einer dreifachen Verschlüsselung auch mit ganz unterschiedlichen Reihenfolgen und Wiederholungen. Das heißt, eine Nachricht kann zuerst asymmetrisch verschlüsselt werden mit der PKI z.B. von McEliece wie bekannt und dann symmetrisch mit der AES-Cipher.

Oder eben genau andersherum. Auch weitere Varianten sind denkbar: der Übertragungsweg mit permanenten Schlüsseln übermittelt ggf. nur temporäre Schlüssel, so dass die weitere Kommunikation über diese temporären Kanäle stattfindet. Der temporäre Kanal kann wieder einen symmetrischen Schlüssel gemäß einem AES übertragen.

Das heißt, nicht nur in der Methode des Wechsels von PKI zu AES respektive des Wechsels von einem a-symmetrischen Verschlüsselungssystem hin zu einem symmetrischen Verschlüsselungssystem besteht die Option, hybride Systeme zu bilden, sondern auch in dem Wechsel von permanenten Schlüsseln zu temporären Schlüsseln (gleich welcher Art).

Mehrfach verschlüsseln und zwischen den Verschlüsselungssystemen wechseln bzw. innerhalb eines Verschlüsselungssystems den Algorithmus zu wechseln (dann noch mal NTRU statt nochmal McEliece auf eine McEliece-Verschlüsselung folgen lassen) sowie zeit-begrenzte Schlüssel zu nutzen, ist eine starke Kompetenz bei dieser hybriden und multiplen Verschlüsselung. Spot-On und die schlankere Benutzeroberfläche GoldBug Messenger bilden dazu einige Optionen ab und sind die Pioniere und Begründer der modernen Multi-Verschlüsselung in der angewandten Kryptographie.

Cipher-Text wird konvertiert zu Cipher-Text und dieser wird wieder konvertiert zu erneutem Cipher-Text. Oben genannte Programme extendieren durch diese Multi-Verschlüsselung die Sicherheit von Klar-Texten, denn Cipher-Text wird entweder nochmals verschlüsselt oder durch einen TLS-Kanal gesandt. Auch ist es möglich, eine Datei mit den in der Software-Suite vorhandenen Werkzeugen bereits auf der Festplatte zu verschlüsseln, bevor sie über weitere verschlüsselte Kanäle (auch anderer Kommunikations-Software) wie oben beschrieben versandt wird. Oder es wird auf eine zu versendende E-Mail ein symmetrisches Passwort gesetzt.

Mit diesen Grundlagen kann also nun theoretisch und praktisch gespielt werden. Und einzelne Verfahren oder Algorithmen können angewandt werden in unterschiedlichen Wegen: Wird zuerst ein permanenter Schlüssel angewandt oder ein temporärer Schlüssel?, oder nochmal der symmetrische Schlüssel und dann eine a-symmetrische Verschlüsselung als zweite oder beliebig spätere Instanz? oder umgekehrt? Hybride und multiple Verschlüsselung hat daher zahlreiche Potentiale und bietet eine Fülle von Forschungsperspektiven und praxisnaher Anwendung an. Und macht bestehende Verschlüsselung sicherer gegenüber dem Hochleistungsrechnen.

## 5.4 Exponentielle Verschlüsselung mit dem Echo-Protokoll im Netz der Graphen●

Das ebenso im Verschlüsselungs-Klient Spot-On zugrunde gelegte Echo-Protokoll ist seit 2011 etabliert und wurde applikationsseitig in diesem Kommunikations-Programm und auch dem GoldBug Messenger seit 2013 integriert. Es ist ein sehr einfaches Protokoll, welches im Wesentlichen folgende Eigenschaften umfasst.

1. Alle Datenpakete werden im Echo verschlüsselt.

2. Jeder Echo-Knotenpunkt im Netzwerk sendet die eingehenden Daten-Pakete an alle verbundenen Nachbarn weiter (eine Ausnahme dazu bildet das Adaptive-Echo-Protokoll, dass die Datenpakete nur einmal über eine Wegstrecke an einen definierten Nachbar-Knotenpunkt sendet).

3. Noch ein drittes, zu ergänzendes Kriterium für das Echo Protokoll kann hinzugefügt werden: Denn es besteht eine besondere Art und Weise, wie das verschlüsselte Paket bzw. die verschlüsselte Nachrichten-Kapsel aus-gepackt wird. In der Kapsel sind weder Sender- noch Adressaten-Informationen enthalten. Und hier unterscheiden sich die Datenpakete von TCP-Paketen. Stattdessen wird die Nachricht identifiziert über den Hash der unverschlüsselten Nachricht, also des Klar-Textes. Stimmt nach einem Entschlüsselungs-Versuch aus dem erhaltenen Text der Hash mit dem beigelegten Hash des originalen Klar-Textes überein, war der Ent-schlüsselungsversuch erfolgreich. Es wurde der richtige Schlüssel gewählt. Die Nachricht wird der Nutzerin bzw. dem Nutzer dann auf dem Bildschirm angezeigt. Dieses wird als »Echo-Match« bezeichnet[164].

Mit diesen Vorrausetzungen basierend auf etablierten Verschlüsselungs-Bibliotheken, kann eine hybride und multiple Verschlüsselung implemen-tiert werden: Multi-Verschlüsselung ist hier der richtige Begriff und Schwerpunkt, da die originalen Daten (die Nachrichten) mehrfach inner-halb des Echo-Protokolls verschlüsselt werden können. Ebenso ist auch hybride Verschlüsselung kein falscher Begriff für das Echo, da zur Ver-schlüsselung verschiedene Algorithmen und Methoden als Optionen mit-einander kombiniert werden können.

Ein Beispiel wie schon hinsichtlich der Multi-Verschlüsselung hergeleitet: das Datenpaket mag zum Beispiel symmetrisch verschlüsselt sein, und dann asymmetrisch, bevor es schließlich durch einen selbst-signierten HTTPS-Kanal gesandt wird. Die folgende Abbildung zeigt von innen nach außen den Prozess, wie eine verschlüsselte Nachrichten-Kapsel im Echo-Protokoll formiert wird in den verschiedenen Schichten.

*Abbildung 26:* Verschlüsselungs-Kapsel des Echo Protokolls

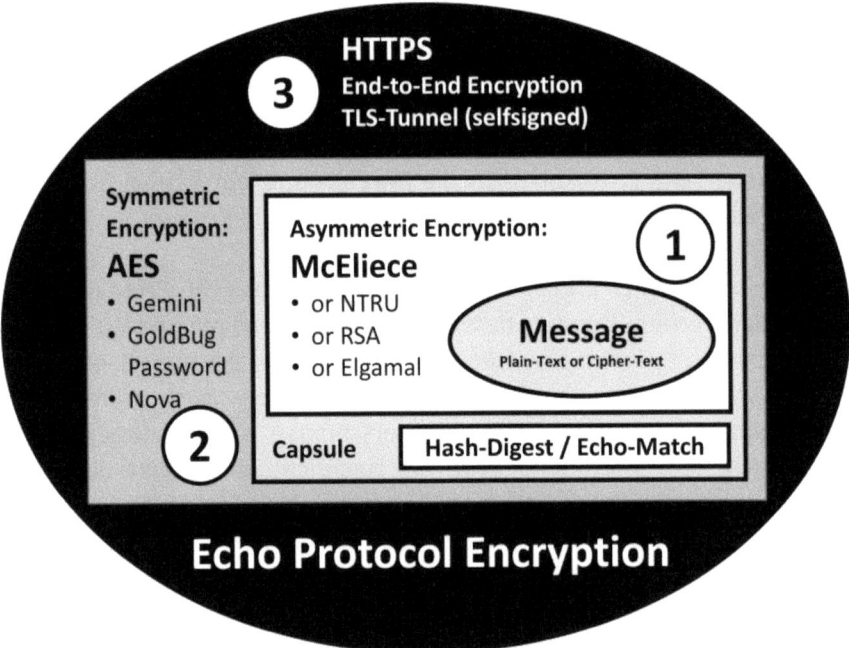

Quelle:[165]

**Erste Ebene der Verschlüsselung:** *Die Nachricht wird gehasht und verschlüsselt. Der verschlüsselte Text und der Hash-Wert der Nachricht werden zusammengepackt quasi in eine Kapsel gegeben. Es folgt zugleich dem sog. Paradigma Encrypt-then-MAC. Um zu zeigen, dass der Cipher-Text für den Empfänger nicht verfälscht ist, wird der Hash-Wert gebildet.*

**Dritte Ebene der Verschlüsselung:** *Die Kapsel kann nun zum Gegenüber transferiert werden über eine sichere TLS-Verbindung.*

**Zweite Ebene der Verschlüsselung:** *Optional ist es ebenso möglich, die Kapsel der ersten Ebene zusätzlich noch mit einer symmetrischen Verschlüsselung zu versehen (mit dem Algorithmus AES-256, vergleichbar gesichert wie mit einem Pass-*

*wort). Damit wird also eine hybride Verschlüsselung zu der bereits bestehenden Multi-Verschlüsselung ergänzt.*

***Echo-Match:*** *In einem Knotenpunkt, der die verschlüsselte Kapsel nach Versand erhält, werden alle verfügbaren Schlüssel dieses Knotenpunktes durchprobiert. Wenn eine Konversion des Cipher-Textes in einen lesbaren Klar-Text gelingt, dann war der Schlüssel der richtige. Ob der konvertierte Text der richtige ist, wird wie oben beschrieben durch die Überprüfung der Hash-Werte durchgeführt (Echo-Match). Wenn die Konversion nicht erfolgreich ist, wird die Kapsel wieder zusammengebaut mit Hash und Cipher-Text, d.h. also so wie sie hereinkam wieder weitergeleitet an alle verbundenen Knotenpunkte. Da dem Erfinder und Entwickler des Echos das Protokoll und sein Matching beim Mittagessen in der Kantine zufällig eingefallen sein soll, wird die Verschlüsselung des Echos auch ›Bostoner Lunch Bundle‹ genannt, oder kurz: Bostoner Bundle.*

Das Echo ist daher ein geschmeidiges (englisch: malleables) Konzept. Das heißt, eine Implementierung erfordert keine streng aufdiktierten Details. In dieser Hinsicht ist es also auch ein sehr flexibles Konzept.

Diese Geschmeidigkeit (englisch: Malleabillity[166]) bezieht sich in der Kryptographie auch auf die Konversion von Cipher-Text zu Cipher-Text. Damit einbezogen sind ebenso die hybriden und multiplen Verschlüsselungsoptionen eines solchen Klienten. Ein Verschlüsselungs-Algorithmus oder Prozess ist dann geschmeidig, wenn es für Analystinnen und Analysten möglich ist, einen Cipher-Text zu transformieren in einen anderen Cipher-Text, der dann zu einem sich darauf beziehenden Klar-Text entschlüsselt. Das ist gegeben mit einer Verschlüsselung eines Klar-Textes M (wie Message), bei dem die Möglichkeit besteht, diesen mit einer Funktion F (M) zu verschlüsseln in einen Cipher-Text. Unter Anwendung der bekannte Funktion F - ohne notwendiger Weise die Nachricht M zu kennen oder zu erlernen.

Auch wenn die notwendigen mathematischen Kalkulationen hier nicht weiter betrachtet werden können, wird deutlich, dass das Echo einen Cipher-Text mit zahlreichen Variationen in Kontakt bringt. Cipher-Text nochmals in Cipher-Text zu verwandeln, ist, wie gesehen, nur eine Option dabei. Hybride Verschlüsselung und insbesondere multiple Verschlüsselung ist daher eine substantielle Konstante des Echos und der Kryptographie der Zukunft – und vermag auch vor schnellen Hochleistungsrechnern in der *Dritten Epoche der Kryptographie* zu schützen.

Eine weitere spezifische Konstante des Echos ist, wie die verschlüsselten Kapseln und Daten-Pakete versandt werden, denn jegliches Echo-Graphen-Modell mag seine eigenen spezifischen Wege und Verpflichtungen haben. Ein Beispiel:

*Abbildung 27:* Beyond Cryptographic Routing im Echo Netzwerk

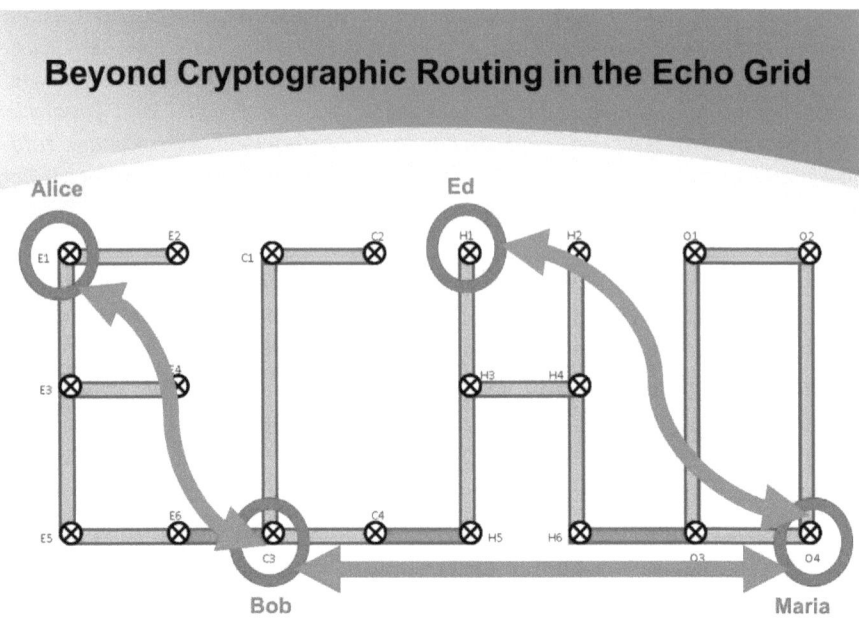

*Quelle:* [167]

*Die Abbildung des Echo-Grids zeigt anhand der vier miteinander verbundenen Buchstaben E_C_H_O verschiedene Eckpunkte der Buchstaben als Knotenpunkte. Die einzelnen Knotenpunkte von Alice (E1), Bob (C3), Ed (H1) und Maria (O4) sind mit Kreisen gekennzeichnet. Um nun eine Nachricht von Ed an Alice zu senden, wird eine Weiterleitung über einen definierten Graphen notwendig. Dieser kann sein von Ed zu Maria (über H1, H3, H4, H5, O3 und O4), sodann zu Bob (über O4, O3, H6, H5, C4, C3) und schließlich zu von Bob zu Alice (über C3, E6, E5, E3, E1). Da jedoch alle Knotenpunkte eine Nachrichtenkapsel an alle Knotenpunkte senden, wird der schnellstmögliche Graph der folgende sein: Von Ed (H1) über H3, H5, C4, C3, E6, E5, E3 zu Alice (E1). Nebenbei angemerkt: Das später beschriebene Turtle-Hopping-Protokoll der Software RetroShare würde die Nachricht über die Personen weiterleiten, also Ed zu Maria, dann zu Bob und von ihm zu Alice. Das Echo-*

*Protokoll inkludiert aufgrund der Verschlüsselung also kürzere und effektivere Wege über näherliegende Zwischenknoten, da jeder Knotenpunkt Datenpakete an alle Nachbarn weitersendet. Somit werden auch Metadaten reduziert. Auch gegenüber einem Graphen-Weg im weiter unten noch beschriebenen Tor- oder I2P-Netzwerk ist diese Gestaltung flexibler.*

Das Echo funktioniert also auf dem elementaren Prozess, dass Informationen als verschlüsselte Kapseln bzw. Datenpakete über verschiedene oder einfache Passagen und Kanäle übermittelt werden und jeder Endpunkt, der sie erhält, diese gemäß einem Echo-Match überprüft, ob sie mit den bekannten Schlüsseln passend sind für einen Daten-Erhalt in der eigenen Instanz.

Die Spot-On-Applikation hat das Echo-Protokoll in konkreter Programmierung und Entwicklung erstellt. Die Klienten des Echo Protokolls unterstützen die Daten-Übermittlung über die Kommunikationswege Bluetooth, SCTP, TCP und UDP (sowohl multicast als auch unicast). Für TCP-basierte Kommunikationen wird auch ergänzend zu oben beschriebener Verschlüsselung OpenSSL unterstützt. D.h. die verschlüsselte Echo-Kapsel kann nochmals durch einen TLS-Kanal geschützt Ende-zu-Ende-verschlüsselt gesandt werden. Dieses ist optional, als dass bereits verschlüsselte Daten mit oder ohne TLS versandt werden können: Sowohl der Versand über HTTPS wie auch HTTP ist also möglich.

Die Anwendung hält darüber hinaus einen Mechanismus vor, um für diese Verkapselung der Daten (bzw. der Verschlüsselung der Nachricht) Sitzungsschlüssel zu verteilen, wie oben beschrieben: Es geht dann um temporäre Schlüssel. Ein ergänzender Mechanismus verteilt die Sitzungsschlüssel über die vorbestimmten, permanenten Schlüssel. Das heißt: die Schlüssel werden verkapselt/verschlüsselt und übertragen über das System der öffentlichen Schlüssel.

Die Verschlüsselung der Nachricht oder Information erfolgt dann durch den Verschlüsselungs-Algorithmus für den Cipher-Text und durch den Algorithmus für die Signatur. Weitere Hash-Werte werden ergänzt. [168]

Damit lässt sich ein kryptographisches Routing thematisieren: Beim kryptographischen Routing werden IP-Adressen nicht als Ziel, Startpunkt oder Knoten für die Zuordnung in Routingtabellen angenommen, sondern kryptographische Schlüssel und/oder Token stellen eine bestimmte »Konstante« dar, die dabei berücksichtigt werden muss. Damit ist nicht der Begriff »Adresse« im Netzwerk gemeint, da es nicht darum geht, die IP-Adresse durch einen kryptographischen Schlüssel zu ersetzen, wie z.B.: route anstelle zu der IP-Adresse 192.168.1.1 nun zum kryptographischen Schlüssel: a702a31adb52a19c07910ee2b2..96ab7097c49d3f4c6edee0b47.

Stattdessen wird im Echo-Protokoll die Nachricht ohne klassische Routing-Informationen gesendet. Es gibt keine Tabellen mit Diagramminformationen hinsichtlich Adressaten oder Absender.

Die Zugehörigkeit einer Nachricht zu den in der eigenen Instanz bekannten Schlüsseln wird durch den Echo-Match bestimmt: Kann ein Cipher-Text mit den vorhandenen eigenen Schlüsseln wieder in lesbaren Klar-Text umgewandelt werden – und wurde dieses über das Hash-Verfahren des Echo-Matches überprüft – dann kann der Entschlüsselungsversuch als erfolgreich gewertet werden.

Da zudem jede Nachricht von jeder Instanz an jede verbundene Instant weitergeleitet wird, ist eine weitere Zielinformation entbehrlich. Daher muss von »jenseits des kryptographischen Routings« gesprochen werden: im englischen *Beyond Cryptographic Routing*[169].

Damit nicht jede Nachricht, die weitergeleitet wird, ein zweites Mal zur eigenen Instanz kommt, wird dieser Mesh- und Flooding-Charakter durch eine Funktion namens *Congestion Control* wieder aufgehoben: Dabei werden die Hashes der Nachrichtenkapseln für eine Zeit lang im Knotenpunkt gesammelt und wenn der Hash der Kapsel bereits bekannt ist, wird die Kapsel nicht ein zweites Mal angerührt oder ausgepackt und mit allen verfügbaren Schlüsseln durchprobiert oder gar weitergeleitet. Diese bekannten Nachrichten-Kapseln können verworfen werden.

Bestimmte weitere Modi des Echo-Protokolls ermöglichen auch eine Reduzierung der Übertragung der Datenpakete (siehe das Adaptive Echo (AE) sowie das Halbe Echo und auch das mobile Echo über das SECRED-Protokoll für kleinere Hardwaregeräte wie Mobiltelefone). Diese ›Reduzierung‹ wird auch als Cryptographic Discovery bezeichnet und ist in der Applikation SmokeStack[170] - einem Server für Echo-Klienten – weitergehend ausgearbeitet worden.

Echo-Verschlüsselungen, Echo-Matches, Cryprographic Discovery sowie (Beyond) Cryptographic Routing sind neben Congestion Control also insbesondere in einem Netzwerk möglich, an dem kleine Gruppen teilnehmen und das an das »Phänomen der Kleinen Welt« erinnert: Unter diesen Umständen eines *Small World Phenomenons* wird häufig angenommen, dass fast alle Benutzerinnen und Benutzer über fünf, sechs oder sieben Sprünge erreichbar sind. Im realen Leben, wie auch in einem Freundschaften abbildenden elektronischen Netzwerk. Ähnlich wenige Stationen nimmt heute das Routing einer E-Mail über die globale Netzwerk- und Serverlandschaft.

Die theoretischen Überlegungen des sogenannten »Small-World-Phänomens« - dass jeder mit sieben Hops über andere erreichbar ist - deuten darauf hin, dass, da Empfängerinnen und Empfänger im Echo über mehrere Ziele hinweg zu finden ist, auch eine Nachricht erfolgreich übermittelt werden kann.

Das Phänomen der kleinen Welt ist ein sozialpsychologischer Begriff, der 1967 von *Stanley Milgram* geprägt wurde und innerhalb der sozialen Netzwerke in der modernen Gesellschaft den hohen Grad an verkürzten Pfaden durch persönliche Beziehungen beschreibt. Es ist eine auf einem Experiment beruhende Hypothese, dass jeder auf der Welt durch eine überraschend kurze Bekanntenkette miteinander verbunden ist.[171] Das Phänomen wird oft auch als »sechs Grade der Separation« bezeichnet. Die zugrunde liegende Idee wurde in der 1929 veröffentlichten Kurzgeschichte »Láncszemek« des Ungarn *Frigyes Karinthy* vorgestellt[172] - dort sogar nur über 5 Hops.

Und nun kann diese sozialpsychologische Annahme auch im Unterricht zu elektronischen Netzwerken ganz praxisnah mit einer Handvoll an Computern überprüft werden: Die bisherigen Praxistests der zahlreich vergangenen Jahre mit verschiedenen Echo-Kernels haben auch die Skalierbarkeit des Protokolls in einer Knoten- und Graphen-Netzwerkstruktur gezeigt, die sogar über die Sprünge »kleiner Welten« hinausgeht.[173]

Der Vorteil dieser Verschlüsselung ist, dass sie multiple verschlüsselt, dass Ende-zu-Ende-verschlüsselnde Schlüssel instant und sofort getauscht werden können, dass quantum-sichere Algorithmen wie NTRU und McEliece eingesetzt werden können und sie verbunden ist mit einer Graphen-Theorie, wie Datenpakete ihren Weg im Netzwerk finden: da jedes Packet an jedem Knotenpunkt vorbeikommt, entstehen keine Metadaten – wer wann also an wen kommunizierte. Ein Packet, das einen Knotenpunkt zu vier Nachbarn verlässt, wird auch an diesen neuen Nachbarn wiederum an weitere Nachbarn verteilt werden können.

Die Graphen-Theorie gepaart mit der prozessierten Verschlüsselungs-methode bietet hier also eine exponentielle Verschlüsselung an. Es ist vergleichbar mit dem Reiskorn auf einem Schachbrett, dass sich einer bekannten Geschichte nach auf jedem Feld des Schachbrettes verdoppelt. Komplexität und Chaos werden als Forschungsaspekte zur zielorientierten Netzwerk- und Routengestaltung ergänzt.[174]

Exponentielle Verschlüsselung macht zwar die verschlüsselte Nachricht in jedem Knotenpunkt verfügbar, sie ist jedoch durch mehrfache und sichere McEliece Verschlüsselung abgesichert und verzichtet daher im Gegenzug auf die Bereitstellung von Metadaten, wann wer welche Nachricht erfolgreich entpacken konnte oder gar gelesen hat.

Angesichts von Analyseblickwinkeln hinsichtlich Metadaten wird in der *Dritten Epoche der Kryptographie* durch exponentielle Verschlüsselung mittels Echo also schlicht ein höheres Sicherheitsniveau ermöglicht.

## 5.5 McEliece & NTRU: Ein neuer Lebenszyklus mit sicheren Algorithmen?! •

Neben der Option der mehrfachen Verschlüsselung und der Option, ein verschlüsseltes Packet über mehrere Wege zu leiten, so dass keine Metadaten aufgezeichnet werden, - als erste Maßnahmen gegen Überwachung bzw. Entschlüsselungen aus dem Stehgreif heraus - verbleiben zwei Algorithmen, die nach heutigem Stand als sicher gegen die Quanten-Computer bleiben: NTRU und der ebenso bereits benannte Algorithmus McEliece.

NTRU bzw. NTRUEncrypt ist ein asymmetrisches Verschlüsselungsverfahren, das 1996 von den Mathematikern *Jeffrey Hoffstein*, *Jill Pipher* und *Joseph H. Silverman* entwickelt wurde. *Jeffrey Hoffstein* schloss sich als Hochschullehrer für Mathematik nach vielen Jahren an der Brown University auch der American Mathematical Society (AMS) an, deren Präsident *Jill Pipher* ist. Sie war zugleich auch Präsidentin der Association of Women in Mathematics (AWM). *Joseph H. Silverman* gehört ebenso der Mathematischen Gesellschaft an und hat seinen Schwerpunkt im Bereich der Kryptographie, zu der er mehr als 100 Forschungs-Artikel neben verschiedenen Mathe-Büchern schrieb.

Ihr Algorithmus NTRU basiert lose auf Gitterproblemen, die mit Quanten-Rechnern als nicht knackbar gelten. Dieser Algorithmus rückt daher zunehmend mehr in den Blickwinkel der Untersuchungen[175].

Anfang 2011 erschien eine Arbeit der Kryptologen *Damien Stehlé* und *Ron Steinfeld*, in der ein Sicherheitsbeweis für eine abgewandelte Form von NTRUEncrypt geführt wird. Ebenso wurden verschiedene Überlegungen angestellt, NTRU zu knacken, die hier jedoch in der Darstellung nicht ausführlich besprochen werden können, und sie allgemeiner theoretischer bzw. üblicher Art bleiben. Auch wenn es für NTRUEncrypt noch weitere formale Sicherheitsbeweise und zusätzliche Untersuchungen geben sollte, wie es für andere kryptographische Verfahren auch zahlreiche Publikationen und Analyseansätze gibt, gilt das Verfahren für hinreichend große Parameter dennoch bislang als sicher.

Der Algorithmus war seinerzeit in den USA patentiert. Die Patente sind heute ausgelaufen und zudem bestehen quell-offene Nachbauten bzw. Anwendungen, die nun in die Forschungen dazu einbezogen werden. Der Algorithmus McEliece scheint derzeit dennoch wesentlich mehr als NTRU im Aufmerksamkeitsfeld der Anwendung und Forschung zu liegen.

*Robert J. McEliece*, am 21. Mai 1942 in Washington, D.C. geboren, war ein US-amerikanischer Mathematiker und Elektroingenieur. Als Hochschullehrer für Elektrotechnik war er am *California Institute of Technology* (Caltech) tätig. Er studierte dort bereits mit dem Bachelor-Abschluss 1964 und der Promotion in Mathematik drei Jahre später.

Zugleich schon einige Jahre zuvor war er Ingenieur am *Jet Propulsion Laboratory* (JPL). Das JPL (englisch für Strahlantriebslabor) baut und steuert Satelliten und Raumsonden für die NASA und berät auch die Produzenten von Science-Fiction-Filmen und -Serien (beispielsweise bei Star Trek oder Babylon 5).

McEliece entwickelte Anwendungen, die zur Galileo Raumsonde hinzugefügt wurden für ein späteres Re-Design der Mission, für den Planeten Jupiter und seine Monde, als auch, um eine Handvoll anderer Körper in anderen Solarsystemen zu studieren.

In der Galileo-Sonde wurden beispielsweise fehlerkorrigierende Codes basierend auf Faltungscodes (Englisch: Convolution Codes) benutzt, die er entwickelte. Auch an den fehlerkorrigierenden Codes des Voyager-Programms war er beteiligt. Als es bei der Galileo-Mission Probleme mit der Datenübertragung gab, die die Übertragung von Fotos vom Jupiter gefährdeten, war er in dem Team, das den Decoder an Bord erfolgreich neu programmierte. Für diese fehlerkorrigierenden Codes bei NASA-

Raummissionen erhielt er zweimal den Group Achievement Award der NASA (1981 und 1992), und einmal (1981) für seine Beiträge zur Voyager-Mission.

Er war Supervisor der Informationsverarbeitungs-Gruppe und übergreifender Berater. Um Professor zu werden, war er in fortfolgender Zeit zunächst mehrere Jahre als Gastprofessor am Caltech. In einer vierjährigen Zwischenstation ereilte ihn ein Ruf als Professor für Mathematik an die University of Illinois at Urbana-Champaign, bevor er dann 1982 dauerhaft Hochschullehrer am Caltech wurde.

Er ist nicht nur für Beiträge zur algebraischen Kodierungstheorie bekannt, sondern entwickelte auch Codierungen für Festplattenlaufwerke und Flash-Speicher bei Sony. Auch schrieb er ein Standardwerk zur Informations- und Kodierungstheorie. Eine ordentliche wissenschaftliche Laufbahn also mit vielen Themen und Erfolgen.

Bereits in seiner ersten Professur für Mathematik entwickelte er 1978 mit *Elwyn Berlekamp* ein nach ihm benanntes Public-Key-Kryptosystem (McEliece-Kryptosystem) basierend auf linearen Codes: sogenannte Goppa-Codes, die er verwendete[176]. Eine entsprechende digitale Signatur für dieses nach und nach erfolgreicher werdende Kryptosystem wurde nachgelagert entwickelt: die McEliece-Niederreiter-Signatur (zusätzlich nach *Harald Niederreiter*).

In den Anfangsjahren und aufgrund langsamer Prozessoren und Übertragungsraten setzte sich das McEliece-Krypto-System noch nicht gegen die RSA-Verschlüsselung durch – auch aufgrund der Schlüssel-Längen im Bereich einiger Megabyte. Doch galt und gilt dieses Krypto-System bislang anerkannt als sicher gegenüber Entschlüsselungsversuchen mit einem Quanten-Computer.

*Robert McEliece* starb am 8. Mai 2019 in Pasadena, California – also in dem Jahr, in dem Google die »Quantum Supremacy« ausrufen sollte, die Quanten-Computer also schneller waren als die digitalen Super-Computer und das neue Zeitalter der *Dritten Epoche der Kryptographie* begann. RSA war als »nicht länger sicher« gekennzeichnet, die Quanten-Computer übernahmen die führende Rolle im Denken der Kryptographie und sein bereits 1978 entworfener Algorithmus rutscht neben NTRU in die erste Reihe des Betrachtungswinkels. Welch ein Höhepunkt zum Abschied vom Leben, wenn die eigene Idee und Forschungsgrundlage weiterleben kann:

wie in allen bewegenden Geschichten liegen Tod und fortgeführtes Leben eng beieinander.

Ein neuer Lebenszyklus beginnt: die Algorithmen McEliece & NTRU spielen eine wesentliche Rolle bei der Sicherheit zu und Resistenz gegen Quantum-Super-Computer. Es dauerte 20 Jahre nach der Veröffentlichung seines Konzeptes zur Verschlüsselung, bis weitere Forscherinnen und Forscher dazu beitrugen und es dauerte weiter 20 Jahre, bis die Entwicklung der angewandten Kryptographie diesen Algorithmus zukunftsvorausschauend in Programme und Messenger einbaute, und auch mit verschiedenen Moduli die etwas größeren Schlüssel dieses Krypto-Systems praktikabel anwendbar machten.

Spot-On Encryption Suite und im mobilen Bereich der Smoke Crypto Chat Messenger waren nicht nur im Bereich der Multi-Verschlüsselung, sondern auch hier die ersten Applikationen, die den McEliece- bzw. NTRU-Algorithmus in der angewandten Kryptographie im Bereich des Messagings eingebaut hatten. Sie gelten ebenso als Bahnbrecher und Pioniere im Bereich der Quantum-Computing-Sicherheit, stehen als (abgeschlossene) Applikationen der weiteren quell-offenen Forschung zur Verfügung und werden daher in einem folgenden weiteren Abschnitt noch einmal aufgegriffen.

Die *Europäische Agentur für Cybersicherheit* (ENISA) stellt in ihrem Bericht zur »Quantum Migration«[177] neben den beiden vorgenannten noch weitere neue Algorithmen auf Basis einer Beurteilung der NIST vor: Crystals-Kyber sowie Saber und für Signaturen auch Crystals-Dilithium, Falcon oder Rainbow. Ebenso wird noch eine Gruppe an weiteren alternativen Kandidaten genannt, wie NTRU-Prime und andere als Weiterentwicklung.

Die *Kryptographie in der Dritten Epoche* stellt sich somit nicht nur in der Hinsicht neuer Rechenmaschinen, neuer Algorithmen und ihrer ersten Implementationen in angewandten Programmierungen und Messengern grundlegenden Transformationen, deren Forschungs- und Entwicklungsbedarf es weiter zu vertiefen gilt.

# 6 TRANSFORMATION DER KRYPTOGRAPHIE: DAS SCHLÜSSEL-TRANSPORT-PROBLEM WIRD GELÖST •

Mit diesen politischen, wie kryptographischen Grundlagen und Fundierungen für eine neue Epoche wenden wir uns nun weiteren Innovationen der Kryptographie dieser Zeit zu. Durch zahlreiche Prozessverbesserungen, optimierte Methoden und aktuelle Innovationen »transformiert«[178] sich die Kryptographie derzeit insgesamt. Die Sicherheit und der Transport der Schlüssel spielt dabei angesichts der politischen Forderungen nach der Herausgabe von Schlüsseln sowohl bei symmetrischer Verschlüsselung (z.B. mit AES, OTP) und auch asymmetrischer Verschlüsselung (z.B. mit McEliece, GPG, NTRU) eine besonders zentrale Rolle. Wie wäre es nun, wenn gar keine Schlüssel mehr übertagen werden müssten?

Es besteht in der Anwendung weiterer mathematischer Methoden gegenüber der Jahrtausendalten, symmetrischen Verschlüsselung die Innovation, dass die Schlüssel nicht mehr zum Gegenüber übertragen werden müssen, sondern abgeleitet werden können. Das bezieht sich auf die sog. »abgeleiteten Schlüssel« (Englisch: »Derived Keys«). Diese *Derivative Kryptographie* stellt anhand der Fokussierung auf den Schlüsselaustausch eine weitere Innovation in der Kryptographie dar, neben den weiterhin bestehenden Verfahren zum Umgang mit Schlüsseln in den bekannten Verschlüsselungssystemen.

Implementiert ist die Derivative Kryptographie innerhalb der Secret Key Streams und Juggerknaut Keys, die wir nachfolgend weiter betrachten werden. Auch mit einer mathematischen Funktion namens »diskreter Logarithmus« ist es Computern möglich, Schlüssel ohne Transportweg auf beiden Seiten zu berechnen. Zuvor daher einige erste Hinweise zu bislang möglichen Verfahren, Schlüssel für Verschlüsselung mit entsprechenden Protokollen zu generieren und auszutauschen.

## 6.1 Schlüsselaustausche über DHM, REPLEO, EPKS oder AutoCrypt? •

Der Schlüsselaustausch umfasst meistens definierte, heute vorwiegend elektronisch unterstützte Methoden in der Kryptographie, mit der kryptographische Schlüssel zwischen Benutzerin und Benutzer ausgetauscht werden. Erst danach wird die Verwendung eines kryptographischen Algorithmus ermöglicht.

Um verschlüsselte Nachrichten auszutauschen, müssen beide Parteien entsprechend ausgestattet sein, um zu sendende Nachrichten verschlüsseln und empfangene Nachrichten entschlüsseln zu können. Die Art der Ausrüstung, die benötigt wird, hängt von der jeweiligen Verschlüsselungstechnik ab. In jedem Fall wird jedoch ein Schlüssel benötigt, der aufzeigt, wie einzelne Zeichen wieder in lesbare Zeichen zu übersetzen sind.

Wenn es sich bei der Verschlüsselung um eine Verschlüsselung mit einem symmetrischen Schlüssel handelt, benötigen beide eine Kopie desselben Schlüssels. Bei dieser Verschlüsselung besteht das schon angesprochene Problem, dass der Schlüssel transportiert werden muss: entweder wurde er in Taschen von Diplomatinnen und Diplomaten transportiert und persönlich übergeben oder er musste versiegelt durch vertrauenswürdige Kuriere überbracht werden, falls kein anderer sicherer (z.B. auch elektronsicher) Kanal genutzt werden kann.

Und wenn durch einen Schlüssel mit der Eigenschaft öffentlicher/privater Schlüssel asymmetrisch verschlüsselt werden soll, benötigen beide den öffentlichen Schlüssel des Gegenübers im Austausch.

Mit dem Auftauchen von elektronischen Kommunikationsnetzwerken wurden daher Protokolle und mathematische Berechnungen gefunden, diskutiert und definiert, um zwischen zwei Parteien auf einem öffentlichen Weg einen Sitzungsschlüssel sicher austauschen bzw. aushandeln zu können. Etablierte Protokolle zur elektronischen Schlüsselübertragung sind:

- das Protokoll nach Merkles Puzzle aus dem Jahr 1974 (bzw. veröffentlicht 1978): hier wird ein symmetrischer Schlüssel zwischen beiden Parteien ausgetauscht[179].
- 1976 wurde der Diffie-Hellman-Schlüsselaustausch von *Whitfield Diffie* mit *Martin Hellman* veröffentlicht, das sich auf asymmetrische Verfahren bezog[180].
- Beim Needham-Schroeder-Protokoll[181] aus dem Jahr 1978 hat jede und jeder mit einer gleichen vertrauenswürdigen weiteren Partei einen gemeinsamen geheimen Schlüssel. Der Britische Computer-Wissenschaftler *Roger Needham* entwickelte das Protokoll zusammen mit dem amerikanischen Kollegen *Michael Schroeder*, das

eine Basis für die Kerberos Authentifizierung bildete, die für Windows 2000 noch eingesetzt wurde.

Das als Puzzle bezeichnete Protokoll von *Ralph Merkle* ist das erste Schlüsselaustauschprotokoll, bei dem die beiden Parteien nicht bereits einen geheimen Schlüssel mit der jeweils anderen oder einer dritten Partei teilen oder kennen müssen. Die Existenz einer mathematisch und prozessorientiert so ausgeklügelten Verfahrensweise wurde lange für unmöglich gehalten, und diese Entdeckung kann als Beginn der Public-Key-Kryptographie verstanden werden. Bekannter ist hingegen der Begriff des Diffie-Hellmann-Protokolls für eine solche Schlüsselverhandlung.

*Whitfield Diffie* war mit seinem Studenten *Ralph Merkle* ab 1969 an der Stanford University, an der auch seine Zusammenarbeit mit *Martin Hellman* zur Kryptographie begann. Später dann arbeitete er bei der Firma Sun Microsystems in Menlo Park in Kalifornien. *Martin Hellman* war an der Vollzeit-Fakultät über 25 Jahre bevor er in 1996 als Hochschullehrer ausschied.

Das Puzzle von *Ralph Merkle* ist zugleich eine entsprechende Vorarbeit und Ergänzung. Insbesondere *Martin Hellman* hatte argumentiert, dass das Protokoll Diffie-Hellman-Merkle Schlüssel-Austausch genannt werden solle, aufgrund von Merkle's separaten Beiträgen. Es wird daher auch von einem Protokoll mit dem Kürzel »DHM« gesprochen: alle drei Forscher - Merkle, Diffie und Hellman - gelten daher als Pioniere der asymmetrischen Kryptographie der 1970er Jahre. Alternativ wird auch mathematisch einfach vom Diskreten Logarithmus (DL) gesprochen.

Diese Art der Protokoll-Gestaltung zur Schlüssel-Erstellung ermöglicht nun durch eine mathematische Berechnung, dass zwei Parteien einen Schlüssel miteinander aushandeln können, ohne diesen über das Internet bzw. damals einen öffentlichen Kanal übertragen zu müssen. In den 1970er Jahren war somit nicht nur die Begründung der *asymmetrischen* Verschlüsselung gegeben, sondern wurde auch ein Meilenstein gesetzt, auf beiden Seiten einen Schlüssel verhandeln zu können, ohne diesen über öffentliche Kanäle (wie heute im Internet) übertragen zu müssen.

Im Abschnitt weiter unten kommen wir auch auf diese Optionen eines Verzichts der Übertragung von Schlüsseln bei der *symmetrischen* Verschlüsselung z.B. mittels Juggerknaut Schlüssel und Secret Streams Schlüssel zu sprechen, die ebenso eine wesentliche Wirkung auf das Schlüsseltransport-Problem haben und ein weiteres mathematisches Verfahren als angewandte kryptographische Funktion weiter etablieren.

Und: Die Situation der Schlüsseltransporte bessert sich, wenn öffentliche Schlüssel geschützt und automatisiert übertragen werden können (wie es beim REPLEO bzw. der Funktion AutoCrypt der Fall ist) bzw. für die Übertragung - gleich welcher Schlüssel - bereits abgesicherte Ende-zu-Ende verschlüsselte Kanäle zur Verfügung stehen, wie es bei der Schlüsselübertragung mittels dem Protokoll EPKS umgesetzt wird. Schauen wir uns diese Protokolle daher im Folgenden der Reihe nach noch etwas genauer an.

### Das DH-Protokoll: Hauptsache diskret - Von der Exponentialfunktion zum Logarithmus

Alice und Bob wollen über eine ggf. unsichere Verbindung verschlüsselt kommunizieren. Dazu benötigen sie bei Anwendung eines symmetrischen Kryptosystems zunächst einmal einen gemeinsamen geheimen Schlüssel.

Mit dem Protokoll von *Diffie/Hellman* bzw. den Vorarbeiten von *Ralph Merkle* kann ein geheimer Schlüssel berechnen werden, ohne dass dritte Lauscherinnen und Lauscher diesen erfahren können. Den auf mathematische Weise errechneten Schlüssel können beide in einem symmetrischen Verfahren einsetzen, um verschlüsselt zu kommunizieren. Hierbei müssen über die unsichere Leitung jedoch noch mathematische Konstanten ausgetauscht werden, und zwar wie folgt:

1. Alice und Bob einigen sich zunächst öffentlich auf eine große Primzahl. Sich öffentlich darauf einigen bedeutet, dass jeder diese beiden Zahlen kennen darf.
2. Alice und Bob erzeugen weiterhin jeweils eine geheimzuhaltende Zufallszahl. Diese werden nicht übertragen, bleiben also potenziellen Dritten, aber auch dem jeweiligen Gegenüber unbekannt. Alice kennt ihre Zahl und Bob kennt seine Zahl.
3. Alice berechnet mit ihrer geheimen Zahl den öffentlichen Schlüssel und schickt ihn an Bob. Bob berechnet mit seiner geheimen Zahl den öffentlichen Schlüssel und schickt ihn an Alice.
4. Alice erhält den Schlüssel von Bob und führt mit ihrem privaten Schlüssel ebenso eine Berechnung durch. Analog berechnet Bob

eine Zahl. Die beiden haben die gleiche Zahl berechnet. Diese ist somit der gesuchte gemeinsame Schlüssel.

Eine Schlüsselerstellung konnte erreicht werden und nur Alice und Bob kennen den Schlüssel. Dritte können aus der abgehörten Kommunikation diesen Schlüssel nicht berechnen. Diese Umkehrung der diskreten Exponentialfunktion heißt *diskreter Logarithmus* (DL). Und dazu müsste man ebenso diese Berechnung des diskreten Logarithmus lösen können. Das ist aber nach heutigem Kenntnisstand nicht in kurzer Zeit möglich, wenn die Zahlen groß genug sind. Alice und Bob können ihren so erstellten Schlüssel also risikoarm für eine symmetrische Verschlüsselung nutzen. Alice und Bob erhalten nach ihren jeweiligen Berechnungen die genau gleiche Zahl, nämlich den geheimen Schlüssel.

Es ist also der vereinfachte Aushandlungsprozess: wir übertragen uns beide große öffentliche Zahlen und berechnen mit selbstgewählten geheimen Zahlen einen Schlüssel, den keiner nach-berechnen kann, weil unsere geheimen Zahlen nicht bekannt sind.

Der Schlüsselaustausch nach Diffie/Hellman ging jedoch nicht auf das Problem ein, sich der tatsächlichen Identität der Person (des Gegenübers) sicher zu sein. Und: Es gilt die gleiche Annahme hinsichtlich in endlicher Zeit nicht lösbarer mathematischer Probleme wie beim RSA Algorithmus. Es darf schon tiefergehend analysiert werden, ob angesichts der Quanten-Computer nicht nur die Faktorisierung von Primzahlen in der diskreten Exponentialfunktion in Betracht zu ziehen ist, oder nicht notwendiger Weise auch Auswirkungen auf die Funktion des diskreten Logarithmus zu untersuchen sind?

### Schlüsselaustausch mittels eines REPLEOs

Wenn Alice den öffentlichen Schlüssel von Bob erhalten hat, kann sie mit dem Verschlüsseln sofort loslegen. Sie kann eine Nachricht verschlüsseln, oder aber: ihren eigenen öffentlichen Schlüssel verschlüsseln. Nun wird jede und jeder fragen: der öffentliche Schlüssel ist doch öffentlich, warum sollte man ihn also vor der Öffentlichkeit bzw. bei einem Transport geheim halten? Das ist sicherlich richtig - aber wenn der Schlüssel nicht öffentlich sein muss, dann kann er doch auch geschützt bleiben. Dazu wurde das REPLEO ersonnen und in der Software Spot-On Encryption Suite als praktische Anwendung eingebaut. REPLEO bedeutet im Sinne des englischen

»Reply« mit der lateinischen Mischung von »respondere«: Ich antworte, ich spiele zurück.

Damit bestand eine Prozessinnovation innerhalb der Programmierung dieser angewandten Kryptographie, dass der öffentliche Schlüssel ja auch als Cipher-Text an Alice gesandt werden kann. Das REPLEO war der Beginn eines zunächst manuellen, dann automatisierten und vor allen Dingen geschützten Schlüsselaustausches.

Wir halten fest: bei der symmetrischen Verschlüsselung spielt der Schlüsseltransport eine große Bedeutung und kann risikoreich sein. Bei der asymmetrischen Verschlüsselung werden die öffentlichen Schlüssel getauscht. Es besteht hier mit der Anwendung eines REPLEOs auch die Option, selbst den öffentlichen Schlüssel geschützt zu halten. Dementsprechend kann es übliche Praxis sein, nun beide Verschlüsselungsverfahren miteinander zu kombinieren.

Zu dieser Art der hybriden bzw. auch Multi-Verschlüsselung ist im vorherigen Kapitel schon ausführlicher berichtet worden: Es kann also eine Annahme sein, dass der symmetrische Schlüssel über die asymmetrische Verschlüsselung des öffentlichen Schlüssels verschlüsselt wird. Oder aber ein symmetrischer Schlüssel mittels der Funktion des diskreten Logarithmus im DH(M)-Protokoll überhaupt erst mal gebildet wird. Ebenso kann bei einem REPLEO der öffentliche Schlüssel (oder auch der symmetrische Schlüssel) von Alice mit dem öffentlichen Schlüssel von Bob verschlüsselt werden. Und andersherum: Der öffentliche Schlüssel von Bob könnte grundsätzlich auch mit einer symmetrischen Verschlüsselung als Cipher-Text »transportfähig« gemacht werden.

Wir sehen, diese Ausweichlösungen einer hybriden Verschlüsselung (also der Anwendung von symmetrischen und zugleich auch asymmetrischen Verschlüsselungen) bzw. auch einer »Multi-Verschlüsselung« sind interessant und komplex, lösen oder vereinfachen aber das Schlüsseltransport-Problem nur partiell: Das asymmetrische Verschlüsselungsverfahren mit dem Tausch des öffentlichen Schlüssels hat das Problem - in der RSA-Variante – ggf. als »no longer secure« angesichts der derzeitigen Entwicklung der Rechenkapazität zu gelten (insbesondere wenn man auch noch öffentliche Schlüssel kennt) und bei der symmetrischen Verschlüsselung ist weiterhin der risikoreiche Transport des Schlüssels notwendig.

Eine weitere Lösung kann in dem Aufbau und der dauerhaften Nutzung von elektronischen Netzwerken bestehen, die dauerhaft verschlüsselt sind und auf deren Basis bzw. im System verschlüsselter Kanäle sodann temporäre Schlüssel getauscht werden. Eine solche Gestaltungs-Option bietet das EPKS-Protokoll.

## Schlüsselaustausch im EPKS-Protokoll

Ist also ein bestehendes verschlüsseltes Kommunikationssystem elektronischer Art mit einem sicheren Ende-zu-Ende verschlüsselten Kanal bereits vorhanden, ist dieses Gold wert. Es muss kein Schlüssel ausgehandelt werden und auch kein ungesicherter Transport erfolgen.

Das EPKS-Protokoll bezieht sich auf solch eine Netzwerkgestaltung von oben bereits erläuterten Echo-Klienten, deren Verbindungen grundsätzlich verschlüsselt sein können. Die Abkürzung EPKS steht dabei für *Echo Public Key Share* und ist eine in dem - wie bekannt sehr ausgearbeiteten - Programm »Spot-On« Encryption Suite implementierte Funktion zur Freigabe öffentlicher Schlüssel über das Netzwerk verschlüsselter Verbindungen.

Auf diese Weise kann eine Gruppe an Teilnehmerinnen und Teilnehmern Schlüssel über sichere Kanäle tauschen und gemeinsam nutzen, sodass ein klassischer Schlüsselserver nicht benötigt wird. Dies ist eine komfortable Möglichkeit zum elektronischen Schlüsselaustausch mit einer Gruppe oder einer einzelnen Benutzerin bzw. einem einzelnen Benutzer.

EPKS-Kanäle ermöglichen den Austausch (symmetrischer und asymmetrischer) Schlüssel innerhalb eines Netzwerks quasi als Broadcast ohne Serverspeicher. Diese Kanäle arbeiten nach dem Prinzip der symmetrischen Verschlüsselung: Der Kanal kann einer Community-Gruppe oder nur einer einzelnen Person bekannt sein. EPKS integriert dabei die gemeinsam genutzten öffentlichen Schlüssel automatisch in eine EPKS-Community. Schlüssel-Broadcast ist so eine Alternative zum Schlüssel-Server.

Der neue Prozess besteht also darin, dass Schlüssel nicht auf einem Server gespeichert und gesucht werden, sondern in einem sicheren Kanal - für den für bestimmte Personen eine Zugangs-Berechtigung vorliegt - von Knoten zu Knoten gesendet werden, entweder durch manuelles Versenden oder durch automatisierten Austausch von zwei Knoten, z.B. zwei Spot-On-Klienten (für das EPKS-Protokoll) oder auch durch (zwei) E-Mail-Klienten über das aus EPKS später abgeleitete AutoCrypt-Protokoll.

**Schlüsselaustausch mit dem AutoCrypt-Protokoll**

AutoCrypt ist ebenso ein automatischer Schlüsselaustausch. Diese krypto-graphische Prozess-Innovation bezieht sich grundlegend auf die Protokoll-definitionen eines REPLEO- und des EPKS-Protokolls und ihrer Weiterent-wicklung. Das bedeutet, dass Benutzerinnen und Benutzer desselben Messenger oder E-Mail-Klienten den öffentlichen Schlüssel für die Ver-schlüsselung miteinander automatisiert austauschen und sie ab diesem Zeitpunkt für die gesamte weitere Kommunikation gesichert sind. Wie gesehen sah das EPKS-Protokoll dies viele Jahre vor dem Bekanntwerden des Begriffs AutoCrypt vor. Andere Projekte haben diese Prozess-Schritte ebenfalls unter dem Namen KeySync kopiert. Der AutoCrypt-Prozess hat seither eine ganze Community im Bereich der Entwicklung und Forschung gebildet, um das Schlüsselmanagement automatisierter und komfortabler zu gestalten. Dennoch besteht auch bei Schlüsseln, die in einer Instanz automatisch akzeptiert werden, ein geringes Risiko, indem Angreiferinnen und Angreifer der Maschine falsche Schlüssel zusenden könnten. Daher ist ein automatisierter Transport genauso abwägend zu bewerten, wie eine manuell bestätigende Annahme seitens der Empfängerin oder des Emp-fängers mit weniger Komfort.

## 6.2 Cryptographisches Calling: von Forward Secrecy zu Instant Perfect Forward Secrecy (IPFS) •

Mit dem Cryptographischen Calling wird Ende-zu-Ende-Verschlüsselung so einfach, wie einen Telefon-Anruf zu tätigen: Knopf drücken, Ende-zu-Ende-Verbindung etablieren, und nach der Konversation die generierten Schlüs-sel verwerfen; also: den Telefonhörer auflegen bzw. am Smartphone das Gespräch beenden.

Forward Secrecy bzw. Perfect Forward Secrecy (PFS), auf Deutsch etwa perfekte vorwärts gerichtete Geheimhaltung, ist in der Kryptographie eine Eigenschaft bestimmter Schlüsselaustauschprotokolle mit dem Ziel, einen gemeinsamen Sitzungsschlüssel so zwischen Partnerin und Partner der Kommunikation zu vereinbaren, dass dieser von einer oder einem Dritten auch dann nicht rekonstruiert werden kann, wenn einer der Langzeit-schlüssel später einmal kompromittiert werden sollte.

Es geht also um temporäre Schlüssel. Diese werden durch einen siche-ren Tunnel gesendet, der über einen Langzeitschlüssel aufgebaut wurde.

Da diese temporären Schlüssel nur kurzzeitig im Einsatz sind, sind sie auch abstreitbar. Sie gehören jedenfalls nicht dauerhaft definiert zur Nutzerin oder zum Nutzer am anderen Ende, sondern werden nur für den Moment eingesetzt.

Diese Funktion und dieses Paradigma, temporäre Schlüssel einzusetzen, hat sich gewandelt. Mit der so benannten Methode des Cryptographischen Callings können über bestehende verschlüsselte Netzwerkverbindungen diese temporären Schlüssel sehr einfach gesandt und dann für neue verschlüsselte Kanäle genutzt werden. Aus dem Forward Secrecy, bzw. Perfect Forward Secrecy ist »Instant Perfect Forward Secrecy« geworden, abgekürzt: IPFS – und auf Deutsch etwa: Perfekt vorwärts gerichtete Geheimhaltung, die jederzeit und »instant«, also sofortig, in jedem Moment und mehrfach innerhalb einer Online-Sitzung neu aufgebaut werden kann. Mittels eines Cryptographischen Calls – verschlüsselten Anrufs beim Gegenüber.

Mehr als eine Handvoll an verschiedenen Methoden[182], die hier nicht alle im Detail erläutert werden können, stehen zur Verfügung, um einen Cryptographischen Call durchzuführen.

Das 2-Wege-Calling sei an dieser Stelle kurz als leicht zu merkende und interessante Methode erläutert: bei dem 2-Wege-Calling stellt die Nutzerin Alice ein Passwort zur Verfügung und auch der Nutzer Bob stellt ein Passwort zur Verfügung. Das von beiden genutzte gemeinsame Passwort wird jedoch gebildet aus einer jeweils hälftigen Zeichenkette: Nutzerin Alice steuert 50% des gemeinsamen Passwortes bei, und auch Nutzer Bob steuert 50% zu dem gemeinsamen Passwort bei. Gehen wir davon aus, dass das Passwort bei jedem der beiden 32 Zeichen hat: Dann werden für das gemeinsame Passwort die ersten 16 Zeichen des Passwortes von Alice genommen, und die letzten 16 Zeichen des Passwortes von Bob verwendet. Fifty-Fifty. Beides aneinandergefügt ergibt schließlich das gemeinsame Passwort mit 32 Zeichen.

*Abbildung 28:* 2-Wege-Calling als Methode des Cryptographischen Callings

Passwort von Alice, Klar-Text in Englisch:
*Thats my Kung Fu*
(16 ASCII-Zeichen, jeweils 1 Byte)

Übersetzung in Hex:

| T | h | a | t | s | | m | y | | K | u | n | g | | F | u |
|---|---|---|---|---|---|---|---|---|---|---|---|---|---|---|---|
| 54 | 68 | 61 | 74 | 73 | 20 | 6D | 79 | 20 | 4B | 75 | 6E | 67 | 20 | 46 | 75 |

Resultierendes Passwort:
54 68 61 74 73 20 6D 79 20 4B 75 6E 67 20 46 75

Zweiter Teil wird verwendet
54 68 61 74 73 20 6D 79 20 4B 75 6E 67 20 46 75

Passwort von Bob, Klar-Text in Englisch:
*Two One Nine Two*
(16 ASCII-Zeichen, jeweils 1 Byte)

Übersetzung in Hex:

| T | w | o | | O | n | e | | N | i | n | e | | T | w | o |
|---|---|---|---|---|---|---|---|---|---|---|---|---|---|---|---|
| 54 | 77 | 6F | 20 | 4F | 6E | 65 | 20 | 4E | 69 | 6E | 65 | 20 | 54 | 77 | 6F |

Resultierendes Passwort:
54 77 6F 20 4F 6E 65 20 4E 69 6E 65 20 54 77 6F

Erster Teil wird verwendet
54 77 6F 20 4F 6E 65 20 4E 69 6E 65 20 54 77 6F

Der erste Teil von Bob und der zweite Teil von Alice bilden das gemeinsame Passwort im 2-Wege-Verfahren des Cryptographischen Callings:

54 77 6F 20 4F 6E 65 20 20 4B 75 6E 67 20 46 75

*Quelle:* [183]

Das Cryptographische Calling ist schnell und fluchs, und kann temporäre Schlüssel nutzen, die in der Vergangenheit durch einen ebenso nur temporären Kanal getauscht wurden. Das macht dieses Konzept flexibel gegenüber dauerhaften Überwachungen des Internet-Verkehrs und ebenso sicherer gegenüber möglichen Berechnungen des Algorithmus durch schnelle Super- und Quanten-Computer. Die Schlüssel für eine Ende-zu-Ende-Verschlüsselung sind also flink wie eine Maus geworden und werden nur einmalig genutzt - wie ein Einweg-Papier-Tempo-Taschentuch; die Kultur, der gewaschenen, gebügelten und wiederverwendbaren, permanenten Stofftaschentücher gehört in diesem Bild mit den neuen IPFS-Prozessen des Cryptograhischen Callings der Vergangenheit an.

Und nun will Europa jegliches gebrauchte Tempo-/Tissue-Taschentuch einsammeln und identifizierten Nutzerinnen und Nutzern zuordnen? Kein Wunder, wenn manche die Nase voll haben. Und ob sich Kriminelle bitten lassen, doch ein registriertes Tissue-Taschentuch für ihre Nasen zu verwenden, bleibt in diesem rein analogen Bild zu einem Schlüsselmanagement im Auftrag des Staates fraglich. Können dementsprechend permanente Einzelverbindungsnachweise von kryptographischen Tunneln auch Verwendungen von unregistrierten und unbekannten Schlüsseln aufzeichnen? Wo ist also der Schlüssel von genau diesem Geheimtext von Scarlett O´Hara? - wird man zukünftig fragen, wenn Schlüssel wie Federn oder Papier-Taschentücher im Wind einzusammeln sind. Moderne angewandte Kryptographie stellt heutzutage also sicher, dass Schlüssel … vom Winde verweht sind!

## 6.3 Derivative Kryptographie: Secret Streams Schlüssel aus dem Socialist Millionaire Protokoll (SMP) ableiten •

Während im Protokoll von Diffie/Hellman Ende der Siebziger Jahre unter Zuhilfenahme der Berechnung des *diskreten Logarithmus* (DL) ein Schlüssel berechnet wurde, ohne diesen über eine öffentliche Wegstrecke (wie im Internet) übertragen zu müssen, ist einige Jahrzehnte später eine weitere Methode etabliert worden, sich auf Schlüssel zu einigen, die auf beiden Seiten abgeleitet werden. Sie werden auch als derivative Schlüssel bezeichnet. Diese Schlüssel werden auf Basis mathematischer Berechnungen durch sog. kenntnisfreie Beweise (Englisch: Zero-Knowledge Proofs, kurz: ZK-Beweise) gebildet und begründen nun die derivative Verschlüsse-

200

lung. Die theoretische Fundierung ist seit einiger Zeit bekannt, in der angewandten Kryptographie bestehen diese Schlüssel jedoch erst seit wenigen Jahren. Diese Secret Streams Schlüssel (Englisch: Secret Streams Keys, kurz: SSK) sind ein weiteres Beispiel mit einer weiteren Methode dafür, dass Schlüssel nicht mehr über das Internet übertragen werden und das Schlüsseltransport-Problem damit (m.E. partiell) gelöst wurde. Sollten Quanten-Computer zur Unsicherheit der Funktion des diskreten Logarithmus beitragen, steht diese Methode der *Derivativen Kryptographie* als mögliche und weiter zu untersuchende Alternative zur Verfügung.

Secret Streams bezeichnet die Erstellung zahlreicher temporärer Schlüssel, die sich im Erstellungsprozess aus einer auf beiden Seiten hinterlegten Passphrase ergeben. Die Schlüssel stammen bzw. werden abgeleitet aus einem sog. »Socialist Millionaire Process« (SMP), das auf einem kenntnisfreien (Zero-Knowledge) Beweis beruht. Das P steht wahlweise für Prozess, Problem oder Protokoll.

Im praktischen Anwendungs-Prozess beschrieben bedeutet das folgendes: Alice und Bob, beide geben in ihrer Applikation dasselbe geheime Passwort ein - und dies wird nicht über das Internet übertragen. Mit dem mathematischen Verfahren, wird festgestellt, ob auf beiden Seiten dasselbe Passwort eingegeben wurde: Das Socialist-Millionaire-Protocol liefert die mathematische Berechnung dieses kenntnisfreien Beweises (»Zero-Knowledge Proof").

Dieses sozialistische Millionärsproblem ist eines, bei dem zwei Millionäre feststellen möchten, ob ihr Vermögen *gleich* ist, ohne sich gegenseitig Informationen über ihren Reichtum mitzuteilen. Es ist eine Variante des Millionärsproblems, bei der zwei Millionäre ihren Reichtum vergleichen möchten, um festzustellen, wer den *größten* Reichtum hat, wiederrum ohne sich gegenseitig Informationen über ihren Reichtum mitzuteilen.[184]

Wenn der mathematische SMP-Nachweis erfolgreich ist, kann davon ausgegangen werden, dass beide Seiten in jeder ihrer Applikation dasselbe Passwort in den mathematischen Prozess eingegeben haben bzw. in der Ausgangsfragestellung beide Millionäre gleich reich sind - ohne dass, wie genannt, dieses Passwort jedoch jemals über das Internet übertragen würde bzw. in der Ausgangsfragestellung jemand erfahren würde, wie groß der Reichtum beider Millionäre ist.

Das SMP ist aber nur ein erster Teil der Wahrheit. Mit den Secret Streams werden nun Schlüssel aus dem erfolgreich auf beiden Seiten verifizierten Passwort abgeleitet. Da die Ausgangskonstante auf beiden Seiten nachweislich gleich ist, können mit gleicher Methode nun auch auf beiden Seiten weitere Schlüssel daraus abgeleitet werden, die sodann als temporäre Schlüssel für weitere sichere Kanäle mit einer Ende-zu-Ende-Verschlüsselung genutzt werden können. Der Schlüssel für genau diesen Geheimtext ist daher im Kopfe der Nutzerin und des Nutzers – und jedenfalls nicht in der Hand von Dritten.

Diese Methode der Secret Streams Schlüssel, die bisher nur in wenigen Programmierungen verwendet wurde, sowie die Juggerknaut Schlüssel, könnten daher als weitere Leistungsprozesse einer *Transformation der Kryptographie*[185] zugrunde gelegt werden: Während gerade festzustellen ist, dass die Ende-zu-Ende-Verschlüsselung derzeit einen Höhepunkt in der Anwendung und politischen Diskussion erreicht, ist diese Blüte der Ende-zu-Ende-Verschlüsselung durch dieses kryptographische Design längst überholt: Passwörter, die Ende-zu-Ende verschlüsseln, müssen nicht mehr über das Internet übertragen werden!

Es werden zwar weiterhin sichere Kanäle benötigt und es wird eine Ausgangsbasis wie ein gemeinsam bekanntes, jedoch geheimes Passwort benötigt, aber es muss kein Schlüssel online über diese Kanäle übertragen werden - wie dies beim klassischen Übersenden eines symmetrischen Schlüssels bislang der Fall war.

Die asymmetrische Kryptographie ist als »neue Richtung« damals unter dem gleichnamigen englischen Titel »New Directions« der Veröffentlichung von Diffie und Hellman zur sicheren Übertragung eines symmetrischen Schlüssels begründet geworden.[186]

Heute kann für die symmetrische Verschlüsselung ergänzt werden, dass - mittels der »Secret Streams Keys« - kein Schlüssel mehr über das Netzwerk von einem Ende zum anderen übertragen werden muss.

Secret Streams Schlüssel sind daher ein weiterer Schritt in eine neue Richtung der Kryptographie: Sie sind eine ergänzende Lösung des Schlüsseltransport-Problems – nicht über die Funktion »Ich packe den Schlüssel in meinen Diplomatenkoffer« oder über die schlüsselbildende Funktion des diskreten Logarithmus – sondern über einen kenntnisfreien mathematischen Beweis im Socialist Millionaire Protokoll.

Natürlich müssen beide, Alice und Bob, zuerst einen gemeinsamen Wissens- oder Erfahrungsstand mit minimaler Kommunikation besprechen: z.B. im Voraus im wirklichen Leben und in folgender Art und Weise:

Kannst Du Dich noch an den Namen des Restaurants erinnern, in dem wir uns getroffen haben? Bitte gebe diesen Namen als Phrase im Kommunikationsklienten ein.

Die Phrase wird nicht über das Internet übertragen, aber die mathematische Berechnung des kenntnisfreien ZK-Beweises zeigt uns im SMP-Protokoll, ob wir beide die identische Passphrase eingegeben haben; und wir beide sind zugleich damit auch authentifizierte Personen. Denn nur Du kannst wissen, wie das Restaurant damals tatsächlich hieß. Durch die Methode / Funktion der Secret Streams werden dann auf jeder Seite zahlreiche temporäre Schlüssel in identischer Weise abgeleitet und zur Ende-zu-Ende-Verschlüsselung genutzt.

*Abbildung 29:* Der Ablauf des Socialist Millionaire Protokolls (SMP) bringt Secret Streams Schlüssel hervor

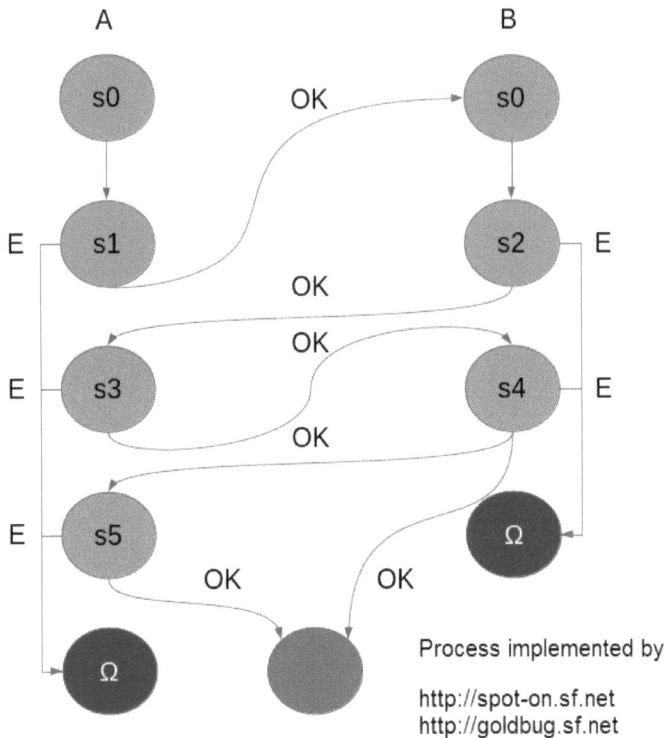

*Quelle:* [187]

*Secret Streams Schlüssel beruhen auf einen kenntnisfreien (Zero-Knowledge) Beweis mit dem Socialist-Millionaire-Protokoll (SMP). Bei der heutigen Derivativen Kryptographie können in einem Messenger auf beiden Seiten temporäre Schlüssel z.B. auf dieser Grundlage abgeleitet werden. Sie bietet das Potenzial, auf die Übertragung von Schlüsseln in sicheren und ungesicherten Kanälen des Internets verzichten zu können. Secret Streams sind in C++ programmiert und wurden zuerst in der bereits benannten Encryption Suite Spot-On entwickelt.*

## 6.4 Derivative Kryptographie: Juggerknaut Schlüssel •

Eine Beseitigung des Schlüsseltransportproblems findet sich auch bei den Juggerknaut-Schlüsseln (Englisch: *Juggerknaut Keys*, kurz: JKK). Diese sind beispielhaft in Java programmiert (in der Anwendung des Crypto Chat Messenger Smoke für das Android-Betriebssystem) und bauen auf einer ähnlichen Methode eines kenntnisfreien ZK-Beweises auf: Mit dem Unterschied, dass hier kein (Socialist-Millionaire) SMP-Prozess verwendet wurde, sondern der mathematisch ähnliche Prozess des Juggerknaut PAKE-Protokolls, bei dem Alice und Bob – beide jeweils wieder auf der eigenen Seite – auch eine geheime Phrase bzw. Zeichenkette eingeben, die wiederum nicht über das Internet geteilt wird. Dann werden temporäre Ende-zu-Ende-verschlüsselnde Schlüssel im Rahmen einer *Derivativen Kryptographie* abgeleitet.

Juggerknaut ist ein metaphorischer Begriff aus dem Englischen. Er steht für eine unaufhaltsame Kraft, die alles verwandelt, was ihr in der Nähe steht. Der Wortursprung liegt bei den riesigen, viele Tonnen schweren Ratha-Prozessionswagen, die während einer bestimmten hinduistischen Prozession (Ratha Yatra) zu Ehren des Gottes Jagannatha verwendet werden. Einmal in Fahrt gebracht, sind diese Wagen voller Energie und von Menschen kaum zu stoppen. Während der britischen Besatzung Indiens gelangte der Begriff in die englische Sprache und von dort heute teilweise auch ins Deutsche. In der englischen Umgangssprache wird mit diesem Begriff heute auch ein schwerer Lastsattelzug bezeichnet. Mythologische Hintergründe und vielschichtige geistige Bedeutungen einer »Ratha Yatra«-Pilgerreise drehen sich um Abschied von der Kindheit und um Heimkehr. Auch wird sie verglichen mit der sich ständig wiederholenden Reise des Lebens: den vielen Zyklen von Tod und Wiedergeburt. Aber auch einfach nur, um mal Ferien zu machen. Auf das Schlüsselmanagement in der Kryptographie bezogen bedeutet es: Die Schlüssel werden abstinent in Bezug auf ihre Transportbereitschaft. Sie machen Ferien bzw. sind dem üblichen Übertragungszyklus entwachsen.

Die Juggerknaut Keys sind also ein an diesen Kontext angelehnter Begriff und setzen inhaltlich-technisch wie genannt das PAKE-Protokoll um, das ebenso ein mathematischer ZK-Beweis ist: PAKE steht für Password-authenticated key agreement, zu Deutsch etwa: eine Einigung auf einen Schlüssel, die über die Authentifizierung mittels eines Passwortes erfolgte. Eine Kennwort-authentifizierende Methode zur Schlüsselvereinbarung entsprechend PAKE ist daher eine interaktive Methode für zwei oder mehr Parteien, um kryptographische Schlüssel basierend auf der Kenntnis einer oder mehrerer Parteien hinsichtlich eines gemeinsamen Kennwortes einzurichten.

Eine Spezifikation davon ist das J-PAKE-Protokoll, Password-authenticated key agreement *by Juggling*. Es wurde von *Feng Hao* and *Peter Ryan* vorgestellt[188]. Mit diesem Protokoll können zwei Parteien eine private und authentifizierte Kommunikation ebenso ausschließlich auf der Grundlage ihres gemeinsamen Kennworts (mit geringer Länge oder Komplexität) herstellen, ohne dass eine Infrastruktur für öffentliche Schlüssel erforderlich ist. Der mathematische Prüfprozess ähnelt einer Jonglage mit Bällen zwischen beiden Seiten, daher: by Juggling.

J-PAKE wurde ausgefeilter dokumentiert als PAKE in der RFC 8236 bzw. in einer ISO / IEC. Egal ob PAKE oder J-PAKE mit Jonglage – die Protokollvarianten bieten eine gegenseitige Authentifizierung für den Schlüsselaustausch, eine Funktion, die im oben beschriebenen Diffie-Hellman-Schlüsselaustauschprotokoll wie genannt fehlt.

Die wichtige ergänzende Eigenschaft dabei bleibt, dass eine Lauscherin oder Lauscher in der Mitte nicht genügend Informationen erhalten kann, um dieses auf beiden Seiten hinterlegte Passwort ohne weitere Interaktionen mit den Parteien auf Basis einer Vermutung quasi »brutal« erraten zu können. Dies bedeutet auch, dass mit schwachen Passwörtern eine sehr hohe Sicherheit erzielt werden kann.

Die ersten erfolgreichen Methoden zur Kennwortvereinbarung mit Kennwortauthentifizierung wurden von *Steven M. Bellovin* und *Michael Merritt,* zwei US-amerikanische Forscher im Bereich Rechnernetze und Informationssicherheit bei AT&T Bell Laboratories, 1992 beschriebenen zum Austausch verschlüsselter Schlüssel (Englisch: Encrypted Key Exchange, EKE). Die ersten nachweislich sicheren PAKE-Protokolle wurden in weiteren theoretischen Arbeiten um die Jahrtausendwende genannt[189].

Eine erste umfassend ausgearbeitete Anwendung im Rahmen angewandter Kryptographie erfolgte mit den sog. »Juggerknaut«-Schlüsseln des Smoke Crypto Messengers zwanzig Jahr später. Insgesamt kann hier nicht nur von einem mathematisch atemberaubenden Prozess (einem sog.

›MAP‹) gesprochen werden, sondern auch von einer Innovation in der angewandten Kryptographie: Verschlüsselung auch hier ohne kritische Übertragung des Schlüssels über das Internet.

Authentifizierungen und abgeleitete Schlüssel für Ende-zu-Ende verschlüsselte Kanäle sind also mit diesen »stillen Passworten« gestaltbar. Schauen wir uns im nächsten Abschnitt den Prüfprozess eines kenntnisfreien Beweises daher noch etwas illustrierter in der Höhle des Ali Baba an.

### 6.5    Kenntnisfreiheit in der Ali Baba Höhle ●

Es besteht eine bekannte Geschichte, in der die Grundideen von Null-Wissens-Beweisen erläutert werden, die erstmals von *Jean-Jacques Quisquater* und weiteren in ihrem Artikel »Wie Sie Ihren Kindern Null-Wissens-Protokolle erklären« veröffentlicht wurde. Als belgischer Hochschullehrer erhielt er (zusammen mit dem deutschen *Claus Peter Schnorr)* den *RSA Award for Excellence* in Mathematik.

In dieser Geschichte ist es üblich, die beiden Parteien in einem wissensfreien Beweis als Peggy (die Testerin der Aussage) und Victor (der Prüfer der Aussage) zu kennzeichnen. P und V stehen für validieren und prüfen, da beide in den Prüfungsprozess interaktiv einbezogen sind.

*Abbildung 30:* Alibaba Höhle – Peggy nimmt zufällig entweder Pfad A oder B, während Victor draußen wartet

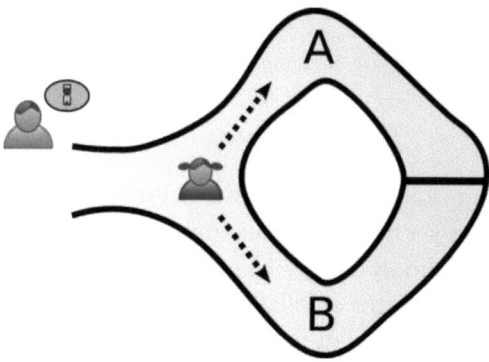

*Quelle:* [190]

In dieser Geschichte hat Peggy das geheime Wort aufgedeckt, mit dem eine magische Tür in einer Höhle geöffnet wurde. Die Höhle hat die Form eines Rings, wobei der Eingang auf einer Seite und die magische Tür die gegenüberliegende Seite blockiert. Victor will wissen, ob Peggy das geheime Wort kennt. Aber Peggy, eine sehr private Person, möchte weder Victor ihr Wissen (das geheime Wort) offenbaren, noch der Welt im Allgemeinen die Fakten ihres Wissens offenbaren.

Sie beschriften nun den linken und rechten Weg vom Eingang als A und B. Zuerst wartet Victor vor der Höhle, während Peggy hereingeht. Peggy nimmt entweder den Weg A oder den Weg B; Victor darf nicht sehen, welchen Weg sie geht. Dann betritt Victor die Höhle und ruft den Namen des Pfades, auf dem sie zurückkehren soll, entweder A oder B, zufällig ausgewählt. Vorausgesetzt, sie kennt das Zauberwort wirklich, ist dies einfach: Sie öffnet bei Bedarf die Tür und kehrt auf dem gewünschten Weg zurück.

*Abbildung 31:* Alibaba Höhle – Victor wählt einen Ausgangs-Weg

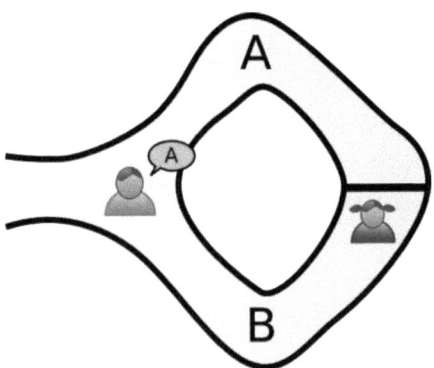

Angenommen, sie kannte das magische Wort für die Tür-Öffnung aber nicht. Dann würde sie nur auf dem genannten Pfad zurückkehren können, wenn Victor den Namen des gleichen Pfades nennen würde, auf dem sie eingetreten war. Da Victor zufällig A oder B wählen würde, hätte sie eine 50%ige Chance, richtig zu raten. Wenn sie diesen Trick viele Male wiederholen würden, etwa zwanzig Mal hintereinander, würde ihre Chance, alle

Anfragen von Victor erfolgreich vorherzusehen, verschwindend gering werden (etwa eine Chance eins von einer Million).

*Abbildung 32:* Alibaba Höhle – Peggy erscheint zuverlässig am Ausgang, den Victor benannte

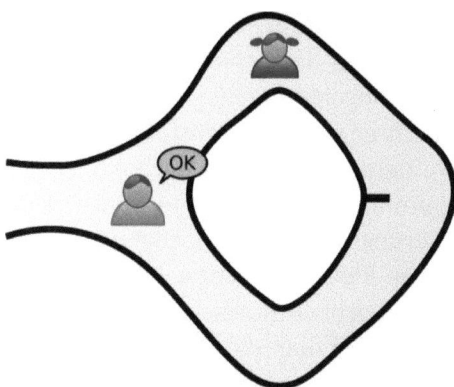

*Quelle:* [192]

Wenn Peggy wiederholt am von Victor benannten Ausgang erscheint, kann er daraus schließen, dass es äußerst wahrscheinlich ist, dass Peggy das geheime Wort zur Öffnung der Türe tatsächlich kennt.

So kann man sich vorstellen, wie Zustände auf der anderen Seite abgeschätzt werden können, ohne den Schlüssel für den Zugang auf der anderen Seite, also bei Victor, zu kennen. Die Authentifizierung erfolgt über wiederholte Interaktionen.

Dieses mehrfache Testen, und den Jonglage-Ball hin- und herwerfen, ermöglicht in der mathematischen Berechnung Antworten auf die vorgenannten Fragen: Welche Seite hat den größeren Reichtum, bzw. haben beide Seiten den gleichen Reichtum, sprich: haben beide Seiten dasselbe Passwort hinterlegt und kann geschlossen werden, dass die andere Seite ebenso das Passwort zum Öffnen der Türe überhaupt kennt?

## 6.6 Automatisierte Interaktionsfreiheit und andere Ausblicke auf Zero-Knowledge-Beweise für weitere Programmierungen in der Kryptographie •

Die angewandte, praktische Lösung des Schlüsseltransportsystems mittels Secret Streams Schlüsseln und Juggerknaut Schlüsseln definiert eine neue Perspektive für Programmierungen und damit die weitere Zukunft in der Kryptographie: Die Lösung des Schlüsseltransportproblems mit kenntnisfreien Beweisen mit abgeleiteten (symmetrischen) Schlüsseln ist daher nicht nur eine Beschreibung für transformierende Innovationen in der theoretischen Kryptographie, sondern auch ein Modell für Programmiererinnen und Programmierer angewandter Entwicklungen, da die quelloffene Programmierung in beiden wichtigen Programmiersprachen (C++ und Java) als Software-Bibliotheken bzw. Blaupausen zur Verfügung steht.

Nun mag man vielleicht in Betracht ziehen, dass man ein Geheimnis austauschen müsse, bevor man die Online-Internet-Infrastruktur verwendet. Dies ist mit Einschränkungen relevant, da es darum geht, ein Schlüsselwort aus einem gemeinsamen Erfahrungshorizont zu ermitteln, ohne dieses Schlüsselwort zu benennen. Letztlich könnte im einfachen Fall jede und jeder Beteiligte nur einmal mit einem Stichwort indiziert werden, so dass fortan eine Verschlüsselung ohne Schlüsselübertragung über das Internet erfolgen kann – jeweils mit »frisch« (d.h. zum jeweiligen Zeitpunkt) abgeleiteten Schlüsseln.

Wenn also der britische Agent weiß, dass er seinen Freund, den amerikanischen Agenten, mit dem Passwort »Houston« und den russischen Agenten mit dem Passwort »Moskau« und die chinesische Agentin mit dem Passwort »Peking« gedanklich abbilden muss, dann benötigen diese Agentinnen und Agenten keinen Schlüsselaustausch mehr, sondern nur noch einen Messenger und eine entsprechende Netzwerk- oder Internetarchitektur (d.h. eine Online-Verbindung), um ungestört - aber ohne Schlüssel-Austausch - zu kommunizieren. Wenn der britische Agent mit dem amerikanischen Agenten sicher sprechen möchte, geben beide das Wort »Houston« ein – und neue, frische und temporäre Schlüssel werden abgeleitet, um eine Ende-zu-Ende-Verschlüsselung aufzubauen bzw. temporär zu erneuern.

Die Übertragung aktueller Schlüssel über das Internet ist nicht mehr erforderlich – und damit besteht auch kein Sicherheits-Problem mehr. Die

Schlüssel leiten sich aus der erinnerten Vereinbarung beider Beteiligten ab, die nur einmal vereinbart und dann rechnerisch belegt werden muss - das heißt, gleichzeitig wird das Gegenüber authentifiziert-, kann aber fortan auch Ende-zu-Ende verschlüsselt sicher kommunizieren. Und: was mit einem Schlüssel geht, geht auch zugleich parallel mit mehreren Schlüsseln.

**Multiple abgeleitete Schlüssel im Ganzen Dutzend**
Im späteren Verlauf wird noch auf die Fiasko-Forwarding-Schlüssel eingegangen. Bislang wird bei der derivativen Kryptographie ein Schlüssel auf beiden Seiten abgeleitet. Was nun, wenn gleich ein ganzes Dutzend an Schlüsseln abgeleitet wird und zur Entschlüsselung einer Nachricht gleich allesamt ausprobiert werden müssten? Diese Art der Verschlüsselung ist daher als eine *volatile Verschlüsselung* zu bezeichnen. Volatil meint nicht leichtfertig und wackelhaft in der Sicherheit, sondern vielfältig in der komplexen Gestaltung, mehrere Schlüssel für die Entschlüsselung einer Nachricht ausprobieren zu müssen. Dann ist der Prozess als *volatil* zu bezeichnen. Aus der derivativen Verschlüsselung kann also eine volatile Verschlüsselung werden, wie wir weiter unten zu den Fiasko-Schlüsseln noch sehen werden. Auch Sie können abgeleitet sein.

Die folgende Übersicht zeigt die Entwicklung der in den letzten Jahren eingetretenen Komplexität im Bereich des Managements von Schlüsseln. Noch vor wenigen Jahren hatte jeder Nutzer nur einen Schlüssel. Dauerhaft. Sodann wurde ein Schlüssel pro Online-Sitzung übertragen. Hybride Verschlüsselung sicherte Schlüssel durch das jeweils andere Verschlüsselungsverfahren ab oder Cipher-Text selbst wurde mehrfach verschlüsselt (mit entsprechendem Schlüssel-Management). Schließlich konnten Schlüssel mit dem Cryptographischen Calling pro Sitzung jederzeit (instant) und mehrfach erneuert werden. Die verschlüsselten Pakete nahmen zudem beispielsweise im Echo-Protokoll zahlreiche Wege und definierten eine exponentielle Verschlüsselung. Und weiterhin wurde mit Fiasco Forwarding pro zu entschlüsselnder Nachricht gleich ein ganzes Dutzend an Schlüsseln versandt (volatile Verschlüsselung). Und auch der gegenteilige, aber besonders sichere Prozess wurde deutlich: es wurden in der derivativen Verschlüsselung schließlich gar keine Schlüssel mehr übertragen. Diese Abstinenz im Transport von Schlüsseln wird durch die Secret Streams Schlüssel bzw. Juggerknaut Schlüssel erreicht.

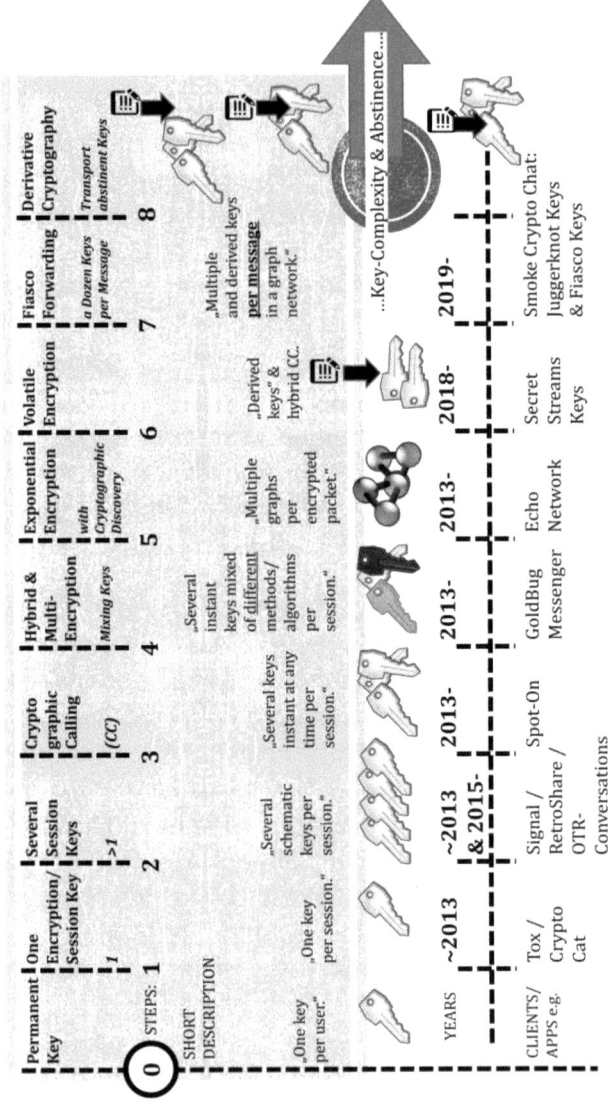

8 Stufen der **Schlüssel-Komplexität** in der Kryptographie:
Historische Entwicklung einer nächsten Generation von **Guter Praxis**

| STEPS: | Permanent Key | One Encryption/ Session Key | Several Session Keys | Crypto graphic Calling | Hybrid & Multi-Encryption | Exponential Encryption | Volatile Encryption | Fiasco Forwarding | Derivative Cryptography |
|---|---|---|---|---|---|---|---|---|---|
| | | *1* | *>1* | *(CC)* | *Mixing Keys* | *with Cryptographic Discovery* | | *a Dozen Keys per Message* | *Transport abstinent Keys* |
| | 0 | 1 | 2 | 3 | 4 | 5 | 6 | 7 | 8 |
| SHORT DESCRIPTION | „One key per user." | „One key per session." | „Several schematic keys per session." | „Several keys instant at any time per session." | „Several instant keys mixed of different methods/ algorithms per session." | „Multiple graphs per encrypted packet." | „Derived keys" & hybrid CC. | „Multiple and derived keys per message in a graph network." | |
| YEARS | ~2013 | ~2013 & 2015- | 2013- | 2013- | 2013- | 2018- | 2019- | |
| CLIENTS/ APPS e.g. | Tox / Crypto Cat | Signal / RetroShare / OTR-Conversations | Spot-On | GoldBug Messenger | Echo Network | Secret Streams Keys | Smoke Crypto Chat: Juggerknot Keys & Fiasco Keys | |

...Key-Complexity & Abstinence.....

*Quelle:* [193]

**Ableitung von öffentlichen statt symmetrischen Schlüsseln in der derivativen Verschlüsselung**

So weit, so gut - Schlüsselmanagement hat eine gehörige Entwicklung und Vielfalt genommen. Nun besteht nicht nur die Frage, ob es möglich ist, mit einem kenntnisfreien ZK-Beweis ein Passwort auf jeder Seite zu überprüfen, und daraus einen oder mehrere symmetrische Schlüssel abzuleiten. Es entsteht auch die Frage, ob es möglich ist, aus einem kenntnisfreien Beweis zwei Schlüssel abzuleiten für eine asymmetrische Verschlüsselung, z.b. einen privaten und öffentlichen Schlüssel für den Algorithmus McEliece. Kann also auch öffentlichen Schlüsseln der Transport erspart werden? Und könnte somit eine neue Art von GPG erfunden werden?

Vereinfacht dargestellt: Im McEliece Algorithmus sind P und S jeweils eine zufällige Matrix, die hier erforderlich sind. Sie werden abgeleitet von einer geheimen Zeichenkette (»Secret Stream«), die un-unterscheidbar von einer Zeichenkette ist, die zufällig erzeugt wurde (»Random Stream«).

D.h. die beiden Matrixen P und S können auch durch die Zeichen einer Zeichenfolge (Stream) definiert werden, die sich aus einem auf beiden Seiten identischen (und ggf. verlängerten) Passwort ableiten.

Der Ableitungsprozess muss wiederholbaren Zufall inkludieren: nehmen wir an, jede Zelle der Matrix-Tabelle ist eine 0 oder eine 1, und die Auswahl einer Zelle ist wiederholter Zufall.

Die Zelle (i, J) wird also dann abgeleitet von dem Zeichen aus der zufälligen Zeichenkette. Dabei geht es nicht um die Werte der Zelle, sondern um die Lokation bzw. Koordinate der Zelle, also welche Zelle es ist.

Die dritte Matrix, die der McEliece Algorithmus erfordert, benötigt jedoch keine Zufälligkeit. Sie wird gebildet aus einer Perturbation, also eine Vermischung aus den bereits beiden bekannten Matrixen P und S.

Könnte damit ein kenntnisfreier Beweis z.B. mit dem J-PAKE Protokoll einen privaten und öffentlichen Schlüssel dieses Algorithmus erzeugen?

Diese Ausformungen der jeweiligen Matrix können dabei weiterer Forschung unterliegen: Das Erschaffen einer Matrix kann zum Beispiel erfolgen durch die Auswahl der Koordinaten aller Zellen, die eine 1 enthalten soll. Alle anderen Zellen der Matrix werden mit einer 0 besetzt.

Eine solche Matrix kann dabei ausgesprochen groß werden: 8 Bits sind nicht ausreichend, um alles über 256 zu beschreiben. 16 Bits (Zeichen) sind ausreichend ($|P|$, $|S| < 7000^2$). Somit sind es 32 Bits, um eine Location, eine Koordinate, einer Zelle zu beschreiben. Für eine $7000^2$ Matrix, die um 90% der Zellen gefüllt haben soll, benötigen wir eine Zeichenkette von 32 * 0.9 * 7000^2 = 1.411.200.000 Bits bzw. Zeichen. Der Prozentsatz kann dabei variieren. Also eine relativ lange Zeichenkette, die zwar kein Smartphone, jedoch ein Computer mit entsprechender Geschwindigkeit erstellen kann.

Im Ergebnis hätte jeder der beiden Gesprächspartner ein (zwar gleiches) Schlüsselpaar etabliert, mit dem sich der Klar-Text in Cipher-Text wandeln lässt: Beide Seiten können also dann Verschlüsselungs- und Entschlüsselungsprozesse übernehmen und den McEliece Algorithmus anwenden.

Da beide Seiten dieselben (abgeleiteten) privaten und öffentlichen Schlüssel haben, kann diese asymmetrische Verschlüsselung wie eine symmetrische Verschlüsselung (auf beiden Seiten) angewandt werden.

Oder aber der Prozess des kenntnisfreien ZK-Beweises wird nur als Generator für Zeichenketten genutzt, die in den McEliece Algorithmus einfließen: und der öffentliche Schlüssel wird weiterhin regulär getauscht.

Dieser Spezialfall, dass beide Seiten dasselbe Schlüssel-Paar mit privatem und öffentlichem Schlüssel nutzen, erspart jedoch auch hier eine Schlüsselübertragung – garantiert aber die Sicherheit des McEliece Algorithmus.


**Ableitung von »Vanishing Fingerprints«: Abstreitbare Authentizität**

Die gleiche Methode kann auch für ein Schlüsselpaar zur digitalen Signatur eingesetzt werden. Diese authentifiziert damit Nutzerin und Nutzer, kann jedoch als One-Time-Signatur eingesetzt werden. Bezeichnen wir sie als »Vanishing Fingerprints« (zu Deutsch: verschwindende Signaturen bzw. Fingerabdrücke) – Digitale Signaturen also, die uns wissen lassen, dass die Nachricht von der gewünschten Person signiert wurde, aber wir wissen dieses nur einmalig. Damit entsteht abstreitbare Authentizität, die nur in diesem Moment die Echtheit einer Nachricht von der entsprechenden Absenderin bzw. vom entsprechenden Absender garantiert.


**Automatisierte Interaktionsfreiheit**

Wie das so ist, wenn Ingenieurinnen und Ingenieure etwas entwickeln: Am Anfang steht ein Modell oder gar der Prototyp, und am Ende gibt es ausgefeilte Serienreife. Ob das nun die zweibeinig laufenden Roboter der Firma Boston Dynamics sind, die nach Jahren an Entwicklungszeit jeglichen

Schubs sofort berechnen und für die Gleichgewichts-Balance ausgleichen können, ob es das Auto ist, das inzwischen autonom fährt, oder andere Routinen, die sich immer mehr durch die Professionalisierung und Automatisierung entwickeln. So entwickeln sich auch die Methoden der Kryptographie. Eine weitergehende Transformation der Kryptographie kann daher in den angewandten Programmierungen auch dazu beitragen, dass Schlüssel zunehmend nicht mehr übertragen werden.

Während der SMP-Prozess Interaktion erfordert, könnten Chat-Programme die Ableitung von Schlüsseln auch aus dem erfolgten Chat automatisiert erstellen. Es geht dann um automatische kenntnisfreie Beweise. Das heißt, das Gegenüber ist nicht direkt am Prüf-Prozess beteiligt. Dieses funktioniert wie folgt:

Eine Sitzung beinhaltet ein Gespräch. Nach S Sätzen oder beispielsweise insgesamt 32 Worten (z.B. größer als 4 Zeichen) wählt eine bzw. einer der Beiden per Klick in der Chat-Historie ein Wort aus und sendet ein nicht interaktives ZK-Protokoll. Da die oder der andere diese Wörter ebenso im Speicher des Chat-Verlaufes seiner Maschine hat, kann der Prozess automatisch durch iterative Schritte bei jedem Wort einzeln geprüft und dann abgeschlossen werden. Das jeweilige Wort wird gehashed, und der Hash wird dem kenntnisfreien ZK-Beweis zugeführt. Damit ist dieses neue Passwort nicht über das Internet übertragen worden.

Der Prozess erinnert an einen Vergleich mit einem Murmel-Spiel. Die eine Seite wählt aus 32 Murmeln (diese entsprechen den letzten 32 Worten im Chat) eine Murmel aus. Das Gegenüber hat durch die geführte Unterhaltung ebenso in seinem Topf des Chat-Verlaufes identische 32 Murmeln (bzw. Worte). Der iterative ZK-Prozess testet alle automatisch aus, bis auf der Gegenseite die gleiche Murmel (Englisch: Marble) verglichen und gefunden wurde.

Es ist ein Prozess, der aus vorhandenen Konversationen - sprich: bereits getippten Chat-Zeilen – auch automatisch erfolgen kann. Dann klickt nicht Nutzerin oder Nutzer auf eines der Chat-Worte, sondern der Computer wählt zufällig eines aus. Online-Freundinnen und Online-Freunde führen Gespräche: Ein personalisierter, automatischer Prozess sammelt Informationen aus einer solchen Chat-Sitzung, ohne dass Fragen gestellt werden müssen. Beide Partnerinnen bzw. Partner sind sich sicher, dass sie auch dasselbe meinen - ohne das Geheimnis gesagt zu haben und auch ohne

Tippfehler eingetippt zu haben. Dieses kann als automatisierte Interaktionsfreiheit bezeichnet werden.

Diese Hürden von Tippfehlern und falsch verstandenen Fragen oder Kommandos, genau jetzt das gemeinte und gewünschte Passwort einzugeben, bestehen nur beim Socialist Millionaire Prozess, weil das SMP interaktiv auf gedachte Passworte bezogen ist.

Und nun kann man mit diesem Vorschlag der automatisierten Interaktionsfreiheit den Prozess erweitern um eine nicht interaktive Lösung: Automatische, nicht-interaktive wissensfreie Beweise sind wissensfreie ZK-Beweise, die keine Interaktion zwischen Prüferin Alice bzw. Prüfer Bob auf der anderen Seite erfordern (im Englischen: Automatic Non-Interactive-Zero Knowledge-Proofs, auch abgekürzt als: ANI-ZKP).

Der Prozess erfordert keine Interaktion von Teilnehmerin und Teilnehmer am Chat, die dahinterstehende mathematische Operation ist eine automatische. Ist dieser Prozess erfolgreich, werden Schlüssel abgeleitet und nicht übertragen.

Diese Methode erweitert das Cryptographische Calling zur Etablierung einer Ende-zu-Ende-Verschlüsselung um eine weitere Variante: Da es etwas detektivische Arbeit bzw. spielerisches Testen der weiteren Maschine benötigt, welche der letzten 32 Worte (bzw. bildlich: Murmeln) zum Erfolg führen, wurde diese im Entwickler-Forum des Smoke-Messengers präsentierte und diskutierte Idee auch als Marble-Calling bezeichnet. Eine weitere (jedoch bislang nicht auf Code-Basis implementierte) Gestaltung eines interaktionsfreien, automatisierten Cryptographischen Callings ist mit dieser Idee einer Marble-Maschine vorgestellt worden.

Es zeigte sich schon Ende der 1980er Jahre, dass eine gemeinsame Referenzzeichenfolge zwischen Prüfer Alice und Prüfer Bob ausreicht, um rechnerisches Nullwissen zu erreichen, ohne dass eine Interaktion erforderlich ist.[194] Erst 20 Jahre später im Jahr 2018 wurde das Wissen in einem Anwendungsfall zunächst wiederum theoretisch unter dem Namen »Bulletproofs«[195] beschrieben, mit dem unter Verwendung einer logarithmischen Anzahl (in der Bitlänge des Bereichs) von Feld- und Gruppenelementen nachgewiesen werden kann, dass ein festgeschriebener Wert in einem Bereich liegt. Eine Implementierung wurde für eine Bibliothek im Bereich CryptoCurrency diskutiert, die jedoch den zur damaligen Besprechungszeit schon nicht mehr als sicher angesehenen Algorithmus ECDSA bediente und damit gar nicht mehr so »Bulletproof« (dt. »kugelsicher«) war.[196]

Die Transformation nun auf eine Interaktionsfreiheit im Chat-Geschehen ist neu und entspringt der Diskussion in der Entwicklungsarbeit um o.g. Anwendung für Verschlüsselung und Chat.

Die Authentizität einer Gesprächsteilnehmerin bzw. eines Gesprächteilnehmers wird aus menschlicher Sicht nachhaltiger, wenn das Gespräch ausführlicher wird.

Herkömmliche Null-Wissens-Beweise erfordern, dass zwei oder mehr Personen sich auf ein Geheimnis einigen, wie beim Socialist Millionaire Prozess (SMP).

Dieser Prozess wird zwar mit gemeinsamem Wissen um das gemeinsame Passwort, aber am besten ohne vorherigen Kontext im Chat ausgeführt: Sprich, beide Seiten geben unaufgefordert z.B. den Ort ihrer Heirat ein, fordern sich aber weder im Chat dazu auf, noch sprechen sie es als Frage an, an welchem Ort sie geheiratet haben, weil jemand, der mithört, dieses recherchieren oder gar wissen könnte.

Menschliche Gespräche während des Chats erfordern hingegen Kontext. Die Stärke eines kontextfreien interaktiven Null-Wissens-Beweises gegenüber einem kontextreichen nicht-interaktiven Null-Wissens-Beweis erfordert weitere Untersuchungen auch zur Herstellung von Authentizität. Welche Methode ist auch aus sprachwissenschaftlicher Sicht gehaltvoller und sicherer?

Für die Idee, die Abstinenz von Schlüsselübertragungen zu fördern, bringt der automatisierte Prozess des Marble-Callings in einem Messenger viel Charme mit.

Schließlich geht es ja darum, kein Passwort über das Internet zu senden und dadurch sicherer zu werden. Eine Untersuchung muss daher nicht zwischen interaktivem ZK und nicht-interaktivem bzw. auch automatisiertem ZK erfolgen, sondern zwischen Schlüsselübertragung und Nicht-Schlüsselübertragung.

Und es spielt eine weitere Rolle, ob der Beweis interaktiv bzw. automatisiert herbeigeführt wurde, nicht nur in Hinsicht der Sicherheit, sondern auch der Bequemlichkeit.

## Juggerli Schlüssel

Juggerli sind Schlüssel, die auf den Juggerknaut Schlüsseln beruhen und einen ge-XOR-ten öffentlichen Schlüssel inkludieren. Damit ist auch im Messenger Smoke ein automatisierter, nicht-interaktiver Zero-Knowledge Beweis weltweit als erste Blaupause dieses Konzeptes eingebaut worden. Juggerli klingen wie Sugar-li bzw. wie auch die Schweizer sagen: »Zückerli«. Etwas Süßes also für die Pferde, die die harte Arbeit des fahrenden "Yatha-Rata"-Wagens der Verschlüsselung umsetzen. Denn: öffentliche Schlüssel sind bekannt und können mittels XOR in ein Passwort verwandelt werden, das für J-PAKE genutzt werden kann. Automatisierte Ende-zu-Ende Verschlüsselung ohne Schlüsselübertragung, im Smoke Messenger - der auch weiter unten noch ausführlicher beschrieben wird.

Diese Vorschläge sind eine neue, zukunftsträchtige Spielvariante der symmetrischen Verschlüsselung. Denn einen asymmetrischen (den öffentlichen) Schlüssel zu übertragen bedeutet einen Hinweis auf eine beginnende Ende-zu-Ende-Verschlüsselung. Einen symmetrischen Schlüssel zu übertragen, ebenso. Verschlüsselte Kommunikation fortzusetzen, resultierend aus den auf beiden Seiten - aber nicht bei Dritten - klaren Worten einer kontextreichen Kommunikation, daraus einen übertragungsabstinenten Schlüssel zu bilden, und dieses automatisiert im Chat-Client zu überprüfen und herzuleiten, hat eine neue, besondere Qualität von erneuerbarer Ende-zu-Ende-Verschlüsselung und prüfbarer Authentizität.

Wer z.B. auf einem durch politischen Einfluss geschwächten System chatten muss und nach den ersten Worten auf diese neue Methode des Callings wechselt, hat damit eine starke Ende-zu-Ende verschlüsselnde Multi-Verschlüsselung erzeugt.

Der Text, der durch einen Kanal eines schwachen Systems ggf. mit gebrochener Ende-zu-Ende-Verschlüsselung gesandt werden soll, wird einfach zuvor nochmals mit oben dargestellter Methode verschlüsselt.

Angreiferinnen und Angreifer finden dann nur den doppelt umhüllten Cipher-Text vor - den Übertragungsversuch eines Ende-zu-Ende verschlüsselnden Schlüssels finden sie jedoch nicht, weil es keinen Schlüsseltransport gab, sondern der neue Schlüssel wurde aus einem der letzten Chat-Worte im bereits verschlüsselten Kanal gebildet. Ende-zu-Ende-

Verschlüsselung ohne Schlüsseltransporte ist das neue Credo: Super Secreto.

### Erschütterung der Erinnerung (Engl: Trepidation of Memory)

Die Zukunft der Kryptographie wird in der Dritten Epoche noch weitere Evolutions-Schritte diskutieren: Während die derivative Kryptographie auf den Transfer der Schlüssel verzichten kann, entstehen weitere Konzepte und Implementationen (wie im Messenger Smoke) mit der sich eine amnestische Public Key Kryptographie bzw. eine Kryptographie des Vergessens beschreiben lässt (im Englischen auch: Trepidation of Memory, zu Deutsch: Erschütterung der Erinnerung).

Dabei sind oder waren die privaten und öffentlichen Schlüssel nur in einem ursprünglichen Moment zueinander zugehörig. Mittels Forward Secrecy werden auf jeder Seite Schlüssel abgeleitet, aber nicht übertragen, und öffentlicher und privater Schlüssel sind dann auch nicht mehr zugehörig. Jede Seite hat eine Vielzahl an Schlüsseln, die nicht zueinander passen, sondern in einem Zeitverlauf erzeugt werden.

Der unten beschriebene Prozessverlauf bringt den Status näher und näher an einen Zustand eines Ortes und einer Zeit, bei dem die ursprüngliche Paarung der beiden Seiten verloren geht. Das nennen wir: Erschütterung der Erinnerung (englisch: »Trepidation of Memory«).

Je mehr eine Nachricht von diesem Zeitpunkt entfernt ist, desto mehr müssen beide Schlüssel in einer erzeugten Wolke aus Schlüsseln gefunden und probiert werden. Es ist wie ein Stochern im Nebel, um den passenden privaten Schlüssel zum zugehörigen öffentlichen Schlüssel zu finden. Die Paarung vom öffentlichen und privaten Schlüssel wird über die Zeit verloren, es ist, als wenn die Erinnerung erschüttert wird, wie es bei der Amnesie von Demenzkranken vergleichbar wäre.

In diesem, über die Zeitachse wachsenden Nebel an zahlreichen, temporär erzeugten Schlüsseln, ist das richtige Paar zu finden. Umgangssprachlich ist in den Diskussionsforen neben einer »Forgetful oder Amnesic Public Key Kryptographie« daher auch der Einfachheit halber von einer »Andromeda Verschlüsselung« gesprochen worden. Andromeda Schlüssel haben daher keine Zuordnung und werden nicht übertragen.

*Abbildung 34:* Historische Skizzen zur Entwicklung der »Forgetful oder Amnesic Pubic Key Kryptographie« mit Andromeda Schlüsseln, die ungebunden sind

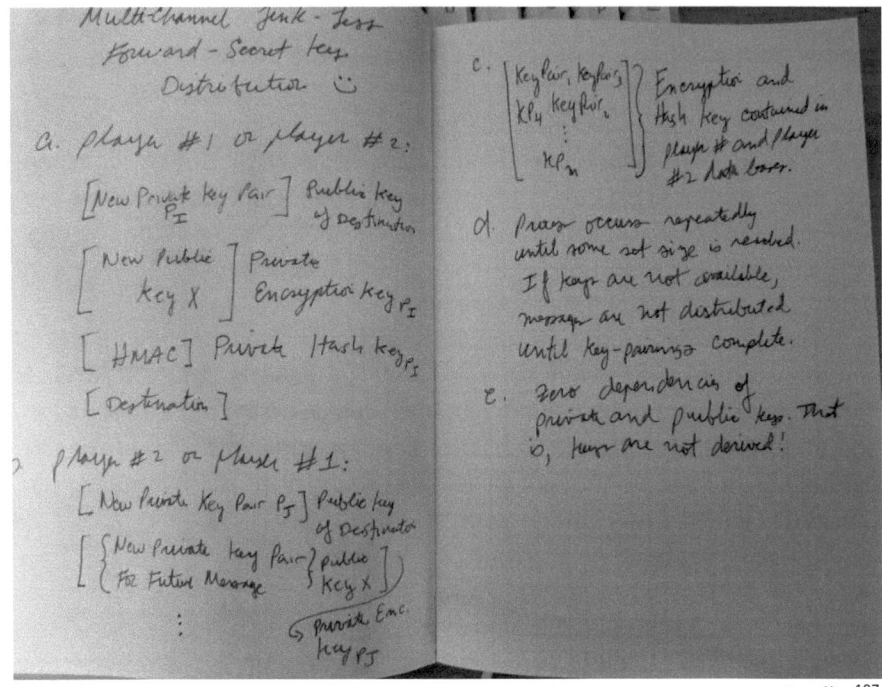

Quelle:[197]

Transkribiert ergibt sich folgender Konzeptverlauf:

**Forgetful or Amnesic Public Key Cryptography**
**Multi-Channel Junk-less Forward-Secret Key Distribution**
**(Trepidation of Memory)**

A) Play #1 or Player # 2:
[New Private Key Pair - P1] Public Key of Destination
[New Public Key X] Private Encryption Key P1
[HMAC] Private Hash Keys P1
[Destination]

B) Player #2 or Player #1:
[New Private Key Pair – PT] Public Key of Destination

[(New Private Key Pair For Future Message) Public Key X] Private Encryption Key PT

C) [Keypair, Keypair 3, KP4, Keypair 2, ... KP (n)] Encryption and Hash Key contained in Player #1 and Player # 2 database.

D) Process occurs separately until some set singe is revealed.
If Keys are not available, messages are not distributed, until key Pairings are complete.

E) Zero Dependencies of Private and Public Keys. That is, Keys are not derived!

Das bedeutet, die Schlüssel sind nicht abgeleitet. Derivative Kryptographie hat sich zu einer Amnesic Kryptographie weiterentwickelt aufgrund einer Erschütterung der Erinnerung, (englisch: »Trepidation of Memory«) im Verlauf einer Zeithistorie.

Eine Implementierung, wie sie idealerweise im Messenger Smoke konzeptionell eingebunden werden sein könnte, ist der aufwendigste Teil. Das Konzept ist vorliegend. Jede neue Nachricht erstellte einen Verlust der Vergangenheit. Je mehr Nachrichten, desto weiter ist der Zustand von der ursprünglichen Passgenauigkeit, dem Big Bang. Je mehr Nachrichten versandt werden, desto weniger besteht eine Klarheit in die Vergangenheit.

*Abbildung 35:* Historische Skizze der Entwicklung des Konzeptes zum Verlust der ursprünglichen öffentlichen Schlüssel über den Zeitverlauf

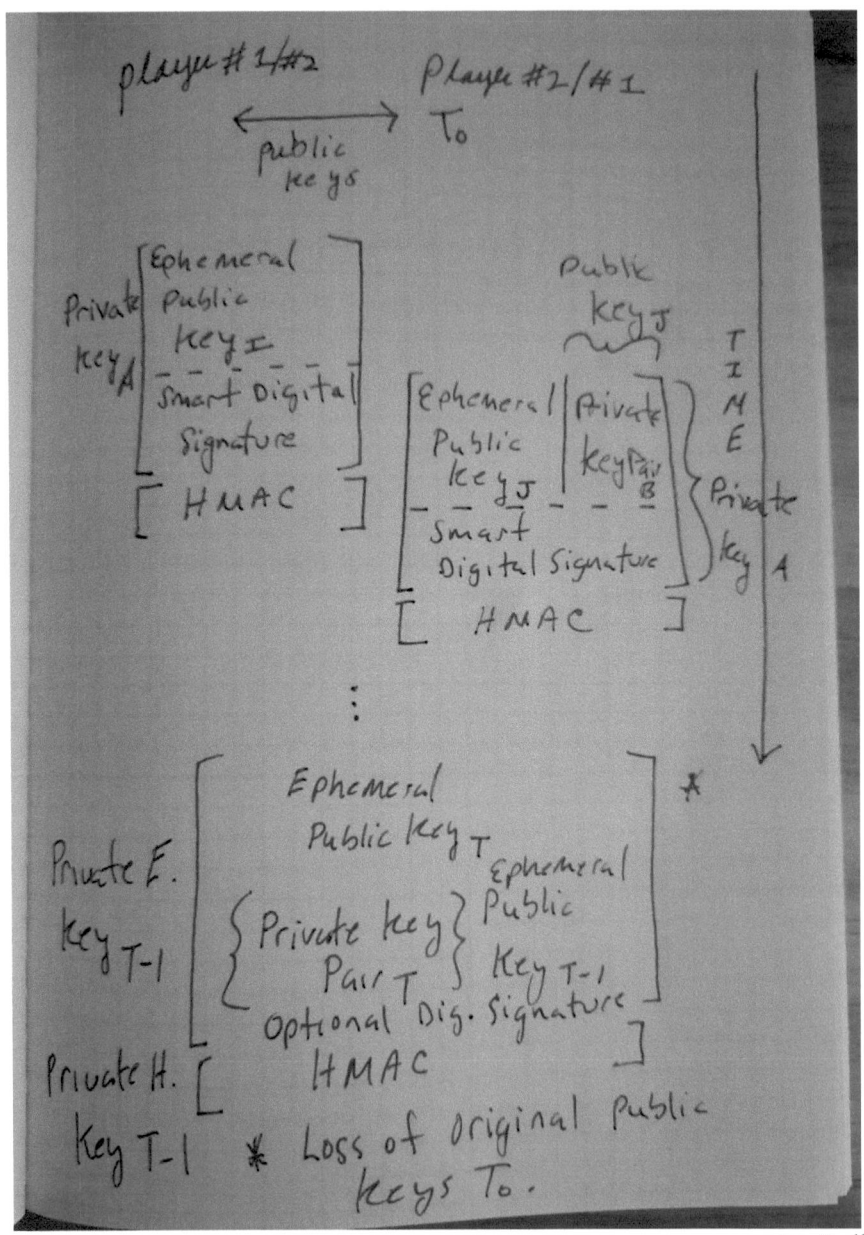

Transkribiert ergänzt sich folgender Verlauf:

Player #1 / #2 <== Public Keys - T_0 (Timeline) ===>
 Player #2 / #1
Private Key A
[Ephemeral Public Key 1]
[Smart Digital Signature]
[HMAC]

Public Keys
[Public Keys]
[Ephemeral Public Keys | Private KeyPair B]
[Smart Digital Signature]
===> Private Key A
[HMAC]

TIMELINE
...

* Loss of original Public Keys T_0 (Timeline)

Private Encryption Key T_1
[Ephemeral Public Key T
(Private Key Pair T) Ephemeral Public Key T_1
Optional Digital Signature
Private Hash [HMAC]

Dieses begründet eine langsames ausschleichen von permanenten Schlüsseln zugunsten von temporären (ephemeralen) Schlüsseln.

Damit lässt sich die Evolution des Schlüsselmanagements, das in obiger Grafik anhand von programmierten Klienten der Vergangenheit bis zum Jahr 2021 beschrieben ist, erweitern auf eine zukünftige Einteilung der Entwicklungsschritte, die für die Dritte Epoche der Kryptographie gilt und ebenso kennzeichnend sein kann:

(1) Das Ziel beim Cryptographischen Calling war, zwei Instanzen mit neuen Schlüsseln auszurüsten, wobei zwei Partitionen genutzt wurden (vgl. z.B. das Zwei-Wege-Calling).

(2) Der nächste Schritt der Evolution des Cryptographischen Callings führte das Forward Secrecy ein. Damit wurden temporäre Schlüssel erzeugt. Beide Entwicklungsstufen, das ursprüngliche Cryptographische Calling, wie auch sein Nachfolger, das Cryptographische Calling mit Forward Secrecy, sind ungebunden in Bezug zu den zufälligen Schlüsseln.

(3) Die nächste Entwicklungsstufe ist gekennzeichnet durch die Untersuchung der geheimen (privaten Schlüssel) erzeugt durch Forward Secrecy und Unabhängigkeit. Das wurde als Derivative Kryptographie mit seinen Charakteristiken beschrieben.

(4) Die nächste Evolutionsstufe nach dieser ist in der Dritten Epoche der Kryptographie eine Paarung von privatem und öffentlichem Schlüssel bzw. der beiden Kommunizierenden aufrecht zu erhalten bzw. zu finden, die die ursprüngliche Paarung der beiden Personen und deren Schlüssel nicht mehr erfordert. Das bedeutet, die Abstammung wird nicht mehr vorgehalten.

Neue Schlüssel benötigen keine Vorfahren mehr - wie es beispielsweise bei der Double Ratchet Methode der Fall ist, bei der der neue Schlüssel aus der Nachricht und dem Schlüssel der vorherigen Datensendung erzeugt wird: Nicht nur Fiasco Forwarding, sondern auch Andromeda Schlüssel im Konzept der Forgetful Public Key Kryptographie haben althergebrachten Methoden einen Nachfolger zur Seite gestellt!

Dass Quantencomputer ziemlich gut geeignet sind, um Schlüsselpaare der Public-Key-Infrastrukturen (PKI) zu brechen, ist nun hinreichend bekannt. Das wird auch für elektronisches Geld wie z.B. der Krypto-Währung BitCoin zum Problem: Man kann nach besonders wertvollen Geldbörsen-Wallets suchen, die Verschlüsselung brechen und das Geld stehlen - zumal in der Blockchain jede Transaktionshistorie bekannt ist. Die neuen Methoden für neue Krypto-Währungs-Netze sind ebenso bekannt: Siehe McEliece-Verschlüsselung und siehe Echo-Netzwerk-Verteilung. PKI in einer »neuen Direktion« gedacht: Wenn nun mit der Forgetful Kryptographie und ihren Andromeda-Schlüsseln die Schlüssel-Paare einer PKI nicht mehr zuzuordnen sind, zahlreiche private Schlüssel im Zeitverlauf nicht mehr zahlreichen öffentlichen Schlüsseln zuzuordnen sein werden, und diese auch nicht mehr übertragen werden, dann kann dieses eine neue Epoche in der Cyber-Sicherheit begründen.

# 7 DIGITALE UND KRYPTOGRAPHISCHE SOUVERÄNITÄT: NATIONAL, PERSONAL UND UNTERNEHMERISCH ●

Wie in den vorangegangenen Kapiteln gesehen, geht es nicht nur darum, Verschlüsselung in ihren Grundfunktionen zu verstehen und sie anzuwenden, sondern auch darum, ihre derzeitige Transformation in vielen Funktionen und bei den Algorithmen nachzuvollziehen: Um die Prozesse der Entschlüsselung und Verschlüsselung sicherer zu gestalten, ist dabei immer auch ein Zusammenspiel von möglichen Angriffs-Szenarien zu berücksichtigen.

Angriffsflächen werden geringer, wenn Nutzerinnen und Nutzer wissen, wie sie Verschlüsselungstechnik richtig einsetzen und Angriffsflächen nach Möglichkeit gar nicht exponieren - also nach außen hin darstellen.

Optionen dazu haben wir nicht nur bei der Steganographie gesehen, sondern auch beim Schutz von Schlüsseln (mittels REPLEO) oder bei der Unsichtbarmachung von Schlüsseln, in dem sie entweder gar nicht im Kanal auftauchen oder gleich als ganzer Schwarm versandt werden, der den einen wahren Schlüssel verblendet.

Auch die Nutzung von eigenen Servern, die an den Ports ggf. gar nicht ersichtlich sind, weil z.B. mit einer regulären VPN-Verbindung darauf zugegriffen wird und sie sich so hinter einer Firewall befinden, ist eine Maßnahme, Daten weniger in die Angriffs-Optionen von Dritten zu legen (Risiko und Chance bzw. Regelungstatbestand der unregistrierten Telekommunikations-Anlagen hinter VPN-Ports, durch deren verschlüsselte Kanäle Cipher-Text geleitet wird).

Alle diese Mechanismen und Ansätze zur Erhöhung von Sicherheit hängen letztlich mit dem Begriff der Souveränität zusammen. Es kommt darauf an, selbst zu wissen, was man bei der Verschlüsselung tun kann. Es kommt darauf an, ggf. selbst in den Code der quell-offenen Anwendung zur Verschlüsselung geschaut zu haben. Es kommt darauf an, nach Möglichkeit ggf. selbst einen Server für die Telekommunikation innerhalb der Familie und mit Freundinnen und Freunden zu installieren und zu betreiben. Es kommt darauf an, selbständig die richtige Hard- und Software für die geschützte Kommunikation für sich oder ein Unternehmen auszuwählen oder gar (als Nation) zu produzieren. Und es kommt in der angewandten Kryptographie insbesondere darauf an, sich loszukoppeln von potenziell einsehenden Dritten überall dort, wo wir Klar-Text in Cipher-Text konvertieren.

Es geht um Bestrebungen nach »Digitaler und Kryptographischer Souveränität«: In den Besprechungen einer zunehmenden Strategie der Digitalisierung, und auch der Gestaltung der Kryptographie, hat sich dieser Begriff zur digitalen Eigenständigkeit zu einem zentralen Leit-Motiv entwickelt.

Diese Vision mit Strategien zur Erlangung von Souveränität darf nicht nur auf der Makro-Ebene von Ländern und Nationen gedacht werden, sondern es beginnt auch auf der Mikro-Ebene bei jedem einzelnen Menschen und Auszubildenden. Auch eine Zwischen-Ebene (sog. Meso-Ebene) von Menschen in ihren Gruppen wie Organisationen, auf der Arbeit oder in der Familie gehört dazu: Jede und jeder kann sich fragen, wie eigenständig bin ich mit der mich umgebenden Gruppe im digital-kryptographischen Zusammenhang.

Nach einer Schrift der *Gesellschaft für Informatik* (GI) definiert sich Digitale Souveränität in der Kryptographie daher durch das »selbstbestimmte Handeln und Entscheiden von (1) Individuen, (2) Unternehmen und anderen Institutionen sowie (3) von ganzen Staaten bzw. transnationalen Institutionen wie der Europäischen Union im digitalen Raum«.[199]

Was könnte also beispielsweise getan werden, um diese drei Ebenen mit wesentlichen Maßnahmen insbesondere im Bereich der *Kryptographie der Dritten Epoche* souverän zu gestalten?

**Digitale und kryptographische Souveränität auf der staatlichen Ebene**
Jede Nation sollte nicht nur aus Gründen von Sicherheit und Wirtschaftserfolg unabhängiger von anderen, d.h. für sich souveräner werden in den von ihr initiierten und geleiteten kryptographischen Prozessen.

Oft wird diese Souveränität im Zusammenhang von nationalen Abhängigkeiten und Monopolen der technologisch führenden Unternehmen genannt oder verlangt. Es geht um die Wirtschaftsmonopole beispielsweise von China oder den USA, und nun auch der einzelnen Länder des Wirtschaftsraumes Europa, es geht um die Freiheit der kommunalen Maschinen von dem Monopol des MS-Windows Betriebssystems – und es geht um staatlich initiierte, nationale Leuchtturm-Projekte als Alleinstellungsmerkmal im Vergleich zu anderen Industrie-Staaten.

Das kann heißen, eigene und damit un-manipulierte Halbleiter-Chips, Betriebssysteme oder weitere digitale Services und Angebote her- und bereitzustellen, und es bedeutet auch, den Fokus nicht (nur) auf fremde Nationen zu richten, die Verschlüsselungsmethoden und -technologien anbieten wollen, sondern vor allen Dingen auch den Cipher-Text durch eigene Methoden und Technologien gestalten zu können. Dazu gehören erhöhte und regelmäßige Prüfungen zur Sicherheit und Prozesse der eigenständigen digitalen Bildung auf allen Ebenen zu gestalten, wenn dieses nicht von anderen Ländern übernommen werden soll oder auf Basis einer Beteiligung an nationenübergreifender quell-offener Projekte erfolgt.

Die Differenzqualität im Bereich der praktischen und angewandten Kryptographie bleibt kontinuierlich gegenüber anderen Ländern zu analysieren: Stärken und Erfolge von Unternehmen, von quell-offenen Projekten und von der Wissenschaft im eigenen Lande sind daher stärker in die Öffentlichkeit zu bringen, um im länderübergreifenden Austausch und Wettbewerb den Grad der Eigenständigkeit detailliert einschätzen zu können. Fällt uns erst in einer Pandemie auf, dass Europa eine Grundversorgung mit bestimmten medizinischen Artikeln wie Atemschutzmasken nicht erbringen kann? Und fällt uns erst bei der Diskussion über die Kompatibilität von Messengern auf, welcher Standort oder welche Hochschule einen quell-offenen Chat-Server selbst entwickelt bzw. betreibt?

Auch geht es um weitere Aspekte wie: Wie viele Lehrende haben wir mit unterschiedlichen Schwerpunkten in diesem Bereich? Welche thematischen Schwerpunkt-Zentren gibt es und wie viele Beschäftigte sind dort tätig? Welche Kryptographin, welcher Kryptograph programmiert selbst oder ist in einen Kooperationsverbund zur Erstellung von kryptographischen Werkzeugen und Apps einbezogen? Bzw. wie viele Programmiererinnen und Programmierer für Verschlüsselungs-Programme werden pro Jahr ausgebildet? Welche quell-offenen Applikationen werden im beruflichen und nicht-beruflichen Bereich im eigenen Land erstellt oder genutzt? Wie ist der Bildungs-Kanon an Schulen und Hochschulen zu diesem Thema inhaltlich und zeitlich strukturiert - und wie wird dieser gefördert und durch welche Gremien aktualisiert?

Verschlüsselung und Entschlüsselung bedingen sich: Wer entschlüsseln will, muss die Lernenden seines Landes derart hoch qualifiziert ausbilden, dass sie auch das Verschlüsseln von Ausbildungsbeginn an erlernen – nur dann gelingt auch eine Kultur des Entschlüsselns, an der ein Staat so vielfach hohes Interesse hat.

Für den Staat gilt also: eigene Produktion, eigene Infrastruktur und eigene Bildungsprogramme für ein souveränes Auftreten im krytographischen Dialog fördern.

*Abbildung 36:* Verteilung von (quell-offenen) kryptographischen Werkzeugen und Programmen ausgewählter Nationen

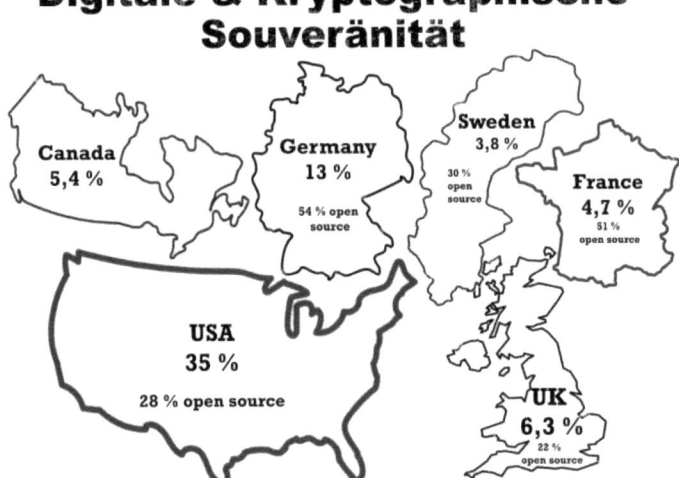

Quelle: [200]

*Crypto-Kriege & Crypto-Wettbewerb: USA offeriert mehr als ein Drittel im kryptographischen Markt. In einigen europäischen Ländern ist jedes zweite Crypto-Werkzeug frei & open source.*

## Digitale und kryptographische Souveränität auf Ebene von Unternehmen, Organisationen und Vereinen

Unternehmen, Organisationen wie Schulen und kommunale Arbeitgeber oder Vereine sind nicht nur gut beraten, wenn Sie Datenschutz- und Sicherheits-Regelwerke entsprechend umsetzen, sondern auch eine Strategie für organisationspolitisch gewollte Maßnahmen zur Verschlüsselung definieren.

Bisherige Modelle einer Sicherheitseinschätzung sind oft aus einer Zeit, in der Verschlüsselung im Internet und angesichts von Quanten-Computern keine Rolle gespielt hat. Dementsprechend fehlt oft der Zusammenhang zur Verschlüsselung und einer strategischen Ziel-Definition.

Viele Auszubildende haben beispielsweise über Generation hinweg erlernt, das bekannte Sicherheits-Modell der OSI-Ebenen zu deklinieren: von der Ebene der Hardware, über die Netzwerkebene, über Transportwege bis hin zur Ebene der eingesetzten Software. Inzwischen ist es um weitere Ebenen zur Strategie des Einbezugs und der Beurteilung von kryptographischen Prozessen erweitert worden.

Heute kann das SAM-Modell betrachtet werden, in dem das vorgenannte Modell integriert aufgegangen ist: SAM steht für Secure Architecture Model und fügt den bisherigen Modell-Annahmen nicht nur die Komponente der Verschlüsselung hinzu, sondern auch, dass Strategien und Grundsätze (Englisch: Policy) als Zielsetzungen dafür zu entwickeln sind.

*Abbildung 37:* Das Secure Architecture Model (SAM) nach Wake et al.

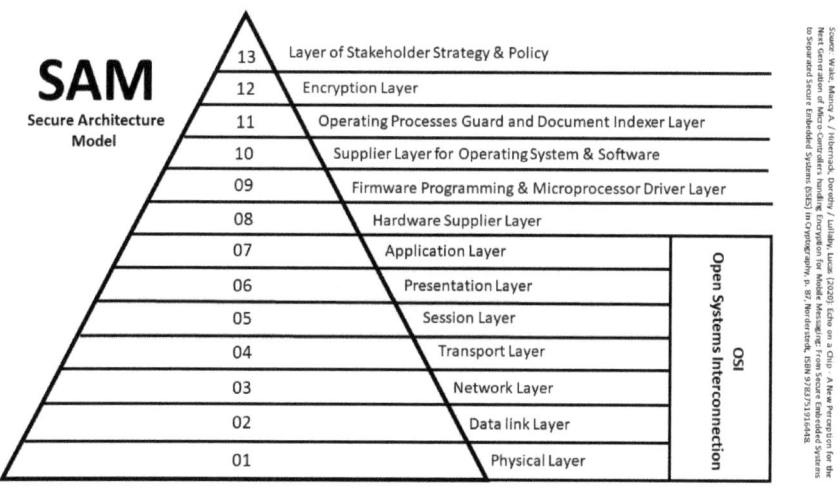

*Quelle:* [201]

*Das SAM-Modell (Secure Architecture Model) erweitert das OSI-Modell um weitere Ebenen der Betrachtung auf dann insgesamt 13 Sicherheitsebenen. Das OSI-Modell (kurz für im Englischen: Open Systems Interconnection) bestand bislang aus sieben Ebenen zur Beurteilung von Sicherheitsprozessen in der IT-Sicherheit. Bisherige Elemente gehen in dem SAM Modell auf. Es geht vor allem um die Er-gänzung der Beurteilungsebene von Verschlüsselung wie auch um die oberste Ebene, eine Strategie und Policy dafür formuliert zu haben. Unternehmen und Organisationen können ihre Prozesse nun anhand dieses Modells beschreiben und durchspielen und auf jeder Ebene eine sog. SWOT-Analyse von Stärken, Schwä-chen, Chancen und Risiken durchführen. Die gefundenen Ergebnisse können wie-derum in die Strategie und Policy einbezogen werden. Die Ebene der Strategie und Policy kann daher in der Anwendung einer Eigenevaluation auch selbstreferenziell und nicht nur im Vergleich mit anderen Unternehmen und Organisationen oder durch externe Analystinnen und Analysten beurteilt und gestärkt werden.*

Datenschutzbeauftragte in Unternehmen und Organisationen wie Schulen, kommunalen Arbeitgebern oder Vereinen sind damit in der Lage, eine Strategie für die ihnen anvertrauten Menschen, Maschinen wie auch elektronischen Kanäle und Datenspeicherungen zu formulieren, auszuwei-ten und mit weiteren Grundlagen zusammen zu führen, wie es z.B. die am Ende dieses Bandes angesprochene No-Plaintext-Strategie sein könnte.

**Digitale und kryptographische Souveränität auf personeller Ebene:**
Eine personelle Maßnahme zur Erlangung digitaler und kryptographischer Souveränität kann eine aktivere Nachfrage nach Ausbildungsinhalten vor-sehen, die Multiplikatorinnen und Multiplikatoren zu Verfügung stellen, um zur Kompetenzbildung im Bereich der IT-Sicherheit durch Verschlüsse-lung - und damit auch zur eigenen Sicherheit - beizutragen. Nachfragen haben einen wesentlichen Stimulationseffekt, auch für einen selbst.

Nutzerinnen und Nutzer sollten darüber hinaus die eigene Infrastruk-tur, das Netzwerk zuhause sowie eigene Geräte besser sichern. Das kann beispielsweise bei der Nutzung eines selbstgewählten Routers (statt des Routers des Anbieters der Leitung) beginnen und schließt ebenso die Wahl eines sicheren Passworts für diesen Router mit ein.

Auch wenn Router eine kleine Firewall eingebaut haben, ist diese je-doch längst nicht so sicher, wie eine eigene zusätzliche Firewall hinter dem Router des Internetanschlusses (wie z.B. das Firewall-Programm PFSENSE auf einem dem Router nachgeschalteten Klein-Rechner).

Geräte, auf denen Cipher-Text gewandelt wird, sind oft an die Herstel-ler-Unternehmen der Betriebssysteme angebunden. Diese können sog. »Telemetriedaten« zu sich nach Hause senden. Updates und die Überwachung der Maschinen durch die Hersteller der Betriebssysteme stellt heute ein großes personales Sicherheitsrisiko dar, da durch diese Fremd-Wartung jederzeit Überwachungssoftware aufgespielt werden könnte oder bereits installierte Programme Texte und Daten transferieren können.

Wer einmal den Boot-Mager seines Computers auf eine gleichzeitig vorhandene Windows und Linux Installation eingestellt hat – jedoch so, dass zuerst Linux gebootet wird, wird im Windows-Modus feststellen, wenn der Computer mal über Nacht eingeschaltet blieb, dass Microsoft eine Update-Installation selbständig ausgeführt hat und der Computer nach Neustart ins Linux-System bootete. Nutzerinnen und Nutzer haben heute also keinerlei Kontrolle mehr über die Programme, die durch externe Anbieter auf ihren eigenen Maschinen gesteuert werden. Potenziell kann so auch Überwachungssoftware wie ein Trojaner aufgespielt werden, mit dem Passworte, Schlüssel oder Klar-Texte vor und nach der Konversion ausleitet werden können. Und auf dem Smartphone merken wir gar nicht, dass eine PDF- oder DOC-Datei von einer Applikation nur geöffnet wird, wenn der zentrale Server der App eine Kopie dieser Datei und ihrer Inhalte hochladen konnte.

Nur bei einem Linux-System haben Nutzerinnen und Nutzer die Updates für den eigenen Rechner in der eigenen Hand unter Kontrolle, da alle Änderungen mit einem Passwort bestätigt werden müssen.

Eine Firewall muss heute nicht mehr vor Angriffen von außen schützen, sondern vor Ausleitungen von innen. Das ist ein ganz ursprüngliches Verständnis des Begriffs »Firewall«, denn es brennt innen und nicht durch Angriffe von außen.


Und wie bekommen Nutzerinnen und Nutzer nun mehr Souveränität hinsichtlich einer sicheren Konversion von Klar-Text und Cipher-Text in der Kryptographie?

Die Umwandlung der Texte sollte auf einer Maschine stattfinden, bei der z.B. mit einer Firewall sichergestellt ist, dass keine Daten-Pakete oder Klar-Texte die Maschine unbeobachtet verlassen können, oder besser gleich ein Computer genutzt wird, der gar nicht am Internet online ist.

Auch wenn dann ein Transportproblem für den Cipher-Text bzw. die verschlüsselte Nachrichten-Kapsel von einer Internet-freien Maschine hin zu einer Maschine entsteht, die dann am Internet den Versand des Cipher-

Textes vornehmen kann, ist dieses doch die sicherste Art, eine unbeobachtete Umwandlung der Texte vorzunehmen.

Dieses Architektur-Paradigma wird kurz als TEE bezeichnet, aus dem Englischen: *Trusted Execution Environment*. Nutzerinnen und Nutzer benötigen eine vertrauensvolle Umgebung, in der die kryptographischen Prozesse, die insbesondere den schützenswerten Klar-Text und seine Konversion betreffen, ohne Risiko eines Kopie-Abgriffs durchgeführt werden können.

Dass man die TEE so präzise von einer Online-Umgebung trennen muss, zeigt das Beispiel des Trojaners Stuxnet. Dieser war eigens für die Sabotage des iranischen Atom-Programms entwickelt worden. Um Uran anzureichern, müssen sich die Zentrifugen mit dem Material in einer bestimmten Geschwindigkeit drehen. Stuxnet veränderte als Trojaner-Wurm auf den Windows-Computern die Drehgeschwindigkeit und machte den Versuch der Iraner, atomares Material anzureichern, über Jahre hin wertlos. Da die Computer der Zentrifugen jedoch gar nicht am Internet waren, ist Stuxnet über einen USB-Stick auf diese übertragen worden.

Hat also jemand eine Linux-Maschine ohne Internet eingerichtet, um die Konversion von Text und Cipher-Text ausschließlich auf dieser vertrauenswürdigen und geschützten Plattform zu vollziehen, muss der Cipher-Text ja z.B. per USB-Stick auf eine weitere Maschine kopiert werden, die am Internet ist und dann den Versand des Cipher-Textes vornehmen kann (bzw. in umgekehrter Richtung für den Empfang von Cipher-Text).

Wer den Cipher-Text für jede einzelne verschlüsselte Nachrichten-Kapsel nicht manuell per USB-Stick transferieren möchte, kann ggf. auch einen Protokoll-Wechsel berücksichtigen: So könnte die Internet-freie Maschine beispielsweise per Bluetooth an die dann weiter transportierende Internet-Maschine angebunden werden, in der Hoffnung, dass durch diesen Protokollwechsel remote Zugriffe und Injektionen von Überwachungssoftware von außen nicht so leicht gelingen. Es ist jedoch nicht so sicher, wie eine völlige Abtrennung der TEE-Maschine mit einem manuellen Transport der verschlüsselten Kapsel beispielsweise per USB-Stick.

Unter dem Stichwort #GoTrusted hat sich bereits eine Bewegung gebildet, die Geräte zur Verschlüsselung nutzt, die kontinuierlich nicht am Internet angeschlossen waren. Der Trend der Sicherheitsorientierten geht daher zum Zweit-Gerät: Auf diesem wird die Nachricht verschlüsselt, und dann die verschlüsselte Kapsel bzw. der Ciphertext auf ein anderes Gerät und in die dort vorhandenen Online-Kanäle übertragen. Umständlicher Slow Chat - aber sicher!

Es klingt sicherlich überspitzt, aber wer Sicherheit als Standard definieren will, muss auch die TEE entsprechend absichern. Es ist vergleichbar mit einer Allergie: Spuren von allergenen Stoffen wie Gluten oder Nüssen können mächtige Reaktionen auslösen und daher sind diese strikt durch Trennung zu unterbinden. Eine TEE-Maschine, eine private, vertrauensvolle und sichere Computer-Umgebung, hat den Online-Kontakt stets zu meiden wie das Weihwasser den Teufel meidet, damit sie rein und unverdorben im Originalzustand verbleibt.

Die deutschen Länder forderten zudem als Vorreiter in Europa in einem weiteren Akt, Anbieter von Betriebssystemen etwa für PCs, Laptops und Handys dazu verpflichten, weitere Filter-Software vorzuinstallieren: IT- und Medienverbände sowie selbst Einrichtungen der freiwilligen Selbstkontrolle üben in Brandbriefen scharfe Kritik: Altersfreigaben zum Jugendmedienschutz nicht im Browser oder Router, sondern als Filter direkt im Betriebssystem seien »weder technisch praktikabel noch inhaltlich umsetzbar: Geräte müssten Alter der Userin und des Users verraten« - und über eine Softwareschnittstelle integriert im Betriebssystem anonymisiert übermitteln. Auch könne dieser Zwangsfilter zur Klar-Text-Überwachung, Abgreifen von Cipher-Text und Installation von weiteren staatlichen Überwachungs-Trojanern dienen: Ist das Deutsche *Jugendschutzgesetz* (JuSchG) selbst ein Trojaner, um eine Totalüberwachung aller Bürgerinnen und Bürger mit edlen Argumenten in jedem Betriebssystem einzuführen? Vertrauenswürdige Ausführungsumgebungen werden zunehmend auf davon freie Linux-Betriebssysteme setzen, die nicht mit Internet oder einer Online-Filter-Schnittstelle auf dem eigenen Gerät versehen sind. Wird es bald keine vom Staat unkontrollierte Hardware mehr geben, die online ist?

MS-Windows deaktiviert das Betriebssystem nach einiger Zeit, wenn es nicht am Internet aktiviert geblieben ist, bereits heute. Die Sicherheitsüberlegungen sind also weiter durchdacht, als es zu vermuten ist.

Mit welcher Nachhaltigkeit der deutsche Staat in diesen Zeiten versucht, auf die Online-Geräte zu kommen, um keine Gelegenheiten auslassen zu müssen, in denen Trojaner auf die Geräte geschoben werden können, zeigt auch ein Gesetz zur Updatepflicht bei Anbietern von Endgeräte-Betriebssysteme und von Apps.

Das Gegenteil einer »TEE« ist ein »DATA-SNITCHER« - snitching bedeutet im englischen (wie auch: to narc) so viel wie »petzen« und wurde in Twitter-Diskussionen als Begriff verwandt, als Apple ankündigte, Filtersoftware auf den Geräten über die Inhalte der Nutzerinnen und Nutzer laufen zu lassen.

Der Twitter-Nutzer ›Change Your Mind‹ formuliert: »Wenn jedes amerikanische und chinesische Telefon ein Spitzel ist, dann muss eine TEE frei von den Interessen dieser Innovationen sein? Aus Digitaler Souveränität wird also das nächste spannende Thema werden: #DigitaleSelbstverteidigung, dass manche auch Digitale Notwehr nennen. Es bedarf eines ›Maßnahmenpaketes‹ mit der Lehre von Medienkompetenz in Schulen und (projektgeförderte) Angebote für Bürgerinnen und Bürger, um die Vertrauenswürdigkeit der Computergeräte einschätzen zu können, wie es beispielsweise das *Frauen-Computer-Zentrum* (FCZB) mit den ›DigitalAngels‹ in Berlin umsetzt«.

Mit den in der folgenden Tabelle dargestellten Interessensgebieten, Sicherheitsorientierungen, persönlichen Kompetenzen und Erfahrungen in der Ausgestaltung von sicherheitsrelevanten Maßnahmen kann eine erste Einschätzung zur eigenen digitalen und kryptographischen Souveränität getroffen werden.

Weitere personale kryptographische Souveränität beginnt mit einem Lehrplan oder einfach eigeninitiativ mit dem Austesten von Apps, Programmen und Werkzeugen: Mit welchen Programmen und quell-offenen Leuchtturm-Projekten kann man also selbst verschlüsseln - bzw. mit welchen Werkzeugen verschlüsseln andere Schülerinnen und Schüler in den internationalen Partnerstädten der jeweiligen lokalen Schule, so dass wir deren Methoden und Anwendungen kennen lernen sollten? - Einige davon werden im nächsten Abschnitt erläutert.

*Abbildung 38:* Persönliche Prüfpunkte zur IT-Sicherheit

| PRÜFPUNKTE | KEINE | ERSTE | BALD | GUTE |
|---|---|---|---|---|
| | | PRAXISERFAHRUNGEN | | |
| • VeraCrypt zur Verschlüsselung des Laptops ist im Einsatz. | | | | |
| • Eine Linux-Maschine ist bereit. | | | | |
| • Ich teste regelmäßig eine Alternative. | | | | |
| • Eine Maschine, die noch nie am Internet war, ist für übliche private Aktivitäten gegeben. | | | | |
| • Ich kann einen eigenen Chat-Server installieren. | | | | |
| • Eine durch Quell-Offenheit geschützte Tastatur wird für Apps genutzt. | | | | |
| • Klar-Text wird nicht ins Internet gesandt. | | | | |
| • Ich helfe mit, dass Wissen und alle Informationen freien Zugriff erfahren. | | | | |
| • Ich kann Schlüssel mit GPG oder Spot-On erzeugen. | | | | |
| • Ich fördere Dezentralisierung. | | | | |
| • Ich schütze meine privaten Daten. | | | | |
| • Ich teile die Strategie, dass das Lernen mit Computern unbegrenzt und vollständig sein sollte. | | | | |
| • Ich kann eine eigene Firewall wie PFSENSE installieren. | | | | |
| • Ich habe schon mal eine eigene Kompilierung von einer quell-offenen Android App wie beispielsweise dem Messenger Smoke erstellt. | | | | |
| • Ich habe das SAM-Modell für einen Sicherheitsprozess angewandt und mit allen Ebenen durchdacht und beschrieben. | | | | |

# 8 APPS, PROGRAMME UND WERKZEUGE – MIT DENEN LERNENDE LERNEN, VERSCHLÜSSELUNGS-MEISTERIN UND -MEISTER NR. 1 ZU WERDEN •

Die weiteren Abschnitte zu bekannten Software-Programmen erläutern deren Nutzen zur Erhöhung der Sicherheit im Internet sowie auch deren kryptographische Aspekte.

Nicht jedes Programm wird im Laufe der Zeit aktualisiert oder weiterentwickelt werden. Einige haben eine definierte Basis an Nutzerinnen und Nutzern, sind ggf. nicht mehr oder noch nicht so populär.

Auch Prototypen und die sog. »Frühen Vögel« (englisch: »Early Birds«), die an ihrer technischen Idee und ihrem architektonischen Design zu keiner Zeit etwas einbüßen, reifen weiter bzw. werden sich voraussichtlich noch weiter entfalten, indem sie durch Schülerinnen und Schüler, Studierende und Lernende oder durch eine nächste Generation an Entwicklerinnen und Entwickler vertiefend analysiert, verglichen und angewandt oder gar neugestaltet werden.

## 8.1   Festplatten-Verschlüsselung mit Veracrypt •

VeraCrypt ist der Nachfolger von TrueCrypt und dient zur Verschlüsselung der Festplatte im Computer bzw. des ganzen Betriebssystems. Das Programm wurde ursprünglich von zwei kaum in der Öffentlichkeit stehenden Programmierern entwickelt, bis diese plötzlich beide von diesem Projekt zurücktraten. Es wurde vermutet, dass sie zurücktreten mussten, weil sie ggf. von staatlichen Akteuren dazu aufgefordert wurden. Kann dieses bedeuten, dass die Software zu gut war? Und staatliche Stellen sich die Zähne an der Festplattenverschlüsselung ausgebissen haben?

Die letzte Version von TrueCrypt 7.1a ist nach wie vor im Netz verfügbar und funktioniert wunderbar. Interessant ist, dass die Entwickler bei dem Stopp ihres Projektes als Grund auch mit anklingen ließen, dass TrueCrypt 7.1 Schwächen habe und daher nicht weiter genutzt werden sollte. Auch dieses kann eine lancierte und damit gewollte bzw. aufgezwungene Nachricht sein, damit diese starke Verschlüsselung in der Version 7.1a nicht weiter eingesetzt wird.

Da TrueCrypt immer schon quell-offen war, hat das Programm bei einem Entwickler und Kryptologen in Frankreich eine neue Heimat unter dem Namen VeraCrypt gefunden. Ebenso erfolgte bei der Übernahme des Projektes eine Sicherheitsüberprüfung von TrueCrypt. Es wurden nur geringe Mängel gefunden, die inzwischen schon ausgebessert wurden. Das Programm wurde seinerzeit wie auch heute also grundlegend nicht in Frage gestellt. Insofern ist auch derzeit weiter davon auszugehen, dass es sich um eine beabsichtigte strategische Nachricht gehandelt haben könnte, dass TrueCrypt 7.1 Schwächen habe. Denn potenzielle, leichte Schwächen kann jeder Code haben und diese werden i.d.R. bei der nächsten Version ausgebessert.

Das Programm TrueCrypt bzw. heute VeraCrypt hat dabei zwei wesentliche kryptographische Funktionen: Es kann einen auch über mehrere Gigabyte großen Container erstellen, also eine Datei wie »container.dat«, die dann verschlüsselt ist und ein eigenes neues Laufwerk, einen neuen Datei-Pfad, enthält. So kann man alle seine Dokumente darin sicher aufbewahren. Die Dokumente sind unverschlüsselt, aber durch Speicherung in diesem verschlüsselten Container, quasi als Hülle, werden sie erst mit einem Passwort zugänglich.

Die zweite Grundfunktion besteht darin, dass man nicht einen Pfad in eine Container-Datei packt, sondern gleich das ganze Betriebssystem verschlüsselt. Dann muss die Nutzerin bzw. der Nutzer beim Start des Laptops erst ein Passwort eingeben, bevor überhaupt das Betriebssystem startet.

Dieses ist beispielsweise sinnvoll, wenn Firmen-Laptops im Firmenwagen frei auf dem Beifahrersitz liegen und nach dieser Einladung gestohlen werden. Die Diebin bzw. der Dieb kann den Laptop jedoch bei Installation von VeraCrypt ohne Kenntnis des Passwortes nicht starten und selbst bei ausgebauter Festplatte können die Daten nicht ausgelesen werden. Veracrypt wird zunehmend beim Einsatz in Unternehmen durch eine ähnliche Funktion im Microsoft Betriebssystem Windows zurückgedrängt: Bitlocker. Auch Windows startet mit dieser Option von Bitlocker nur, wenn ein Passwort eingegeben ist.

Ebenso haben Linux-Betriebssysteme eigene Verschlüsselungen für die Daten-Partition.

Firmen müssten somit also nicht mehr VeraCrypt zusätzlich installieren. Es ist jedoch (natürlich und mutmaßlich) davon auszugehen, dass staatliche Stellen (bzw. zumindest das Unternehmen Microsoft als Anbieter selbst) Bitlocker jederzeit »locker« öffnen können. Für die einfache Laptop-Diebin bzw. -Dieb ist es jedoch nicht möglich, diese Verschlüsselung zu überwinden - und für die IT-Abteilungen ist es wiederum einmal bequem, keine weitere Software aufspielen zu müssen.

*Abbildung 39:* VeraCrypt – Container Erstellung

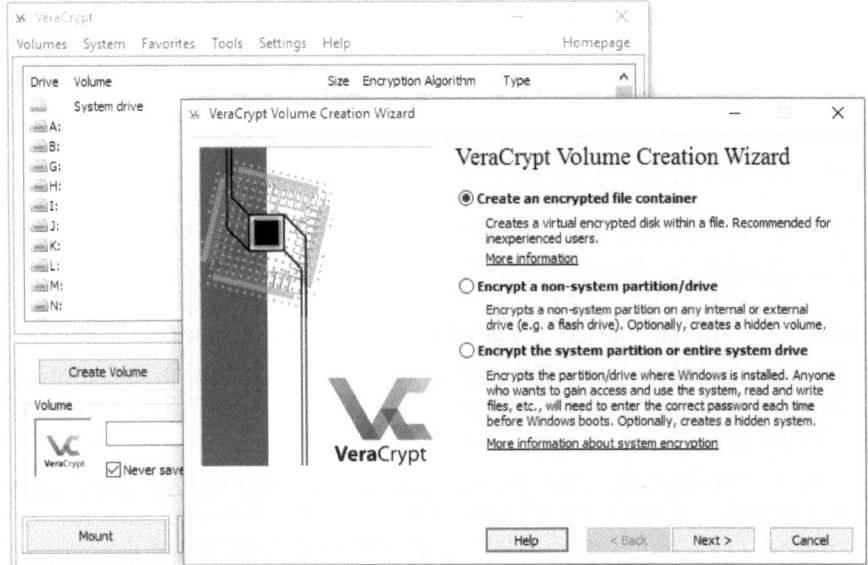

*Quelle:* [202]

Für die Privatanwenderin und den Privatanwender mag die Situation jedoch anders aussehen. Diese möchten ggf. eine sichere Software anwenden und eine quell-offene Software dazu: VeraCrypt ist also das Mittel der Wahl für den privaten Anwendungsfall, um den Laptop oder die Festplatte eines Computers zu verschlüsseln.

Inzwischen wurde VeraCrypt auch vom *Deutschen Bundesamt für Sicherheit in der Informationstechnik* (BSI) auditiert: »Bei der Untersuchung von VeraCrypt wurden keine gravierenden Schwachstellen identifiziert.«[203]

Wie Anwenderinnen und Anwender auch mit weiteren Applikationen einzelne Dateien – statt ganzer Pfade, Betriebssysteme oder Festplatten – verschlüsseln, kommen wir später noch. Denn im Wesentlichen wollen Nutzerinnen und Nutzer ja ihre Dateien verschlüsselt wissen, wenn sie diese z.B. auf einem Datenträger oder in der Cloud ablegen, oder wenn sie

Text mit einem Messenger versenden. Betrachten wir daher im Folgenden zunächst einmal Kommunikationsprogramme: die Messenger.

## 8.2  Smoke Crypto Chat:
## Mobiler McEliece-Messenger •

Smoke Crypto Chat Messenger ist eine quell-offene Software Applikation für das Android Betriebssystem.

Der Smoke-Messenger gilt als weltweitet der erste mobile Messenger, der den McEliece-Algorithmus im Bereich der Chat-Messenger für mobile Geräte eingeführt hat. Das heißt, dass der Messenger aufgrund dieses besonders sicheren Algorithmus gegen Angriffe von schnellen Quanten-Computern abgesichert ist.

Darüber hinaus hat die Applikation das sog. »Fiasco Forwarding« mit seinen Fiasco-Schlüsseln begründet, das eine höhere Sicherheit bietet, als es bei anderen Messengern z.B. mit dem Double-Ratchet Verfahren gegeben ist (vgl. WhatsApp, Omemo, Signal, etc.).

Weiterhin ist der Messenger kompatibel mit der Echo-Verschlüsselung, die multiple Verschlüsselungstechniken einsetzen kann.

Und viertens sind mit Smoke die sog. »Juggerknaut Schlüssel« etabliert worden, die nicht mehr im Internet übertragen werden müssen, sondern auf beiden Seiten abgeleitet sind.

Die Dateiübertragungen setzten auf Ende-zu-Ende-Verschlüsselung mit dem Steam-Protokoll (TCP-E), das ebenso auf den Versand von Schlüsseln verzichtet und die Datei auch über mehrere Zwischenstationen hinweg zuverlässig überträgt.

Der Verzicht des Hochladens von eigener Telefonnummer oder der Telefonnummern von Freundinnen und Freunde aus dem Kontaktbuch, das Verbinden zu einem quell-offenen Server, sowie der Einsatz eigener oder exportierter/importierter Schlüssel, und damit auch der gleichzeitige Einsatz der Applikation auf mehreren Geräten, ist bei Smoke als Selbstverständlichkeit anzusehen.

Die wichtigen Kriterien der Datenschutzgrundverordnung (DSGVO) - wie kein Upload von Telefonnummern oder Freundeslisten - werden also erfüllt und unterscheiden diesen quell-offenen Messenger von den kommerziellen. Er ist daher ideal zur Weiterentwicklung in eigenen Projekten für schulische und kommunale bzw. organisationale Zwecke, bei denen die DSGVO grundlegend zu beachten ist.

Zu ausgewählten Funktionen und Charakteristika im Einzelnen:

***Chat über den McEliece-Algorithmus:*** Der Smoke Messenger setzt den McEliece-Algorithmus gleich mit mehreren unterschiedlichen Moduli, d.h. Auswahl-Varianten, ein: Smoke unterstützt McEliece-Fujisaki[204] und McEliece-Pointcheval[205] über die Bibliothek BouncyCastle.

Die Pointcheval-Anpassung ist ein Modulus nach den Arbeiten von *David Pointcheval*, der als französischer Kryptograph und erfahrener Forscher lange Jahre beim Nationalen Wissenschaftlichen Forschungszentrum CNRS tätig ist (*Centre national de la recherche scientifique*). Dort leitet er den Fachbereich Informatik und das Kryptographie-Labor an der französischen Hochschule »*École Normale Supérieure*«.

Die anderen beiden McEliece-Moduli im Smoke Messenger sind zwei *Fujisaki-Okamato* Konversionen, nach den Arbeiten von beiden gleichnamigen Forschern der NTT Laboratories in Yokosuka-shi in Japan. Die NTT Forschungs- und Entwicklungslabore weisen sich aus mit der Vision, dass dort Technologie ein so überzeugender Teil der Gesellschaft werden soll, dass die Bevölkerung über deren Präsenz ganz im Unbewussten bleibe – sprich: diese Technologie selbstverständlich werde[206]. Dementsprechend sind die beiden Forscher auch mehr den Kreisen von Expertinnen und Experten bekannt und meiden die Öffentlichkeit eher.

Das, was sie in ihrer Modulus-Anpassung ersonnen haben zur besseren Umsetzung des McEliece-Algorithmus und nunmehr im mobilen McEliece-Messenger als erste Programmierung vorliegt, hat in der Tat das Potenzial, angelehnt an die Vision von NTT, eine Messenger-Technologie zu sein, die Nutzerinnen und Nutzer einfach und selbstverständlich anwenden, ohne dass ihnen bewusst ist, dass sie eine sehr moderne Modellprojekt-Technologie verwenden, die wesentlich sicherer ist als die vieler üblicher Anwendungen.

Da es jedoch zwanzig Jahre dauerte, bis der McEliece-Algorithmus (1978) mit diesen Moduli theoretisch erweitert wurde (2002) und nochmals rund zwanzig Jahre dauerte, bis so ein Modulus in einen mobilen Messenger angewandt implementiert wurde (ab 2016), wird es ggf. nunmehr hoffentlich weniger als Jahrzehnte dauern, bis diese Messenger-Technologie und sein Quellcode eine weitverbreitetere Anwendung auch in weiteren Folge- und Aufbau-Aktivitäten findet. Oder auch wie VeraCrypt ggf. z.B. vom *Bundesamt für Sicherheit in der Informationssicherheit* (BSI) zeitnah weitergehend analysiert oder auditiert wird, wenn dieser Algorithmus als derzeit sicherste Technologie eingeschätzt wird, die wir gegen die Rechner mit hoher Leistungskapazität haben.

Schließlich ist im Smoke Messenger auch noch ein besonders zukunftssicherer Super-McEliece Modulus als vierte Variante enthalten, die mit besonders großen Konstanten in der Verschlüsselung arbeitet (m=13, T=118).

Zugleich wird in der Smoke App ergänzend noch das RSA-Verfahren mit starken Schlüsseln für die Verschlüsselung angeboten. Der mathematische Clou ist: dass Nutzerinnen und Nutzer mit dem McEliece-Algorithmus auch chatten können mit denen, die noch den RSA-Algorithmus anwenden.

Genügend Forschungsbedarf also für die nächsten Generationen an Studierenden, dieses Programm angewandter Kryptographie ausgiebig zu studieren, inklusive seines Quellcodes, der von *Casio Moonlander* als Lehrbuch[207] mit kommentierten technischen Anmerkungen veröffentlicht wurde. Denn, die Applikation ist viel mehr als nur Chat: Es ist eine Android Echo Software Applikation, die weitere kryptographische und protokollbezogene Funktionen wie z.B. das Schlüsselmanagement oder eine Cryptographic Discovery Funktion mit seinem Pendant, dem SmokeStack Server, zusammen entfaltet. Durch Cryptographic Discovery lernen Server, verschlüsselte Pakete an die entsprechenden mobilen Klienten weiterzuleiten, ohne eine batterie-intensive Datenverantwortlichkeit auf der Klientenseite vorzusehen.

***Multi-Verschlüsselung und weitere Merkmale:*** Der Messenger ist kompatibel mit dem multi-verschlüsselnden und damit besonders sicheren Protokoll eines Echo-Servers, bei dem die verschlüsselte Nachricht letztlich über HTTPS übertragen wird. Der Versand ist also nochmals abgesichert mit einer selbstsignierten SSL/TLS-Verbindung. Auch der Versand über HTTP-Listener bzw. -Server bleibt (im Non-TLS-Modus) möglich.

Nachrichten an Freundinnen und Freunde, die offline sind, werden in einem sog. »Ozone-Postfach« zwischengespeichert, das sich im Server SmokeStack einfach mit einem Begriff wie »Alice« einrichten lässt. Den Rest übernehmen die kryptographischen Schlüssel.

***Fiasco Forwarding:*** Eine besondere Stärke ist im Smoke Messenger nicht nur durch den McEliece-Algorithmus, sondern auch durch die Methoden der Ende-zu-Ende-Verschlüsselung gegeben: Nutzerinnen und Nutzer haben durch die Implementierungen beim Cryptographischen Calling zahlreiche Optionen: sie können ein eigenes Passwort hinterlegen, oder eines ableiten lassen, oder von der asymmetrischen Verschlüsselung auf eine symmetrische Verschlüsselung wechseln.

Mit dem Smoke Crypto Chat Messenger ist schließlich auch das sog. »Fiasco Forwarding« mit seinen Fiasco-Schlüsseln als weitere Form des Cryptographischen Callings etabliert worden: Bislang wurden bei der früheren Jabber-/XMPP-Verschlüsselung pro Online-Sitzung nur ein Schlüssel übertragen (sog. »Off-the-Record«-Methode (OTR)). Der Messenger Signal hat im moderneren Verfahren pro Nachricht einen eigenen Schlüssel verwandt bzw. aus dem Schlüssel der vorherigen Nachricht abgeleitet (sog. »Double-Ratchet«-Verfahren, vgl. auch: Signal- bzw. Omemo-Protokoll-Verschlüsselung).

Der Smoke Messenger bildet insofern nun mit Fiasco Forwarding eine höhere, dritte Stufe von Sicherheit ab:

Nach OTR (ein Schlüssel pro Sitzung) und Double-Ratchet (ein Schlüssel pro Nachricht) folgt nun als nächsthöhere Sicherheitsstufe das Fiasco-Forwarding-Protokoll. Denn mit der im Smoke Messenger entwickelten Methode der Fiasco-Forwarding-Schlüssel werden pro Nachricht gleich eine ganze Handvoll an Schlüssel gebildet. Diese Fiasco-Schlüssel werden in einem Cache gesammelt. Dann werden sie alle der Reihe nach für eine Entschlüsselung ausprobiert. Damit ist die Nachricht aufgrund der temporären Schlüssel - wie bei jedem Forwarding - abstreitbar in Bezug zu den dauerhaften Schlüsseln. Die dauerhaften Schlüssel hingegen sind der Nutzerin bzw. dem Nutzer immer zugehörig (als grundlegende Chat-Schlüssel) und etablieren zunächst eine sichere Verbindung, durch die dann die weiteren temporären Schlüssel gesandt werden.

Die dauerhaften Schlüssel unterliegen somit keiner nur temporären Nutzung - und damit auch keinem »Dress for the Moment«, wie es das Leitbild des Bekleidungsgeschäfts »New Yorker« für junge Mode ist – nach dem man sich in jedem Moment modisch immer wieder neu erfindet oder erfinden soll. *Cryptography for the Moment* à la Fiasco hält dementsprechend mit den Fiasco-Schlüsseln des Fiasco Forwardings jederzeit ausreichend Schlüssel pro Nachricht bereit. Oder man nennt es, wie die deutsche Bevölkerung es in Zeiten der Corona-Pandemie beim Hamstern von Toilettenpapier oftmals formulierte: »Vorratshaltung ist sinnvoll und war es im Übrigen immer schon.«[208] – Dürfen es also ein paar Rollen an Schlüsseln mehr sein?

*Juggerknaut-Schlüssel:* Eine weitere Art von Ende-zu-Ende-verschlüsselnden Schlüssel im Smoke Messenger sind die im vorderen Teil bereits vorgestellten Juggerknaut-Schlüssel. Diese Schlüssel werden aus einem auf beiden Seiten dauerhaft hinterlegten Passwort abgeleitet, aber nicht über das Internet übertragen. Sie entsprechen dem Konzept der Secret-Streams-Schlüssel in der Encryption Suite Spot-On.

Die mathematische Methode eines kenntnisfreien Beweises (Zero-Knowledge-Proof) berechnet auf beiden Seiten, wie der Juggerknaut-Schlüssel zu definieren ist und prüft, ob auf beiden Seiten der jeweils kompatible Schlüssel vorliegt. D.h. mittels »Juggling« (einem an Jonglage erinnernden Prüfmechanismus, wie die sog. »J-PAKE«-Methode auch weiter oben schon umschrieben ist) werden Schlüssel abgeleitet. Aufgrund der Abstinenz in der Schlüsselübertragung kann somit auch unterwegs kein Schlüssel mehr abgefangen werden.

Mit dieser Methode, bei der die Schlüssel mittels Fiasco Forwarding nun pro Nachricht eine Vielzahl mal nicht übertragen werden, kann wie gesehen von einer *Volatilen Verschlüsselung*[209] gesprochen werden. Es sind temporäre Schlüssel, die wie Federn im Wind kaum zu greifen sind, bzw. ähnlich einer unscheinbaren Imagination bei der Steganographie gar nicht erst am Wegesrande erscheinen oder aufblühen.

Angreiferinnen und Angreifern wird es also äußerst schwer gemacht, diese besonders sichere Ende-zu-Ende-Verschlüsselung zu brechen. Weder mit nur einem Ende-zu-Ende-Schlüssel für die jeweilige Chat-Nachricht, noch hinsichtlich der initialen Verschlüsselung, durch die diese Fiasco-Schlüssel gesandt werden - bzw. bei den Juggerknaut-Schlüsseln: nicht gesandt werden -, kann die Verschlüsselung entschlüsselt werden. Es bedarf mehr als eines initialen Schlüssels, es bedarf temporärer Schlüssel und davon am besten möglichst eine ganze Handvoll oder gar mehr pro Chat-Nachricht - die idealerweise frei von Transporten sind: weder über einen permanenten Kanal noch über einen temporären Kanal.

Und alternativ besteht ja auch die Option, eine derzeit und voraussichtlich auch zukünftig nicht brechbare asymmetrische McEliece-

Verschlüsselung anzuwenden. Auch der Cipher-Text empfiehlt sich also als abhörsicher.

Neben den Juggerknaut-Schlüsseln wurden auch die automatisierten und interaktionsfreien Juggerli Schlüssel im vorderen Teil des Bandes erläutert, die automatisiert Ende-zu-Ende Verschlüsselung mittels XORen eines öffentlichen Schlüssels herstellen können, der über J-PAKE verifiziert ist.

**Zusammenspiel mit einem quell-offenen Server:** Die quell-offene Chat-App Smoke ist damit technologisch vielen anderen Applikationen durch diese Implementierungen voraus und arbeitet auch mit einem einfach zu administrierenden Server zusammen: SmokeStack heißt der Server für Smoke und ist ebenso eine App für Android. Mit SmokeStack wurden Chat-Server ins Neuland, d.h. auf ein mobiles Endgerät in der Hosentasche einer jeden Jeans gebracht: z.B. einem Smartphone oder Tablet mit Android. Bislang erfordern Chat-Server umfassende Linux- oder Windows-Maschinen. Durch die einfachen HTTPS-Listener kann der Chat jedoch auf jedem Smartphone oder Raspberry-Pi-Computer eingerichtet werden.

Neben SmokeStack funktionieren auch die Listener/Server der Applikationen Spot-On, Spot-On light sowie auch der Server des GoldBug Messengers, da sie alle einen Chat auf Basis von HTTPS inkludieren.

Der GoldBug Messenger hat daher auch ab Version 5.2 in seiner Installationsdatei die Smoke & SmokeStack Android APK-Installations-Datei integriert. Ebenso, wie für quell-offene Applikationen auch vorgeschrieben, ist der Quellcode darin vorhanden, da diese Applikationen kompatibel (interoperabel) und quell-offen sind.

Ein gutes Beispiel also für die oftmals geforderte Interoperabilität der Applikationen untereinander basierend auf dem bekannten HTTPS-Protokoll der hier für Chat genutzten sog. »Echo-Server«.

**Ein Modellprojekt begründet weitere Perspektiven in der Dritten Epoche der Kryptographie:** Der Smoke Messenger mit seinem Paradigma des Fiasco Forwardings und zugehörigen (zahlreichen) Fiasco-Schlüsseln bzw. Juggerknaut-Schlüsseln, die uns abstinent von der Schlüssel-Übertragung im Internet werden ließen, sowie insbesondere die erstmalige Etablierung des über 40 Jahre alten theoretischen McEliece-Algorithmus in der nun angewandten Kryptographie und quell-offenen Programmierung in einem mobilen Messenger trägt damit als Pionier-Projekt und *Example par Excellence* entscheidend zur Gestaltung der *Dritten Epoche der Kryptographie* bei.

Sagte *Neil Armstrong* bei seiner Mondlandung etwa: »One small step for a messenger - one giant leap for mankind«? – *Louis Armstrong* war es jedenfalls nicht! – sondern: *Casio Moonlander*.

Weiterentwickelnde Gabel-Projekte der Smoke App, deren Repositorien sich bei Github, Gitlab und Sourceforge finden, aus der Gemeinschaft der Entwicklerinnen und Entwickler werden ihre Potentiale, eine einfache und intuitive Benutzeroberfläche zu bieten, sicherlich an manchen Stellen noch für weitere Nutzungsfreundlichkeiten einbringen können.

Ein Modellprojekt also, das durch weitere Entwicklerinnen und Entwickler zum weiteren Einsatz gebracht wird. Der Projekt-Prototyp gilt inzwischen als vollständig und abgeschlossen. Nachwuchs-Entwicklerinnen und -Entwickler können das quell-offene Projekt aufgreifen und eigenständig weiterentwickeln oder mit einem Financier in Organisationen individuell angepasst einsetzen. Ein italienisches Entwicklungsteam hat bereits mit einer Swift-Portierung für das Apple-Betriebssystem begonnen.

In einer Forschungs-Perspektive sind Smoke und SmokeStack die Applikationen, an denen jede Schulklasse die Kompilierung einer Android-App mit Android Studio erlernen kann und auch die wissenschaftliche Forschung bei dieser angewandten Kryptographie die bisherigen Ergebnisse zu Algorithmen und Protokollen sicherlich noch weiter entwickelt und vertieft.

## 8.3  Spot-On – Bekannte Suite für Verschlüsselung ●

Während Schülerinnen und Schüler im Fach Informatik um das Kennenlernen und modellhafte Anwenden des Smoke Messengers aufgrund seiner Innovationen in einer Unterrichtseinheit zu McEliece oder Algorithmen allgemein quasi nicht herumkommen, gehört auch eine weitere Software - eher auf den Desktop-Bereich oder den Klein-Rechner Raspberry-Pi bezogen - zum Repertoire der lernenden Studierenden in technischen Fächern wie auch der Kryptographie: Es ist die Encryption Suite Spot-On (bei Github & Gitlab).

Spot-On gilt als ein derzeit äußerst modernes und elaboriertes Programm, um angewandte Verschlüsselung und ihre Methoden zu erlernen und stellt ein grundlegendes Projekt für angewandte Kryptographie dar. Die Software wird an vielen Hochschulen inzwischen in Grund- bzw. Vorbereitungs-Kursen, den sog. »Tutorials«, erlernt, einbezogen sowie auch wissenschaftlich analysiert, welche Fortschritte mit dieser Applikation im Bereich der angewandten Kryptographie verbunden waren und sind. Die Studierenden referieren zu Stichworten wie: Exponentielle Encryption, Cryptographisches Calling, SMP-Authentifizierung, Echo-Servern, Multi-Verschlüsselung oder auch den Secret-Stream-Schlüsseln (als Parallel-Entwicklung zu den vorgenannten Juggerknaut Schlüsseln) und weiterer kryptographischen Zusammenhängen.

Die Software deckt als »Suite«, d.h. ausgestattet mit mehreren Funktionsmodulen, die meistgenutzten Prozesse von Nutzerinnen und Nutzern im Internet ab: Kommunikation mit Freundinnen und Freunden über Chat und E-Mail, Suche von Webseiten, Ende-zu-Ende-sicherer Transfer von Dateien sowie schließlich die Wandlung von Dateien und Texten in verschlüsselten Cipher-Text. Alles in einer Suite mit entsprechenden Tabulatoren, wie es ähnlich vom früheren Netscape Communicator bzw. hinsichtlich der Tabulatoren von jedem heutigen Web-Browser bekannt ist. Spot-On ist bzw. die Funktionen von Spot-On sind als *Garnitur der Kryptographie* zu sehen: Die Ausarbeitungen von Spot-On decken zahlreiche kryptographische Funktionen und Innovationen ab, wie auch Nutzungsbedürfnisse im Internet.

Grundsätzlich wird alles verschlüsselt, was mit und in Spot-On versendet wird. Es gibt einen Gruppen-Chat im Stil des altbekannten *Internet-Relay-Chats* (IRC), der auf Basis einer symmetrischen Verschlüsselung allen Teilnehmerinnen und Teilnehmern mit Kenntnis des Passwortes zur Verfügung steht: Nur wer das Passwort kennt, kann den Chat lesen.

Die Chat-Verschlüsselung direkter Freundinnen und Freunde nutzt zunächst eine asymmetrische Verschlüsselung (mit je einem öffentlichen und privaten, dauerhaften Schlüssel im Rahmen der PKI (*Publik Key Infrastructure*)). Mit dem Cryptographischen Calling, das jederzeit neue temporäre Schlüssel für den Chat senden kann, kann die Verschlüsselung auch in eine symmetrische Verschlüsselung (mit einem auf beiden Seiten bekannten Passwort) erneuert werden.

Auch in diesem Programm: Der Chat mit einer Freundin bzw. einem Freund kann ergänzend über ein sog. »SMP« nach dem *Socialist Millionaire Protokoll* (SMP) abgesichert werden. Dabei geben beide auf jeder Seite das gleiche (und zuvor verabredete) Geheimwort manuell ein. Es kann z.B. der Ort sein, an dem beide, Alice und Bob, geheiratet haben: Honolulu. Über den mathematischen SMP-Beweis (wiederum ein kenntnisfreier Beweis, nach der Zero-Knowledge-Proof-Methode) wird nachgewiesen, dass beide dasselbe Passwort eingegeben haben, ohne dass das Passwort Honolulu über das Internet übertragen wird. Ist der mathematische Beweis wahr, kann auch angenommen werden, dass am anderen Ende der Leitung wirklich die Person sitzt, für die sie sich ausgibt. Alice bzw. Bob. Eine Authentifizierung erfolgte.

Und nun: Mit diesem Passwort können auch hier weitere Schlüssel für eine Ende-zu-Ende-Verschlüsselung abgeleitet werden, es sind die Schlüssel der vorne schon ausführlich genannten »Secret-Streams«, die sich hinsichtlich eines Transportes ebenso abstinent verhalten.

Im Bereich E-Mail stehen in der Applikation Spot-On ebenso weitere entsprechende Schlüssel zur Verfügung, die von den Schlüsseln für Chat oder denen für weitere Funktionen getrennt sind. Ein E-Mail in diesem Programm kann dabei ein reguläres E-Mail über IMAP/POP3-Postfächer sein, oder aber auch ein P2P-E-Mail, so dass kein zentraler bzw. externer Service außerhalb des Kreises der Freundinnen und Freunde erforderlich ist. Dazu stehen wiederum drei Methoden bereit, die weiter unten im Abschnitt zum P2P-E-Mail ausführlicher beschrieben werden.


Von Spot-On ist in diesem Zusammenhang eine weitere wesentliche Innovation eingeführt worden - der Chat über E-Mail-Server. Lange bevor andere Applikationen wie der Messenger Delta-Chat oder der GoldBug-Messenger bzw. auch der Spike-Messenger diese Funktion erläutert bzw. übernommen haben. Dieser Protokoll-Standard für Chat über E-Mail wird mit dem POPTASTIC-Protokoll beschrieben und lehnt sich an die klassische Postfachbezeichnung POP3 an, die neben IMAP besteht. E-Mail ist schnell genug, um über den E-Mail-Server in der Benutzeroberfläche einen Chat darzustellen.

Das Zentrale an dem Chat über das POPTASTIC-Protokoll ist, dass dieser immer verschlüsselt ist. Administratorinnen und Administratoren von Postfächern sehen beim POPTASTIC-Chat oder der Applikation Delta-Chat, die diese Methode in der quell-offenen Welt von dem Messengern Spot-On und GoldBug quasi als willkommenes Plagiat übernommen und (basierend auf GPG) dann auch im Bereich der mobilen Geräte populär gemacht hat, nur verschlüsselten Cipher-Text im Postfach.

Eine weitere wesentliche Funktion der Encryption Suite Spot-On ist die Funktion, eine URL-Datenbank für die Suche von Webseiten vorzuhalten, dazu weiter unten noch ausführlicher.

Natürlich kann Spot-On auch einzelne Dateien verschlüsseln (z.B. vor Upload in eine Cloud) bzw. diese Dateien verschlüsselt direkt von Alice zu Bob senden. Dazu wurden sog. »Magnet-URI«-Links mit kryptographischen Werten neu definiert. Wer den Link kennt, kann die Datei laden.

Mit dieser Software sind also zahlreiche kryptographische Innovationen und Prozesse verbunden, die an anderer Stelle weiter vertiefend zu erläutern sind, da es hier in der Übersicht einzelner Werkzeuge zur Verschlüsselung lediglich um die wesentlichen und ausgewählten Funktionen der Programme geht.

Wer die Kontexte zur Graphen-Theorie, dem Echo-Protokoll, Cryptographisches Calling oder dem POPTASTIC-Chat über E-Mail-Server und zahlreicher anderer Prozessinnovationen der Kryptographie nachlesen will, sei daher auf die technischen Dokumentationen[210] und ein Handbuch[211] zu Spot-On hingewiesen sowie auf die Erläuterungen zu den Routing-Information in verschlüsselten Netzwerken, die heute »Beyond Cryptographic Routing«[212] sind - also mit kryptographischen Token auch ohne vordefinierte Routen auskommen können.

## 8.4    Rosetta-Crypto-Pad
### – Mit Konversionen zur Konversation •

Das *Rosetta-Crypto-Pad* (RCP) hat seinen Namen von dem Stein von Rosette, der sich seit 1802 im British Museum in London befindet und dort nach wie vor eine Hauptattraktion der Sammlungen aus dem gesamten britischen Empire ist. Er ist das Fragment einer steinernen Tafel mit einem Priesterdekret, das in drei untereinander stehenden Schriftblöcken (Hieroglyphen, Demotisch, Altgriechisch) sinngemäß gleichlautend eingemeißelt ist. Er hilft also, die einzelnen Sprachen in die jeweils lesbare Sprache zu übersetzten bzw. zu konvertieren.

Das Rosetta-Crypto-Pad vollzieht genau dieses: Es wandelt Klar-Text in Cipher-Text um. Es ist Teil der vorgenannten Encryption Suite und wird als eigene Fenster-Applikation genutzt[213].

Nutzerinnen und Nutzer können mittels der Copy/Paste-Funktion Klar-Text einfügen, in Cipher-Text wandeln und den Cipher-Text wieder auskopieren. So können andere Kanäle wie die von anderen Chat-Messengern ohne Verschlüsselung oder auch Foren im Internet mit Cipher-Text beliefert werden.

Das Rosetta-Crypto-Pad hat dabei keinen angebundenen Kanal, d.h. es sendet keinen Cipher-Text und auch keine Schlüssel automatisch, ist also nicht am Netzwerk angeschlossen. Nutzerinnen und Nutzer müssen den Text jeweils selbst einfügen bzw. auskopieren.

Das Besondere an dem Pad ist, dass es nicht mit einem Passwort für den Cipher-Text arbeitet, sondern eine asymmetrische Verschlüsselung nutzt. D.h. die Nutzerin bzw. der Nutzer muss einmal zuerst mit dem Gegenüber den öffentlichen Schlüssel tauschen. Schließlich kann alles Weitere ohne einen manuellen Austausch von Schlüsseln erfolgen.

Das Pad nutzt dabei zwei Verschlüsselungsstandards: zum einen GPG: sofern GPG auf der Maschine installiert ist (unter Windows ist es das Programm GPG4Win), fungiert Rosetta als Benutzeroberfläche und nutzt das bereits installierte Schlüsselmanagement für GPG.

Die weitere Methode ist die Nutzung des Pads mit den in Spot-On generierten Schlüsseln, hier dem Rosetta-Schlüssel (basierend auf der Bibliothek Libgcrypt oder dem Code für den McEliece-Algorithmus). Da nun wiederum die Wahl zwischen McEliece, NTRU und anderen Algorithmen besteht, kann also auch hier über Rosetta der Cipher-Text besonders sicher gegenüber einer RSA- oder Elgamal-Verschlüsselung gestaltet werden. Oder so andere, schwächere Kanäle damit veredelt werden.

Wer seine Maschine also zeitweise nicht mit einem Server verbinden kann oder will, kann somit jederzeit mit dem Rosetta-Crypto-Pad eine Konversion von Texten vornehmen. Es eignet sich daher auch als vertraute Ausführungsumgebung, englisch: »Trusted Execution Environment« (TEE), ggf. auf einem weiteren, nicht am Internet befindlichen Rechner wie beschrieben. Sollte das Pad doch an einer Maschine mit Internet sein, ist der private Schlüssel vor einem Upload geschützt, indem es mehrere private Schlüssel zur Komplexitätserhöhung gibt.

Das Rosetta-Crypto-Pad ist somit ein Art Zwischenablage für Text: Bevor die Nachricht in einer anderen Applikation versendet wird, wird der Klar-Text in Rosetta zu Cipher-Text gewandelt. Dank McEliece und der Quell-Offenheit, erzielen damit nicht nur Privatanwenderinnen und -anwender eine professionelle Verschlüsselung ihrer Kommunikation, sondern auch für professionelle Nutzerinnen und Nutzer von Verschlüsselung, gleich in welchem Beruf, kann der zu sendende Text nunmehr jederzeit qualifiziert auch gegen Angriffe von Super-Computern verschlüsselt sein.

Cryptomator ist ein weiteres Werkzeug mit ähnlichen Funktionen wie das Rosetta-Crypto-Pad, jedoch mit symmetrischer (AES-256) statt (einer Auswahl von) asymmetrischer Verschlüsselung. Es entstand als quelloffene und damit willkommene Parallel- bzw. Derivat-Entwicklung (ab 2014) zeitlich nach dem Rosetta-Crypto-Pad (2013). Beide genutzte Algorithmen, AES-256 wie auch McEliece, gelten heute als sicher.

## 8.5    GoldBug Messenger – Zeig' mir Deine GUI •

Der GoldBug Messenger ist als quell-offene Software in zahlreichen Download-Portalen zu finden. Sein Name ist eine Reminiszenz an die gleichnamige Kurzgeschichte »The Goldbug« von *Edgar Alan Poe* um ein sog. »Kryptogramm«, einem goldenen Kleintier-Käfer und die Abenteuer von drei Freunden.

Das Icon-Bild von GoldBug ist eine gold-gelb-schwarz-geringelte Biene Maja mit dem Slogan – »Diligent Bee 4 Crypto« – zu Deutsch: Eine fleißige Biene im Bereich der Kryptographie.

Auch diese Applikation nutzt das Protokoll über HTTPS und kann sich an jeden Echo-Server bzw. -Kernel anbinden. Damit wird deutlich, dass dieses Programm lediglich eine andere, schlankere Benutzeroberfläche zu der Verschlüsselungs-Software Spot-On darstellt (in Englisch: Graphical User Interface (GUI)). Sämtliche vorgenannte Funktionen wie Chat, E-Mail, Filetransfer oder Websuche sind daher auch im GoldBug Messenger verfügbar.

Auf diesen Messenger geht der sog., in den ersten Versionen implementiere »MELODICA«-Knopf zurück, der die Anfänge des Cryptographischen Callings im Jahre 2012/2013 begleitete, bis dieser Knopf zur Erneuerung von sicherer Ende-zu-Ende-Verschlüsselung im Zuge des Ausbaus der

Methoden zum Cryptographischen Calling in der Software nicht mehr erforderlich war.

MELODICA ist das Acronym für MULTI ENCRYPRTED LONG DISTANCE CALLING. Damit ist gemeint, dass die Ende-zu-Ende-Verschlüsselung auch über verschiedene Stationen im laufenden Betrieb einer Netzwerkverbindung aktualisiert werden kann, und die Verschlüsselung die über HTTPS gesandten Pakete zuvor multiple ergänzt, also mehrfach absichert. Wie gesehen wird bei der verschlüsselten Echo-Kapsel verschlüsselter Cipher-Text erstellt und dieser als verschlüsselte Kapsel nochmals durch einen verschlüsselnden TLS- bzw. HTTPS-Kanal versandt.

Ein Cryptographischer Call kann mit dieser Design-Gestaltung zur asymmetrischen Verschlüsselung noch eine weitere Ebene der symmetrischen Verschlüsselung mit einem Passwort hinzufügen, oder aber die asymmetrische Verschlüsselung durch die symmetrische Verschlüsselung ersetzen (weiterhin innerhalb des TLS- bzw. HTTPS-Kanals). Mit Ende-zu-Ende-Verschlüsselung soll also so einfach wie möglich gespielt werden können, wie auf einer Klaviatur eines Klaviers: Das Symbol des MELODICA-Knopfes bestand dementsprechend aus den schwarzen und weißen Tasten eines Klaviers. Die Einführung des Cryptographischen Callings wurde also in diesem Messenger mit dem Symbol von Klaviertasten begleitet.

Neben den Optionen dieser Klaviatur bietet GoldBug seinen Nutzerinnen und Nutzer auch eine eingebaute Tastatur, falls eine (z.B. infiltrierte) Hardware-Tastatur nicht den gewünschten Sicherheitsstandards entsprechen könnte.

*Abbildung 40:* GoldBug Messenger mit virtueller Tastatur

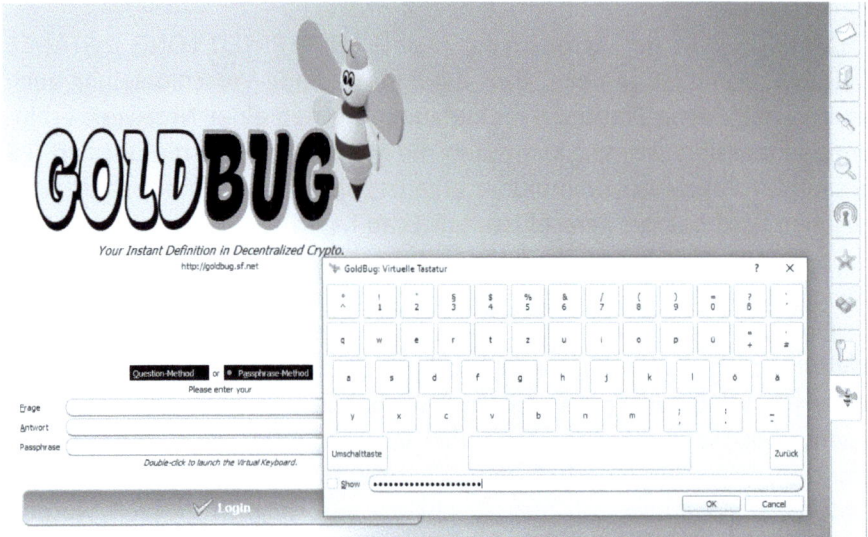

*Die Abbildung zeigt die Login-Seite des GoldBug Messengers, die ein Login-Passwort zum Starten der Applikation und zur Entschlüsselung der Festplattenda-ten für diese Applikation benötigt. Da Passwörter über physische Tastaturen ab-gegriffen werden können, ermöglicht ein Doppelklick in das Passwortfeld die Ein-blendung einer applikationsseitig vorgegebenen virtuellen Tastatur. Damit kann das Passwort über Maus-Klicks auf der virtuellen Tastatur eingegeben werden. Eine potenzielle Lauscherin oder ein Lauscher würde also nicht die Buchstaben, sondern nur einzelne Klicks der Maus erkennen können.*

Die Bedienelemente dieses Messengers sind vielfach zur Vereinfachung reduziert bzw. können in einer Minimalansicht noch weiter ausgeblendet werden, die Programmfunktionen orientieren sich aber an der vollumfäng-lichen vorgenannten Software.

2015/2016 wurde dieser Messenger in der Studie »Big Seven« einem Audit[214] unterzogen und verglichen auch mit sechs weiteren quell-offenen und verschlüsselnden Messengern. GoldBug wurde in diesem Audit als sicher, zuverlässig, innovativ und vielversprechend beurteilt. Unter ande-rem stellte diese Studie auch den POPTASTIC-Chat über E-Mail-Server als vorliegendes Praxismodell vertiefend und ergänzend zu den technischen

Dokumentationen vor, aus dem und dessen Gedankengut ein Jahr später der Delta-Chat-Klient hervorgegangen ist und heute bestens performt mit leicht zu bedienendem GPG-Chat über E-Mail-Server.

Das Portal Datamation setzte GoldBug im Bereich der sicheren Kommunikation auf Platz #1, unter 50 auszeichnungswürdigen Open-Source Projekten insgesamt in allen Kategorien. Allein beim Download-Portal Majorgeeks verzeichnet der Messenger mehr als 31.000 Downloads, etwa halb so viel wie Telegram oder Teamspeak für den Desktop dort. Digia, der Hersteller der Programmier-Umgebung Qt, mit der die Benutzeroberfläche erstellt wurde, hat GoldBug in seine Show-Case Gallery als Qt-Modellprojekt übernommen.

Gleichwohl heißt das nicht, dass die kryptographischen Prozesse darin ohne Lernen intuitiv in den Schoß einer Nutzerin oder eines Nutzers fallen. Es ist vergleichbar mit den zahlreichen Knöpfen im Cockpit eines Flugzeugs. Auch Pilotinnen und Piloten müssen erlernen, was damit für einen Flug einzurichten ist. Ohne eine schulische Arbeitsgemeinschaft, ein studentisches Tutorial oder praktische Hinweise auf einer Crypto-Party wird die Qt-Software GoldBug trotz minimierter Schaltflächen in der graphischen Oberfläche sich ggf. insbesondere den Findigen erschließen. Denn das war ja auch die Quint-Essenz in der GoldBug-Kurzgeschichte von *Edgar Alan Poe*: Schatz-Suche ist knifflig und bedarf einiger Freundinnen und Freunde als Team. Wer jedoch eine Idee und Interesse an der Entwicklungsumgebung Qt bzw. der hinter dieser Benutzeroberfläche stehenden Kryptographie findet, wird auch an einer Lernmethode durch Versuch und Irrtum im Selbststudium ggf. nicht scheitern und seine eigenständigen Erfahrungen anderen vermitteln können. Durch die Quell-Offenheit von GoldBug können Lehrende wie Lernende im Bereich der Qt-Anwendungsentwicklung mit relativ wenig Aufwand eine eigene Benutzeroberfläche erstellen, die ihren Chat an einen selbstaufzusetzenden HTTPS-Server bzw. an einen Echo-Kernel im Port von Freundinnen oder Freunden sendet. Kryptographie ist heute auch angewandte Programmierung im Team von mindestens Drei.

## 8.6    Delta-Chat: POPTASTIC populär •

Der Nachrichten-Austausch über Chat bzw. E-Mail wächst zunehmend unter dem Begriff des »Messaging« zusammen. Einige Programme wandeln heute auch E-Mail-Nachrichten zu Chat-Nachrichten, d.h. sie bieten komfortablen Chat mittels des POPTASTIC-Protokolls über die dezentralen E-Mail-Server auf Basis von IMAP oder POP3 an. Zudem kann der Chat verschlüsselt sein.

Delta-Chat ist ein solcher Messenger, der Chat über E-Mail-Server realisiert, und an die gute Praxis des POPTASTIC-Protokolls beim Spot-On und GoldBug Messenger anknüpft.

Der Delta-Messenger steht auch für weitere übliche Plattformen zur Verfügung. Da er auf Basis von E-Mail operiert, kann er sowohl als E-Mail-Programm für unverschlüsselte Nachrichten eingesetzt werden, als auch für verschlüsselten Chat, wenn das Gegenüber ebenso den Delta-Chat-Klienten benutzt.

POPTASTIC im Bereich des Klienten Delta-Chat hat damit große Potenziale, eine Alternative für populäre Messenger und Monopolisten wie WhatsApp zu bieten: Mit jeder Nutzerin und jedem Nutzer von Delta-Chat wird Cipher-Text in E-Mail-Postfächern gefördert und ein Text-Austausch sicherer gemacht.

Die Verschlüsselung tauscht über E-Mail mit der AutoCrypt genannten Funktion automatisch die öffentlichen Schlüssel zwischen zwei Nutzerinnen bzw. Nutzern. Leider hat Delta Chat nicht den vollen GPG-Standard angewandt, so dass bereits extern erzeugte GPG-Schlüssel (noch) nicht importiert werden können.

Die MOMEDO-Studie[215] hat den Smoke-Chat-Messenger mit dem Delta-Chat-Messenger verglichen, im Wesentlichen auch hinsichtlich der Einbindung von eigenen und öffentlichen Servern. Smoke erfordert einen eigenen Chat-Server (SmokeStack) und bei Delta-Chat werden meistens öffentliche und kostenlose E-Mail-Anbieter wie Gmail, Outlook, Yahoo oder GMX und Web genutzt.

Da diese den Service oft kostenfrei anbieten, werden sie dieses sicherlich nicht mehr tun, wenn darüber Cipher-Text gesandt wird. Dann können die Nachrichten nicht mehr nach Stichworten für die Werbebranche durchsucht werden. Natürlich kann man auch auf einer eigenen Linux-Maschine oder sogar einem Raspberry-Pi-Computer einen E-Mail-Server für die eigene Gruppe, Klasse oder Familie einrichten und Delta-Chat mit diesem Server betreiben. Ein eigener Server wird in jedem Fall aber dann notwendig, wenn die kostenfreien Anbieter keinen Cipher-Text im Postfach mehr dulden wollen oder dürfen.

Die MOMEDO-Studie kommt zu dem Ergebnis, dass ein eigener Chat-Server mittels SmokeStack (inklusive Schlüsselmanagement) für Smoke ggf. einfacher zu installieren sei, als ein IMAP/SMTP-Server. Auch könne es eine Empfehlung für Delta-Chat sein, E-Mail-Postfächer hybride zu adressieren, z.B. ein Ozone-Postfach wie im SmokeStack zu IMAP zu ergänzen.

Eine weitere interessante Zukunftsperspektive stellt sich für Delta-Chat im Bereich des File-Sharings[216] dar. Delta baut ja quasi ein Vertrauensnetzwerk (Web-of-Trust) zu befreundeten Nutzerinnen und Nutzern über E-Mail auf, sodass hier auch eine Suche nach bzw. ein Transfer von Dateien stattfinden kann.

Die weiter unten beschriebene Software RetroShare kann hier ein Beispiel geben: Damit kann auch das Laden einer Datei von Freundinnen und Freunden und deren Freundinnen und Freunden über mehrere Hops möglich sein (sog. Turtle-Hopping-Protokoll[217]). So könnte beispielsweise eine MP3-Musik-Datei über mehrere E-Mail-Postfächer weitergemailt werden. Die Implementierung im RetroShare-Klienten über die verschiedenen Hops der Einzelinstanzen ist jedoch ohne durchgängige Ende-zu-Ende-Verschlüsselung.

Beim Datei-Transfer im Smoke Messenger – über das dortige Steam-Protokoll[218] – ist der Dateitransfer heutigem Standard entsprechend durchgängig verschlüsselt und das auch über mehrere Hops. Steam ist dabei ein universales Protokoll, das nicht an bestimmte Klienten gebunden ist, es ist auch möglich, mit Steam an einen SHH-Klienten Cipher-Text bzw. den Cipher-Text einer verschlüsselten Datei zu senden, der dort am Port gesammelt und entschlüsselt wird.

File-Sharing (und damit auch Web-Browsing à la Tor) in Delta-Chat könnte sicherlich diesen Messenger recht populär machen. Auch damals bei den ersten Android-Smartphones von Samsung gab es eine App für den Download von Musik-MP3-Dateien. Diese wurden aus dem Sozialen Netzwerk V-Kontakte geladen. Es ist zu vermuten, dass seinerzeit Samsung und Android von Google den Markt mit dieser Methode mit einer Auftragsprogrammierung massiv beeinflusst haben und so groß geworden sind. Die Geräte mit dem kostenlosen Musik-Datei-Download verkauften sich wie geschnitten Brot.

Auch wäre Delta-Chat eine gute Ausgangsbasis für eine Applikation, die den Cipher-Text in steganographierten Bildern über E-Mail-Server sendet - statt Textnachrichten.

Aber auch ohne diese drei vorstellbaren Entwicklungsziele von Delta-Chat, der Implementierung von Ozone-Postfächern, von File-Sharing und Web-Browsing mittels der Protokolle Steam bzw. Turtle Hopping, oder des Versandes von steganographierten Bildern, sind Delta-Chat bzw. auch sein Derivat Spike-Chat bereits heute Messenger, die mit sechsstelligen Download-Zahlen an den üblichen Download-Stellen schon gut im Geschäft sind. Populäres POPTASTIC mit Potenzial also.

## 8.7 Silence - Eine SMS-App mit Ende-zu-Ende-Verschlüsselung ●

SMS wird es noch des Öfteren für Messaging benutzt. Wie bei E-Mail sind die Server jederzeit gegeben. Der SMS-Klient Silence löst das Problem, dass SMS standardmässig über keinerlei Verschlüsselung verfügt: Mit Silence wurde die SMS verschlüsselt. Wenn die Chat-Partnerin bzw. der Chatpartner ebenfalls die Silence-App nutzt und ein Schlüsselaustausch erfolgt ist, wird der Chat Ende-zu-Ende verschlüsselt mittels Double-Ratchet-Verfahren, das von Signal oder WhatsApp bekannt ist.

Grundsätzlich kann man natürlich auch Cipher-Text mittels Copy-Paste aus einem anderen Konversions-Werkzeug wie Rosetta einfügen. Silence ist quell-offen und gibt es sowohl im F-Droid-Store als auch im (ggf. nicht empfehlenswerten) Play Store von Google.

## 8.8 Conversations: Der alte Dino in der Mauser? ●

Der Vollständigkeit halber soll die Tradition, die sich mit Innovation verbindet, nicht außen vorbleiben und unerwähnt bleiben.

Viele sind mit Jabber bzw. heute dem XMPP-Chat-Protokoll mit seinen dezentralen und ebenso zusammenschaltbaren (federierbaren) Servern als etabliertem Standard in zahlreichen Klienten groß geworden.

Diese Chat-Technologie muss heute jedoch als etablierter Dinosaurier angesehen werden. XMPP war in einer unverschlüsselten Umgebung entwickelt worden, die heutigen Ansprüchen kaum gerecht wird. Es bedurfte eines Manifests[219], einer schriftlichen Visionserklärung, um alle Server und Klienten auf Verschlüsselung einzuschwören. Nur wenige Klienten und Server sind diesem bis heute nachgekommen. Und es wird über diese Infrastruktur weiterhin noch viel Klar-Text gesandt.

Die ersten Ansätze von Verschlüsselung für XMPP waren im Off-the-Record-(OTR)-Protokoll nur mit einem Schlüssel pro Sitzung vorgesehen. Die heutige Aktualisierung im Omemo-Protokoll ist da angepasster und hat den Stand gemäß der Double-Ratchet-Methode mit einem statisch abgeleiteten Schlüssel pro Nachricht (wie es auch im Signal-Protokoll umgesetzt wird). Beide Verfahren kommen jedoch allein rein quantitativ nicht an den Stand der *Volatilen Encryption* im Fiasco Forwarding (zahlreiche Schlüssel für jede einzelne Nachricht) heran. Und sie erreichen auch nicht den Status der Secret-Streams-Schlüssel (im Spot-On-Messenger) bzw. Juggerknaut Schlüssel (im Smoke Messenger), bei denen gar kein Schlüssel mehr übertragen wird (durch den SMP-Prozess bzw. J-PAKE-Juggling im Zero-Knowledge Beweis).

XMPP-Messenger sind also weder auf der technischen Höhe der Zeit, noch befinden sie sich in einer Architektur, die insgesamt verschlüsselt ist oder moderne Methoden des Cryptographischen Callings einfach implementieren könnte. Schließlich sind bei diesem Dinosaurier derzeit auch keine Messenger präsent, die den McEliece-Algorithmus implementierten.

Die App Conversations ist dennoch ein bekannter und relativ schöner Messenger für Android, der quell-offen ist, aber sowohl für die Installation wie auch die Nutzung des Chat-Servers nach einiger Zeit einen legitimen Obulus verlangt.

Die benutzte Omemo-Verschlüsselung hat sich aus der alten OTR-Verschlüsselung entwickelt und basiert wie beschrieben noch auf dem Double-Ratchet-Algorithmus und dem Personal-Eventing-Protokoll (POP, XEP-0136). Hier wird der nicht Quantum-Computing sichere Algorithmus Curve25519/Ed25519 eingesetzt. Dieser ist nach den Spezifikationen der NIST für elliptische Kurven ebenso unter diesen genannten Bedingungen als kritisch einzustufen[220].

XMPP-Chatserver, die eine Administratorin oder ein Administrator selbst installieren kann und die Verschlüsselung unterstützen, sind Prosody und Ejabberd. Sie sind für technische Unerfahrene ggf. nur mit entsprechenden Fach-Kenntnissen installierbar. Weiterhin inkludieren diese Server kein Schlüsselmanagement.

Der XMPP-Entwickler *Daniel Gultsch* listete in seiner FOSS-ASIA-Präsentation acht von dreißig gängigen XMPP-Servern ohne Omemo-Verschlüsselung gemäß XEP-0384-mit dem folgenden Kommentar auf: »Das Problem des fragmentierten Eco-Systems XMPP ist, dass es veraltete Server gibt, die diese neuesten Verschlüsselungserweiterungen nicht unterstützen. Ein Teil der Lösung besteht darin, das Problem sichtbar zu machen.«[221] - Ist es also hoffnungslos, den Dinosauriern das Tanzen beizubringen?

XMPP kommt aus einer inzwischen nicht mehr modernen Zeit und ist für Verschlüsselung ein hoffnungsloser Fall, wenn nicht statt Klar-Text Cipher-Text aus einer Konversion andernorts in den XMPP-Klienten einkopiert wird. Hier ist für den Laien in jedem Fall Delta-Chat der bessere Klient und für Interessierte, die neugierig auf aktuellere Prozeduren sind und Verschlüsselung lernen wollen, der Smoke Messenger der gehaltvollere, wenn auch in der Benutzeroberfläche ggf. nicht schönere Klient.

Aber wie zu Beginn gesagt: in der Ausbildung werden wir noch über Jahre hinweg weiterhin viele Personen hören, die »auf XMPP« gelernt haben. Das klingt wie früher »auf Zeche« im Bergbau gearbeitet zu haben. Doch diese Zeiten sind vorbei. Und wir werden auf viel zu wenige Lehrerinnen und Lehrer treffen, die den Status Quo innovativer Klienten deklinieren, geschweige denn vergleichen. Überlassen wir XMPP also den Archäologinnen und Archäologen, denn wie geben manche Rat: Die bibliothekarische Fernleihe (eines Buches) ist der Sinn des Lebens: Immer mal wieder etwas Neues und Unbekanntes lesen oder mit DHL einfliegen lassen, bis ins hohe Alter up-to-date bleiben. Es gibt bestimmt bald wieder etwas Neueres als XMPP oder seine Alternativen.

Schon 2016 schrieb Twitter-Nutzer ›Moxie Marlinspike‹, dass das Eco-System sich bewegt und umzieht[222] und drei Jahre später forderte gar der Nutzer ›Cane‹: »Lasst Jabber/XMPP endlich sterben!« - XMPP sei nicht auf der Höhe der Verschlüsselungstechnik, es sei eine Metadaten-Schleuder, ein Flickenteppich in der Softwareintegration sowie ein innovationsfeindlicher Dino[223]. Auch die Server ließen zu viel Klar-Text durch - etwas, warum die Strategie mancher Computer-Clubs diese Server ablehnt. Und das Eco-System sei nicht auf der Höhe der Zeit. Recht mag er haben, Ingenieurinnen und Ingenieure sollten immer das Neueste an Technologie nehmen.

So gibt es bei XMPP viele oben genannte und strukturelle Gründe, warum diese Architektur hinsichtlich Verschlüsselung nicht mehr modern werden kann! Renaissance des Dinos ausgeschlossen?! Jetzt wissen wir, was das griechische *deinós* zu Deutsch heißt: gewaltig schrecklich.


## 8.9    Hacker's Keyboard:
## Abgriffe im Klar-Text verhindern •

Hacker's Keyboard ist eine App für eine Android Tastatur. Da über die Betriebssystem-eigene bzw. vorinstallierte Tastatur des Smartphones die Klar-Text-Eingaben überwacht werden können, sollte in jedem Fall immer eine quell-offene Tastatur-App verwendet werden. Allein schon für die Vorschläge zur Vervollständigung von eingegebenen Worten können zentrale Server kontaktiert werden, die alles mitschneiden. Ein Überwachungs-Trojaner muss daher auch nicht als Hintergrundprogramm, also als sog. »Daemon« installiert werden, sondern es reicht aus, alleine die Tastatur-Applikation über den Hersteller unbemerkt zu modifizieren. Weitere quell-offene Tastatur Applikationen lassen sich im quell-offenen Store FDroid finden, wie das BeHe-Keyboard oder die AnySoft-Tastatur, die jedoch nach einer Berechtigung zur Vervollständigung von Kontakten anfragt und die Freundesliste im privaten Telefonbuch kennlernen möchte. Das Hacker's Keyboard hingegen ist gemeinnützig von mehreren Entwicklerinnen und Entwicklern erstellt und damit auch im Quellcode geprüft worden. Die App schützt also vor einer zentralen Betriebssystem-Hintertür: den Abgriffen der geschriebenen Texte direkt über die Tastatur. Wer sich keine zweite, vom Internet losgelöste Maschine für die Eingabe und Konversion von Klar-Text zu Cipher-Text leisten will, kann sich zumindest über eine quell-offene Tastatur vor dem potenziellen Mitlesen seiner Texte schützen. Da Apple im Gegensatz zu Android keine Installation aus dritten Quellen ermöglicht, bleibt diesen Nutzerinnen und Nutzern nur ein Umstieg auf quell-offene Smartphone-Betriebssysteme wie UB-Ports von Ubuntu Touch oder Sailfish OS oder eben Android-Linux ohne Anbindung der Google-Dienste.

## 8.10 Federation ohne Accounts: Echo Chat Server & XMPP Server & Matrix Server & Co●

Server-Software spielt zumindest aus technischem Blickwinkel eine wesentlich größere Rolle als die Schönheit einer Chat-App. Auch, wenn für Nutzerinnen und Nutzer eine intuitive Erfahrung und das Design der Bedienoberfläche frühzeitig ausschlaggebend für die Popularität eines Messengers sind. Es ist vergleichbar wie beim Auto-Kauf: Farbe und Form des Autos gehören in eine vernünftige Balance zu den PS und technologischen Innovationen unter der Motorhaube. Aber, ohne Flux-Kompensator läuft der DeLorean nun mal nicht. Schauen wir uns daher einige ausgewählte und quell-offene Server mit kurzen Hinweisen für verschlüsselten Chat an.

*Signal-Server:* Während der Signal-Messenger durchaus bekannt und populär ist, ist der zugehörige Signal-Server nicht wirklich quell-offen und bislang noch nicht durch irgendjemanden an einer alternativen IP gespiegelt worden. Alternative Signal-Server existieren daher kaum bzw. nicht und müssen auch in der Synchronisation zum Klienten zu einer Neu-Programmierung auf beiden Seiten führen (z.B. hinsichtlich der SMS-Registrierung). Zudem verlangt auch dieser Messenger den Upload der Telefonnummer, auch wenn diese in gehashter Form erfolgt: Wer alle Telefonnummern kennt, kann diese auch in encodierter Form zuordnen.

Es kann auch, wie zu Beginn schon angedeutet, vermutet werden, dass der Signal-Messenger als Sammelbecken für all derjenigen fungieren soll, die mit Facebook und WhatsApp unzufrieden sind. Dann wäre Signal ein trojanisches Pferd. Belegen kann man es gleichwohl nicht. Doch: All diese Firmen haben Interesse, einen SMS-Server zu betreiben, der die Authentifizierung über das Telefon der Nutzerinnen und Nutzer garantiert. Und: Welches Interesse haben die Geldgeber von Signal, dieselbe Verschlüsselungs- und Authentifizierungsmethode anzubieten, wie die Messenger im Facebook-Konzern? Ein Seitenkanal zum Upload der privaten Schlüssel könnte zumindest im quell-offenen Signal besser eingeschätzt werden, wenn dessen private Schlüssel nicht selbst durch andere Apps hochgeladen werden.

Doch wie kann es sein, dass Signal für seine Server-Infrastruktur ausgerechnet auf Firmen mit zweifelhaftem Datenschutzniveau - Google, Amazon und Microsoft - und zudem in den USA zurückgreift und als sicher gilt?

*Moritz Tremmel* und *Sebastian Grüner* nehmen in einer Analyse an: »Beim Signal-Server wäre es schwierig, eine serverseitige Überwachungsschnittstelle einzubauen, wenn der Server von der App ohnehin nur verschlüsselte und metadatenreduzierte Daten erhält. Veränderungen an App und Server sind zudem öffentlich einsehbar. Im Falle der App lässt sich über sog. »Reproducible Builds« (zu Deutsch etwa: nachproduzierte Kompilierungen) zudem feststellen, dass auch nur der veröffentlichte Code in der App steckt.«[224]

Dass der Server eine andere Kompilierung z.B. mit Plugins oder ergänzendem Code als im öffentlichen Repositorium vorhalten kann und dass andere Kanäle und Apps die Daten von Signal hochladen als die Signal App selbst, ziehen sie nicht in Betracht. Und damit bleibt der real laufende Signal-Server weiterhin ein »Non-Reproduced-Build« auf einem Computer der Analysten zuhause. Zumal der Server Code des Signal Servers seit längerer Zeit nicht mehr aktualisiert wurde, muss auf den Servern ein anderer Code laufen. Das Signal Eco-System konnte daher lange Zeit nicht mehr genommen und selbst weiterentwickelt werden – erst öffentliche Nachfragen[225] induzierten ein Update des öffentlichen Server-Codes.

**XMPP-Server:** Die Klar-Text-verarbeitenden XMPP-Server mit Ausnahme derzeit von Prosody oder Ejabbered gehören dem Dino-Zeitalter an, wie es beim Conversations-Klienten beschrieben wurde. Für einen technisch ausgebildeten Menschen können die Installationsprozesse sicherlich nachvollzogen werden, für Lernende und Verbraucherinnen und Verbraucher Otto Normal erschließen sich die Installationen jedoch nicht von allein. Vom serverseitigen kryptographischen Management auch hier kaum eine Spur.

**Matrix-Server:** Matrix-Server benötigen ebenso Fachleute, die von Institutionen bezahlt werden. Das können sich größere Organisationen leisten, jedoch weder Schulen oder Klassen, noch Familien, Verbände oder Vereine. Die Architektur von Server und Klient ist zudem sehr aufeinander zugeschnitten, es benötigt Accounts und auch in der Kompilierung ist eine große Abhängigkeit von spezifisch einzubindenden Software-Bibliotheken gegeben. Der Matrix-Klient namens Element ist zwar graphisch ansprechend, jedoch hat auch hier bislang kaum jemand einen Server bei sich zuhause für die Familie im Handumdrehen aufgebaut. Der Hersteller bietet die Server-Unterstützung als entgeltpflichtigen Service für Organisationen an. Das bedeutet auch: Es muss kompliziert und von Prozeduren und Bibliotheken und hinsichtlich Kompilierungsspezifika abhängig gemacht werden, damit die Kundin und der Kunde es auch selbst nicht hinbekommt und gerne dafür bezahlt. Eine sog. »accountlose Federation«, also eine Zusammenschaltung und Vernetzung von mehreren Servern und deren Klienten, ohne eine Notwendigkeit von spezifischen Registrierungspflichten für Anwenderinnen und Anwender, erleichtert den Betrieb einer souveränen Chat-Infrastruktur, ist aber auch nicht bei Matrix-Servern gegeben.

*Joachim Selzer*, der schon mehrere Dutzende an Krypto-Workshops zur Digitalen Souveränität und kryptographischen Grundlagen federführend mitorganisiert hat, referiert zu diesem Thema schon seit vielen Jahren: wie zuletzt auf dem Global Media Forum oder dem Jahrestreffen des Netzwerks Recherche, hier insbesondere, um Journalistinnen und Journalisten im Informantenschutz durch Verschlüsselung auszubilden.

Dort vermittelt er den Teilnehmerinnen und Teilnehmern u.a. nicht nur augenzwinkernd gemäß seinem Credo in seinem Twitter-Profil, dass es nicht immer eine gute Idee sei, gleich das ganze Internet auszudrucken, sondern in den Workshops wird auch der philosophisch-religiösen Frage: »Sein oder Offline« nachgegangen - denn schließlich fungiert er auch als ehrenamtlicher Datenschutzbeauftragter der evangelischen Kirche in seinem örtlichen Kirchenkreis.

Aktuell erklärte er in einem RBB-Radio-Interview[226], dass viele ihn zum Betrieb eines eigenen Chat-Server anfragen, jedoch selbst für Technikerinnen und Techniker müsse erkannt werden: »Die Installation und der Betrieb eines eigenen Matrix-Servers erfordert Liebhaberinnen- und Liebhaber-Qualitäten, da diese Server in der Handhabung ist nicht so ganz - sagen wir - Laienkompatibel sind«, - da sei die Idee schon einfacher in die Tat umzusetzen, sich in die Zucht von Brieftauben einzuarbeiten!

Da selbst in Organisationen IT-Abteilungen heute keine Technikerinnen und Techniker mehr beschäftigen, sondern zu Einkaufsabteilungen mutieren müssen, die sich nicht mehr der Verantwortung stellen dürfen, selbst noch Server zu betreiben (selbst wenn diese einfach zu installieren wären), schließen diese Einkäuferinnen und Einkäufer lieber Verträge mit externen Dritten als zukünftige Sündenböcke ab, für den Fall, dass ein Server mal nicht funktionieren sollte. Outsourcing in die Cloud und an externe IT-Dienstleister statt einer sog. »On-Premise«-Gestaltung der Server »auf eigenem Blech« ist das bildungspolitische Perspektiven-Zeugnis, im Server-Raum selbst nicht mehr kochen zu dürfen und zu können? Doch so gerne Technikerinnen und Techniker eigene Server aufsetzen wollten, sie dürfen es oftmals nicht aufgrund der Entscheidungen in kaufmännischen Managementstrukturen. Die Frage zur IT-Sicherheit und -Freiheit in Unternehmen, kaufen, mieten, oder selber machen, ist längst entschieden. Und das fängt bei den externen Kommunikationsservern an, die die Bildung interner »Teams« versprechen.

Element, die quell-offene Applikation für die Matrix-Server wurde von Google zeitweilig aus dem Playstore entfernt. Ist es der Start einer Säuberungswelle von dezentralen, souveränen Servern und ihren Applikationen? Nicht viele Server für Chat-Applikationen können durch die Nutzerinnen und Nutzer zuhause selbst installiert werden. Matrix-Server gehören weiterhin dazu, auch wenn es schwieriger ist als bei anderen Servern, diese zum Laufen zu bekommen. Da Element als Messenger populärer wurde, aber aufgrund dezentraler Server nicht der zentralen Kontrolle unterliegt, wurde dieser aus den Playstores ausgeschlossen. Dieses zeigt zugleich auch die Abhängigkeit der Nutzerinnen und Nutzer von der Marktmacht der Smartphone-Hersteller bzw. der Hersteller der Betriebssysteme und damit auch der Anbieter der App-Stores. Und es ist eine hybride Macht: Monopolmacht trifft Staatsmacht. Keiner der beiden hat Interesse an dezentralen Servern. Die Staatsmacht gewährt stillschweigend der Monopolmacht die Säuberung bei dezentralen Servern, weil es im Interesse beider ist, dass Bürgerinnen und Bürger keine souveränen Telekommunikationsanlagen, also Chat-Server, mit den Applikationen ihrer Telefone betreiben. Dahinter steht das Interesse, die Kommunikation komplett zu überwachen und den Wildwuchs an Servern zu begrenzen. Nach wenigen Tagen wurden die Matrix-Apps wieder im App-Store zugelassen, da auf deren Standard-Server »extrem beleidigende Inhalte«[227] seitens Google gefunden und nun beseitigt werden konnten. Dezentrale Potenz habe also keine Rolle gespielt. Really? Wirklich?

Zumindest wird die Macht der Monopolinhaber deutlich, die hier an diesem Beispiel zeigten, dass sie nicht nur Inhalte bewerten, sondern auch Kanäle. Agentur-Journalist und Fachjurist für Digitalisierung und Sicherheit *Hendrik Wieduwilt* sieht daher mit den App-Löschungen und App-Zensuren sowie Trump-Account-Sperren den Beginn eines postmodernen Internets[228], denn nicht nur der Staat fordert Strukturen, Transparenz und

Personal für das Meinungsmanagement von den Internet-Konzernen. Damit zeigen die Internet-Konzerne und Öffentlichkeits-Plattformen so deutlich wie nie zuvor, wer in der digitalen Öffentlichkeit das Sagen hat, wenn es hart auf hart kommt: nicht eine soziale Bewegung, auch nicht der Staat, und auch nicht ein immunes Staatsoberhaupt, nicht der Mensch mit den Nuklearcodes, sondern sie, die Konzerne. Sind sie nun eine Art fünfte Gewalt geworden? - steht nach dieser Aussage als Frage im Raum des postmodernen Internets.

**Echo-Server:** Echo-Server sind bereits als einfacher HTTP- oder HTTPS-Server beschrieben worden, die in der Programmierung mit Java oder auch C++ für zahlreiche Betriebssysteme zur Verfügung stehen, ebenso für einen kleinen Raspberry-Pi-Computer oder ein mobiles Android-Gerät.

Ein technisch orientierter Lackmus-Indikator kann also darin bestehen, einen Chat-Server nicht nur dann vorzuziehen, wenn er einfach zu installieren und zu bedienen ist, sondern auch, wenn er Cipher-Text auf einem Raspberry-Pi-Computer verarbeiten kann – also geringe Maschinen-Kapazität benötigt.

Während Nutzerinnen und Nutzer oftmals lediglich auf eine einfache, intuitive Bedienbarkeit des Chat-Programms schauen, und technisch Interessierte noch versuchen, zu ergründen, welche Verschlüsselung eingesetzt ist, liegt ein zentraler, nicht zu vernachlässigender Fokus vielmehr auch auf einem Chat-Server, der quell-offen, einfach zu administrieren, vernetzbar (federierbar) und insbesondere kryptographisch gerüstet ist, idealerweise also auch beim Schlüsselmanagement unterstützt. Und: auch auf einem Kleinstrechner laufen kann.

Es ist ein einfacher praxisorientierter Lackmus-Test, jemanden, der ein bestimmtes Chat-Programm oftmals fast schon mit religiösem Fanatismus allein aufgrund der App vertritt, zu fragen, wie wir dazu denn auch den passenden Chat-Server selbst installieren können oder es erlernen können. Das Ausbildungsziel »Chat-Server-Installation« sollte zur regulären Abschlussprüfung technischer Ausbildungs- und Hochschulabschlüsse bzw. zu einem Pflichtfach Informatik in der Schule gehören, um die Installation eines Kommunikations-Servers für eine verschlüsselte Kommunikation selbst vorzunehmen zu können.

Dieses Ziel erreichen wir jedoch nur, wenn jede Schule einen eigenen Chat-Server für die Schulklassen aufsetzt und ausgewählte Lehrinnen und

Lehrer sowie entsprechende IT-Administratorinnen und IT-Administratoren an jeder Schule vorhanden und darin ausgebildet sind.

Sollten Wetten eingegangen werden, dass von zehn Lehrenden im Fach Informatik aus zehn verschiedenen Schulen im Rahmen eines Hackathons mit den 10 besten Schülerinnen und Schüler aus dem Informatikunterricht der jeweiligen Schule nicht eine Gruppe dabei ist, die einen eigenen Chat-Server von oben genannten Anbietern für die eigene Schule innerhalb eines mehrstündigen Workshops von alleine aufsetzen kann?

Der Markt quell-offener Messenger-Applikationen ist reichhaltig. Warum sollte nicht jede Schule ihren eigenen Server und Messenger betreiben? Ein optimaleres Thema als Lernprogramm im Bereich Informationstechnologie, Informatik und Digitalisierung kann man sich nicht vorstellen. Ein individuelles Recht auf Verschlüsselung im Messenger sollte auch ein schulisches Recht auf Föderalismus stärken, dass sich eine Schule aus den ministeriell vorgegebenen Bildungsclouds und zentralen IT-Angeboten ausklinken darf, um eigene Bildungswege in der IT-Architektur zu gehen, beispielsweise um eigene Messenger und deren Server kennen zu lernen und zu verwenden.

Letztlich, im Fokus einer weiteren Körnungsgröße, führt es zu der Frage, ob ein YouTube-Telekolleg so zentralisiert sein darf wie WhatsApp, sodass ein lokales Kollegium an Lehrerinnen und Lehrern wegrationalisiert werden kann? Die Ausgangsfragestellung, wie organisieren Schulen ihre internen und digitalen Kommunikationsstrukturen, fängt bei einem Souveränitäts-Bekenntnis zu einer selbstgewählten Chat-Server-Software an und korrespondiert mit der Frage, inwieweit Lehrerinnen und Lehrer ihre eigenen Lehrmaterialien und ihre eigene Didaktik in einen (virtuellen) Klassenraum einbringen (dürfen). Tun wir es nicht, reicht ein landesweites Video aus der YouTube-Konserve genauso gut aus, wie ein ministeriell vorgeschriebener Messenger bzw. Server für alle Schulen?

Eine einfache, zu erarbeitende, Kriterien-Übersicht kann helfen, Chat-Server zu vergleichen, um eine solche Chat-Server-Installation an der lokalen Schule zu finden, die beim nächsten Klassenausflug die Kommunikation untereinander regeln könnte.

*Abbildung 41:* Muster-Template für eine Lernaufgabe Kriterien-basierter Chat-Server Vergleich

| Kriterium / ausgewählte Chat-Server Software | Leicht zu installieren/ administrieren | Kryptogr. Funktionen wie Key Management vorhanden | quell-offen | vernetzbar & federierbar / ohne Accounts | Einfach zu kompilieren / Anleitung vorhanden |
|---|---|---|---|---|---|
| BigBlueButton | | | | | |
| DHT Servers | | | | | |
| Echo Netcat/Socat | | | | | |
| GoldBug Server | | | | | |
| IMAP / POP3 | | | | | |
| Jitsi | | | | | |
| Matrix | | | | | |
| OwnCloud | | | | | |
| Signal | | | | | |
| SmokeStack | | | | | |
| NetCat & SoCat | | | | | |
| Spot-On | | | | | |
| Spot-On Lite Serv | | | | | |
| Wire AWS | | | | | |
| XMPP Prosody | | | | | |
| XMPP Ejabberd | | | | | |

*Quelle:* [229]

Die weitere Forschung wird das Themenfeld der Chat-Server-Software und ihrer Funktionsweisen vertiefend analysieren. Hier besteht dringend weiterer Forschungsbedarf. Auch Schulklassen im Informatikunterricht können dieses Thema also praxisorientiert erkunden, indem in jedem Jahrgang ein Chat-Server installiert wird und die Erfahrungen dokumentiert und/oder mit den Vorjahresklassen verglichen werden.

*Abbildung 42:* Smoke Crypto Chat Messenger

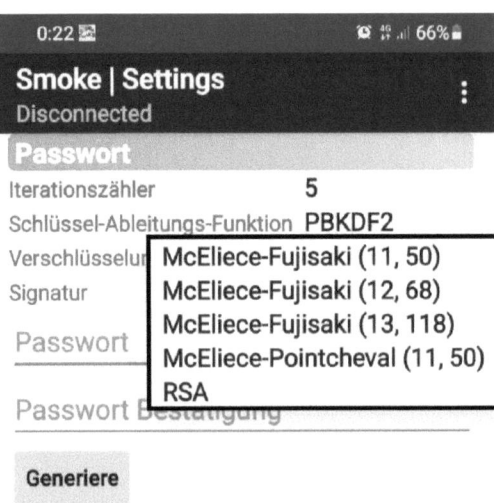

*Quelle:* [230]

*Der Smoke Crypto Chat Messenger ist eine Echo Software Applikation nicht nur für Chat, sondern auch für weitere explorative kryptographische Funktionen und gilt als weltweit der erste quantum-computing sichere mobile McEliece Messenger. Er verfügt über drei McEliece Implementationen nach Fujisaki bzw. Pointcheval und eine Super-McEliece Implementierung mit hohen Schlüsselwerten. Mit seinem quell-offenen Server SmokeStack harmoniert er als verschlüsselte Messaging Lösung auf dem Android Betriebssystem. Eine Implementierung auf das Apple-Betriebssystem in der Swift Programmiersprache ist durch eine italienische Entwicklergruppe in Vorbereitung. Sämtliche transferierte und gespeicherte Daten sind hochgradig verschlüsselt. Chats mit RSA-Schlüssel sind dank entsprechender Mathematik und Implementierung kompatibel und interoperabel mit Chats aus McEliece-Schlüsseln. Der Messenger gilt als ein Schulungs- und Evaluierungsprojekt par exellence für das Zeitalter der Dritten Epoche der Kryptographie und wird regelmäßig von Schulklassen als Messenger im Praxis-Unterricht ausgetestet (https://f-droid.org/de/packages/org.purple.smoke/).*

Es leiten uns mindestens vier Fragen:

(1) Erstens, kann ich den quell-offenen Chat-Server selbst installieren (ggf. auch kompilieren, aber zumindest: administrieren)?

(2) Zweitens, kann der Chat-Server für die Größe einer zu definierenden Gruppe auf Kleincomputern wie einem Raspberry-Pi oder auf einem mobilen Android-Gerät installiert werden?

(3) Drittens, kann der Chat-Server auch kryptographische Schlüssel und Cipher-Text managen, z.B. für Offline-Freunde den Cipher-Text zwischenspeichern?

(4) Und viertens, wie können mehrere Server ohne registrierte Accounts zusammengeschaltet (federiert) werden?

## 8.11 Netcat & Socat: Terminal-Befehle als Telekommunikationsanlage? •

Die HTTPS-Server und das dazu passende, verschlüsselnde Echo-Protokoll, die sich auf die genannten Klienten beziehen, haben mit dem Echo, das in einem sog. »RFC«-Memorandum (englische Abkürzung für: Request for Comments) definiert wird, nichts zu tun. Dennoch gibt es mit RFC 862 auch eine Definition, die quasi als Reflektor-Server all das spiegelt, und wieder ausgibt, was herein kommt. Eben wie ein Echo. Dieses sollte daher auch mit verschiedenen Chat-Protokollen auf HTTPS-Basis interessant sein. Insbesondere für das verschlüsselnde Echo-Protokoll. Echo-862 trifft Echo-Protokoll. Für diesen Zweck kann man die Funktion Socat (anstelle von Netcat) als Echo-Server nutzen und Netcat als Klient. Die Einrichtung erfolgt über einige wenige Kommando-Zeilen.

Socat Echo Server (lauscht am TCP-Port 1234):
```
socat -v tcp-l:1234,fork exec:'/bin/cat'
```

Netcat Klient (verbindet zur Server-IP am TCP-Port 1234):
```
nc serverip 1234
ncat -e /bin/cat -k -u -l 1234
```

-e bedeutet, es führt aus /bin/cat (um das zurückzuspiegeln, was eingetippt wird).
-k bedeutet ein Keep-Alive, dass es weiterhin lauert nach jeder Verbindung.
-u bedeutet UDP.
-l 1235 bezeichnet den Port 1235.

QTerminal, das sich bei Github finden lässt, ist ein Terminal mit ansprechender Qt-Oberfläche, das sich auch als einfache Chat-Kommandozeile an einen Echo-Server anbinden lässt.

Die Eröffnung eines solchen Reflektors oder Mediators als Server auf der Kommandozeile, der zwei Klienten verbindet, ist wohl die einfachste Art, einen Server zu denken z.B. mit dem HTTP(S)-Chat-Protokoll, oder um die Ende-zu-Ende-Verschlüsselung auf mehrere am Server verbundene Geräte zu verteilen und lesbar zu machen. Wie könnten Netcat und Socat nur als Telekommunikationsanlage verstanden werden? Dieser Echo Service 862 ist ein Werkzeug aus dem Mai 1983, quasi einer Zeit vor jeglicher Demokratisierung von Verschlüsselung und auch fast eine Dekade vor der Veröffentlichung von PGP/GPG (Pretty Good Privacy bzw. Gnu Privacy Guard), sowie jeglicher Novellierungs-Absichten, Telekommunikationsanlagen für Ende-zu-Ende-Verschlüsselung einzuschränken. Und letztlich ist es nur ein einfacher Spiegel oder Repeater, der mit ausgewählten Chat-Klienten harmoniert.

## 8.12 RetroShare:
## Was war noch mal Turtle Hopping? •

RetroShare ist ein verschlüsselndes, quell-offenes Programm für Chat und Datei-Transfer und ist stark in der Suche und dem Download von Dateien aus dem Bestand von Freundinnen und Freunden. Da alle Verbindungen zu Kontakten verschlüsselt sind und nur zu definierten (vertrauten) Freundinnen und Freunden erfolgt, entsteht ein Vertrauensnetzwerk, ein auf Englisch: »Web-of-Trust«. Das ermöglicht, in der Suche und beim Transfer von Dateien auch über die eigenen Kontakte hinaus zu gehen. So werden auch die Datenbestände von Freundinnen und Freunden, und von deren Freunden, und wiederum deren Freundinnen und Freunden adressiert. Und so fort, bis zu sieben Hops.

Dieses beschreibt das sog. »Turtle Hopping«[231], wie es Anfang der Jahrhundertwende von *Petr Matejka* und *Bogdan Popescu* mit *Bruno Crispo* sowie dem IT-Hochschullehrer *Andrew Tanenbaum* an der Freien Universität Amsterdam als Modell für das Gnutella-Netzwerk bzw. als Ausweg aus der Peer-to-Peer-File-Sharing-Krise beschrieben wurde. *Andrew Tanenbaum* wurde vor allem als Entwickler des Unix-artigen Betriebssystems Minix bekannt sowie als Autor mehrerer Standardwerke zu diversen Themen der Informatik.

Mit RetroShare wurde diese Architektur in diesem verschlüsselten Friend-to-Friend-Netzwerk eingebaut.

Turtle Hopping auf Basis von Verschlüsselung verwandelt ein Peer-to-Peer-(P2P)-Netz also in ein Friend-to-Friend-(F2F)-Netz um, d.h. die Verbindung, die ein Knotenpunkt aufbaut, ist auf keinen unbekannten Peer mehr gerichtet, sondern auf eine bekannte Freundin oder einen bekannten Freund.

Denn: Wer ohne Verschlüsselung bzw. ohne dieses Vertrauen wahllos zu einem unbekannten Peer und dessen IP-Adresse verbindet, läuft immer Gefahr, an diesem Knotenpunkt auf eine Anwältin oder einen Anwalt zu treffen. Dann könnte der Datentransfer analysiert werden und, wie bei der Musikindustrie über die Jahre oftmals erfolgt, mit einer urheberrechtlichen Anklage geprüft werden.

Bislang war in RetoShare jede Nutzerin und jeder Nutzer mit dem GPG-Schlüssel an seine IP-Adresse gebunden und darüber in oben erwähnten Distributed Hash Table (DHT) auch auffindbar. Nach der Veröffentlichung des Echo-Protokolls hat nun auch RetroShare ein quasi ähnliches Verfahren übernommen und eine zusätzliche Ebene an Schlüsseln über dieses statische (bereits verschlüsselte) Turtle-Hoping-Netz gelegt. D.h. es wird zwar mit einer identifizierbaren IP und dem GPG-Schlüssel verbunden, doch werden dann auf dieser Basis weitere temporäre Schlüssel erzeugt, die nicht mehr an die IP-Adresse geknüpft sind und damit unabhängig genutzt werden können, z.B. für die Forenbeiträge. Echo also auch dort: Insofern hat RetroShare ähnlich diesem Protokoll nicht an die IP-Adresse geknüpfte temporäre Schlüssel als darübergelegtes Netz bzw. Identifikationsmechanismus für Nachrichten vor einigen Jahren implementiert. Das Paradigma »Beyond Cryptographic Routing« wurde hier in Anlehnung übernommen.

RetroShare war schon von Anbeginn an ein umfassendes Netzwerk, das umso grösser wird, je mehr Freundinnen und Freunde man hinzufügt - und diese Freundinnen und Freunde gleiches tun. Wie schon genannt, hat es auch kryptographische Spezifizierungen: so ist bei einem Datei-Transfer keine Ende-zu-Ende-Verschlüsselung oder gar volatile Verschlüsselung vorgesehen. Wer seine Musikdateien durchsuchbar mit anderen Freundinnen und Freunden teilen will, findet hier auch in den Dateibeständen der Freundinnen und Freunde umfassende Downloadmöglichkeiten. Diese sind so lange kryptographisch sicher, wie auch die direkten IP-Verbindungen tatsächlich nur zu vertrauten Freundinnen und Freunden erfolgen. Und, wenn dieses Vertrauensversprechen alle weiteren in der Download-Kette bzw. im Netz erbringen. Die Sicherheit bezieht sich somit auf eine Punkt-zu-Punkt-Verschlüsselung, d.h. jede Zwischenstation wird eine zu transferierende Datei nach dem Download aus- und vor dem weiteren Upload wieder mit Verschlüsselung einpacken. Da alle allen vertrauen, gilt dieses als sicher.

Neben Chat und Dateitransfer ist bei RetroShare ebenso ein intern bezugnehmendes P2P-E-Mail- und auch Foren-System integriert. Jeder kann öffentliche oder private Foren für definierte Teilnehmerinnen und Teilnehmer eröffnen und in diese mit einem anonymen Namen eine Nachricht einstellen. Die Nachricht kann im Klar-Text sein, oder, wenn z.B. Rosetta zur vorherigen Konversion genutzt wird, auch im Cipher-Text.

Eine weniger ausgearbeitete Alternative zu RetroShare ist das Programm »Alliance P2P«.

## 8.13 Vier Postfächer ohne Menschennummer-Identifikation bei Freundinnen und Freunden erhalten: Institution, Care-Of, Ozone und BitMessage •

Neben dem RetroShare-internen P2P-E-Mail-System gibt es noch vier weitere, distribuierte und kryptographisch unterstützte E-Mail-Systeme, die nicht nur keinen zentralen Server benötigen, sondern auch vom Protokoll und der Kryptographie her interessant sind.

P2P-E-Mail wird in den Vordergrund rücken, wenn öffentlich zugängliche E-Mail-Postfächer ohne SMS-Authentifizierung bzw. Identifizierung mit dem Personalausweis nicht mehr anonym zu erhalten sind – auch, wenn es zu diesem Zeitpunkt die Kirchen ggf. wundern lässt, dass der Initiierungsprozess, wenn ein Jugendlicher erstmalig einen Ausweis oder eine Telefonnummer erhält, aus staatlich-sicherheitspolitischer Sicht von größerer Bedeutung sein könnte, als die erste Kommunion oder Jugendweihe aus religiöser Sicht. Die Telefonnummer identifiziert uns alle, wie auch der Personalausweis. Und US-Bürgerinnen und -Bürger fragen sich in bekannten IT-Foren, warum die Telefonnummer nicht mit der in den USA landesweit eindeutigen Sozialversicherungsnummer gleichgesetzt wird – denn dort hat die Sozialversicherungsnummer die Funktion eines allgemeinen Personenkennzeichens, da es keine allgemeine Meldepflicht gibt.

In Europa kennen wir ein solches Personenkennzeichen nur bei der Steuer oder zwecks Erfassung der Jahrgänge beim Ehrenamt bzw. beim Militär. Doch bereits heute ist davon auszugehen, dass die USA Listen mit allen weltweit vergebenen Telefon-Nummern und den dazu gehörigen Personen pflegt. Es sind ja schließlich auch alle Telefonnummern bei WhatsApp oder haben eine SMS von Facebook erhalten. Eine neue Funktion von WhatsApp weitet diesen Erfassungsdienst nun auch auf biometrische Merkmale aus: Wer auf WhatsApp-Web oder die WhatsApp Desktop-App zugreifen will, muss die Anmeldung erst per Fingerabdruck oder Gesichtserkennung über das Smartphone absegnen. Auf Android-Geräten, welche biometrische Authentifizierungssysteme nutzen, wird die Funktion automatisch aktiviert sein. Das gleiche gilt für iOS-Devices ab iOS-Version 14. Und: die Registration lässt sich nicht einfach deaktivieren. Wer die biometrische Authentifizierung abschalten will, muss das komplette biometrische Authentifizierungssystem des Smartphones deaktivieren.

Für Deutschland gilt: Die Einführung einer Menschennummer folgte nur wenige Wochen nach der zu Beginn dieses Buches beschriebenen europäischen Novelle zur Einschränkung der Ende-zu-Ende-Verschlüsselung[232]. Jede und jeder Deutsche wird demnach nicht mehr nur für das Finanzamt mit einer lebenslang gültigen persönlichen Kennung ausgestattet, sondern der Gesetzgeber beschloss die Einführung dieser Menschen-Nummer auch für andere Zwecke. Die Steuer-ID soll als einheitliches Identifizierungsmerkmal in allen Verwaltungsbereichen auf Bundes- und Landesebene zum Einsatz kommen. Der Widerstand von Datenschützer blieb unerhört. Die Steuer-ID auf viele weitere staatliche Bereiche auszuweiten, ließ den Innenministern bereits den Big Brother Award, den Negativpreis der Datenschützer, zukommen. Diese Menschennummer, auch freundlich BürgerInnen-Nummer genannt, ist ein weiterer epochaler Schritt in eine Gesellschaft, die durch Computer und Algorithmen gesteuert wird. Jeden Menschen mit einer Nummer durchzuzählen, halten viele nicht für des Menschen würdig. Die Würde des Menschen werde mit einer Menschennummer angetastet.

Die Systeme des Staates werden demnächst nicht mehr Menschen mit Namen, sondern führend nur noch ihre Identifikationsnummern verarbeiten können. Und dieses tastet auch ein würdiges Menschenbild an.

Werden wir schon in naher Zukunft Zwangsprozesse anhand der Nummer durchführen und das Potential großen Unheils anhand der Menschennummer abschätzen müssen? Einschätzungen aus der Wissenschaft, von den Datenschutzbehörden der Länder und sogar des Wissenschaftlichen Dienstes des Bundestages selbst hatten sich ebenso bedenklich geäußert, ob solch eine einheitliche Menschen-Identifikation für elektronische Systeme überhaupt verfassungsmäßig ist.[233]

Das Vorhaben eines Personenkennzeichens in der Bundesrepublik Deutschland wurde schon in den 1970er Jahren verworfen, da der Rechtsausschuss des Deutschen Bundestages 1976 feststellte, dass »die Entwicklung, Einführung und Verwendung von Nummerierungssystemen, die eine einheitliche Nummerierung der Bevölkerung im Geltungsbereich dieses Gesetzes ermöglicht, wegen fehlender gesetzlicher Grundlage unzulässig ist.«[234]

Eine Identifikationsnummer für das gesamtdeutsche Steuerwesen wurde dennoch 40 Jahre später nach der *Personenkennziffer* (PKZ) in der DDR zum 1. Juli 2007 eingeführt – jedoch nur für den Zweck der Erhebung der Steuern. Zur Umsetzung übermittelte jedes Einwohnermeldeamt dem *Bundeszentralamt für Steuern* (BZSt) jede zum Ablauf des 30. Juni 2007 im Melderegister geführte Bürgerin und geführten Bürger. Doubletten wurden bereinigt.

In der Tat kann eine Kommune ein Lied davon singen, dass bei jedem Amt die Adressdaten von Bürgerinnen und Bürgern wieder manuell eingespielt werden, weil es kein gemeinsames Adressverzeichnis gibt und so zahlreiche Doubletten und Falsch-Schreibungen entstehen.

Mit der Menschenkennziffer auf Basis des neu geschaffenen Gesetzes ist es technisch nun möglich, mehr als 50 unterschiedliche staatliche Datenbanken und Register miteinander zu verknüpfen: Das reicht vom Melderegister, über Radiogebühr, die Schulanmeldung, Zeugnisausgabe bis zur Fahrzeugregistrierung. Wer diese Daten zusammenführt, erhält nicht nur eine kongruente Datenlandschaft in der Verwaltung, sondern auch ein sehr genaues Bild über die Lebensumstände eines Menschen. Auch bei einer Volkszählung mag es sinnvoll sein, jede Person eindeutig identifiziert benennen zu können. Schließlich sind auch alle deutschen Soldatinnen und Soldaten, Zivildienstleistenden sowie Angehörige der Verwaltung bei Bundeswehr und dem Bundesamt für Familie und zivilgesellschaftliche Aufgaben mit einer Personenkennziffer versehen. Diese setzt sich aus dem Geburtsdatum, dem Anfangsbuchstaben des Nachnamens und einer fünfstelligen Zahl, von der die ersten drei Stellen den Meldebezirk angeben, zusammen.

Bislang durfte es jedoch für übergreifende Verwaltungsprozesse keine Personenkennziffer oder das gemeinsame Identifikationsmerkmal der Menschen geben. Von 1976 bis zur Erfassung 2007 und Nutzung als Steueridentifikation dauerte es nur weitere 14 Jahre, bis der Funktionszweck der Steueridentifikation im Jahre 2021 umgewandelt wurde zur Menschenidentifikation, mit der die Ämter nun sämtliche, die Würde des Menschen betreffenden Amtsvorgänge adressieren können.

Die Umwandlung der Steuer-ID in eine Identifikationsnummer für jede Bürgerin und jeden Bürger, also dieser Menschennummer oder Personenkennzahl, versuchte der Datenschutzbeauftragte des Landes Sachsens, *Andreas Schurig*, noch zu verhindern mit dem Argument: es bestünde die Gefahr, dass umfangreiche Persönlichkeitsprofile erstellt werden. So gäbe es auch Gründe in der Historie, ein solches Personenkennzeichen abzulehnen: »In der DDR war Anfang der 1970er Jahre eine umfassende Personenkennzahl eingeführt worden, die zur Kontrolle der Bevölkerung genutzt wurde.«[235]

*Andreas Schurig* ist als Vorsitzender der deutschen Datenschutzkonferenz nicht nur Mathematiker und Datenschutzexperte, sondern auch studierter Theologe mit philosophisch-theologischen Hintergrund.

Gerade der kirchliche Kontext scheint eine aktive Stellungnahme zur Menschnummer zu erfordern, denn der paradiesische »Garten Eden« als Inbegriff der Einheit des Menschen mit Gott und sein Zugang zur ewigen Lebensfülle im »Baum des Lebens« (Gen 3,22 EU) geht nicht nur durch den Sündenfall verloren, bei dem der Mensch fortan mit dem animalischen »Fell-Kleid« (Gen 3,21 EU) die Geschichte des Sterblichen zwischen Geburt und Tod beginnt, sondern charakterisiert insbesondere auch dann einen Sündenfall, wenn dieses Fell nun mit einem Nummern-Etikett versehen wird. Heute würde man sagen: tätowiert oder mit einer Elektronik-Kapsel unter der Haut »gechipped« wird.


Es bleibt abzuwarten, wie das deutsche Bundesverfassungsgericht im Klagefall die Erteilung einer eindeutigen Ziffer für Menschen bewertet. Menschen sind würdig durch einen Namen und ggf. durch ihr Geburtsdatum zu adressieren, und nicht durch eine reine Nummer zur Kennzeichnung des Menschen.

Denn: Nicht nur die Personenziffer in der damaligen DDR spielt historisch eine Rolle, ein diese Menschenkennziffer ablehnendes Werte- und Rechtsverständnis ist auch der noch weiter zurückliegenden deutschen Geschichte geschuldet: Die Nationalsozialisten ermordeten Menschen aufgrund ihrer Zugehörigkeit zu bestimmten in Registern und Verzeichnissen erfassten Gruppen.

Zudem bekamen in der damaligen dunkelsten Zeit Deutschlands Menschen eine Nummer eintätowiert, z.B. im Konzentrationslager Ausschwitz durch den Tätowierer *Lale Sokolov*: Erst nach dem Tod seiner Frau Gita, entschloss sich *Lale Sokolov*, seine Geschichte 50 Jahre später einer Bekannten, Autorin *Heather Morris*, zu erzählen, die aus seinen Erinnerungen, Erzählungen und ihren eigenen Recherchen die packende wahre Geschichte schrieb: Der Tätowierer von Ausschwitz – *Lale Sokolov*. Lale wurde unter dem Namen *Ludwig Eisenberg* am 28. Oktober 1916 in Krompachy (Krompach), Slowakei, geboren. Am 23. April 1942 wurde er nach

Auschwitz deportiert und erhielt dort die Häftlingsnummer 32407. Lale konnte diesen Wahnsinn in Auschwitz nur überleben, indem er aus Menschen Nummern machte: Nachdem er eine Typhuserkrankung nur knapp überlebt hatte, wurde er zum Haupttätowierer des Lagers, nicht zuletzt, weil er mehrere Sprachen sprach und schnell lernte, wie man es anstellen musste, um nicht aufzufallen und damit zu überleben. Unzähligen Mitgefangenen musste *Lale Sokolov* die fünfstelligen Zahlen in die Unterarme stechen - das Symbol für die unvorstellbaren Gräueltaten der Nazis. Seine Geschichte war geprägt von einem Kampf ums Überleben. Seine Frau Gita (geboren 1925) starb im Oktober 2003 und Lale im Oktober 2006, das Buch erschien erst 2018 und zeigt, wie eine Menschennummer von den Nationalsozialisten gedacht wurde.

Auch der Sozialpsychologe *Erich Fromm* beschreibt am Fall von *Adolf Eichmann*, wie eine Sozialisation zur Verwaltungsdenke, die Menschen zu Nummern werden lässt, den Typus eines Organisationsmenschen erzeugen kann, der sich nicht nur auf die damalige Zeit beziehen lässt, sondern den er als Symbol für uns alle sieht: »Der Fall Eichmann ist symbolisch für unsere Situation und besitzt eine Bedeutung, die weit über das hinausgeht, womit sich seine Ankläger im Jerusalemer Gerichtshof beschäftigen. Eichmann ist der Prototyp des Organisationsmenschen, des entfremdeten Bürokraten, für den Männer, Frauen und Kinder zu bloßen Nummern geworden sind. Er ist das Symbol für uns alle.«[236]

Während der Zeit des Nationalsozialismus und des Zweiten Weltkrieges leitete *Adolf Eichmann* in Berlin das »Eichmannreferat«. Diese zentrale Dienststelle des Reichssicherheitshauptamtes (RSHA, mit dem Kürzel IV D 4) organisierte die Verfolgung, Vertreibung und Deportation von Juden und war mitverantwortlich für die Ermordung von schätzungsweise sechs Millionen Menschen im weitgehend vom NS-Staat besetzten Europa. Im Mai 1960 wurde er von israelischen Agentinnen und Agenten aus Argentinien entführt und nach Israel gebracht, wo ihm ein öffentlicher Prozess gemacht wurde. Er wurde zum Tode verurteilt und in der Nacht vom 31. Mai auf den 1. Juni 1962 durch Hängen hingerichtet.

Wer beim Zählen von Menschen so mit dem Leben von Menschen rechnet wie im Fall *Adolf Eichmann*, als seien lebendige Menschen Nummern, zeigt, wie Gefühle zu Eis erstarrt sind: Es ist nicht menschlich und würdig, Menschen mit Nummern zu versehen. Die Stadt Pforzheim brachte 2013 daher eine Gedenkschrift zu Euthanasie-Verbrechen der Nationalsozialisten an Menschen aus Pforzheim heraus mit dem Titel: »Namen, nicht Nummern«[237].

Sollten Menschen also auch zukünftig mehr mit ihrem Namen gekennzeichnet sein als mit einer Personenkennziffer (PKZ), einer Identifikationskennziffer (IDKZ) oder Menschennummer? Beispielsweise mit dem Geburtsdatum und dann dem Namen: »19X1-01-01-Tenzer-Theo«? Oder macht es numerisch keinen Unterschied, wenn dieses eine 16-stellige Nummer statt einer textlichen Zeichenkette ist? Und sollte sich eine heutige Beamtin bzw. ein heutiger Beamter als werdender Organisationsmensch schlecht fühlen, diese zu vergeben, zu erheben und zu verarbeiten? Insofern kann es nicht nur um technisch erzielte Effizienz oder Eindeutigkeit gehen, oder um eine historische Verantwortung, sondern um die Würde des Menschen, diesen nicht mit einer Nummer zu kennzeichnen. Dieses kann nicht nur eine rechtliche Fragestellung sein, sondern muss auch eine ethische sein. Menschennummern sind demnach zutiefst unanständig; beziehungsweise muss gefragt werden: fehlt bei denen, die Menschennummern vergeben, zutiefst ein moralischer Kompass des werteorientierten Anstands?

Eine Vorratsdatenspeicherung kann sich auf die zeitlich definierte Speicherung von IP-Adressen beziehen, die Nutzerinnen und Nutzer bzw. deren Rechner im Internet temporär oder dauerhaft verwenden. Eine permanente Zuweisung einer Nummer zu einem Menschen oder die anlasslose Identifikation von Menschen für Kommunikationsgelegenheiten, ist ein Schritt mehr als reiner Zahlen-Vorrat, es ist eine Menschennummer und eine Personenvorratsdatenspeicherung. Damit, sowohl einzeln als auch in Kombination, ist die zuvor angesprochene Matrix-Überwachung geschaffen: Person 53-88-14 wird identifiziert, an der IP-Adresse 123.153.312.32 am Port 4812 um jene Zeit eine Kommunikation mit einem Gegenüber mit ähnlichen identifizierenden Zahlen vorgenommen zu haben, wobei die Schlüssel für die Kommunikationsinhalte hinterlegt sein müssen, und damit diese angewandt werden können, wird auch jeglicher elektronischer Kommunikationsinhalt gleich mitgespeichert.

Bei der Überwachung des Straßenverkehrs wird derzeit gleiches festgestellt: Hier kann man alle Ausgänge einer Straße überwachen, oder die fahrenden Menschen mit ihren Fahrzeugen. Was ist effizienter? Wer nicht alle Ports im Internet überprüfen kann, ob dahinter ein unregistrierter Kommunikationsserver steht, versucht dieses abzukürzen mit der Registrierung eines jeden Menschen und seines gewählten Kommunikationskanals?

Analoge wie digitale Bewegungen (Fahrten mit Verkehrsmitteln oder Besuche von Webseiten) und Weitergaben von Nachrichten (Briefpost oder Messenger) mit gespeicherten Kanal-Daten (IP-Adresse und Port) sowie Zeit-Stempeln zu versehen, weiterhin die technischen Maschinen und Mittel für Bewegungen und Nachrichten meldepflichtig zu registrieren (gewählte Automarke, gewähltes Verkehrsmittel oder gewählter Messenger) sowie auch die Menschen selbst nicht nur zu registrieren, sondern ggf. zukünftig auch zuvor zu identifizieren, kommt einer totalitären Fantasie nach.

Genau diese Gesetzes-Ausarbeitung kam - europaweit - nur wenige Monate später nach der beschlossenen EU-Gesetzgebung zur Verschlüsselung und deutschen Einführung der Menschennummer: Bürgerinnen und Bürger Europas werden ihre Identität nun elektronisch per Smartphone mithilfe einer sogenannten EUid-Brieftasche nachweisen. Anbieter wie Facebook oder Google bereiten dann die neue EU-ID zum Login (ohne pseudonyme Nutzung) vor: keine E-Mail oder Chat-Nachricht mehr ohne identifizierte Anmeldung per ›E-Wallet‹. Das eindeutige und dauerhafte Identifizierungsmerkmal wie die oder ähnlich der Deutschen Menschen-Kennziffer ist auch mit biometrischer Authentifizierung zu versehen – so sieht es die Verordnung für elektronische Identifizierung und Vertrauensdienste für elektronische Transaktionen vor (kurz: eIDAS[238], Englisch für: Electronic Identification and Trust Services for Electronic Transactions). Macht sich Europa mit diesem eIDAS Verfahren auf, die Grundlagen zu schaffen, die Menschen nun europaweit besser durchzuzählen zu können als deutsche Orte es jemals konnten?

*Christian Stöcker*, Hochschullehrer für den Studiengang Digitale Kommunikation in Hamburg, forderte daher im Magazin *»Der Spiegel«* den Rücktritt des Innenministers nach dem Gesetzesbeschluss für die Menschenkennziffer und einer Identifizierungspflicht im Internet: Der deutsche Innenminister versuche, einer von Corona abgelenkten Öffentlichkeit gerade mal eben eine totalitäre, offenkundig verfassungswidrige Neuordnung des Internets unterzujubeln – übrigens schon im mindestens zweiten Anlauf. Schon diese Versuche sind so unanständig, dass man spätestens jetzt sagen müsste: Es reicht: Entlasst den Innenminister *Horst Seehofer*. Diese direkte Kritik an dem langjährigen Berliner und auch Münchener

Regierungsbeamten formulierte er sicherlich nicht nur, weil er Kulturkritik an der Bayerischen Akademie ebenso in München studierte, sondern weil sie inhaltlich fundiert ist. Auch nach Meinung der Opposition sei dieser Minister mit diesen totalitären Fantasien einfach eine Gefahr für die Demokratie geworden.[239]

Und diese Fantasien werden zudem nun in mehreren Gesetzen in einem ganzen, überlappenden Kontext real: Neben der gesetzlich beschlossenen Menschennummer in einem elektronischen Wallet werden auch »zuarbeitende« Gesetzte vorgesehen: nun sollen auch zentrale Biometrie-Datenbanken[240] für Passbilder und Unterschriften aufgebaut werden. Und: Nach einem ergänzenden Gesetz soll dabei die Nutzung von Smartphones als elektronisches Identifikationsmittel bei ökonomischen Prozessen erfolgen[241]. Der Wirtschaftsverband aus der IT-Branche *Eco* begrüßte dieses, um damit beispielsweise außerhalb des Heimatlandes elektronisch Bankkonten eröffnen zu können. Das *Forum der Informatikerinnen und Informatiker für Frieden und gesellschaftliche Verantwortung* (FIFF) lehnt diese Konzeptionen und diese Verquickungen zur Totalüberwachung entschieden ab[242].

Auch stellt sich die Frage, ob die Europäischen Mitgliedsländer die sich überstülpende Führung in der Gründlichkeit dieser deutschen Verwaltungsideen humanistisch dauerhaft mittragen werden und ob Rücktrittsforderungen nicht später europäisch adressiert werden müssen?

Es geht dabei nicht nur um eine Überwachungsgesamtrechnung (s.o.), sondern die Summe der Einzelteile ist bekanntlich immer mehr als das Gesamte. Das heißt, es bedarf auch einer strategischen Bewertung der Einzelmaßnahmen auch in Verknüpfung und zueinander: Wer Menschen mit Nummern kennzeichnet, ihre biometrischen Merkmale in Datenbanken erfasst, zu denen sie Identifikations-Zugang über ihr Smartphone gewähren müssen, wenn sie beispielsweise ein selbstfahrendes Auto buchen wollen oder eine E-Mail schreiben, ist nicht weit davon entfernt, Menschen einen Chip zu implantieren zur dauerhaften Kontrolle an jeder elektronischen Tür zur jeder Toilette oder Bedürfnisanfrage.

Insofern geht es in diesen Anfängen nicht nur um die Registrierung der Kommunikationsgeräte bzw. der Kommunikationskanäle, sondern auch um die Menschen, die darin kommunizieren, und um das Bild derer, die dieses Menschenbild entwerfen. Wenn gemäß diesen länderspezifischen Novellen in Europa nicht nur Menschennummern vergeben, sondern

Menschen biometrisch in Datenbanken indiziert werden, sowie Chat-Server an IP-Ports zu registrieren sind, wären ganz praktisch gesprochen auch @-E-Mail-Postfächer zukünftig ggf. als melde- und identifikationspflichtig zu betrachten, da sie einen Kommunikations-Port für humane Geschöpfe darstellen.

Für eine Freiheit von diesen Pflichten kann die Infrastruktur nur auf Kommunikations-Ports umgestellt werden, die auf Peer-to-Peer- oder (wie bei RetroShare gesehen) besser auf Friend-to-Friend-Architekturen aufbauen. Es geht um den Aufbau anbieterunabhängige Kommunikationsanlagen: Technische Kommunikations-Software, die ohne professionelle und gewerbliche Anbieter im Bereich des Messagings von jedem selbst installiert und genutzt werden kann. Diesem Anspruch nach verbietet es sich, für Kommunikationstechnologie finanzielle Mittel an einen Anbieter oder Provider zu bezahlen, wenn man damit nicht seine eigene Unabhängigkeit finanziert.

Ein solcher früher und rudimentärer Prototyp für P2P-Messaging war Bit-Message: Ein Postfach, ohne Anbieter!

*BitMessage:* Der Klient setzt auf ein kleines Netzwerk über einen eingebauten (DHT-)Server-Kontakt auf und verbindet den einzelnen Klienten, der zu anderen Klienten eine Nachricht senden kann. Interessant ist dabei nicht die direkte Verbindung, denn diese funktioniert ja, wenn beide Nutzer online sind. Sondern die Fragestellung bei P2P-Netzen ist, wie Bob Alice erreichen kann, wenn sie offline ist. Dann ist die Nachricht in dem Netzwerk entsprechend in anderen aktiven Knotenpunkten zwischenzuspeichern, bis Alice wieder online kommt.

BitMessage erreicht dieses über die Zwischenspeicherung der Nachricht in *mehreren* benachbarten Knotenpunkten, die online sind. Es ist also eine hohe Redundanz der Nachrichten erforderlich, um noch eine Kopie einer Nachricht zu finden, wenn zwischenspeichernde Knotenpunkte zwischendurch mal offline gehen sollten. Da das Netzwerk jedoch experimentell ist, gibt es kaum stabile Speicheroptionen in diesem P2P-E-Mail, außer ggf. dem Kontenpunkt des Betreibers.

Das Verschlüsselungsprotokoll von BitMessage, das einen vertraulichen und anonymen Austausch von E-Mail-ähnlichen Nachrichten in diesem Peer-to-Peer-Netzwerk ermöglichen soll, basiert auf der vom elektronischen Geld Bitcoin bekannten Technik, der Blockchain. Kennzeichen der Blockchain ist, dass Metadaten aufgezeichnet werden: Das aktuelle Kettenglied hat alle Informationen über vorherige Transaktionspunkte in dieser Kette.

Die Nachrichten werden bei BitMessage verschlüsselt und signiert übertragen. Anders als zum Beispiel bei den E-Mail-Verschlüsselungsprotokollen GPG und S/MIME werden bei BitMessage auch Absenderin und Absender, Empfängerin und Empfänger sowie die Betreffzeile verschlüsselt.

Der Entwickler nahm 2012 noch an, dass eine Angreiferin bzw. ein Angreifer einen einzelnen Internetanschluss abhören oder kontrollieren kann, jedoch nicht die Internetanschlüsse aller BitMessage-Nutzerinnen und -Nutzer. Diese Annahme ist hinfällig nach den Snowden-Papieren 2013 und dem nachgewiesenen Paradigma des »Permanent Record«, der dauerhaften potentiellen Aufzeichnung aller im Internet übertragenen Inhalte. Metadaten einer BitMessage-Nachricht können also jederzeit auch von außen betrachtet werden: Sendezeit, Nachrichtenlänge, Knoten von Nachbarinnen und Nachbarn usw.; zugleich speichert die Blockchain-Technologie wie genannt auch die zurückliegenden Ereignisse der jeweiligen Knotenpunkte einer Verbindungskette. Gelingt es, Zugang zu einem privaten Schlüssel zu erhalten, können nachträglich alle bisher mit der zugehörigen BitMessage-Adresse empfangenen Botschaften entschlüsselt werden. BitMessage ist also nicht zum Austausch von Forward Secrecy- bzw. temporären Schlüsseln oder gar multiplen Schlüsseln wie beim Fiasco Forwarding programmiert. Die letzte Version 0.6.1 liegt schon einige Jahre zurück und es ist anzunehmen, dass sie auch nicht mehr auf die Höhe der Zeit kommen wird.


*Care-of-Methode:* Eine andere Methode, P2P-E-Mails in einem Netzwerk zwischenzuspeichern, ist die Methode des Care-of. Hier werden die Nachrichten von zwei Freudinnen bzw. Freunden in einem gemeinsamen dritten Knotenpunkt gespeichert. Aufgrund der Verschlüsselung kann diese zwischenspeichernde Station die Nachricht nicht einsehen. Es ist lediglich erforderlich, dass Alice und Bob gemeinsam eine dritte Freundin oder dritten Freund haben oder einen Account auf einem Webserver als dritte Instanz nutzen, die dann online ist, wenn einer der beiden offline ist.

Beispielsweise in der Dreier-Konstellation Alice, John und Bob: John wird als Freund von sowohl Bob wie auch von Alice die E-Mail-Nachrichten jederzeit für beide zwischenspeichern, wenn Alice oder Bob einmal offline sein sollten. Kommen sie wieder online, können sie die Nachrichten aus der Instanz von John abrufen, wenn er während der eigenen Offline-Zeit online war. Es spricht also einiges dafür, mehrere Freundinnen und Freunde zu vernetzen, die online sind, wenn man selbst mal offline sein sollte. Dieses wird als sog. »c/o – Care-of-Methode« bezeichnet. Sie findet sich im P2P-E-Mail des Spot-On Klienten.

*E-Mail-Institution:* Eine weitere Methode ebenso in vorgenannter Software ist die Einrichtung einer »E-Mail-Institution«. Dieses kommt der Einrichtung eines E-Mail-Postfaches gleich. Das Besondere ist dabei jedoch, dass dieses Postfach über einen kryptographischen Schlüssel angesprochen wird, die Institution somit lediglich im Netzwerk bekannt sein muss, aber keine Adressierung auf TCP/IP Ebene benötigt. Dank der Kryptographie finden sich die Nachrichten ein, alsbald die Nutzerin bzw. der Nutzer online kommt. Die Betreiberin bzw. der Betreiber einer E-Mail-Institution gibt für dieses Postfach einen kryptographischen Token aus. Das Postfach ist also nicht mit dem eigenen Schlüssel für E-Mail verknüpft, wie das bei der Care-of-Methode der Fall ist: Eine Betreiberin bzw. ein Betreiber einer Institution kann diesen Service für Freundinnen und Freunde von seinen eigenen privaten E-Mails trennen.

*Ozone-Postfach:* Schließlich ist die vierte Option, Nachrichten in einem P2P-Netzwerk zu lagern, die Einrichtung eines Ozone-Postfaches. Dieses wird im Server SmokeStack administriert bzw. automatisch durch einen Messenger nach Verbindung dort hinterlegt. Für ein Ozone ist nur ein einfacher Begriff zu definieren, der im Server und im jeweiligen Klienten erscheint: Wenn die Nutzerin oder der Nutzer beispielsweise den Begriff BERLIN im Messenger hinterlegt und auch im SmokeStack Server dieser Begriff hinterlegt wurde, kann der Messenger dieses Postfach umgehend nutzen. Aufgrund der Verschlüsselung und seiner eigenen Schlüssel macht es auch nichts, wenn jemand anderes das gleiche Wort BERLIN in einem Ozone-Postfach des Servers hinterlegt.

Um Nachrichten abzurufen, muss auch keine direkte Verbindung mit dem Server hergestellt werden. Es reicht aus, wenn dieser irgendwo im

P2P-Netzwerk eingebunden und über Zwischenknoten verbunden bzw. erreichbar ist.

Heißt: Ozone's sind quasi konfigurationslose Postfächer, die sich über die kryptographischen Schlüssel selbst steuern; also wesentlich einfacher einzurichten sind, als ein klassisches IMAP-E-Mail-Postfach mit IP und Port, Account und Passwort.

Natürlich kann auch die Menschennummer anstelle eines Wortes wie »Berlin« als Zeichenkette bzw. als Alias für ein Ozone-Postfach genutzt werden: Kaum einfacher könnte man sich ein sicheres DE-Mail vorstellen, das jede Bürgerin und jeden Bürger erreicht?

Wer also selbst seine verschlüsselten Nachrichten abstinent von Dritten oder zentralen Anbietern speichern möchte, ist bei einem der genannten P2P-Netzwerke gut aufgehoben mit verschiedenen Methoden, wenn Freundinnen und Freunde ebenso einem dieser dezentralen Ökosysteme für Kommunikation gegenüber offen sind. Es ist dabei letztlich keine Glaubensfrage, sondern bei P2P-E-Mail wie auch bei Chat wiederrum nur die Gestaltung, seine eigene Infrastruktur zu vernetzen und auf die Finanzierung von Messaging-Anbietern zu verzichten, die eine Aufgabe von Unabhängigkeit erzwingen. Und wie gesehen, geht das bei einigen Friend-to-Friend-verbindenden Applikationen sehr einfach und unkompliziert, Chat und E-Mail für die Liebsten einzurichten.

## 8.14   Im unsichtbaren DHT-Netzwerk
## mit Briar ●

Briar (englisch: so viel wie dorniges Dickicht oder Dornenbusch) ist ein freier Peer-to-Peer-Instant-Messenger. Briar kommt dank eines Distributed Hash Table (DHT) ohne zentrale Server aus und benötigt nur minimale externe Infrastruktur, so werden Verbindungen auch über das Randomisierungsnetzwerk Tor hergestellt.

Ein DHT-Overlay-Netzwerk verbindet einzelne Knotenpunkte in einem P2P-Netzwerk. Ein Knoten kann dann den jeweiligen zuständigen Knoten bzw. die zugehörige IP-Adresse für einen bestimmten Schlüssel finden. Dabei hält jeder Knoten vermerkt in einer Routingtabelle Verbindungen zu anderen Knoten (seinen Nachbar-Knoten) aufrecht. Ein Knoten wählt seine Nachbarn entsprechend der Struktur des Netzwerks.

Es besteht folgende grundlegende Eigenschaft in einem DHT: für jeden Schlüssel weiß jeder Knoten entweder die ID des Knotens, der für diesen Schlüssel zuständig ist, oder er hat einen Link zu einem Knoten, dessen ID näher an dem gesuchten Schlüssel ist, dazu wird ein Distanzmaß genutzt. Im Bereich des Messagings wird dieser Schlüssel im DHT als Identifikationsmerkmal definiert, um die IP der Freundin bzw. des Freundes ausfindig zu machen. Heißt aber auch: kennt man den Schlüssel eines Knotenpunktes, kann man auch die IP-Adresse herausfinden (und ggf. angreifen, wenn nicht abgesichert über Tor). Dieses »drübergelegte« kleine P2P-Netz ermöglicht es somit für Messenger gleichwohl auch, die Kommunikation zu Freundinnen und Freunde mit der passenden IP-Adresse zu starten, ohne einen Server zu fragen, der alle kennt. Die Datenbank des Servers wird also in ein P2P-Netz verlagert, in dem man diejenigen fragt, die gerade online sind, ob sie Alice kennen und welche aktuelle IP-Adresse sie hat. Dann kann Bob direkt ohne Server zu ihr verbinden. Damit gibt es auch keinen Server-Anbieter oder Unternehmen, das zum Kopieren bzw. Upload von Schlüsseln verpflichtet werden könnte.

Ebenso in einem DHT befinden sich die zu Briar eigenständigen Messenger-Alternativen aTox, qTox und uTox - doch sind die Nachteile hier, dass alle diese Programme die bestehenden Verbindungen in der Benutzeroberfläche nicht anzeigen, die Verschlüsselung nicht aktuell ist, und die zerklüftete Entwicklungsgemeinschaft ggf. halbfertige Programme seit einigen Jahren auch ruhen lässt und zu wenig aktualisiert. Kurzum: sie alle können daher hier nicht weiter erläutert werden und Briar wird als exemplarischer DHT-Messenger neben Jami im Folgenden referenziert.

Viele Nutzerinnen und Nutzer fühlen sich zudem unsicher bei Messengern, die Verbindungen zu zahleichen Knotenpunkten in so einem DHT statt zu einer festen, ihnen bekannten Serveradresse aufbauen. Insbesondere dann, wenn es wie bei Briar ein- und ausgehende Verbindungen vom Tor-Netzwerk sind, denn eine Verbindung geht ja immer in beide Richtungen – und wer will schon die Cyber-Skripterinnen und Cyber-Skripter mit den Tor-IP-Adressen an sein Smartphone heranlassen?

Nachrichten sind in Briar ebenso Ende-zu-Ende-verschlüsselt und nur auf den Geräten der beteiligten Kommunikationspartnerinnen und Kommunikationspartner gespeichert. Briar hat dabei jedoch die Kunst und technologische Option des Messagings zu Offline-Freundinnen und Offline-Freunden, wie es bei anderen Messengern etabliert ist, nur rudimentär beantwortet und schreibt auf der Webseite: Wenn Dein Kontakt offline ist, wird die Nachricht das nächste Mal ausgeliefert, wenn ihr beide gleichzeitig zusammen gerade online seid. Was wäre dabei, hybride die Nachricht aus einem Ozone- oder Care-of-Postfach abzurufen? Praktisch und kryptographisch gibt es also in anderen Messengern inzwischen weiter entwickeltere Methoden, um Nachrichten von Offline-Freunden auch aus diesen sog. »DHT-Netzwerken« (mit und ohne Tor) zu beziehen.

Eine Alternative zu Briar ist Jami, das ohne das Netzwerk Tor auskommt. Jami ist recht unbekannt und bietet gegenwärtig zwei unterschiedliche Funktionalitäten in der gleichen Anwendung: Einen SIP-Client, der mit Anmeldedaten eines Providers zur klassischen VoIP-Telefonie am PC geeignet ist. Zusätzlich gibt es Jami-Konten mit P2P-Funktionalität. Beide Kontentypen sind jedoch nicht zur Interaktion geeignet. Statt eines Servers wird ebenso ein DHT verwandt, es ist das Netzwerk OpenDHT. Die App verwendet für die Kommunikation eine Ende-zu-Ende-Verschlüsselung mit Perfect Forward Secrecy und erfüllt den X.509-Standard. Jami ist Open Source und steht plattformübergreifend zur Verfügung. Auch Jami speichert die Nachricht für Offline-Freundinnen und Offline-Freunden nur wenige Minuten, ggf. in unterstützenden zentralen Servern des Anbieters. Obwohl Server in Jami nicht erforderlich seien, werden sie dennoch für fünf spezifische Fälle auf der Webseite benannt: Push-Benachrichtigungen, der OpenDHT-Proxy, Bootstrap, Name-Server und TURN. Daher fragt eine Nutzerin des bekannten Reddit-Forums: Warum wird bei Jami von P2P gesprochen, wenn es Server in der Mitte gibt?

### 8.15    Verschlüsseltes File-Sharing: Freenet & Offsystem •

Das klassische Peer-to-Peer-File-Sharing (wie mit Gnutella, EMule oder Torrent) wurde mit RetroShare durch ein sicheres Friend-to-Friend File-Sharing (inklusive Turtle Hopping, s.o.) abgelöst. Dennoch wird eine Präsenz, also das Online-Sein einer Daten-Quelle, vorausgesetzt.

Zwei andere Netzwerke ermöglichen darüber hinaus, eine zu veröffentlichende Datei in ein Netzwerk einzulagern, und dann offline zu gehen, sodass erst zu einem späteren Zeitpunkt der Schlüssel für die Entschlüsselung veröffentlicht wird. D.h. die oder der Veröffentlichende bzw. die Urheberin oder der Urheber bleiben damit als Datenquelle offline. Die Programme, die diese Netzwerke etablieren, heißen Freenet oder Offsystem. (Bzw. Offload ist auch eine weitere Applikation für selbiges Netzwerk).

Praktisch gesehen wird also eine Datei in ein Online-Netzwerk distribuiert (hochgeladen) und verbleibt dort verschlüsselt in den Speicher-Containern von weiteren Knotenpunkten dieses Netzwerkes. Da Nutzerinnen und Nutzer in einem Netzwerk kommen und gehen, ist es hier ebenso erforderlich, alle Blöcke einer Datei mindestens drei Mal in das Netzwerk zu laden, damit nach einiger Zeit noch alle Puzzelteile der Datei im Netzwerk vorhanden sind, wenn jemand die Blöcke herunterladen bzw. die Datei daraus wieder zusammensetzen will. Redundanz ist also auch hier erforderlich – und, die Bereitschaft von Nutzerinnen und Nutzern im Netzwerk, auf der eigenen Festplatte verschlüsselte Blöcke von anderen zu lagern, die man selbst aufgrund der Verschlüsselung nicht einsehen kann!

Doch wer würde schon potenziell fremde oder gar ungewünschte Dateien bei sich lagern wollen? Das ist der Kompromiss, den man eingehen muss, wenn man ebenso in einem dieser Netzwerke (oder dem Knotenpunkt eines anderen) seine Dateien sichern will.

Hier kommt jede bzw. jeder ggf. an eigene ethische Grenzen und beginnt Verschlüsselung in diesem Kontext zu sehen: Da man Verschlüsselung nicht einsehen kann, spielt es dann (k)eine Rolle, was in den verschlüsselten Blöcken ist?

Vielmehr wird die Sicherheit der Verschlüsselung angezweifelt - oder es wird eine Vermutung angesprochen: in der verschlüsselten Datei von anderen könnte auch potenziell unerwünschter Inhalt sein, der die Verantwortung von anderen auf die eigene Festplatte überträgt? Wenn anderen egal sein muss, was ich verschlüssele, dann soll mir auch egal sein, was andere verschlüsseln?

Wäre es uns egal, wenn wir nicht wissen, was ist?

Eine Anwältin, die regelmäßig verschlüsselte E-Mails enthält, kann plötzlich ein verschlüsseltes Mail nicht öffnen. Was wäre, wenn diese Verschlüsselung eine Anleitung zum illegalen Bombenbau enthielte? Wie lange könnte die Anwältin sich vorstellen, die Mail aufzubewahren? Und wie geht es dem E-Mail-Postfach-Betreiber, bevor die Anwältin sich diese verschlüsselte E-Mail in ihren Klienten herunterlädt? Oder beim IMAP-E-Mail-Server eine Kopie auf dem Server belässt?

Wäre es uns egal, diese Unkenntnis um uns herum zu haben? Oder könnten wir sie ertragen, weil die Unkenntnis auf Verschlüsselung beruht? Die Tatsache, dass wir Unkenntnis erkennen, führt i.d.R. dazu, dass wir Unbekanntes ablehnen, da wir es nicht kennen lernen können, wie es beim Suchen und Lesen bzw. Kennenlernen von lesbaren Schriften in einer Bibliothek der Fall wäre?

Die Frage ist also: Vertrauen wir der Verschlüsselung nicht – denn, wenn sie funktionierte, stellte sich ja auch kein individuelles Abwägungs-Problem? Oder möchten wir keine Unkenntnis, damit also auch keine Verschlüsselung? Freiheit ist immer die Freiheit des Andersdenkenden und Verschlüsselung ist immer auch das Anerkenntnis der Unwissenheit über die ggf. privaten Kommunikationsinhalte anderer Menschen?

*Scott Edwards* fragt in diesem Zusammenhang daher zu folgender Analogie: »›Die Freiheit des anderen beginnt mit der Annahme seines Cipher-Textes‹ - wenn das bekannte Zitat von *Rosa Luxemburg* (1918) in dieser Formulierung auf das nächste Jahrhundert angewendet werden kann? Wenn es schwierig ist, die Grenzen einer lesbaren Meinung eines anderen zu akzeptieren, wie leicht sollte es uns fallen, die Grenzen einer unlesbaren Meinung des anderen zu akzeptieren?«, müsse gefragt werden[243]. Oder wie sagt der Volksmund: Was ich nicht weiß, macht mich nicht heiß, bzw.: wie Du mir, so ich Dir?

Werten Berufskraftfahrerinnen und Berufskraftfahrer ihren Transport von Schweinen zum Schafott eines Schlachthofes ethisch anders, wenn sie stattdessen Schweizer Messer nach Solothurn bringen könnten? Oder spielt eine Kenntnis über das Transportgut keine Rolle?

Ähnliche ethische oder tautologische Diskussionen besprechen Schülerinnen und Schüler übertragen auf einen Bezug zur Logistik inklusive Lagerung und Weiterleitung von verschlüsselten Datenpaketen: Verschlossene Pakete lassen uns in Unkenntnis über persönlich legitime bzw. gesellschaftlich legale Inhalte und Transporte, die aufgrund der Verschlossenheit nicht von anderen Überlegungen getrennt werden können. Niemand soll sagen, ich kannte den Inhalt nicht, oder ich habe die Lieferung nur weitergeleitet?! Ist Unkenntnis gegen die Preisgabe von Privatheit zu tauschen bzw. kann eine Ethik der Verantwortung entwickelt werden, die auf Kontrollverlust beruht? Und dabei soll niemand seine Sicht, über die der gesellschaftlich definierten stellen?!

Es gibt Dinge, die wir wissen und Dinge, die wir nicht wissen, und unter diesen Dingen gibt es weitere Dinge, bei denen wir nicht wissen, dass wir sie nicht wissen; und selbst die Dinge, die wir wissen müssen, sie sind und bleiben unbekannt, weil wir nicht genug wissen, um zu wissen, dass wir sie nicht kennen können. Bei allem, was wir wissen, sollten wir wissen, dass diese bekannten Dinge klein sind und die Kleinheit von ihnen eigentlich nicht so bekannt ist, so dass es am besten ist, zu wissen, dass wir nichts wissen oder entziffern können?

Oder wie es *Ludwig Wittgenstein,* der in über 450 Stellen seines Nach-lasses verschlüsselten Code eingebaut hatte, einmal formulierte: »Die Grenzen meiner Sprache bedeuten die Grenzen meiner Welt.«[244] Häufig finden sich bei diesem Philosophen neben Reflexionen kulturgeschichtli-chen Inhalts auch philosophische Gedankengänge. Er berichtet dabei oft auch in Code über die Art und Weise seines Philosophierens. Interessan-terweise verfasste er auch Instruktionen für die Veröffentlichung seiner Schriften in Code, was dafürspricht, dass er sich der Einfachheit der Entzif-ferung seines Codes offenbar bewusst war und insofern dieser nicht als Geheimschrift bezeichnet werden sollte.

Verschlüsselung erinnert hier auch an ein geflügeltes Wort antiken Ur-sprungs seit dem griechischen Philosophen *Sokrates:* »Wir wissen, dass wir nichts wissen«, den Platon in seiner Apologie dieses thematisieren lässt. *Platons* Textstellen besagen dabei nur, dass *Sokrates* sich des Umstands bewusst sei, dass ihm Weisheit oder ein wirkliches, über jeden Zweifel erhabenes Wissen fehle.

Kann also zum Nicht-Wissen um die Inhalte von verschlüsselten Daten-Paketen eine Parallele zur Philosophie des Nicht-Wissens gezogen werden, weil die Verschlüsselung eine Erkenntnis der Inhalte genauso verbaut, wie fehlende Erfahrungshorizonte oder unbekannte Lerninhalte?

Es ist dort nicht die Rede von technischem Fachwissen, sondern von Bestimmungen im Bereich der Tugenden und der Frage nach dem Guten: »Was ist Besonnenheit? Was ist Tapferkeit? Was ist Frömmigkeit? Was ist Gerechtigkeit?«, wird erfragt. Und: Die wahre menschliche Weisheit sei es, sich des Nichtwissens im Wissenmüssen des Guten bewusst zu sein.

Wie der historische *Sokrates* sein Nichtwissen und die prinzipielle Mög-lichkeit oder Unmöglichkeit menschlichen Wissensbesitzes beurteilt hat, ist in der altertumswissenschaftlichen Forschung jedoch umstritten - ge-nauso wie ein Recht auf Verschlüsselung das ausschließende Wissens- und

Erkenntnis-Interesse von anderen im heutigen Zeitalter umstritten beurteilen mag: Wer von Anderen verschlüsselte Daten zwischenspeichert, muss sich bewusst sein, dass sie oder er die Inhalte darin nicht einsehen kann. Eigentlich ganz trivial und sorglos? Denn verschlüsselte Daten können grundsätzlich von anderen nicht eingesehen werden.

Doch von diesen Fragen und Reflektionen zu persönlich verschlossener bzw. kollektiv zu kontrollierender Erkenntnis bzw. rechtlicher Garantie des Unwissens anderer zurück zur Technik, die oftmals immer nach dem gleichen Definitions-Schema funktioniert und Zugang und Erkenntnis nur mit einem Schlüssel ermöglicht.

Das Offsystem-Netzwerk hat neben der Verschlüsselung einer Datei noch einen besonders spezifischen Ansatz, der auf der Homepage der Applikation nachzulesen ist: Eine Datei besteht aus binären Werten, also eine 0 oder eine 1. Mittels der Methode XOR kann nun die Zeichenkette aus 0 und 1 Werten mit einer weiteren Zeichenkette quasi verschmolzen werden. Es hängt lediglich von der Rechenoperation ab, ob bei der Rückwandlung die eine Zeichenkette wieder erhalten wird, oder die andere. Das erinnert an das Kapitel zu Beginn über Stenographie, also das Verstecken einer Datei in einer anderen Datei, bzw. deren Cipher-Text oder encodierten Text.

Vereinfacht ausgedrückt: Denken wir an die Nummer Zwölf (12). Sie kann repräsentiert werden als fünf plus sieben (5+7), oder fünfundzwanzig minus dreizehn (25-13). In diesem Fall ist die *Bedeutung* nicht in den Nummern, sondern in der Beziehung der Nummern untereinander. Werden die Nummern einzeln genommen, also 5, 7, 13 und 25, sind sie niemals 12. Und sie *enthalten* in keinster Weise die Zahl 12.[245]

Wenn eine Musikdatei mit der anderen Musikdatei in dieser Art über verschiedene Operationen verschmolzen wird, und der Rechenweg bekannt ist, dann kann aus der gemeinsamen Masse auch wieder eine Trennung herbeigeführt werden. Das dabei angewandte XOR-Verfahren (»XOR-Concatenation«) ist dabei im Offsystem keine starke Verschlüsselung. Und der Weg, zwei verschmolzene Dateien wieder zu trennen, wird in einer URL mit kryptographischen Werten dokumentiert, die wiederum auch in anderen Dateiblöcken quasi eingemischt werden kann. Man muss also nur irgendwo einen Anfang finden, den ersten Block laden, und man erhält wiederum einen Schlüssel, mit dem man den nächsten Block laden kann und so fort.

Da die URL jedoch quasi ein Schlüssel ist, funktioniert dieses alles im Peer-to-Peer-Netz nicht sicher, wenn nicht ein verschlüsselter Kanal für die Übertragung der URL-Schlüssel besteht. Das Netzwerk als Zwischenspeicher der Blöcke in einem Peer-to-Peer-Netzwerk hätte getrennt werden müssen von einem Friend-to-Friend-Kommunikations-Netzwerk, in dem die URL-Schlüssel für die Zusammensetzung der Blöcke unter Freundinnen und Freunden geteilt wird. Also ein Web-of-Trust für die Schlüssel hätte zu den Daten-Blöcken ergänzt werden müssen, wie es RetroShare in der Entstehung nur drei Jahre später und mittlerweile über mehrere Jahrzehnte bietet. Die Daten-Blöcke selbst, können in einem P2P-Netz verbleiben, sie sind ja nur Zeichenketten aus 0 und 1, und daher jederzeit unkritisch bzw. nicht signifikant, wenn ihnen keine in einer URL gespeicherten Rechenoperation Bedeutung zuführt.

Mit Erkenntnis dieser architektonischen Lücke bzw. des weiteren Aufwandes sie zu schließen, nahm der Entwickler von Offsystem in dem Midlife-Crisis Alter von Mitte 40 - neben einer beginnenden körperlichen Erkrankung - durch Aufgabe des Projektes auch ideell Abschied von seinen Zielen der Vorzeit und diesem Netzwerk zur Daten-Speicherung in einer dezentralen und redundanten Cloud. Ein verschlüsselnder Friend-to-Friend-Chat hätte dem Peer-to-Peer-Netz hinzugefügt werden müssen.

Genau diesen Weg ist das ähnlich gestrickte Netzwerk Freenet gegangen: Es hat neben dem P2P-Netzwerk auch die Option eingebunden, nur zu vertrauten Freundinnen und Freunden in einem Friend-to-Friend-(F2F)-Netzwerk zu verbinden. Es wurde sozusagen über das »Meer verschlüsselter Blöcke« ein Messenger- bzw. Kommunikations-Netzwerk gelegt, das erstens nur zu vertrauten Freundinnen und Freunden kommuniziert, und zweitens, verschlüsselt ist.

Insofern ist heutzutage (neben Freenet) auch RetroShare kompletter als das Programm Offsystem verschlüsselt und man kann es gut nutzen, wenn denn nicht stört, dass eine Quelle zeitweise offline sein kann bzw. (bei RetroShare) in den einzelnen Zwischenstationen beim Turtle Hopping keine durchgängige Ende-zu-Ende-Verschlüsselung besteht.

Die Frage der technologischen Architektur richtet sich also nach dem intendierten Nutzungszweck: Wenn eine Journalistin oder ein Journalist in ein anderes Land einreist, und am Flughafen das Smartphone abgeben muss, damit eine komplette Kopie der Inhalte des Speichers gemacht wird, möchte sie oder er ggf. Hinweise auf bestimmte Interviewpartnerinnen und -partner oder Dokumente nicht an der Grenze in fremder Hand deponieren. Dazu wäre es gut, nur eine URL oder einen Schlüssel zu verschlüsseln bzw. zu erinnern, mit dem nach der Landung mit der Internetverbindung hinter der Grenze eine gezippte Datei wieder aus einer Cloud - bzw. in diesem Kontext: P2P-Cloud wie Freenet - nachgeladen werden kann.

Nach der Reise wieder im Heimatland angekommen, und kontinuierlich online, wie auch Freundinnen und Freunde oder die Redaktion, können die Interview-Dokumente auch über RetroShare an Kolleginnen und Kollegen oder Freundinnen und Freunde gesendet werden.

Freenet und Offsystem kommen aus der Zeit des File-Sharings vor mehr als zwei Jahrzehnten, das heute aufgrund von Streaming-Abos zurückgegangen ist. Bei diesen Netzwerken konnte jedoch ein Hochladen einer Datei in der Vergangenheit stattfinden. Somit konnte der Schlüssel zum »Ziehen« und Herunterladen der Datei aus dem Netzwerk mittels verschlüsselter Blöcke auch in der nachfolgenden Zeit erfolgen. Nämlich dann, wenn die originale Distributorin bzw. der originale Distributor wieder offline ist. So blieb die Insertion einer Datei anonym. Wäre es eine perfekte Architektur z.B. für die Veröffentlichungen von dem Enthüllungs-Portal Wikileaks, die dort bislang auf einem zentralen Server erfolgten und schließlich zu dem bekannten Verwicklungen führten? Welche Auswirkungen hat es auf Whistleblowing, wenn Dokumente von diesen Personen selbst weiterzugeben und in die Öffentlichkeit zu bringen sind oder nur ein Passwort zu Dokumenten, die andere im Netz bereits öffentlich zugänglich, aber verschlüsselt gespeichert haben?

Warum sollte es also nicht auch heute eine redundante, distribuierte Cloud geben, die durch ein P2P-Netzwerk getragen wird, und so überall verfügbaren und nicht zentral steuer- und zensierbaren Speicherplatz bereitstellt? Aus Gaia-X, der europäische Cloud, könnte mittels der Nutzerinnen und Nutzer eine Gaia-Freenet-P2P-Cloud werden? Für die freie Rede in öffentlichen Foren versuchte das zuletzt 2011 aktualisierte P2P-Forenportal Osiris[246] genau diesen Zweck in einem solchen distribuierten Netzwerk abzubilden.

Der Schutz der eigenen Meinung, die Veröffentlichung von Daten und Meinungen ohne Zuordnung von Urheberschaft, ist heute jedoch im RetroShare- bzw. Freenet-Netzwerk aufgegangen, das aktiv von vielen Journalistinnen und Journalisten genutzt wird. Letztlich kann aber jede Webseite mit Cipher-Text ein Dokument sein, das dann zugänglich wird, wenn ein Schlüssel verfügbar wird. Denn Verschlüsselung hat *meistens* bereits in der Vergangenheit stattgefunden. Es braucht diese P2P-Netze nicht, wenn Cipher-Text in den Datenleitungen oder auf Homepages ist.

## 8.16   OnionShare – Transfer ohne Chat •

OnionShare ermöglicht den anonymen 1:1-Austausch von beliebig großen Dateien übers Internet. Das Laden aus dem Schwarm von mehreren Nutzerinnen und Nutzern ist nicht wie bei vorgenannten Klienten vorgesehen. Das Werkzeug setzt dabei auf das anonymisierende Tor-Netzwerk. Bei der Nutzung richtet OnionShare auf dem Computer der Nutzerin bzw. des Nutzers einen Web-Server ein, der für andere als sog. »Hidden-Service« (deutsch: versteckter Anbieter) erreichbar ist. OnionShare stellt dafür eine URL zur Verfügung, die andere Nutzerinnen und Nutzern den Download der angebotenen Datei ermöglicht. Entscheidend dabei ist, dass die Download-URL nur über einen zuverlässig verschlüsselten Kanal versendet wird. Die zwingend notwendige Verbindung zum Tor-Netzwerk stellt die Empfängerin bzw. der Empfänger zum Beispiel durch die Installation des Tor-Browsers her. Aber auch OnionShare selbst bringt die nötigen Bordmittel mit, um den Download über Tor zu gewährleisten. Bei diesem Tauschprogramm ist man direkt mit dem Randomisierungsnetzwerk verbunden.

Andere Transfer-Programme können ebenso über den LocalHost an Tor angebunden werden. Somit kann beispielsweise auch der Datei-Transfer in den Programmen Smoke Chat mit der Steam-Funktion oder RetroShare oder GoldBug Messenger und viele weitere mit Proxy-Funktion zum Tor-LocalHost angebunden werden. Die Nutzung des Smoke Messengers hat dabei den Vorteil, dass verloren gegangene Datenpakete durch das Steam-Protokoll nochmals geprüft und erneut übertragen werden, wie es bei TCP der Fall ist.

Ein jeweils verfügbarer Webserver kann dabei je nach Applikation innerhalb oder außerhalb des über LocalHost angebundenen Randomisierungs-Netzwerkes verbunden werden. Das ist dann letztlich eine Geschmacksfrage, ob ein HTTPS-Echo-Server außerhalb von Tor angesprochen wird, oder ein OnionShare-Server innerhalb von Tor als Hidden Service.

Unterschiedlich ist jedoch die Verschlüsselung: OnionShare verschlüsselt nicht eigenständig, sondern nutzt nur die Kanäle von Tor. Die anderen genannten Klienten, die an den LocalHost von Tor angeschlossen werden, verschlüsseln zusätzlich auch die zu sendenden Datei-Pakete bzw. können sogar ein Passwort auf die Datei setzen.

OnionShare hat nicht nur keine eigene Verschlüsselung implementiert, sondern bietet auch keine Option für einen verschlüsselten Chat an, denn die Download-Links müssen ja auch irgendwie sicher zum Gegenüber übertragen werden. Das selbe Dilemma wie im Offsystem. Daher sollte man Werkzeuge an Tor anbinden, die sichere Chat-Kanäle sowie weiterhin Kanäle für den Datei-Transfer vorhalten, auch wenn dabei ein Chat-Server ggf. außerhalb von Tor über TLS- bzw. HTTPS-Verbindungen zu adressieren wäre.

Insofern ist OnionShare nur eine partielle Alternative zum vorgestellten Programm RetroShare (über Tor).

## 8.17   Websuche und P2P-URL-Sharing mit YaCy & Spot-On •

Neben der Kommunikation im Internet, Chat und E-Mail, sowie der Übertragung von Dateien spielt der dritte große Bereich von Nutzungsabsichten im Web eine zentrale Rolle: die Suche nach Informationen. Webseiten mit Artikeln und Nachrichten liefern diese im World Wide Web.

Dabei wird googelt, in der Wikipedia geschaut, was das Zeug hält - oder aber vernetzte Nutzerinnen und Nutzer in den sozialen Medien wie RetroShare, Mastodon, Twitter oder Facebook senden uns die URLs zu den neuesten Themen in unsere Nachrichtenliste.

Junge Wissenschaftlerinnen und Wissenschaftler erlernen an der Hochschule in ihrer Informationsverarbeitung oftmals ein »Enzyklopädisches Prinzip« – das so viel bedeutet wie: Erst alles sichten, und dann das Relevante in die zu bearbeitende Fragestellung einbauen. Oder wie die Bibel im ersten Brief Kapitel 5 an die Thessalonicher formuliert: Sichte und prüfe alles, und behalte das Gute!

Zugleich wird uns in der öffentlichen und digitalen Welt jedoch deutlich, dass wir vieles gar nicht sichten können. Viele Informationen bleiben zurück, dringen nur nach Jahren an die Öffentlichkeit, wie es z.B. über 50 Jahre dauerte, dass allgemein bekannt war, dass Asbest gesundheitsschädlich ist. Oder die Informatoren sind in strukturellen Gegebenheiten verfangen: wir erhalten Nachrichten nur in einer sog. »Filterblase«, d.h. von Freundinnen und Freunden aus den sozialen Netzen mit den gleichen Ansichten. Erfahren aber zu wenig die Argumente einer Gegenseite und können uns diese daher auch nicht erschließen. Oder: Nutzerinnen und Nutzer sind von einem zentralen Service wie Google abhängig, und das bedeutet auch, von der Priorisierung der Nachrichten durch andere abhängig zu sein – oder gar, wenn die URL nicht im Index verzeichnet wird, dieser Realitätsanpassung (um nicht Zensur zu sagen) zu unterliegen.

Der Zugang zu autonomen, vollständigen und unpriorisiertem Wissen ist daher ein wichtiges Anliegen.

Das bedeutet zugleich auch, die Speicherung, Verfügbarkeit und Administration der Informationsbestände nicht nur einem zentralen Dienst zu überlassen, sondern vielmehr in die Hände vieler, der souveränen Nutzerinnen und Nutzer zu legen.

Die Twitter-Nutzerin ›Camelia‹ fragte unlängst nach einer Software, die es ermöglicht, die URLs ihrer gefunden Webseiten in einer Datenbank durchsuchbar zu machen. Sie wollte voraussichtlich wohl einen Datenbestand zur jüdischen Kultur zusammenstellen.

Oder URLs von Webseiten für queere Menschen der LGBTQIA-Gemeinschaft: auch sie werden im digitalen Zeitalter von den entsprechenden Referaten an den Hochschulen heute ebenso gesammelt, wie sie die letzten 50 Jahre thematische Bücher dazu in ihren Regalen zusammengetragen haben.

Diese digitale Transformation der Wissensbestände ist den Mitgliedern der Chinesischen »Falun Gong«-Guppe in China verwehrt geblieben. Progressive Webseiten zu diesem Stichwort werden genauso wenig in der landesspezifischen Suchmaschine Baidu angezeigt wie einige Webseiten zu dem Thema Menschenrechte.

Dieses sind nur ein paar wenige Anwendungsfälle, kryptographische oder mathematische Abteilungen an Hochschulen mögen ebenso fachspezifische URLs und deren Dokumente abspeichern wie auch Privat-Nutzerinnen und -Nutzer zu jeglichen Hobby-Themen und Interessensgebieten.

All diese individuellen und organisations-spezifischen Blickwinkel haben also schon ein Interesse an einem eigenen, durchsuchbaren Datenbestand an URLs und Webseiten. Kurzum: Statt Google, besser eine Websuche mit einem eigenen Datenbestand zuhause auf der eigenen Festplatte? Ein Datenbestand, der uns gehört. Und eine P2P-Websuche kann diesen liefern.

YaCy ist dabei eine bekannte P2P-Websuche, die ebenso keinen zentralen Server für die Websuche benötigt. Sie hat P2P-Websuche über das letzte Jahrzehnt hinaus etabliert und ist mit rund 250 bis in Spitzenzeiten über 1000 gleichzeitigen Online-Knotenpunkten in diesem Netzwerk in der Lage, mit Millionen von indexierten Webseiten durch die Schwarmintelligenz weniger Menschen, allen eine Alternative zu Google anzubieten.

Bei der Spot-On-P2P-Websuche werden statt der Suchworte die URL-Datenbestände im Netzwerk geteilt: Die Suche erfolgt nicht im Netz, sondern in dem jeweiligen eigenen lokalen URL-Datenbank-Bestand auf der Festplatte (im LocalHost). So werden keine Dokumentationen von Suchanfragen (sog. »Queryhits«) in den anderen Knotenpunkten des Netzwerkes erzeugt. (Ebenso wäre die Seite Startpage.com eine nicht p2p-orientierte, sondern zentrale Suchmaschinen-Datenbank im Web, die die Suchworte in der URL nicht kenntlich macht.)

Wenn Nutzerin Alice eine Datenbank mit 1000 URLs hat, und Nutzer Bob eine Datenbank mit 1000 URLs, und beide den Schlüssel für die URL-Übertragung tauschen, dann addiert sich in jedem Klienten die URL-Zahl auf 2000 URLs. Filtermöglichkeiten für eingehende URLs sind gegeben.

Als Standard sind die Verbindungen im P2P-Netzwerk bei Spot-On Websuche immer verschlüsselt, zu dem vorhandenen Web-Interface, wie auch zu anderen Knotenpunkten. Das sind einige Unterschiede zum URL-Netzwerk von YaCy.

Spot-On-Websuche kann zudem die Dokumente indexieren und diese auf dem lokalen Rechner wie auch im Web zur Verfügung stellen: es wird also eine Kopie ausschließlich nur des Textes der Webseite als PDF- oder Text-Datei in der lokalen Datenbank abgelegt.

Kurzum: Die Spot-On Web- und URL-Suche ist eine technische Alternative, die den URL-Transfer verschlüsselt umsetzt, PostgreSQL- und SQLite-Datenbanken unterstützt, sich über RSS, P2P und URL-Insertionen einspeisen lässt und zugleich aus der lokalen Datenbank heraus ein Text- bzw. PDF-Dokument zu der URL mitliefert. Die Suche kann im Klienten wie auch in der Weboberfläche eines Browsers erfolgen.

Über die RSS-Funktionen beider Klienten, YaCy und Spot-On, können Datenbestände oder aktuelle Suchergebnisse zu bestimmten Stichworten ebenso in einem hybriden Design vernetzt und auch in einer entsprechenden Datenbank lokal gesammelt werden.

Viele Menschen sind jedoch nicht daran interessiert, einen Beitrag zur Vorhaltung von Wissensbeständen zu leisten. Sie nehmen die Option, kostenfrei und zentral »googlen« zu können, einfach hin. Für den jährlichen Spenden-Marathon der Wikipedia sind Lehrerinnen und Lehrer sowie Eltern ggf. noch zu begeistern, kaum wissend, wie viele Informationen in der Wikipedia unterbleiben, Artikel für Aktualisierungen gesperrt sind, neue Informationen Edierungs-Kriegen und Löschungs-Feldzügen unterliegen.

Dass unbeobachtetes und unaufgezeichnetes Suchverhalten notwendig ist, zeigt, dass sowohl Twitter, Google und weitere wie auch zensierende Regime wie China jederzeit in den permanenten Aufzeichnungen feststellen können, wer wann nach welchem Stichwort gesucht oder dazu geschrieben hat.

Wir wollen hoffen, dass nie wieder aufgrund von Erkenntnisinteressen von Menschen die Polizei vor deren Haustüre steht oder gar Lehrerinnen und Lehrer sowie Richterinnen und Richter aufgrund ihrer Recherche aus dem Amt entlassen werden, wie es in der Türkei in den letzten Jahren zu Tausenden der Fall war[247].

Einige wenige sehen daher die Notwendigkeit, auch in der Infrastruktur und in dem Aufbau thematischer Suchkataloge für eine eigene Web-Suche einen Beitrag zu leisten.

Es ist daher wichtig, dass jede Schule, jede Bildungsinstitution mit einem eigenen Knotenpunkt an der Bereitstellung von frei zugänglichen und sofort lesbaren P2P-vernetzten Wissensdatenbanken beiträgt, ggf. auch nur gedanklich.

Der deutsche Bundeskanzler *Gerhard Schröder* und der französische Präsident *Jacques Chirac* hatten dieses seinerzeit 2008 erkannt und das Projekt Quaero aufgesetzt. Ziel war, Websuche neu zu definieren, ggf. auch P2P. Die Projektanträge waren jedoch so allgemein auf Suchprozesse definiert, dass das Projekt keine wirkliche Internet- oder P2P-Websuche hervorbrachte. Allenfalls die Firmen Exalead und Startpage entwickelten aus dem Projekt heraus eine weitere zentrale Suchmaschine, die jedoch heute ebenso Ergebnisse von Google widerspiegelt.

Zu vermuten ist aber auch, dass die politische Abhängigkeit Deutschlands von Amerika diese Freiheit, eine eigene europäische Websuche aufzubauen, nicht ermöglichte. Suche, Datenbankaufbau und Geheimdienst-

Überwachung finden in Übersee statt. Kleinere Technologie-Unternehmen in Europa finden wirtschaftlich keinen Zugang zum Thema URL-Datenbank.

Und Google ist ja wirklich exzellent in der Erfassung des Neuen. Wer die neue und bislang im Internet noch nicht verzeichnete ISBN eines Buches am Tag der Erstausgabe recherchiert, wird feststellen, dass der Seitenzuwachs sehr schnell in Google erfolgt, in den weiteren großen Suchmaschinen Bing oder Yandex oder Baidu jedoch nicht. Die Gründlichkeit des Erfassungsdienstes von Google bietet einen guten Service, erschreckt jedoch auch hinsichtlich der umfassenden Überwachungstechnologie - und verhindert damit Alternativen.

Zehn Jahre später nach Quaero wird ebenso mit der europäischen Cloud Gaia-X versucht, eine europäische Souveränität im Bereich der Datenspeicherung zu schaffen. Dieses Projekt wird ggf. ebenso bald wieder verschwinden wie Quaero. Dennoch haben die inzwischen intensivierten Datenschutzrechte es ermöglicht, dass Daten zumindest nicht in Übersee gespeichert werden müssen.

Die Etablierung einer europäischen, nationalen oder nutzereigenen Suchdatenbank für Webseiten ist also nicht gelungen, da dieses mit Kosten und Mühen verbunden ist.

Somit bleibt die Schwarmintelligenz eines P2P Netzwerkes weiterhin eine wichtige Lösungsmethode, mit der Bildungsinstitutionen für den Aufbau eines durchsuchbaren Wissenstandes treibende Kraft bleiben können. Dazu könnte jede Bildungsinstitution, die mit einer Webseite im Netz präsent ist, per Gesetz verpflichtet werden, einen Server für durchsuchbare URLs in einem P2P-Netz der Datenbanken vorzuhalten, wenn dieses distribuierte Ehrenamt in der Bildungspolitik gegenüber einem Markt-Monopolisten weiter ausgebaut werden soll. Was früher die ISBN für Bücher war, ist heute die URL für Webseiten und Online-Ressourcen. Warum sollte es also nicht auch den Schritt geben, dass jede Stadt eine Datenbank mit URLs zu Webseiten wie eine Stadtbücherei durchsuchbar vorsieht, wenn Wissen heute in Blogs und Webseiten so schnell und dezentral geworden ist, dass die Bevölkerung nicht mehr warten kann, bis jemand das Wissen in einem Buch zusammenfasst und dieses per ISBN in einer Bibliothek aufzufinden ist? Der Buchdruck brachte Bibliotheken, das Internet sollte jeder Stadt eine zügig durchsuchbare URL-Datenbank liefern. Es ist ein überfälliger Schritt des Wissens-Managements unserer Gesellschaft, sich nicht von einer Monopol-URL-Datenbank in der Websuche abhängig zu machen.

YaCy und Spot-On liefern dazu bislang die Modelle und Blaupausen zu solchen verteilten und durchsuchbaren Datenbanken mit URLs zu Webseiten.

## 8.18 Webbrowsing mit Dooble, Iron und einem Cookie-Washer•

Nicht nur die Suchworte unseres Lebens werden dauerhaft aufgezeichnet, auch die Webseiten, die wir täglich besuchen, erfassen über Cookies - kurze identifikationsnummern, die in unserem Browser abgelegt werden - und über andere Methoden Daten. Z.B. für was und wie lange wir uns auf einer Webseite interessieren.

Das Tor-Netzwerk als anonymer, vorgeschalteter Schutz-Proxy ist groß geworden, da Webseiten damit nicht die IP-Adresse und den Standort verraten bekommen. Dazu gleich mehr.

Zugleich liegt eine Wahrheit des Überwachungssystems im Internet auch im Browser für das Web selbst. Der Browser speichert und sendet nicht nur Informationen über die hinterlegten Cookies an die Webseiten, sondern er sendet auch Informationen an den Hersteller, im Falle des Chrome Browsers z.B. an Google. Dazu hat der Google Chrome Browser eine eingebaute Identifikations-Nummer (Chrome-ID). Diese wird neben den Cookies und anderen Verfolgungsmethoden eingesetzt, um eindeutig bei Google zu speichern, dass Nutzerin oder Nutzer bzw. dieser Browser schon einmal auf der Webseite gewesen ist und diese URL aufgerufen hat.

Eine quell-offene Kopie des Google-Browsers Chrome ist der Iron Browser. Er ist der gleiche Google Chrome, jedoch ohne diese Nummer.

Der Browser Dooble Web Browser setzt ebenso auf der Chromium-Bibliothek auf, und hat ergänzend weitere Sicherheits-Merkmale, wie z.B. die Option, alle eigene Daten in einem verschlüsselten Container zu speichern. An diese kommt man also nur nach Eingabe eines Passwortes. Ohne dieses, bleibt man im quasi jungfräulichen Gast-Modus des Browsers und niemand kann die Surfhistorie einsehen. Er ist mit dieser Funktion das VeraCrypt der Browser.

Darüber hinaus hat Dooble auch eine Art Cookie-Washer. Dieses Cookie-Management ermöglicht es, die angesammelten Cookies nach einer Surf-Sitzung alle wieder heraus zu löschen. Jedoch ist es für definierte

Webseiten möglich, die Cookies zu behalten, beispielsweise wenn man dort dauerhaft eingeloggt bleiben möchte oder das Passwort zur Webseite im Browser hinterlegt hat. All der Rest an Webseiten bzw. zugehöriger Cookies, die man nur im Vorbeigehen besucht hat und die einen aber weiter nachverfolgen werden, wird herausgewaschen: also gelöscht. Sind Cookies das Corona-Virus von Webseiten, bei dem ein Cookie-Washer hilft, davon befreit zu bleiben? Statt dass uns jede Webseite zwingt, den Einsatz von Cookies zu genehmigen, könnten Browser nach dieser Blaupause auch verpflichtet werden, Cookie-Washer zu implementieren, die jeden einzelnen Cookie positiv bestätigen bzw. beibehalten lassen, aber alle anderen nach der Sitzung herauswaschen.

Folgende gewollte Daten-Schutz-Angriffe des Chrome Browsers sind mit weiteren Browsern zu vergleichen:

### Problem: Installations-ID

- *Chrome:* Eine Kopie von Google Chrome enthält eine generierte Installationsnummer, die an Google gesendet wird, wenn Chrome erstmals installiert und verwendet wird. Die Nummer wird gelöscht, wenn Google Chrome automatisch nach Updates sucht. Wenn Chrome im Rahmen einer Werbekampagne heruntergeladen wird, wird unter Umständen eine eindeutige Werbenummer generiert und an Google gesendet, sobald Google Chrome erstmals verwendet wird.
- *Dooble:* in Dooble nicht vorhanden.
- *Iron:* in Iron nicht vorhanden.

### Problem: Cookie-Tracking

- *Chrome:* Cookies nur gesamt löschbar.
- *Dooble:* Cookie-Washer/-Management, einzelne Cookies können definiert und beim Löschvorgang beibehalten werden.
- *Iron:* Cookies nur gesamt löschbar.

### Problem: Such-Vorschläge vom zentralen Server

- *Chrome:* Je nach Konfiguration wird jedes Mal, wenn wir etwas in die Adresszeile tippen, diese Information an Google übermittelt, um Such-Vorschläge anzeigen zu können.
- *Dooble:* in Dooble nicht vorhanden.
- *Iron:* in Iron nicht vorhanden.

**Problem: RLZ-Tracking**

- *Chrome:* Diese Chrome-Funktion überträgt Informationen in encodierter Form an Google, z.B. wann und wo Chrome heruntergeladen wurde.
- *Dooble:* in Dooble nicht vorhanden.
- *Iron:* in Iron nicht vorhanden.

**Problem: URL-Tracker**

- *Chrome:* Chrome ruft je nach Konfiguration fünf Sekunden nach Browserstart die Google Homepage im Hintergrund auf.
- *Dooble:* in Dooble nicht vorhanden.
- *Iron:* in Iron nicht vorhanden.

## 8.19   Tor Browser: Die IP-Adresse verschleiern ●

Tor ist ein Netzwerk, dass die IP-Anfragen des eigenen Computers durch viele andere IP-Adressen durchleitet, so dass man mit der IP-Adresse der letzten Station in der Kette schließlich auf eine Webseite zugreift. Wer den Tor-Browser installiert, wird automatisch in diesem Netzwerk durchgeroutet. Wer damit die eigene IP-Adresse beispielsweise auf der Webseite www.whatismyip.com abfragt, stellt fest, dass diese eine andere ist, als die IP-Adresse, die im Router zuhause angezeigt wird (bzw. mit einem Browser ohne Tor auf dieser oben genannten Webseite erscheint).

Je nach Konfiguration des Browsers kann man entweder surfen, oder auch andere Anfragen durch die eigene IP-Adresse zu einer gewünschten Webseite weiterleiten.

Das funktioniert soweit ganz gut, jedoch mehr als den örtlichen Standort kann man damit nicht verschleiern, da Webseiten weiterhin versuchen, Cookies zu setzen, und andere Methoden aus dem JavaScript-Bereich ebenso die Nutzerinnen und Nutzer wiedererkennen können.

Innerhalb des Weiterleitungsnetzwerkes gibt es auch netzinterne Webseiten. Diese werden mit einer .onion-Adresse als Endung gefunden und sind damit ebenso anonym veröffentlicht. Diese Webseiten werden oft als Dark-Net bezeichnet, da sie Foren und Markplätze umfassen, an dem sich der übliche Dreiklang von Miesetäterinnen und Miesetäter sowie Händlerinnen und Händler von Drogen und Waffen treffen soll. Organisationen für Menschenrechte oder für Privatheit wären dort ggf. weniger anzutreffen, so wird berichtet. Insofern ist es richtig, dass hier Analysen und Ermittlungen gefahren werden.

Tor ist auch nicht ganz ohne Kritik, denn es werden immer wieder die staatlichen Finanzierungsquellen genannt, die eine gewisse Abhängigkeit und damit die Überwachungsfunktion einer Honigtopf-Qualität[248] vermuten lassen. Sowie auch das ggf. manchmal unfreundliche Gebahren und die fehlende Teamkompetenz der sog. »Tor-Skripterinnen und Tor-Skripter«[249], die dieses Netzwerk quasi religiös preisen und tragen, wird genannt.

Zugleich ist der Tor-Browser an die - auch wirtschaftliche - Einheit des Browsers (derzeit Firefox) gebunden. Mit dem rein technischen Proxy-Werkzeug von Tor namens Vidalia war es früher hingegen möglich, auch andere Browser zu nutzen.

Tor bleibt für Journalistinnen und Journalisten sowie Soldatinnen und Soldaten im Ausland ein funktionierendes Netzwerk, um besuchte Webseiten und auch Kommunikation darüber vom jeweils lokalen Standort zu trennen. Das Programm JonDo ist eine Alternative zu Tor.

Programme und Messenger, die sich mit der Proxy-Funktion an die LocalHost-Schnittstelle von Tor binden können, können ohne Preisgabe der IP-Adresse bzw. des regionalen Standortes über das Netzwerk kommunizieren.

Die Messenger Jami, Spot-On, RetroShare, Smoke und auch der Gold-Bug Messenger können neben anderen Werkzeugen wie Onionshare ebenso durch das Tor-Netzwerk durchleiten und sich an einen HTTP- bzw. HTTPS-Server (Listener) im Internet anbinden.

Tor ist normalerweise so programmiert, dass der letzte Tor-Knotenpunkt zu einem Webserver verbindet und diese letzte Meile unverschlüsselt ist. Ein sog. »Exit-Knotenpunkt« wird all das sehen, was er im Auftrag entfernter Hops abrufen soll. Daher war es bislang kaum möglich, in der letzten Meile eine verschlüsselte HTTPS Verbindung zum Webserver aufzubauen. Da bei Messengern auch mittels HTTP ohne Verschlüsselung Cipher-Text übertragen werden kann, und reguläre Webseiten zunehmend nur noch HTTPS-Anfragen zulassen, werden sich die Exit-Knotenpunkte zunehmend auf mehr Verschlüsselung einrichten.

Der GoldBug-Messenger wird heute auch je nach Netzwerk- und Architektur-Design experimentell als Messenger für Tor per Proxy-Anbindung eingesetzt, und gewinnt mit der McEliece-Verschlüsselung gegenüber der Gestaltung einer ursprünglich anderen, nicht mehr weiterentwickelten

Prototype eines »Tor-Messengers« an weiteren Zuwachs - neben OnionShare und Briar.

## 8.20   Ein Netzwerk mit Perspektive zum Surfen: Hallo Echo... •

Tor hat zugleich Alternativen mit Potenzial: Es sind die Netze Echo, I2P und GnuNet mit ihren jeweiligen Architekturen und Spezifika. Die Encryption Suite Spot-On basiert bekanntermaßen ebenso auf dem HTTPS-Protokoll. Dieses verschlüsselt wie gesehen eine Nachricht und sendet es an einen weiteren Kontakt oder Server und so fort. Dieses Prinzip ist mit der Funktionsweise des Tor-Netzwerkes in Parallelen zu vergleichen und hat zugleich besondere Vorteile, die wie gesehen mit dem Begriff des »Beyond Cryptographic Routing« bezeichnet werden. Denn: Routinginformationen werden hier aufgrund der kryptographischen Funktionen nicht benötigt. Das Architektur-Design kann daher als Entwurf für ein Tor-2 bzw. auch aufgrund der File-Sharing-Option als Torrent-2 in Betracht gezogen werden. Kryptographisch ist es zudem weit ausgeprägter als Tor oder Torrent. Dennoch ist Echo nur eine Vorstudie, denn derzeit können in diesem Netzwerk nur Kommunikationsnachrichten und Dateien gesandt werden, eine Proxy-Funktion für Webseiten ist noch in keinem der Klienten implementiert.

Die Tor-Entwicklung kann von dem Echo-Protokoll profitieren bzw. eine Netzwerk-Entwicklung des Echos kann bei Implementierung einer Proxy-Funktion für Webseiten auch eine Hybrid- bzw. Brücken-Funktion zum Tor-Netzwerk berücksichtigen. Dieses (Websurfing via GPG) bleibt jedoch Forschungsbedarf und Gestaltung zukünftiger Generationen von Entwicklerinnen und Entwicklern, die auf Basis eines durchleitenden Netzwerkes ohne Standorterfassung ins World Wide Web gehen möchten.

## 8.21   I2P Network: Unsichtbar im Mix-Netz •

Neben Tor und Echo besteht weiterhin das I2P-Netzwerk, das für »Invisible-to-Peer« steht, zu Deutsch so viel wie: »Unsichtbar im Netzwerk der Nachbarinnen und Nachbarn«. Es funktioniert als weiteres Mix-Netzwerk ebenso wie Tor, bezieht sich jedoch vorwiegend auf die internen Knotenpunkte, d.h. Webseiten oder Kommunikations-Pakete an Teilnehmerinnen und Teilnehmer im normalen Internet können damit regulär nicht adressiert werden. Das Netz einer Nischengesellschaft. Auch, wenn es jeweils einen Server im Netz gibt, über den auch externe Webseiten bzw. Mailpostfächer abgefragt werden können. Dieses funktioniert ebenso über einen zentralen Knotenpunkt, an dem Administratorinnen und Administratoren alles sehen können, was in diesem Netz so abgerufen wird. Die quell-offene Applikation ist in Java geschrieben und hat jeweils eigene Unter-Applikationen für die verschiedenen Funktionen wie File-Sharing (IMule), Foren oder Nachrichten (I2Bote). Diese Foren können wie in RetroShare als nicht löschbare Ablagepunkte von Cipher-Text genutzt werden: Unsichtbare Treffpunkte von Verschlüsselungs-Text.

## 8.22   Kannste UNIX, kannste GNUnet •

Ein viertes Mix-Netzwerk ist GNUnet. Es ist ein langjähriges und grundlegendes Forschungsprojekt, das vorwiegend technisch kompetente Nutzerinnen und -Nutzer aus der Linux- und Kommandozeilen-Gemeinde anspricht. Auch hier können Anwenderinnen und Anwender das Dickicht der Gruppe nutzen, um anonym zu bleiben. Vorwiegend für anonymes, zensur-resistentes Filesharing. Entwickelt wird es an der Fachhochschule Bern. Teilnehmerinnen und Teilnehmer, die zum Netzwerk beitragen, werden mit besseren Dienstleistungen hinsichtlich der Ressourcen belohnt. Alle Daten im GNUnet-Netzwerk werden per Ende-zu-Ende-Verschlüsselung von Absenderin und Absender zu Empfängerin und Empfänger übertragen. Niemand, auch keiner der weiterleitenden Teilnehmerinnen und Teilnehmer, soll die Kommunikation überwachen, stören oder zensieren können. Mit der Friend-to-Friend-Option bietet GNUnet die Funktion, über die IP-Adressen der direkt verbundenen Freundinnen und Freunde sowie wiederum deren Freundinnen und Freunde usw. Informationen und Dateien in einer Kette auszutauschen. GNUnet verbindet sich dann nur mit autorisierten vertrauenswürdigen Knoten (Freundinnen und Freunden), wie bei RetroShare. GNUnet wird daher auch als das RetroShare der Unix-Gemeinde bezeichnet.

## 8.23    OpenVPN – ein etablierter Tunnel zum Peer? •

Oft soll eine sichere, von Dritten nicht lesbare Datenverbindung über ein unsicheres Netzwerk durchgeführt werden, wie etwa das Internet oder auch ein lokales, nicht verschlüsseltes Wireless LAN. Typische Anwendungsfälle sind die Verbindung einzelner Mitarbeiterinnen und Mitarbeiter im Außendienst in das Netzwerk der Firma, die Verbindung einer Filiale mit dem Rechenzentrum oder die Verbindung örtlich verteilter Chat-Server oder Server von Rechenzentren untereinander.

OpenVPN ist dazu die freie Software zum Aufbau eines solchen Virtuellen Privaten Netzwerkes (VPN) über eine verschlüsselte TLS-Verbindung. Zur Verschlüsselung kann OpenSSL/TLS benutzt werden. OpenVPN verwendet wahlweise UDP oder TCP zum Transport. OpenVPN-Verbindungen können jedoch mittels einer tiefen Inspektion der verschlüsselten Pakete an den bekannten Header-Daten erkannt werden. Mit dieser Erkennung könnte die Verbindung blockiert, die Partnerinnen und Partner der Kommunikation ermittelt und die Daten mitgeschnitten werden.

Alternativ können diese Sicherheitsanforderungen auch durch weitere geeignete Protokolle (z.B. SSH, HTTPS, Steam, SFTP) bereitgestellt werden, wenn in einer entsprechenden Anwendung implementiert. Auch können manche dieser Protokolle durch einen Tunnel der Spot-On-Encryption Suite mit dem McEliece Algorithmus quantum-immun durch zwei Knoten durchgeleitet werden, quasi ein VPN-Tunnel im McEliece-Tunnel. Dann sind die Header-Daten des VPN-Kanals nicht mehr erkennbar. Nach IP-Inspektion und nun Port-Inspektion wird bald Kanal-Inspektion kommen müssen. Die quell-offene Firewall PFSENSE bietet ebenso einen VPN-Server an, mit dem z.B. das Smartphone mit der IP-Adresse des Routers zuhause surfen kann oder einen Mumble-Audiokonferenz- oder Chat-Server durch den VPN-Kanal adressieren kann, ohne dass ein Chat-Server-Port offen liegen muss. Auch die Open-Source-Firewall OPNsense ist eine Alternative mit eigebautem VPN.

Eine schnelle, code-schlanke und moderne VPN-Technik alternativ auf P2P-Basis liefert auch Wireguard. Zur Identifizierung von zwei Rechnern untereinander im Peer-to-Peer-Netzwerk vieler verschiedener Rechner werden lediglich öffentliche kryptographische Schlüssel genutzt. So können beispielsweise fünf Rechner ein P2P-Netz bilden und Rechner zwei und drei akzeptieren den Schlüssel von Rechner fünf und surfen über die

IP-Adresse dieses Rechners. F2F-Wireguard kommt als VPN der Proxy-Idee eines vertrauenswürdigen F2F-Tor-Netzes bzw. accountbasierten Echo- oder I2P-Netzes zum remoten Surfen nahe. Professionelle VPN-Anbieter sind: NordVPN, HideMyAss!, Hola VPN, OpenVPN, VyprVPN, ExpressVPN, TorGuard, IPVanish, VPN Unlimited und viele mehr. Das israelische Hola VPN benutzt dabei ebenso Peer-to-Peer-Caching. Zahlende Benutzer können alle Anfragen an Peers umleiten, werden aber selbst nie als Peers verwendet. Die Hola-Anwendung leitet die Anfrage weiter, die Computer und Internetverbindungen anderer Benutzer in freien geospezifischen Bereichen zu durchlaufen. Auch das Tinc-Projekt (http://www.tinc-vpn.org), Freelan (http://www.freelan.org), Ipop (http://ipop-project.org) und Zero Tier (http://www.zerotier.com) verbinden per P2P VPN zu Webseiten.

## 8.24    Checkpoint CryptPad •

CryptPad ist ein Kollaborations-Board im Browser, um darin gemeinsam an Texten zu arbeiten, wie es Collabora Office mit Libre-Office in der Cloud, oder Office 365 bei Word-Dokumenten oder Google mit Google-Docs ermöglichen. Der Unterschied: beim CryptPad ist die Verbindung zum Pad verschlüsselt und nur Mitgliedern mit entsprechendem Passwort haben Zugang zu dieser edier- und formatierbaren Text-Höhle. Die Zugangsberechtigung zu edierbaren Texten im Web ist jedoch nur eine Funktion. Weiterhin kann so ein Pad dazu dienen, in der entsprechenden Seite Cipher-Text abzulegen, so dass ihn andere kopieren und in ihrer Maschine wiederum in Klar-Text konvertieren können. Wie gesehen kann so eine Konversion von Klar-Text in Cipher-Text durch weitere Pads erfolgen, wie z.B. das vorgenannte Rosetta Crypto-Pad. Jegliche Internet- oder Forums-Seite, die allen öffentlich - oder auch nur Berechtigten - Zugang bietet, kann genutzt werden, um dort Cipher-Text zu hinterlegen. Vom CryptoPad der Nutzerin oder des Nutzers wandert der Cipher-Text zum CryptPad und wieder zum CryptPad der Freundin bzw. des Freundes, in dem der Cipher-Text wieder in Klar-Text gewandelt wird. Das CryptPad fungiert dabei als Server oder sog. »Dead-Drop« – als toter Briefkasten, indem die verschlüsselte Nachricht abgelegt wird. Solche edierbaren Seiten sind in zahlreichen Software-Produkten enthalten wie Boards oder Wikis und können auch in bzw. hinter Randomisierungsnetzwerken installiert sein, sodass Austauschpunkte von Cipher-Text nicht öffentlich sind und der Cipher-Text über verschlüsselte Verbindungen abgelegt wird – für den, der dort am Checkpoint CryptPad auf ihn und eine weitere Entschlüsselungs-möglichkeit wartet. Checkpoint Charlie war gestern. Checkpoint CryptPad ist heute der neue Übergangs-Server von Agentinnen und Agenten. Im Übrigen nichts anderes macht jede Wirtschaftsprüfungsgesellschaft, wenn sie Nachrichten und Dateien in einem eigenen abgesicherten Portal für ein zu prüfendes Unternehmen ablegt.

## 8.25    OpenStego – Ich sehe nichts, was Du wohl siehst ●

OpenStego ist eine Steganografie-Anwendung, die zwei Funktionen bietet: a) Das Ausblenden von Daten: Sie kann jegliche Daten in einer Deckdatei (z.B. einem Bild) ausblenden. b) Einfügen von unsichtbaren Wasserzei-chen: Wasserzeichen werden in Dateien mittels einer unsichtbaren Signa-tur hinzugefügt. Das kann z.B. verwendet werden, um nicht autorisiertes Kopieren von Dateien zu erkennen oder in einem Bild eine Nachricht zu verstecken. Die Programme OpenPuff oder OutGuess sind entsprechende Alternativen.

Eine Nachrichten-Datei »Liebesbrief.txt« kann damit als Textdatei ein-fach in ein Bild eingefügt werden. Das Bild wird per E-Mail an die Freundin oder den Freund versendet und dann kann der Text wieder aus dem Bild ausgeleitet werden. Mobile Messenger, die Bilder vor dem Versand ver-kleinern, können natürlich nicht genutzt werden, da das Bild als Original-datei erhalten werden muss. Dazu müsste man das Bild zuvor in eine ZIP-Datei verpacken und erst dann senden. Dann wird der Messenger von einer Verkleinerung des Bildes abgehalten. So können Nachrichten einfach über den Austausch von Bildern versandt werden – mit relativ wenig Konvertierungsaufwand. Der Bilder-Versand ist quasi eine Art »Slow-Chat«, wie auch das Kopieren & Einfügen von Cipher-Text über Konversi-ons-Pads in beliebige Kommunikations-Kanäle, öffentliche oder private Foren, oder in Trägermaterialien der Steganographie.

## 8.26 Tails – Amnesie am Kiosk •

Tails - The Amnesic Incognito Live System – (zu Deutsch etwa: Ein Echt-Zeit Betriebssystem mit Vergessens- und Vermummungs-Funktionen) ist eine auf Debian basierende Linux-Distribution. Ihr Ziel ist es, die Privatsphäre und Anonymität von Nutzerinnen und Nutzern zu schützen. Um dies zu erreichen, setzt Tails insbesondere auf die Nutzung des Tor-Netzwerks. Das System kann direkt von einer Live-DVD oder einem USB-Stick gebootet werden und hinterlässt dann keine Spuren auf dem genutzten Computer.

Tails wurde erstmals am 23. Juni 2009 veröffentlicht – damals noch unter dem Namen Amnesia. Der Name geht auf die Amnesia-CD des deutschen Arbeitskreises Vorratsdatenspeicherung zurück, die 2007 erstmals erschien und zahlreiche Programme enthielt zur Erhöhung der Sicherheit und Anonymität im Internet[250].

Amnesie ist ein Begriff für das Vergessen: Amnesie bezeichnet im medizinischen Sinne eine Form der Störung des Gedächtnisses für zeitliche oder inhaltliche Erinnerungen. So ist dieses Betriebssystem als ein sog. »Kiosk-System« ausgelegt, d.h. es behält keine Daten und ist beim Einschalten und Hochfahren jeweils wieder im ursprünglichen Zustand und die vorherige Sitzung hinterließ keine Datenspuren. Der Kiosk öffnet jeden Morgen mit einer frischen, neuen Zeitung. Diese Kiosk-Systeme werden als öffentlicher Zugangspunkt oft in Internet-Cafes eingesetzt. Auch der Web-Browser Dooble funktioniert nach diesem Prinzip, da er jeweils ohne Alt-Daten startet, wenn das Benutzerprofil nicht mit einem Passwort geöffnet wird. Die Knoppix-CD, ebenso ein Linux-Live-Betriebssystem, dass auch als Kiosk mit allen notwendigen Applikationen startet, ist eine Alternative zu Tails, jedoch ohne Anonymisierung der IP-Adresse über Tor. Beide waschen Altdaten bei einem Neustart bzw. beim Herunterfahren des Systems komplett heraus. Der Webbrowser Dooble beispielsweise kann die Daten sicher in einem Container verschlüsselt für die nächste Sitzung bei Passworteingabe wieder erinnern. Hier also nur bedingte Amnesie am Kiosk.

## 8.27 Mumble Audio sowie Jitsi, Nextcloud und BigBlueButton Video Chat •

Die Verschlüsselung von Sprache oder Videobildern ist grundsätzlich zu sehen wie die Verschlüsselung von Text. Dennoch ist dieser Komfort bei Audio/Video nur über eine größere Datenmenge zu erreichen und muss daher getrennt von Text-Verschlüsselung betrachtet werden. Auch haben Server hier wiederum spezielle Anforderungen und die wenigen, die quelloffen sind, lassen sich an einer Hand aufzählen: Mit dem Programm Mumble kann Sprache verschlüsselt übertragen werden. Mit den Server-Systemen Jitsi, Nextcloud (basierend auf WebRTC und zentralen (einsehbaren) Zertifikaten und Zwischen-Servern) sowie BigBlueButton sind weiterhin auch quell-offene Systeme für Video-Übertagungen gegeben, die derzeit noch nicht Ende-zu-Ende-verschlüsselt sind, aber ggf. daran arbeiten, wie die nicht-quell-offenen Varianten Skype, Teams oder Zoom.

## 8.28 Telegram, Threema und Wire •

Der Instant-Messaging-Dienst Telegram kann auf Smartphones, Tablets und PCs genutzt werden. Benutzerinnen und Benutzer können neben Textnachrichten auch Sprachnachrichten, Fotos, Videos und Dokumente austauschen, sowie Sprach- und Videotelefonie zu anderen verwenden. Die Chats können Cloud-basierend oder wahlweise als »Geheime Chats« direkt zwischen den Endgeräten geführt werden. Das Impressum des Messengeres und seiner Server eines russischen Gründers ist inzwischen mit Dubai angegeben. Kritisiert wird, dass die Sicherheit von Telegram allein auf Vertrauen in die Betreiber-Firma basiert und dass die Verschlüsselung überhaupt erst einmal eingeschaltet werden muss. Die versendeten und empfangenen Nachrichten werden zudem unverschlüsselt im Speicher des Endgerätes abgelegt. Wird also das Gerät physisch in Besitz gebracht oder ein Trojaner installiert, kann auf diese Nachrichten zugegriffen werden.

Threema ist ein freier Ende-zu-Ende-verschlüsselnder Instant-Messaging-Dienst aus der Schweiz. Sein Klient ist quell-offen, der Server jedoch nicht. Die Software ist auf Datenschutz und Datenvermeidung ausgelegt und erfordert im Gegensatz zu den meisten Marktbegleitern für die Nutzung weder eine Telefonnummer noch sonstige personenbezogenen Angaben. Alle Nachrichten werden ausschließlich Ende-zu-Ende-verschlüsselt verschickt. Bei Gruppenchats wird die Nachricht für jeden Empfänger separat verschlüsselt und einzeln zugestellt. Die Threema-Server können dadurch weder nachvollziehen, welche Gruppen es gibt, noch wer Mitglied in einer Gruppe ist. Medien werden dagegen verschlüsselt einmalig auf die Threema-Server hochgeladen und dann erst der symmetrische Schlüssel dazu verteilt. Der Name Threema ist vom Akronym EEEMA, kurz für End-to-End-Encrypting Messaging Application, abgeleitet, wobei die drei E durch den Begriff Three (Englisch für drei) ersetzt wurden.

Wire (Engl. für Kabel) ist ein Instant Messenger für Smartphones und Tablets sowie Linux-, Windows-, und MacOS-Computer. Über die Schnittstelle WebRTC sind Anrufe zu und von üblichen Webbrowsern möglich. Für die Registrierung zur Nutzung ist keine Telefonnummer erforderlich, der Nutzer kann sich auch mit einer E-Mail Adresse anmelden. Alle Kommunikationsinhalte auf Wire sind ebenso Ende-zu-Ende verschlüsselt. Inzwischen sei Wire laut Herstellerangaben vollständig quell-offen (Client und Server): Der Betrieb eines eigenen Servers sei möglich. Der Code ist jedoch nur für eine Amazon-Web-Services-(AWS)-Installation verfügbar. Insofern bestehen Kompilierungs-Hürden, einen eigenen Server selbst zuhause zu kompilieren und zu installieren. Dieses ist ggf. erforderlich, da Unternehmen für den Dienst bezahlen sollen, frei ist der Chat-Klient nur für Privatanwender.

Ähnliches gilt für den Anbieter SureSpot, dessen Server in der Universitätsstadt Boulder in Colorado, USA, nicht quell-offen ist. Boulder ist zugleich auch die Stadt mit einer Zweigstelle des amerikanischen »National Institute of Standards and Technology« (NIST), das sämtliche kryptographische Verfahren zertifiziert. Es kann nur spekuliert werden, ob eine Software-Entwicklerin der NIST diesen Server zur Verfügung stellt. Ob dieser nicht quell-offene Server in Boulder kurz vorm Grand Canyon idealer für die eigene verschlüsselte Post ist als ein Server in vorgeblich Dubai oder bei den Amazon Webservices?

Insofern kann man diese Anbieter zusammen fassen unter den Aspekten von größerer Popularität, aber eines Servers, der nicht für alle quell-offen bzw. für eine Installation zuhause vorgehalten wird.

### 8.29    Mastodon's dezentrales Chat-Servernetz •

Während Nachrichten auf Papier sich gewandelt haben zu elektronischen Nachrichten, wandeln sich auch die elektronischen Distributions-Kanäle. Früher wurden Nachrichten auf Webseiten zum Abholen bereitgestellt, oder durch fachbezogene Mailinglisten oder RSS-Feeds liefernd zur Verfügung gestellt. Heute hat jeder die Möglichkeit, selbst Nachrichten zu verfassen und sie einer breiten Öffentlichkeit liefern zu lassen. Der Kurz-Nachrichtendienst Twitter ist zur Nachrichten-Form par excellence geworden. Auch, wenn darüber nur die URLs zu Nachrichten gesandt und diskutiert werden.

Eine dezentrale Alternative dazu ist der Nachrichtendienst Mastodon: Mastodon ist ein Mikroblogging-Dienst, der seit einigen Jahren von einem deutschen Programmierer aus Jena erstellt wird. Jede und Jeder kann einen eigenen Server aufsetzen und der Server-Community beitreten. Im Gegensatz zu großen vergleichbaren Plattformen wie Twitter ist Mastodon also als dezentrales Netzwerk konzipiert: Der Dienst basiert dadurch nicht auf einer zentralen Plattform, sondern besteht aus vielen verschiedenen Server-Instanzen, die von Privatpersonen, Vereinen oder sonstigen Stellen eigenverantwortlich betrieben werden. Die Server kommunizieren untereinander verschlüsselt und auch zahlreiche Nutzerinnen und Nutzer senden nur Cipher-Text über die Kanäle dieser privaten Telekommunikationseinrichtungen mit dennoch großer Öffentlichkeit.

### 8.30    Staatsfeinde Nr. 1: Bargeld und Mikrophon-freie Räume verhindern gläserne Menschen •

Mikrophone-freie Räume sowie Bargeld können als die Staatsfeinde Nr. 1 gelten. Die Kontrolle der Bürgerinnen und Bürger wird dadurch erschwert und beide Mittel befinden sich in gegenteiliger Entwicklung: Bargeld soll durch bequeme elektronische Zahlungen abgeschafft werden und die Lebens-Räume mit Mikrophonen sollen erhöht werden, um die Menschen besser kontrollieren zu können.

Jedes am Internet befindliche Auto hat Mikrophone integriert. Selbst in der Arbeitswelt hat, wie jüngst von bekannten Online-Versendern berichtet wurde, jeder Paket-Scanner ein Mikrophon, um Gespräche der Beschäftigten abhören zu können – nichts Ungewöhnliches, denn Zuhause sind die sprachgesteuerten Geräte bereits vorhanden. Auch jedes Mittelkasse Smartphone hat schon mehr als eine Handvoll an hochsensitiven Feld-Mikrophonen verbaut, die bis ins nächste Zimmer lauschen können.

Die Freiheit, mit Bargeld bezahlen zu können, ist ein Mittel, das der kryptographischen Schwester - der Steganographie - zugeordnet werden kann. Die derzeit entstehenden digitalen Geldwährungen von BitCoin angefangen über weitere Marken anderer Anbieter wie sie auch vom Konzern Facebook und selbst einigen Geldinstituten angeboten werden, werden in der Menschheitsgeschichte hinsichtlich Privatheit nicht nur gravierende Veränderungen mit epochalem Character erzeugen wie die Ausstattung der Lebens-Räume der Bevölkerung mit Mikrophonen, sondern allein schon die Ausweitung der elektronischen Zahlungsvorgänge mit der üblichen, uns bekannten Währung trägt dazu bei. Das Ziel (insbesondere dessen Forcierung in Zeiten der Corona-Pandemie), Zahlungen kontakt- und bargeldlos über das Smartphone oder die Smart-Uhr an einem Terminal vorzunehmen, ist nicht nur bequem, sondern auch eine große Gefahr und Beraubung von Freiheit und Privatheit des 21. Jahrhunderts, die von vielen Befürworterinnen und Befürwortern einer notwendigen Digitalisierung in ihrer gesellschaftlichen Auswirkung noch gar nicht vollumfänglich abgeschätzt wird.

Denn: Hier ist der Weg genau andersherum. Bürgerinnen und Bürger haben derzeit die Standardeinstellung mit Bargeld »Cash auf Kralle« zahlen zu können und begeben sich mit elektronischen Zahlungen in eine Aufgabe von Privatheit, und damit in die Abhängigkeit einer dauerhaften Kontrolle von Zahlungsdaten und deren Inhalten des Konsums, aus der sie nicht mehr herauskommen, wenn das Bargeld bis zu seiner Abschaffung zurückgedrängt ist. Es geht hier nicht um die Zahlung größerer Beträge wie sie ab dem Kauf eines Gebrauchtwagens entstehen, die zurecht im Sinne der Unterbindung von Geldwäsche zu kontrollieren sind. Es geht vielmehr um die Einkäufe des Lebensbedarfs ohne Bargeld an vielen Stationen des

Tages - denn dort wird jedes menschliche Bedürfnis elektronisch registriert und auswertbar.

Unbeobachtet mit Bargeld zu bezahlen, befreit nicht nur von einer Personendatenspeicherung, einer Standortüberwachung, Bedürfnisüberwachung und der Überwachung des Menschen insgesamt. Sondern der Verzicht auf elektronische Zahlungsvorgänge ist zugleich auch der beste Standard zum Schutz der privaten Bedürfnisse, da der Verzicht über diese quasi Steganographie die Existenz eines Klar-Vorgangs abstreitet: Niemand muss wissen, wie viele Produkte wann und wo für welche Bedürfnisse gekauft wurden. Gleiches gilt für Cashback-Karten, die Einkäufe elektronisch erfassen und wenige Rabattpunkte für die Aufgabe dieser Freiheit versprechen und gläserne Konsumentinnen und Konsumenten hervorbringen.

Nur Bargeld, auf dass unsere Zähne beißen kann, sei dieser Auffassung nach zudem sicher geschützt vor einem »Durchstreichen« dieser rechnerischen Größe im Konto. Denn: Digitales Geld gehört dem Menschen genau genommen nicht, sondern die Bank besitzt es. Das ist mit Geldscheinen oder Gold, das wir in den Sparstrumpf oder unter das Kopfkissen legen können, anders. Digitale Währung kommt den geliehenen staatlichen Schlüssel wie oben angesprochen gleich: Bei elektronischen Zahlungsvorgängen und virtuellem Geld ist des Menschen Existenz an einem Tropf. Auch diese Entwicklung bei der Digitalisierung der Zahlungsvorgänge im Einkaufsmarkt gilt es zu beachten, wenn es um die Zukunft der Freiheit und Privatheit der Menschen geht: Bargeld ist Freiheit, die wir derzeit zu wenig reflektieren und schätzen? »Zahlt öfters mit Bargeld und geht einmal im Monat zur Bank, um Euch mit Geldscheinen auszurüsten«, rief ein Twitter-Nutzer ›Crashflow‹ im Rahmen dieser steganographischen Diskussion auf. Elektronische Zahlungen mit ›Pin & Plastik-Geld‹ seien nicht konform mit einer »No-Plain-Text-Strategie«, die gleich noch erläutert wird.

## 8.31   Cryptographische Cafeteria •

Die »Cryptographische Cafeteria« ist ein didaktisches Spiel für Lehrerinnen und Lehrer bzw. Schülerinnen und Schüler, das von *Linda A. Bertram* im Lexikon zur Internetsicherheit und Verschlüsselung »Nomenclatura« vorgestellt wurde. Danach ist per Zufallsverfahren oder durch einfaches Blättern in dem Lexikon ein Begriff daraus seitens einer Gruppe von Schülerinnen und Schülern in einem Referat zu erläutern und zu präsentieren. Die Referat-Teams können ihre Begriffe ähnlich der Auswahl von Snacks in einer Cafeteria auch untereinander nach einem festgelegten Algorithmus verhandelnd tauschen.

Dieses lässt sich auch im Informatik-Unterricht von Schulen anwenden und auch anpassen auf ein Analysieren und Vorstellen der über zwei Dutzend hier beispielhaft vorgestellten Programme und Werkzeuge zur Verschlüsselung. Jeweils mit dem inhaltlichen Fokus von WHAT-HOW-WHY: Für welchen Zweck wird das Programm eingesetzt? Wie bzw. mit welchen kryptographischen Funktionen erhöht dieses Werkzeug oder Programm die Sicherheit im Internet? Und welchen Mehrwert bringt es welchen Nutzerinnen und Nutzern im Vergleich zu einem anderen Programm? Warum sollte es im Rahmen einer No-Plain-Text-Strategie eingesetzt werden?

Lernende lernen nicht nur die theoretischen Hintergründe, sondern auch ganz konkret den Umgang mit dem Computer und seinen verschlüsselnden Programmen kennen und erhalten Einblick zu den Prozeduren, wie Schlüssel-Austausche oder eben die Nicht-Übertragungen von Schlüsseln funktionieren.

Gleichwohl erfordert es, das Lernen in den Fächer »Angewandte Kryptographie« und »Architektur, Entwicklung und Anwendung von Software-Applikationen« in der Ausbildung von Lehrerinnen und Lehrern für naturwissenschaftliche Fächer und Informatik in der Schule stärker zu berücksichtigen, und diese digitalen Werkzeuge ebenso an den Hochschulen und Universitäten sowie berufsbegleitend zu erlernen.

Um Wissen, Kompetenzen und Erfahrung im Bereich der Kryptographie ebenso leicht zu verbreiten wie das Wissen rund ums Kinderkriegen, bedarf es aktueller Arbeitsmaterialien, Bücher und Laptops – sowie entsprechende Multiplikatorinnen und Multiplikatoren, die Kolleginnen und Kollegen sowie Schülerinnen und Schülern eine solche Leseunterlage mal mit in die »Cafeteria« oder ihr Zimmer bringen und anderen ausleihen. Oder auch im virtuellen Hybrid-Unterricht zwischen Tafel und Tablett vorstellen.

# 9 INTEROPERABILITÄT, KONGRUENZ UND INTER-KONNEKTIVITÄT VON SCHOTTISCHEN EIERN •

Es wird oftmals gewünscht, dass unterschiedliche Anbieter von Messaging- und Chat-Diensten auch die Nachrichten anderer Dienste aufnehmen, verarbeiten und ausliefern können. So, wie es bei E-Mail oder mit unterschiedlichen Telefon-Anbietern mit verschiedenen Nummern bzw. Vorwahlen ebenso möglich ist. Dieses wird unter dem Stichwort Interoperabilität von Messengern gefasst.

## 9.1 Interoperabilität: nicht nur technisch ein hoffnungsloses Unterfangen? •

Da die kryptographischen Protokolle, Architekturen und Designs jeweils völlig unterschiedlich sind, rückt dieser Wunsch jedoch in weite Ferne und ist insbesondere technisch nur sehr schwierig zu erreichen. Die Fülle bereits oben exemplarisch genannter Applikationen und Architekturen lässt sich grundsätzlich nicht durch ein normierendes Gatter schieben.

Denn Interoperabilität bedeutet zugleich auch immer eine Festsetzung eines Standards für alle. Ein Standard, der möglicherweise bald der älteste und schlechteste Standard sein könnte, weil sich mehrere Dienste auf ein Mittelmaß einigen müssten. Neue Entwicklungen würden gehemmt und innovative Forschung lahmgelegt, weil sie sich nur außerhalb des Standards entwickeln kann - ein unwirtschaftliches Feld, das dann aber niemand besetzt. Interoperabilität wäre dieser Grundannahme nach also ein Hemmschuh für Innovation und zukünftige Entwicklung.

Interoperabilität, Kongruenz und Interkonnektivität werden dabei in einem Zusammenhang gesehen, deren Bedeutungen zunächst wie folgt zu beschreiben sind.

Mit *Interoperabilität* ist gemeint, dass die verschlüsselnden Messenger-Systeme die verschlüsselten Nachrichten-Pakete der Nutzerinnen und Nutzer aufnehmen und verarbeiten können - gleich, wie und von welchem Messenger bzw. E-Mail-App sie verschlüsselt wurden. Interoperabilität ist ein etwas weiter gefasster Begriff als es beispielsweise rein technische Kompatibilität bezeichnet. Im übertragenen Sinne müssen nicht alle Autos mit einem Elektro-Motor fahren, sondern können auch weiterhin mit einer

Verbrennungsmotor-Technologie auf den Straßen interoperabel unterwegs sein. *Karl Rihaczek* unterschied daher schon 1984 in seinem Beitrag »Verschlüsselung und Normung«, dass sich Kompatibilität auf die drei Bereiche Benutzungskompatibilität, Anschlusskompatibilität sowie auch auf Austauschkompatibilität beziehen kann[251]. Also die Bedingungen für die Nutzung identisch sein können, Hersteller identische (kompatible) Systeme bauen sollten oder einzelne Verschlüsselungsmodule unterschiedlicher Hersteller in der Systemumgebung gleichbleibend harmonieren können müssen, z.B. in der Anwendung eines gewünschten Algorithmus oder seiner Schlüssel.

Mit *Interkonnektivität* ist daher gemeint, dass ein verschlüsseltes Nachrichten-Paket beispielsweise vom Server des Delta-Chat-Messengers auch in den Server des Messengers Conversations eingeworfen werden kann, oder das verschlüsselte Nachrichten-Paket des Messengers Smoke in den Server von Threema eingeworfen werden kann. Die einzelnen Server der Anbieter müssen dazu untereinander verbunden sein und die verschlüsselten Nachrichten-Kapseln an den jeweiligen richtigen Server weiterleiten.

Mit *Kongruenz* ist schließlich gemeint, dass sich der Server auf dem regionalen Gebiet befindet, wo die Nutzerin bzw. der Nutzer den aktuellen Standort hat, der auch verwaltungsrechtlich einer Polizeibehörde zugeordnet ist. Der Server soll physisch in den regionalen Grenzen eines jeweiligen Polizei-Distriktes erreichbar sein, damit Zugriffe auf Online-Kommunikation vor Ort erfolgen und Server auch beschlagnahmt werden können. Vielmehr muss also nicht eine Identifizierungspflicht von Nutzerinnen und Nutzern gefordert werden, sondern eine Pflicht von Dienste-Anbietern, dass deren Server sich mit dem Wohnort der Nutzerinnen und Nutzern »identifiziert« und kongruent zeigt.


Was bedeutet dieser Sinn und ein Zusammenspiel von Interoperabilität, Kongruenz und Interkonnektivität bei Messengern schließlich konkret? So könnte man postulieren, dass Messenger hinsichtlich der Verschlüsselung auf dem sicheren McEliece Algorithmus aufbauen. Entsprechend vielfach genutzte Verschlüsselungs-Bibliotheken und -Verfahren (wie z.B. die GPG/Libgcrypt-Bibliothek) könnten McEliece noch für asymmetrische Schlüssel integrieren.

Und/Oder: zugleich sollten bei der Ende-zu-Ende-Verschlüsselung Fiasco-Forwarding-Schlüssel eingesetzt werden (mehrfache Schlüssel), ergänzt um die innovative Methode der Juggerknaut-Schlüssel (nicht übertragene Schlüssel).

Aber nicht nur ein Algorithmus- bzw. Protokoll-Standard müsste vereinheitlicht werden, auch der Server-Standard wäre festzulegen: beispielsweise müssten E-Mail-Server ebenso fähig sein, die verschlüsselten Nachrichten des Messengers Telegram weiterzuleiten, wie es bereits bei den Messengern Delta-Chat, Spot-On, Spike, GoldBug Messenger und E-Mail-Klient und weiteren der Fall ist. Chat-Server interoperabel zu machen, bedeutet also auch, Chat-über-E-Mail-Server (POP3/IMAP) mit einzubeziehen!

Während hingegen diese Messenger für das Abrufen der Nachrichten von Offline-Freunden IMAP-Postfächer adressieren bzw. der Smoke Messenger die dort etablierten Ozone-Postfächer adressiert, müssten bei einer Interoperabilität auch zahlreiche E-Mail-Server auf die Ozone-Postfächer-Technologie entsprechend erweitert werden. Das wäre sicherlich ein richtiger Schritt, wenn der etablierte Ozone-Postfach-Standard Vorteile im kryptographischen Geschehen erkennen ließe. Es zeigt, wie unterschiedlich die Interessenslagen der Erbinnen und Erben sowie Gestalterinnen und Gestalter einer Interoperabilität sein können. Und wer wollte definieren, dass eine Erbende oder ein Erbender das Technologie-Erbe an die Zukunft nicht antreten dürfte? Und wer wollte die Umstände eines Todes definieren? Können wir eher auf POP3-Chat-Server oder auf XMPP-Chat-Server verzichten?

Es geht also neben Algorithmen, Protokollen und Servern insgesamt mehr um die Architekturen: beispielsweise wie genannt beim Abrufen der Nachrichten von Freundinnen und Freunde, die gerade offline sind, oder wenn ein Server bzw. Klient dezentral über einen Distributed Hash Table (DHT) gefunden werden soll, jeder Klient darin also ein sog. »Servent«, also beides ist: Server und Klient.

Zusätzlich wären schließlich auch die Anbieter wirtschaftlichen Anpassungen unterlegen, wie wir es beim sog. »Telefon-Roaming« kennen: Gebühren könnten andere sein, wenn fremde Dienste, die die Kundin bzw. der Kunde gerade nicht abonniert hat, in Anspruch genommen werden; beispielweise eine Skype Nutzerin die Nachricht in den Server des WhatsApp-Messengers einwerfen möchte - oder sich daraus in das kostenpflichtige Telefon-Festnetz einwählen möchte.

Ist es also ein hoffnungsloses Unterfangen, Interoperabilität bei Messengern zu gestalten? Nicht nur, da sich die ausländischen Monopolanbieter harmonisierenden Vorgaben nicht stellen würden, sondern allein schon, weil die technische Vielfalt es nicht auf einen zukunftsträchtigen Nenner bringen kann und bei Ausschluss kleinerer Anbieter unmittelbar wiederum Nischen blieben?

Am Ende dieses Abschnitts wird eine Perspektive gegeben, und zwar: für die Nachrichtenpakete unterschiedlicher Anbieter quasi einen eigenen »Taxi-Fahrdienst« aufzubauen - ein neues Haus als Käseglocke, in der Anbieter Unterschlupf finden und so spezifisch bleiben können, wie sie sind; Nachrichtenpakete jedoch unter dieser Glocke alle Beteiligten erreichen.

Bedenkenswert und Ziel bleibt vielmehr, dass die Monopolmacht des Messengers WhatsApp im Facebook-Konzern mit alternativen Wahlmöglichkeiten adressiert und bereichert werden muss.

*Abbildung 43:* Mehr als 2.000 Millionen - Anzahl der aktiven Benutzerinnen und Benutzer von WhatsApp weltweit 2013-2020 (in Millionen)

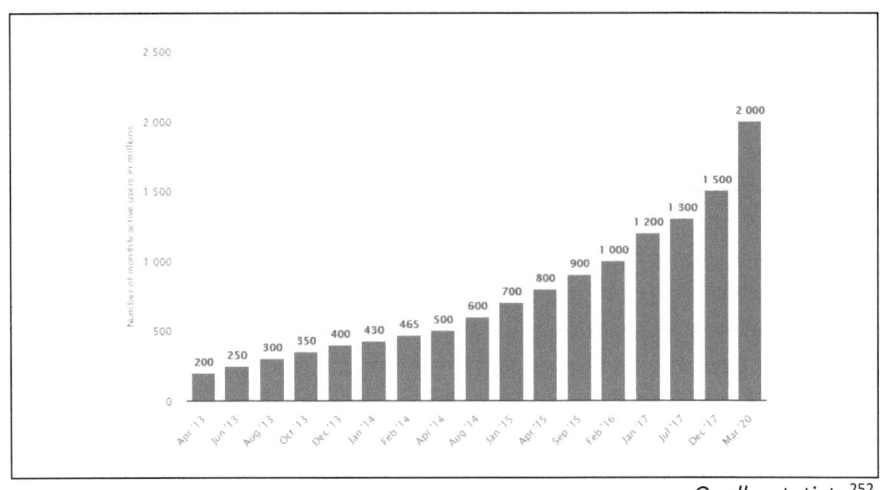

*Quelle:* statista[252]

Das deutsche Bundeskartellamt, das dazu eine Sektor-Untersuchung bei Messenger-Diensten umsetzt, wird daher bei beiden Zielsetzungen, der Analyse von Interoperabilität, Kongruenz und Interkonnektivität, wie auch bei der Analyse von Optionen zum Brechen der Marktmacht der Monopolanbieter im Messenger-Markt, ggf. keine zufriedenstellenden Ergebnisse in solch einer Studie zusammentragen können – außer einem Hinweis zur Förderung von alternativen, quell-offenen Projekten sowie der Aufstellung von kryptographischen Empfehlungen.

Ein erster Schritt zur Harmonisierung wäre daher, die einzelnen Messenger und ihre technischen Merkmale zu analysieren und zu vergleichen, auch insbesondere hinsichtlich ihrer Architekturen und kryptographischen Funktionen sowie des kryptographischen Innovationspotentials.

## 9.2    Big-7-Studie: Quell-offene Messenger im Vergleich ●

Eine erste in diesem Zusammenhang vergleichende Studie von kryptographischen Messengern ist die Big Seven Studie (kurz: Big-7) von den Sicherheitsforschern *David Adams* und *Ann-Kathrin Maier* aus dem Jahr 2016, die sieben verschiedene quell-offene Messenger u.a. mit ihren kryptographischen Aspekten verglichen haben.

Die Studie bietet einen Überblick über sämtliche verschlüsselnde (auch nicht quell-offene) Messenger, die aus verschiedenen Überblicks-Studien zusammengetragen bzw. auch von verschiedenen Portalen mit Kriterien bereits eingeschätzt wurden. Sämtliche Open Source Messenger im Bereich Verschlüsselung wurden gelistet. Dann wurden alle genutzten Kriterien dieser Portale zusammengeführt, kryptographische Funktionen beschrieben und schließlich auf entscheidende sieben Messenger angewandt, verglichen und eingeschätzt, die quell-offen sind.

Dieses resultierte in einer Analyse für die Applikationen CryptoCat, XMPP-Verschlüsselung, RetroShare, GoldBug, Signal, SureSpot und Tox. Eingebettet war dieser Vergleichsüberblick im Kontext einer auditierenden Analyse des zur damaligen Zeit relativ jungen Messengers GoldBug: Der GoldBug-Messenger wurde zugleich mit über 20 Blickwinkeln auditiert und in Referenz zu den weiteren genannten Messenger gesetzt.

Es ist eine umfassende Aufgabe, den Messenger-Markt zu analysieren und aktuell zu halten, da Messenger ihre Funktionen erweitern, den McEliece Algorithmus implementieren, den Projekt-Namen oder Besitzer wechseln oder das Programmier-Team toxisch oder motivationsloser wird, je nach Einsatzbegeisterung der Team-Mitglieder. So kann es wie beim

Messenger Tox auch zu einem quasi Erliegen der Entwicklung aus diesen Gründen kommen.

Im Ergebnis sammelte die Big-7-Studie anhand verschiedener, dort nachzulesender Kriterien Punkte-Einschätzungen als indikative Werte, die zusammenaddiert zeigten, dass drei von sieben Applikationen bei den kryptographischen Funktionen grundlegend gute Potenziale haben.

*Abbildung 44:* Big-7-Studie zu Open Source Messenger

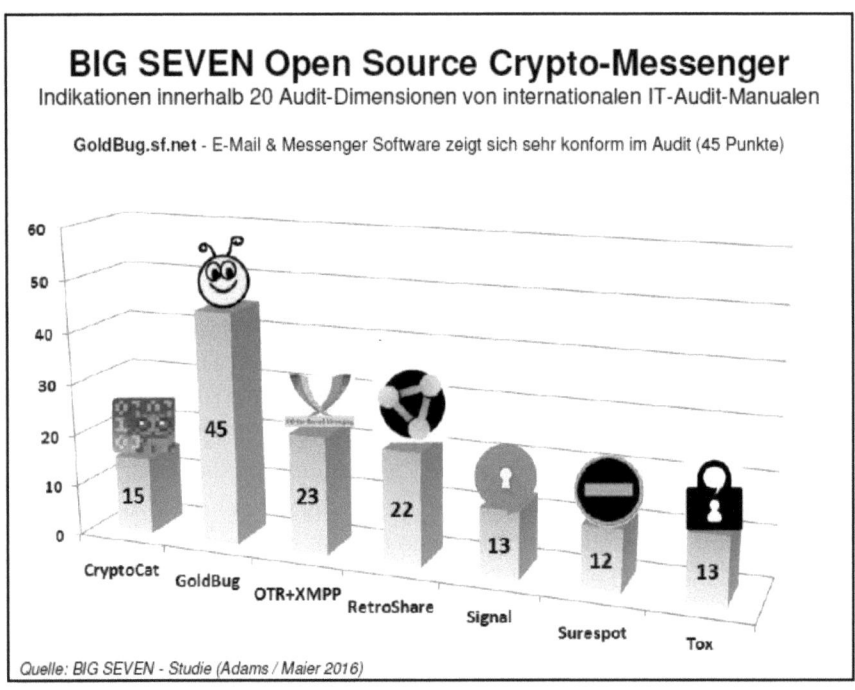

*Quelle:* Adams/Maier aaO.

Die Big-7-Studie hatte nach ihrem Erscheinen verschiedene Wirkungs-Effekte - hinsichtlich Aufbau und Abbau von Ressourcen und Einschätzungen von kryptographischen Kontexten, denn erstmals wurden verschlüsselnde Messenger ausführlich in referenziellen Bezug zueinander gebracht. Die Studie unterstützte damit den kryptographischen Wandel z.B. in folgenden Bereichen:

- In der Studie wurde das POPTASTIC-Protokoll für Chat über E-Mail-Server vertiefend vorgestellt, das dazu führte, dass Entwicklerinnen und Entwickler dementsprechend den Delta-Chat Klienten gründeten auf Basis der GPG Verschlüsselung. Damit wurde dreierlei, GPG, als auch das POPTASTIC-Protokoll, und schließlich die REPLEO-Funktion nunmehr als AutoCrypt bezeichnet, durch die ebenso quell-offene und damit willkommene »Ideen-Anleihe« dieser Chat-Innovation über die als Blaupause bestehende Server-Architektur der E-Mail-Konten populär gemacht.

- Kryptographische Funktionen erhalten mit der Zeit Aktualisierungen und neue, sichere Verfahren müssten in die Programmierung einge-baut werden. So wurde nach dieser vergleichenden Studie der Mess-enger CryptoCat eingestellt und von der Webseite genommen. Der Entwickler war aus dem studentischen Status entwachsen und die Ak-tualisierung und Verbesserung der kryptographischen Funktionen raubte ggf. zu viel Zeit, obschon er weiterhin in diesem Kontext auch beruflich lehrt.

- Auch blieb in der Folgezeit das Engagement der Tox-Entwicklerin aus und hinterließ für die weiteren Projektbeteiligten ein zu bearbeiten-des Werk, um nicht zu sagen: Flickenteppich unterschiedlichster Funktionen.

Neben der Analyse der relevanten Audit-Felder, und der verschiedenen quell-offenen Messenger mit ihren kryptographischen Funktionen wurden als Resümee auch 10 Trends im Bereich des Crypto-Messagings identifi-ziert. Diese bestand in der Analyse der folgenden Trends:

- **Trend 01:** Chat und E-Mail wachsen unter dem Begriff des Messagings zusammen. E-Mail-Server werden mit dem POPTASTIC-Protokoll auch für verschlüsselten Chat genutzt.
- **Trend 02:** Daten, die auf die Festplatte oder in eine Datenbank ge-schrieben werden, sind zu verschlüsseln.
- **Trend 03:** Kenntnisfreie/Geheime Beweise werden nicht nur zur Au-thentifizierung, sondern auch zum Schlüsselmanagement eingesetzt (SMP, ZK, Juggerknaut Schlüssel oder Secret Streams Schlüssel).
- **Trend 04:** Multi-Encryption bezeichnet die erneute Verschlüsselung von Cipher-Text mit dem gleichen oder einem anderen Algorithmus.

- **Trend 05:** Das Teilen und Übersenden von Schlüsseln mit Methoden wie REPLEO und EPKS bzw. AutoCrypt rücken in einen zentraleren Blickwinkel, um Verschlüsselung anwendungsfreundlicher zu gestalten.
- **Trend 06:** Temporäre Schlüssel, die sog. ephemeralen Schlüssel, werden nicht nur einmal pro Sitzung einbezogen, sondern im Fiasco Forwarding kennzeichnen gleich zahlreiche Schlüssel pro Nachricht eine hohe Sicherheitsstufe.
- **Trend 07:** Werte für Verschlüsselung werden individuell eingestellt, sei es Schlüsselgröße, Auswahl des Hash-Verfahrens, Auswahl eines Algorithmus für die Verschlüsselung. Die Verschlüsselungs-Suite Spot-On zeigt zahlreiche Optionen in der Gestaltung einer individuelle Crypto-DNA.
- **Trend 08:** Ende-zu-Ende-Verschlüsselung kann manuell eingegebene Passworte als Schlüssel vorsehen. Und es bezieht sich auf eigene Schlüssel (z.B. andernorts erzeugte GPG-Schlüssel), die in Applikationen importier-fähig werden (BYOK: Bring Your Own Key; CSEK: Customer Supplied Encryption Keys).
- **Trend 09:** Meta-Daten, also die Nachweise, wer wann mit wem über welche IP oder Port kommuniziert hat, können bei modernen Messengern durch Optionen in der Graphen-Gestaltung, also welchen Weg ein verschlüsseltes Nachrichten-Paket nimmt, minimiert werden. Zu nennen sind hier z.B. die Mix-Netzwerke Tor, Echo oder I2P, die die IP-Adresse des Absendenden vor einer Metadatenerhebung schützt. Oder auch der Messenger Briar, der direkt an Tor angeschlossen ist.
- **Trend 10:** McEliece und NTRU sind die alternativen Algorithmen, zu denen, die seit 2016 und mit dem beginnenden Zeitalter der Quanten-Computer als nicht mehr sicher gelten: RSA und Verschlüsselungen, die auf elliptischen Kurven beruhen.

Diese Trends oder Dimensionen gelten auch heute als grundlegende Aspekte im Bereich zu berücksichtigender Analyse-Dimensionen für Software-Audits von Applikationen mit kryptographischen Funktionen. Eine Analyse zur Interoperabilität sollte alle zehn Dimensionen berücksichtigen. Graphisch wurden diese »Trends« bzw. »Analyse-Dimensionen« in folgendem Schaubild dargestellt:

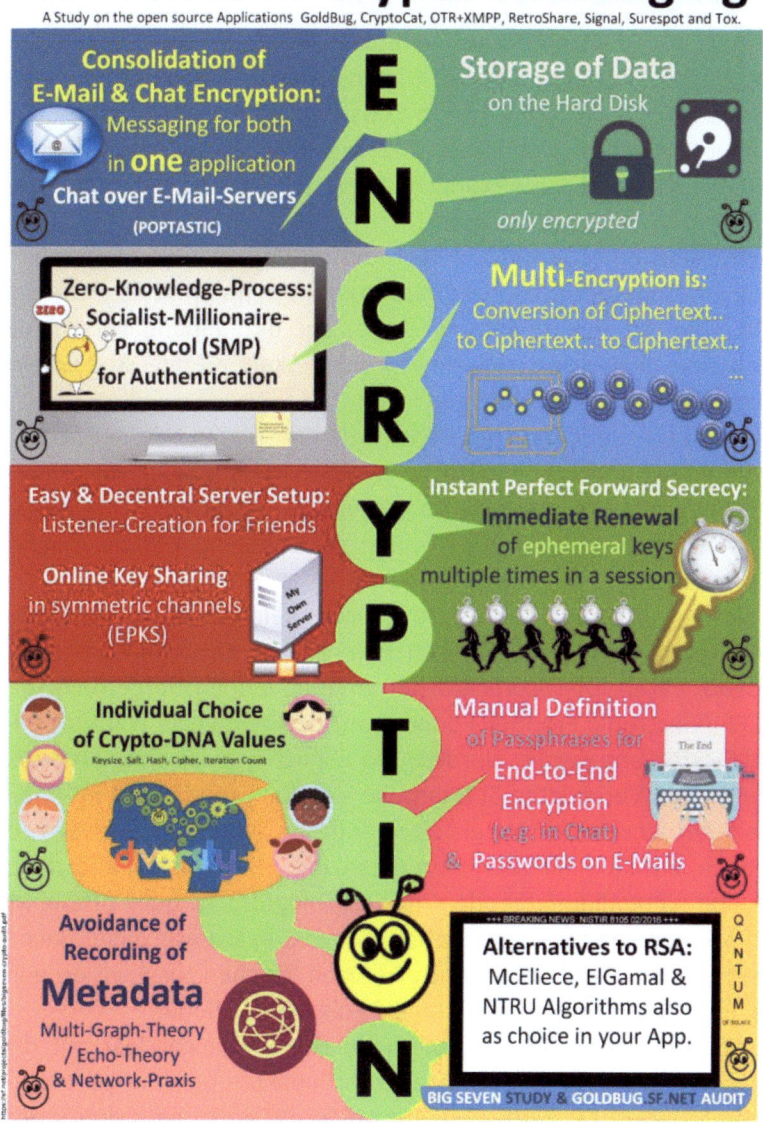

Adams, D. / Maier, A.K. (2016)

## 9.3 Messenger Scorecards: Zur Vollständigkeit kryptographischer Kriterien •

Die Vergegenwärtigung von Vergleichen hinsichtlich kryptographischer Funktionen und die sich daraus herausschälende Erkenntnis von Trends bzw. wichtigen kryptographischen Dimensionen, die neue Messenger ggf. berücksichtigen, hatte nicht nur im Erlöschen (CryptoCat), Dahindümpeln (Tox) oder Entstehen von neuen Messengern (Delta-Chat) oder neuen Servern (SmokeStack) Auswirkungen, sondern auch auf die Festigung einer vergleichenden Methode insgesamt.

Das Instrument einer ScoreCard kann diesen Vergleich kryptographischer Technologie und spezifischer Funktionsumfänge unterstützen. Die Score-Card ist eine Art Punkte-Sammel-Karte, auf der anhand verschiedener Kriterien eine Bewertung nach einer Punkte-Skala erfolgt, so dass sich in der Summe eine Gesamtzahl ergibt.

Ziel sollte hier sein, dass möglichst viele Kriterien in so einer ScoreCard zugrunde gelegt werden. Andere Vergleichsportale können hier Hinweise auf mögliche Kriterien und erste Analysen geben, die fortzuschreiben sind.

So waren auch bei der Big-7-Studie verschiedene Portale mit Score-card-Einschätzungen zu Messengern als erste Analysen einbezogen. Es stelle sich das Ergebnis heraus, dass einige keinen umfassenden Markt-Überblick gaben und auch fachlich bzw. in der Kriterien-Auswahl nicht umfassend waren. Die Scorecard der amerikanischen Bürgerrechtsbewegung EFF (Electronic Frontier Foundation) beispielsweise war von nur einem Aktivisten angefertigt worden. Die EFF ist eine Nichtregierungsorganisation in den Vereinigten Staaten, die sich für Grundrechte im Informationszeitalter einsetzt. Im Vergleich zu anderen ScoreCard-Analysen zeigte sich jedoch, dass die EFF-Scorecard einen sog. »Bias« hatte, also prätentiös war und nicht allumfassende Kriterien anlegte bzw. quell-offene Messenger unzureichend berücksichtigte. Diese Scorecard war daher nach Veröffentlichung der Big-7-Studie nach wenigen Wochen zur Revision und für ein Update eingeplant, blieb jedoch die Folgejahre offline.

Dennoch, wie genannt, die Methode des Vergleichs war mit diesen Modellen an ScoreCards einem breiteren Publikum bekannt gemacht und stimuliert worden. Zahlreiche Messenger-ScoreCards sind insbesondere in Deutschland entstanden, mit denen Studierende auf ihren Webseiten oder in ihren Blogs verschiedene quell-offene Messenger miteinander auf Basis definierter Kriterien verglichen und Vorzüge und Nachteile bzw. zunächst einmal kyptographische Funktionen und Zusammenhänge beschrieben (in einer sog. SWOT-Analyse).

Aus den Erfahrungen bisheriger Bewertungsprozesse kann sicherlich gelernt werden, dass viele technische und kryptographische Funktionen sich erst nach einer Einarbeitung in die technischen Spezifika eines Messengers darstellen und vergleichend bewerten lassen. D.h., dazu ist auch in einem Kontext kryptographischer Kenntnisse zu berücksichtigen, welche Kriterien ggf. vergleichbar sind und auch, welche strategische Bedeutung diese haben.

So wird beispielsweise meist immer nur der Klient, die auf dem Smartphone installierbare Applikation, bewertet, nicht aber, ob der Server dazu quell-offen und replizierbar bzw. erneut aufsetzbar, also wiederholbar ist oder nicht. Dazu ist es dann z.B. notwendig, zu beurteilen, ob sich der Quell-Code zu einem Server auch für den Raspberry-Pi-Computer zu Hause (auf eigenem »Blech«, »on premise«) bilden lässt, oder dazu nur eine Ausführungsumgebung z.B. auf den Amazon-Web-Systemen möglich ist.

Oder auch die Fragestellung nach der Aktualität verwendeter Verfahren ist einzuschätzen, wenn ein Hash-Verfahren wie SHA1 als unsicher gilt, ist es wichtig, dieses Kriterium mit aufzunehmen und bewertend zu vergleichen mit moderneren Hash-Verfahren anderer Messenger.

Schließlich geht es auch um die Abwägung in der Relevanz von gewünschten Funktionen gegenüber Aspekten der Sicherheit. Wird der Messenger auch als Video-Chat eingeschätzt oder nur als Text-Messenger, der auch eingesprochene Audio-Dateien übertragen kann? Diese Einschätzung erhält einen ganz anderen Bezug, wenn der Server dann auch videofähig sein soll, oder mit dem Video-Verfahren Bibliotheken wie WebRTC eingebunden werden. Diese erfordern in der Verschlüsselung ein zentrales Zertifikat, was somit ggf. als Schwachstelle bewertet werden kann, falls Video-Streams belauscht werden sollen. Dieses kann z.B. eine erfahrene Technikerin austesten, indem sie zwei Video-Chat-Klienten (z.B. über Nextcloud) im Heimnetz mit einem dort vorhandenen Server verbindet, das Heimnetz aber hinter einer PFSENSE-Firewall nicht ins Internet gelangen kann oder das Internet gar nicht angeschlossen ist. Die Video-Bibliothek WebRTC würde immer einen Server im Internet zur Zertifikats-Überprüfung suchen und ggf. den Video-Chat nicht etablieren.

Was nützen dann unterschiedliche Sicherheitsstandards für Text-Chat und Video-Chat, wenn der Video-Chat eine willkommene Funktion ist, es aber im Sicherheits-Standard Einbußen bedeutet?

Vor dem Hintergrund der *Dritten Epoche der Kryptographie* mit als nicht mehr sicher geltenden alten Algorithmen und neuen Rechenkapazitäten von Quanten-Computern, müssen insbesondere die Kriterien herausgestellt werden, die auf die Algorithmen McEliece bzw. NTRU oder eine Multi-Verschlüsselung zur Absicherung hinweisen. Ebenso im Zuge einer gesteigerten staatlichen Aufmerksamkeit auf private Schlüssel sollten diese auch manuell definierbar sein. Applikationen, die Nutzerinnen und Nutzern eigene und flexibel wechselbare Passworte ermöglichen, können auch einen besonderen Fokus erhalten.

Und schließlich geht es wie beschrieben nicht nur um die Quell-Offenheit der Applikation, sondern auch des Servers, der für eine Kompilierung bzw. Installation auch im eigenen Heimnetz gebräuchlich sein sollte.

Eine entsprechende Datensicherheit hat für viele Organisationen eine größte Relevanz, z.B. nach der Datenschutzgrundverordnung (DSGVO), sowie, dass ein Serverstandort z.B. in Europa nicht doch durch Unternehmen in Übersee aufgrund rechtlicher und politischer Regelungen wie Cloud Act oder FISA einen Datenzugriff erhält (*Foreign Intelligence Surveillance Act* (FISA), zu Deutsch: »Gesetz zur Überwachung in der Auslandsaufklärung«).

Der Upload von Kontaktlisten und Telefonnummern von Freundinnen und Freunden stellt sich ja insbesondere bei WhatsApp und Telegram und auch anderen Alternativen als wesentliches Problem dar, selbst wenn die Telefonnummern nur in gehashter Form hochgeladen werden. Dieses betrifft auch die Vorbehalte in Unternehmen, Schulen sowie kommunalen Organisationen, MS-Teams oder cloudbasierte Matrix-Server einzurichten anstelle von selbst-gehosteten Installationen, da es mit o.g. Regelungen derzeit noch ungeklärt ist, ob die Daten rechtswidrig in die USA abfließen könnten oder nicht.

Wesentliche Kriterien, die nach vorgenannter Methode in verschiedenen Internet-Portalen abgebildet sind, sowie über ein Dutzend quell-offener Messenger wurden daher in der folgenden Übersicht zueinander referenziert. Es stellt einen derzeitigen Überblick dar, weitere Funktionen werden ggf. aktualisiert, neue Namen an quell-offenen Messengern werden hinzukommen. Gleichwohl stehen diese Messenger aufgrund der Quell-Offenheit über die kommenden Jahre Nutzerinnen und Nutzern, wie auch Entwicklerinnen und Entwicklern zur Verfügung, um Nutzungs- und Entwicklungsinteressen basierend auf diesem Vergleichs-Überblick weiter voran zu bringen.

Schließlich ist so eine Analyse zu vertiefen und technisch zu erläutern, wenn es um das Thema von Standards auf dem Markt und in der Entwicklung geht. Dieses betrifft wiederum auch das Thema der Interoperabilität, Kongruenz und Interkonnektivität von Messenger, wenn man dieses denn vereinheitlichen will und nicht jede Nutzerin und jeden Nutzer selbst frei entscheiden lassen will, welchen Kommunikationskanal sie zu den Lieben zuhause wählen.

Zugleich kann auch deutlich werden, dass dieses Thema einer vermeintlichen Notwendigkeit zur Interoperabilität als bequeme Lösung verkauft wird, damit letztlich die Einbruchsmethoden in die verschlüsselnden Messaging-Systeme harmonisiert sind und auch einen (politisch herabgesetzten) Standard in der Verschlüsselung haben, der durch staatlich beauftragte Analystinnen und Analysten leicht zu brechen ist? Es bleibt daher zu diskutieren, ob Interoperabilität das richtige und vordringliche Mittel ist, um die Marktmacht von WhatsApp zu balancieren. Dieses könnte ebenso auch durch eine Verpflichtung zu regionalen Servern (Kongruenz) erreicht werden.

Der Gegenpol, individuelle Verschlüsselung statt standardisierter Verschlüsselung, wurde in der Big-7-Studie als individuelle Crypto-DNA bezeichnet. Je individueller diese ist, je eigenständiger ein Server in der Ausgestaltung und Digitalen Souveränität der Nutzerinnen und Nutzer ist, desto sicherer gegen standardisierte Attacken ist und bleibt auch die Architektur. Nutzerinnen und Nutzer sollen ganz individuell ihr Hash-Verfahren, ihre Schlüsselgröße, Ihren Algorithmus und weitere Methoden und Prozessschritte der Verschlüsselung souverän auswählen können. Denn dann ist sie voraussichtlich auch sicherer, als wenn alle die gleichen Konstanten in der Verschlüsselung zu wählen haben.

Befürworterinnen und Befürworter der Beibehaltung einer sicheren Ende-zu-Ende-Verschlüsselung sind somit auch immer Gegnerinnen und Gegner zu einer Interoperabilität von Messengern?

*Abbildung 46:* Messenger im Kriterien-basierten Vergleich

| Kriterium | ATox | Briar | Chat Secure | Conversations | Delta Chat | Element | GoldBug | RetroShare | Signal | Smoke | Spot-On | SureSpot | Telegram | Threema | Wire |
|---|---|---|---|---|---|---|---|---|---|---|---|---|---|---|---|
| A | • | • | X | • | • | • | X | • | • | • | X | X | • | • | • |
| B | X | • | • | X | • | • | X | X | • | X | X | X | • | • | • |
| C | • | • | X | X | • | • | • | • | • | • | X | • | X | • | • |
| D | X | X | X | X | X | X | • | X | X | • | • | X | X | X | X |
| E | X | X | X | X | X | X | • | X | X | • | • | • | X | X | X |
| F | X | X | X | X | • | X | • | • | X | • | X | • | X | X | X |
| G | X | • | • | • | • | • | • | • | • | • | • | • | • | • | • |
| H | X | X | X | X | X | X | • | X | X | • | • | X | X | X | X |
| I | X | X | X | X | X | X | • | • | X | • | • | X | X | X | X |
| J | X | X | X | X | X | X | • | X | X | • | • | X | X | X | X |
| K | X | X | X | X | • | X | • | X | X | • | • | X | X | X | X |
| L | X | X | X | X | X | X | • | X | X | • | • | X | X | X | X |
| M | 1 | 1 | X | X | • | X | • | • | X | • | • | X | X | X | X |
| N | X | X | X | X | X | X | X | • | X | • | • | X | X | X | X |
| O | X | X | • | • | • | • | • | X | • | • | • | • | • | • | • |
| P | • | • | X | X | • | • | • | • | • | • | • | X | • | X | • |
| Q | X | X | X | X | X | X | • | X | X | • | • | X | X | X | X |
| R | • | • | • | • | • | X | • | • | • | • | • | X | • | • | • |
| S | • | • | • | • | • | • | • | X | • | • | X | X | X | X | 2 |
| T | • | • | • | • | • | • | • | • | X | • | • | X | • | • | • |
| U | X | X | X | X | X | • | X | • | X | • | • | X | X | X | X |
| V | X | X | X | X | X | X | • | X | X | • | • | X | X | X | X |
| W | • | • | • | • | • | • | X | • | • | X | • | X | • | • | X |
| X | X | X | X | X | X | X | X | • | X | X | X | X | • | • | • |
| Y | X | X | X | X | X | X | • | X | X | • | • | X | X | X | X |
| Z | X | X | X | X | X | X | • | X | • | X | X | X | • | • | • |

• = vorhanden, **x** = ggf. in Entwicklung, Update-Feedback willkommen. *Quelle:* [253]

## 26 Kriterien:

| | |
|---|---|
| A | Android Klient |
| B | IOS Klient |
| C | Desktop Klient |
| D | speichert in Datenbank verschlüsselt |
| E | Ende-zu-Ende-Verschlüsselung (Geheimnis/Passwort) selbst definierbar |
| F | Multi Device fähig |
| G | verschlüsselter Gruppenchat |
| H | Modernes Hashing, z.B. Argon2 |
| I | Manuelle Erneuerung der Sitzungsschlüssel (Cryptographisches Calling) |
| J | Multiple temporäre Schlüssel, z.B. mit Fiasco Forwarding |
| K | eigene Schlüssel (Customer Suppl. Encr. Keys, CSEK) können importiert werden |
| L | Hat ein Login Passwort und Exit-Button |
| M | Mobiler Server für Android oder Raspberry-Pi verfügbar |
| N | Ende-zu-Ende-Verschlüsselung mit asymmetrischen Schlüsseln |
| O | Nachrichten zu Offline-Freunden |
| P | Kostenfrei |
| Q | Quantum-immun durch McEliece oder NTRU Algorithmus / aktuelle Sicherheit |
| R | Ohne SMS-Registrierung der eigenen Telefonnummer / Alias-Identifier |
| S | Server quell-offen |
| T | Ohne Telefonnummer Upload des Telefonbuches / DSGVO-Konformität |
| U | Abstinenz von Schlüssel-Übertragungen (Zero Knowledge Derivation) |
| V | Anhänge & Bilder werden verschlüsselt gespeichert |
| W | Server-Standort außerhalb der USA / Privacy Shield (Schremps) Konformität |
| X | Sprachanruf |
| Y | SMP / J-PAKE Authentifizierung |
| Z | Sprachnachricht als Datei senden |

Eine Empfehlung kann daher sein, aus der Menge an unterschiedlichen Messenger-Systemen sich möglichst viele Architekturen zu erschließen, nicht nur in der Anwendung, sondern auch vom technischen Verständnis her. Es wird daher weitere Jahre der vergleichenden und tiefergehenden Analyse von Messengern geben müssen. Die Referenzierung von Messengern und ihren Kriterien und Merkmalen in obiger Abbildung 46 stellt dazu eine vergleichende Übersicht dar, die fortzuschreiben ist.

## 9.4 Mögliche Empfehlungen zur Standardisierung und Interoperabilität von Messengern ●

Wer also Unterschiede auf einen Nenner bringen will oder zumindest Brücken bauen will, bestehende Brücken vernetzen will oder auf höherwertigere Standards aktualisieren will, muss wie gesehen erst einmal die Unterschiede und Gemeinsamkeiten kennen und bewerten, um nicht zu sagen: vergleichen. Erst auf Basis tiefgreifender technischer Analysen kann ein gemeinsamer Nenner definiert und gebildet werden. Dazu ist es notwendig, die Dinge zu definieren, die über dem Strich vorhanden sein sollen. Nach Recherchen gibt es zur technischen Definition von Interoperabilität schon einige erste Blogger und Portale, die sich dazu Gedanken machen, wie Monopolisten um eine Alternative ergänzt werden können und worin auch die Stärken und Schwächen von technischen Harmonisierungen[254] liegen. Im Folgenden soll daher in einem Standardisierungs-Versuch als mögliche Diskussionsgrundlage und Empfehlung einmal zusammengetragen werden, welche essentiellen Funktionen bei einer Interoperabilität von Messengern zu definieren sind.

(1) Messenger Dienste, die RSA oder Kryptographie mit elliptischen Kurven (wie ECDSA) als Algorithmus anbieten, sollten spätestens im Jahr 2016 hybride sein beispielsweise mit dem McEliece-Algorithmus - oder wahlweise NTRU verwenden.

(2) Implementierte McEliece-Algorithmen sollten ggf. abwärtskompatibel bleiben zu RSA, wie es beim Modellprojekt Smoke-Messenger der Fall ist, oder besser ganz auf unsichere Algorithmen wie RSA verzichten.

(3) Für die Ende-zu-Ende-Verschlüsselung sind nicht ein Schlüssel pro Sitzung, oder ein Schlüssel pro Nachricht, sondern mehrere Schlüssel pro Nachricht zu verwenden. Dieser etablierte Standard des Fiasco Forwardings sollte in jedem interoperablen Messenger eingebaut sein anstelle des starren Double-Ratchet-Protokolls, bei dem eine vorherige Nachricht die Verschlüsselung der nächsten Nachricht mitbestimmt; oder die Gefahr zu bewerten ist, dass bei Upload oder Bekanntsein eines Schlüssels alle vorherigen Nachrichten lesbar »aufgeribbelt« werden.

(4) Aufgrund innovativer Protokolle ist es entbehrlich, Schlüssel für sichere Ende-zu-Ende-Verschlüsselung zu übertragen, wie es bei dem Juggerknaut-Schlüssel der Fall ist. Diese sollten entsprechende Fiasco-Schlüssel ergänzen.

(5) Standardisierte Messenger-Verschlüsselung sollte den hybriden Wechsel von symmetrischer und asymmetrischer Verschlüsselung in einer laufenden Sitzung ebenso berücksichtigen, wie auch Optionen zur Multi-Verschlüsselung.

(6) Server sollten die verschlüsselten Nachrichten-Kapseln verschiedener Protokolle an alle verbundenen Nutzerinnen und Nutzer auch unterschiedlicher Klienten weiterleiten. Dieses ist insbesondere für die IMAP- und POP3-E-Mail-Server zu berücksichtigen, um den POPTASTIC-Chat (über E-Mail-Server) vieler Messenger-Klienten einzubeziehen. Es geht also vorwiegend um Server-Interoperabilität.

(7) E-Mail-Verschlüsselung im GPG-Standard könnte ebenso den McEliece-Algorithmus umfassen. In Messengern verwandte Software-Bibliotheken sollten um weitere zukunftsträchtige Algorithmen ergänzt werden.

(8) Verbundene Klienten sollten kryptographische Nachrichten von Offline-Freunden ebenso zwischenspeichern können, wie Server es tun (sog. Care-of-Methode).

(9) All diese Anforderungen sind insbesondere auf quell-offene, interoperable Server und Klienten zu beziehen.

(10) Interoperabilität kann heißen, die Markmacht der Monopol-Anbieter zu balancieren, jedoch nicht, den kryptographischen Standard zurückzusetzen auf einen kleinsten (ggf. gemeinsamen) Nenner. Nicht der geringste Standard ist zu thematisieren, sondern der jeweils bessere Standard muss den Takt vorgeben.

(11) Ebenso sind vom Standard abweichende Innovationen und Telekommunikationsanlagen nicht zu kriminalisieren, sondern zu fördern.

(12) Regionale Server sollten in der Lage sein, die privaten Schlüssel bei
Bedarf nach einem Rechtsbeschluss regionalen Ermittlungsbehörden auszuhändigen.

(13) Um die Marktmacht von Monopolanbieter zu balancieren, sollten
Anbieter von Telekommunikationsdienstleistungen Server nach dem
Marktortprinzip auf Länderebene vorhalten müssen. Nicht dort, wo
ein Unternehmen steuerlich seinen Sitz hat, sondern dort, wo die
Nutzerin bzw. der Nutzer sich befindet, ist auch der Kommunikationsserver des Unternehmens aufzustellen: So, dass sich Nutzerin
und Nutzer je nach aktuellem physischem Standort am Messenger-
Klienten bei einem lokalen Server vor Ort (z.B. in Berlin oder wahlweise München oder Brüssel) einwählen können. Es kann nicht sein,
dass wir für Straftaten eine Meldung bei der lokalen Polizei einrei-
chen müssen, Verursacherin oder Verursacher einer Straftat sich
aber in einen Server einwählt, der sich außerhalb dieses Markt- und
Tatort-Prinzips befindet. Polizei muss auch im Digitalen wieder Streife auf den lokalen Märkten bzw. Netzwerken gehen können. Diese
Balance einer Marktmacht beginnt mit der Verpflichtung der Vorhaltung von regionalen Servern, die Nutzerinnen und Nutzer je nach
Standort im föderalen Land entsprechend wählen - anstelle eines
einzigen mächtigen WhatsApp-Servers in den USA. Dort, wo eine
Berlinerin oder ein Berliner eine Straftat von Berlinern in Berlin poli-
zeilich meldet, die in WhatsApp vorbereitet wurde, muss auch
WhatsApp seinen Chat-Server aufstellen: in Berlin! Nur so können
Berliner Polizistinnen und Polizisten diesen Vorgang adressieren –
und notfalls zur Durchsuchung und forensischen Analyse auch Zugang erhalten. Es geht in der digitalen Welt nicht nur um eine »Interoperabilität« – besser viel mehr: um eine (regionale) Kongruenz.
D.h. es geht um eine Kongruenz der Standort-Koordinaten von Chat-
Servern mit den Standort-Koordinaten von Polizeiwachen und Tat-
orten sowie den Anwenderinnen und Anwendern. Andernfalls bleiben remote und regional oder gar kontinental übergreifende Ermittlungen notwendig, die oftmals zeitverzögert und nicht erfolgreich
werden.

(14) Zur Etablierung von Interoperabilität gehört die wirtschaftliche Trennung von Server und Klient: Es könnte für den Aufbau einer gemeinnützigen, öffentlichen digitalen Infrastruktur bei den Chat-Servern gesorgt werden und zugleich das Wettbewerbsrecht geändert werden, so dass Anbieter von Plattformen und Servern es ermöglicht wird, dass andere Klienten diese ebenso nutzen können und die Server kompatibel sind mit gemeinnützigen Servern. Getrennt von Regeln für Messenger-Klienten werden neue Regeln für die Server-Ökonomie im Wettbewerbsrecht benötigt, die staatliche Infrastruktur und gemeinnützige Server einbeziehen.

(15) Das Betreiben von privaten und vereinsgebundenen Messenger-Telekommunikations-Server-Anlagen für Organisationen, Vereine, Jugendgruppen, Schulklassen oder Familien sollte - wie es beim Freifunk für das Angebot eines kostenlosen Wifi-Internet-Zugangs der Fall ist - als gemeinnützig anerkannt und von entsprechenden Steuern befreit sein. Nur so kann ein ausreichender Schutz gegen die Macht der Internetgiganten gesichert werden.

(16) Es bedarf staatlicher und staatlich geförderter quell-offener Server als vernetztes Overlay-Netzwerk, die auch zu den Servern der Messenger-Dienste verbinden. So kann durch diese Interkonnektivität quasi ein »Briefkasten-System« für verschlüsselte Nachrichtenkapseln zur Weiterleitung an sämtliche Anbieter entstehen - und gefördert werden.

(17) Das deutsche Bundesamt für Sicherheit in der Informationstechnik (BSI) bzw. ihr europäisches Äquivalent, das EU-Panel für die Zukunftseinschätzung von Wissenschaft und Technik (STOA, *Ausschuss für Science and Technology Options Assessment des Europäischen Parlaments*), legen alsbald exemplarische Analysen der Messenger vor, die die Kompatibilität von RSA- und zukunftsorientierten McEliece-Schlüsseln interoperabel gestalten. Dieses sind derzeit z.B. die Messenger Smoke, GoldBug und weitere quell-offene.

(18) Datenschutzfreundliche Projekte und Anbieter, die diese Kriterien erfüllen, sollten ebenso entsprechende Fördergelder erhalten können, wie wissenschaftliche Arbeiten von Studierenden zu Einzelaspekten der Interoperabilität und Kongruenz von Messengern.

So oder ähnlich könnte eine erste zusammengestellte Diskussionsgrundlage zur Interoperabilität von Messengern diskutiert werden, die in einem interdisziplinären Kreis zu bewerten ist: Insgesamt besteht hier weiterer Forschungs- und Entwicklungsbedarf.

*Andreas Mundt*, Präsident des deutschen Bundeskartellamtes fasst das Vorhaben für beide Zielsetzungen, Messenger-Monopole durch die Förderung von Alternativen zu zerschlagen und verschlüsselte Nachrichtenkapseln durch alle Server-Anbieter weiterleiten und transportieren zu lassen, wie folgt zusammen: »Nutzerinnen und Nutzer verschiedener Messenger-Dienste können über unterschiedliche Kommunikations-Server hinweg meistens nicht miteinander kommunizieren. Das Kartellamt wird mit einer Studie für Verbraucherinnen und Verbraucher untersuchen, welchen Einfluss hier eine verbesserte Interoperabilität u.a. auf die Auswahl datenschutzfreundlicher Anbieter hätte. Denn Unsicherheit besteht oft darüber, ob und inwieweit persönliche Daten bei den verschiedenen Diensten überhaupt geschützt sind. Die Verbraucherinnen und Verbraucher müssen wahrheitsgemäß darüber informiert sein, wie die Sicherheit ihrer Kommunikation gewährleistet wird. Wir wollen darüber und über mögliche Verstöße gegen Rechte von Verbraucherinnen und Verbraucher aufklären. Denn, Messenger-Dienste sind als Kommunikationsweg im Alltag der Verbraucherinnen und Verbraucher nicht mehr wegzudenken!«[255]

Wünschen wir uns für die Zukunft, dass auch im Messenger-Umfeld statt monopolartiger Strukturen mehr dezentrale und quell-offene Server genutzt werden, jede Klassenlehrerin und jeder Klassenlehrer einen solchen Chat-Server für die Lernenden einfach einrichten und administrieren kann und jeweils der innovativste und sicherste Stand der Verschlüsselung analysiert, vergleichend dokumentiert und genutzt wird, um verschlüsselte Nachrichten-Kapseln an die richtige Adresse eines kryptographischen Tokens zu bringen?

## 9.5    Technischer Ausblick: Dem Schottischen Ei sein Mantel - Staatliche Server als Overlay-Netz? •

Will man nicht den Weg gehen, einen gemeinsamen technischen Nenner für das Messaging zu definieren, soll hier eine weitere Option vorgestellt werden, bei der die unterschiedlichen Merkmale eines Messengers beibehalten werden können. Dabei werden die Nachrichten quasi in einen Umschlag mit einer Adresse gesteckt und dieser durch ein aufzubauendes Transportsystem an die richtige Adresse zugestellt.

Um eine Interoperabilität von Messenger-Diensten zu erreichen, könnte also demnach das Paket - oder sagen wir eine Kapsel - mit der Nachricht, sei sie verschlüsselt oder nicht, nochmals in einer Transport-Kapsel verschlüsselt werden. Jede Transport-Kapsel erhält dann ähnlich einem EAN–Strichcode (European Artikel Nummer) einen solchen Hash oder kryptographischen Token ergänzt. So, wie wir es mit einem Strichcode für das Tracking bei Paketzustellern wie FedEx oder DHL kennen. Am Paket-Schalter wird ein Aufkleber mit einem Strichcode auf das Packet aufgeklebt. Nutzerinnen und Nutzer können damit ihre verschlüsselte Nachrichtenkapsel nochmals verpackt in einer verschlüsselten Transport-Kapsel in den einen Server oder anderen Server »einwerfen«. Der jeweilige Server erkennt, für welchen Messenger-Anbieter die Transportkapsel ist, und leitet diese dem richtigen Server zu.

Bildlich gesprochen hat jeder Kontinent (aka Messaging Anbieter) einen Hafen (Server) in dem Schiffe mit Taxis (Transportkapseln) einlaufen, auf deren Beifahrersitz jeweils ein verschlüsselter Laptop (mit einer Nachricht) liegt. Im Hafen wird erkannt, dass das Taxi kein entsprechendes Nummernschild hat, das auf dem aktuellen Kontinent des Hafens zugehörig ist. Dann wird das Taxi (die Transportkapsel) samt Laptop (Nachrichtenkapsel) wieder in das Schiff gepackt, und zum nächsten Kontinent (Messaging-Anbieter) mit entsprechendem Hafen weitergeleitet. Ist der richtige Kontinent dabei, auf dem das Taxi mit seinem Nummernschild fahren kann, übernimmt ein Fahrer bzw. eine Fahrerin eines Fahrdienstes die Aufgabe, den verschlüsselten Laptop auf dem Autositz zuzustellen.

Zur Interoperabilität kommen wir also mit mehr Verschlüsselung und mit kryptographischen Token für das Routing, quasi den Autokennzeichen in obigem Beispiel, als durch weniger Verschlüsselung.

Erforderlich ist lediglich ein zweites sog. »Overlay-Netz«, bzw. für die Transport-Kapsel eine weitere Verschlüsselungsschicht. Eine Diensteübergreifende Infrastruktur wird dann nötig, die ebenso regionale Server berücksichtigen kann. Warum sollte man seine verschlüsselte Messenger-Nachrichten-Kapsel nicht in jeden regionalen Server einer regionalen Polizei-Wache einwerfen können, der die Zustellung zum jeweiligen Dienst organisiert?

Eine Blaupause dafür haben Protokolle vorgelegt, die mittels krypto-graphischer Token einen Graphen-Weg definieren (wie z.B. das AE-Protokoll). Es wird damit festgelegt, über welche Stationen das Nachrich-ten-Packet zugestellt wird und welcher Knotenpunkt sie weiterverarbeiten und lesen kann. Mit kryptographischen Token kann nicht nur sog. nationa-les Routing (vgl. sog. »Schengen Routing«) realisiert werden, sondern auch die notwendige Verschlüsselung der Datenpakete kann eine einbezogene Gestaltung sein.

Die dafür benötigte weitere Verschlüsselungsschicht lässt sich anhand von »Schottischen Eiern« (engl.: »Scotch Eggs«) bildlich darstellen: bei diesem Nationalgericht der Schotten werden gekochte Eier mit Hackfleisch ummantelt und nochmals im Ofen gebraten. Schneidet man sie durch, erkennt man zunächst das Eigelb als erste Schicht, drumherum das Eiweiß als zweite Schicht und schließlich das Hackfleisch als dritte und letzte Schicht.

*Abbildung 47:* Schottische Eier im Querschnitt

*Quelle:* Küche.

Diese bildlichen Modelle von Kongruenz und Interoperabilität erfordern weitere wissenschaftliche Analysen und Entwürfe von Fortschreibungen - wie auch Menschen, die Monopole hinterfragen und alternative Messenger und Server installieren und nutzen, um Interoperabilität und Kongruenz zu testen, und diesen alternativen Angeboten eine Basis der Nutzung zu bieten.

Ist die Idee, dass eine staatliche Struktur im Bereich der Informationstechnologie aufgebaut wird, zu abenteuerlich? Schließlich haben wir diese im Bereich der Wasserversorgung, Stromversorgung, bei der staatlichen Post oder der Versorgung mit Wohnraum ebenso. Dieses sollte auch für eine elektronische Post gelten können.

In diesem Sinne hat auch Brasilien 2013 bereits die Idee gehabt, ein souveränes landesspezifisches E-Mail-System für das Land in eigenen Datenleitungen aufzubauen: Als Reaktion auf Enthüllungen über die umfassende elektronische Überwachung durch die NSA hatte Brasiliens Kommunikationsminister *Paulo Bernardo* der Tageszeitung *Folha de São Paulo*[256] erklärt, dass ein nationales E-Mail-System geschaffen werden solle. Die NSA hatte E-Mails aus der Wirtschaft des Landes und von damaliger Staatspräsidentin *Dilma Rousseff* angegriffen.

Russland hat diese Idee bereits umgesetzt über sein #RUNET, das mittels eigener Infrastruktur im Krisenfall von der globalen Welt abgeschaltet werden kann und dann nur landesintern weiter funktioniert und so auch das E-Mail-System betrifft. Deutschland setzt bislang auf das System der bereits angesprochenen Kommunikation über DE-Mail, das jedoch als Toter Tiger zu bezeichnen ist: es wird seit vielen Jahren nicht genutzt auch aufgrund der nicht ausreichenden Verschlüsselung. Oder aber es erfährt eine Renaissance im Bereich des erweiterten *DE-Messagings* mit staatlichen Servern.

Das Vorhaben Brasiliens, eine staatliche E-Mail zu schaffen, die Alternativen zu den amerikanischen Servern bietet und Bürgerinnen und Bürger schützt, war bislang im Zusammenhang mit verschlüsselten Optionen noch kein Vorbild für Deutschland und Europa. Spionage-Analysen der Kommunikation von europäischen Bürgerinnen und Bürger durch die US-Technologiekonzerne sind daher gewollt, und es wird lediglich bedauert, dass sie als Monopolisten den Markt derart im Griff haben, dass die Analystinnen und Analysten der Kommunikation diese Untersuchungen nicht bei alternativen Servern im eigenen Land durchführen können?

Eine Erkenntnis könnte sein: Wer eigene Alternativen zum Monopolisten WhatsApp bieten will, sollte auch eigenständig alternative Server vorhalten: Entweder staatlich für alle, oder jeder selbst für Familie sowie Freundinnen und Freunde: Mit innovativen Modellen könnte der Erosion und der Krise der Privatheit durch monopolistische Informations-Technologien begegnet werden.

Und: der erste Schritt eines Weges aus dem Dilemma der Verschlüsselungsthematik ist die Abkehr von ausländischen Servern hin zur Bereitstellung und Nutzung von nationalen Servern im Hinblick auf die digitale und kryptographische Souveränität?

Statt zahlreicher Überwachungs-Maßnahmen im 21. Jahrhundert wird eine staatlich geförderte, soziale Bewegung hin zu quell-offenen Messenger-Alternativen zu bilden sein, die auch eine geförderte technische Bereitstellung sowohl von Klienten wie auch Servern einschließt?

Das Recht auf Privatheit im digitalen Raum bleibt daher eine immerwährende Zukunftsaufgabe in dieser *Dritten Epoche der Kryptographie* - insbesondere für die nächsten heranwachsenden Generationen der Gestalterinnen und Gestalter des postmodernen Internets.

In den 1990er Jahren gab es die marktmächtigen Messenger von AOL und ICQ, sie sind heute obsolet. Ob es zukünftig auch eine Abkehr von WhatsApp geben kann, das uns unsere Freundinnen und Freunde elektronisch »bereitstellt«? Wenn Staat und Monopol-Unternehmen private Schlüssel ausleihen, freie Rede beschränken und den Schutz von Privatheit aufbrechen, dann dürfen sie so lange textliche Gesprächsoptionen zu Freundinnen und Freunden anbieten - bis andere Freundinnen und Freunde ohne diese Technologie gefunden bzw. erreichbar sind oder andere, alternative Werkzeuge nutzt werden, um sie zu kontaktieren? Eine Alternative zur Wahl zu haben, ist in der Demokratie essenziell - ist es das auch in der Wahl, über welche Technologie wir unsere Lieben kontaktieren? Mit der eigenen Wahl und Installation einer Kommunikations-Technologie gilt es demnach, eine Alternative zum Monopol – und auch Standard – zu fördern. Denn dieses hat gesellschaftliche Auswirkungen.

Welche Kommunikations-Server in 50 oder 100 Jahren genutzt werden, und ob die Facebook & WhatsApp-Server sich dann noch gleich großer Beliebtheit erfreuen, wird die Zeit zeigen. Dann wird auch die Nachrichten-

Übermittlung zum Mars eine modernere Technologie sein: Denn für Planeten gilt genauso wie für Schottland und wie auch für Individuen das Lernziel Nummer Eins: Wer zu anderen elektronisch kommunizieren will, muss sich einen Server einrichten können! Kommunizieren über WhatsApp-Server ist vergleichbar, als wenn wir das Zähneputzen nur durch Zahnpraxen im Ausland vollziehen lassen. Die Nutzung von WhatsApp-Servern ist somit als steinzeitlich zu bewerten und nicht an einem humanistischen Gedanken der Selbständigkeit ausgerichtet. Chat-Server, die jeder zuhause selbst und einfach installieren kann, geben uns Menschen also eine Zahnbürste an die Hand: Welch eine Evolution!

## 10 GESELLSCHAFTLICHER AUSBLICK: MIT EINER NO-PLAINTEXT-STRATEGIE IN DAS DILEMMA EINER VERSCHLÜSSELTEN GE-SELLSCHAFT? •

Wir wissen es: seit den Snowden-Papieren 2013 ist deutlich, dass sämtliche Inhalte, die über das Internet gesandt werden, gespeichert werden - und damit auch analysiert werden (können). Und sie werden analysiert. Davor schützt wie gesehen insbesondere Verschlüsselung. In den Folgejahren gab es zahlreiche Initiativen, Verschlüsselung zu stärken, auszuweiten und sicherer zu machen, Standards zu diskutieren und weiterzuentwickeln, Programme zu aktualisieren, und den Anteil an Cipher-Text, der ins Internet gesendet wird, *irgendwie* zu erhöhen. Diese Erfolgsquote ist jedoch weniger in der Bereitschaft der Nutzerinnen und Nutzer zu sehen, einzelne Nachrichten zu verschlüsseln. D.h. bei der E-Mail-Verschlüsselung besteht weiterhin noch ein hoher Bedarf, Verschlüsselung in der Anwendung einfacher zu gestalten.

Viel mehr sorgen jedoch automatisierte Lösungen für Verschlüsselung, wie es bei dem Transfer von Webseiten der Fall ist. Hier gab es beispielsweise die Initiative *Encrypt Everywhere*, die Inhaberinnen und Inhabern von Webseiten und Domains kostenlose Zertifikate für HTTPS und damit die verschlüsselte Übertragung der Webseite zur Verfügung stellt. Ebenso sind die Initiativen der Browser-Hersteller zu nennen, durch die HTTPS-Webseiten, die also gegenüber den alten HTTP-Webseiten verschlüsselt übertragen werden, nun anders im Browser gekennzeichnet sind. Oder wenige Jahre später auch die Änderung, dass der Browser immer zuerst die HTTPS-URL einer Webseite aufruft, und wenn es diese nicht gibt, erst dann auf den unsicheren Standard von HTTP zurückgegriffen wird. Dieses erhöht natürlich das Volumen der verschlüsselten Datenpakete in den Datenleitungen. Doch ist es auch erforderlich, dass Nutzerinnen und Nutzer erkennen, dass ihre individuelle E-Mail-Nachricht zu verschlüsseln ist. Vielversprechend ist dabei die automatisierte Verschlüsselung durch den E-Mail-Klienten Delta-Chat, die sicherlich auch bald in die weiteren quelloffenen E-Mail-Klienten - wie Thunderbird - als Standard eingebaut werden wird, so dass zwei Thunderbird-Klienten die Schlüssel automatisiert tauschen, wie die technischen Entwicklungen entsprechend der Funktionen REPLEO, EPKS und AutoCrypt es modellhaft zeigen.

Zugleich kann es eine Perspektive geben, dass die Anzahl der Nachrichten im Klar-Text weiter reduzieren werden. Mit einer No-Plaintext-Strategie bzw. einem Programm für »Nie-Wieder-Klar-Text-Versenden«.

Nachdem wir erkannt haben, dass eine Nachricht ohne Verschlüsselung wie eine Postkarte von jedem lesbar ist, kann das Ziel verfolgt werden, dieses auf ein Mindestmaß - wenn nicht sogar auf null - zu reduzieren. Dieses mag dem Ansatz in der Corona-Pandemie entsprechen, die Infektionen auf null zu drücken mit einer NoCovid- oder ZeroCovid-Strategie, wie es in Deutschland der Stadt Gersheim in der Pandemie als Erstes gelang.

Die No-Plaintext-Strategie stellt somit vergleichbar einen Weg zu mehr Sicherheit im Internet vor. Dabei soll lesbarer Text im Internet vermieden werden. Die Verschlüsselung der Internet-Kommunikation zwischen zwei Menschen stellt dabei eine zentrale Säule dar.

Eckpunkte einer No-Plaintext-Strategie sind:

1. Verschlüsselung der Internet-Kommunikation zwischen zwei Menschen sollte ein Standard sein.
2. Eine No-Plain-Text-Strategie erfordert einen kollaborativen Aufwand: Es ist eine gemeinsame Anstrengung erforderlich, die Mitglieder aus Technik und Politik, Management und Informationswissenschaft wie auch operative Administration integriert.
3. Die Erhöhung der verschlüsselten Datenpakete in den Datenleitungen des Internets ist anzustreben.
4. Für die No-Plaintext-Strategie gilt das Ziel, dass sämtliche Datenpakete und Inhalte im Internet verschlüsselt sind.
5. Jede Klar-Text-Nachricht ist eine Klar-Text-Nachricht zu viel.
6. Es muss sichergestellt sein, dass nur autorisierte Personen Zugang zum Klar-Text haben und nicht irgendwer innerhalb und außerhalb von Organisationen sich Zugang verschaffen kann.
7. Die Bekämpfung von Kriminalität ist ein gesellschaftliches und kein technisches Problem oder gar der Fachdisziplinen der Mathematik oder der Kryptographie bzw. Steganographie.
8. Die Entfremdung aller von Verschlüsselung, nur um wenige Verbrecherinnen und Verbrecher zu belangen, ist kaum umsetzbar – und ob sie vertretbar ist, bedarf ausführlicher Diskussion relevanter gesellschaftlicher Gruppen.

9. Eine Kontrolle der Inhalte durch Dritte hat beim Lesen und Schreiben der Nachrichten zu erfolgen.

10. Die mit einem Berechtigungskonzept zu entschlüsselnden Daten sind zu klassifizieren in Daten in Bewegung (Englisch: Data in Motion), Daten in Ruhe (Englisch: Data in Rest) sowie in Daten in Nutzung (Englisch: Data in Use). Es geht darum, festzustellen, welche Daten nach dem Transfer über das Netzwerk an welcher Stelle und durch wen entschlüsselt werden sollen, welche Daten in den Geräten weiterhin verschlüsselt ruhen können und welche Daten, die lediglich zwischengespeichert sind, für welche Dauer durch wen kurzzeitig entschlüsselt werden können. Beispielsweise, ob volatile Schlüssel und Daten im Arbeitsspeicher des Gerätes oder im dauerhaften Festplattenspeicher eingesehen werden.

11. Die Initiierung der Umsetzung einer No-Plain-Text-Strategie ist nicht nur Aufgabe von Datenschutzbeauftragten in jeder Organisation und Unternehmung.

12. Eine No-Plaintext-Strategie kann eine Diskussion eines Rechts auf Verschlüsselung einbinden.

13. Die Förderung von Servern, die eine Weiterleitung von Klar-Text unterbinden, ist auszubauen.

14. Der anonyme Zugang zum Netz und der anonyme Versand von Nachrichten im Internet muss gesetzlich garantiert sein.

15. Das gemeinsame Lernen ist fortzuführen und aufrechtzuerhalten, das eine regelmäßige Diskussion und Aktualisierung der Sicherheitsstrategie »No-Plaintext« enthält.

So engagiert sich der Chaos Computer Club schon seit vielen Jahren für den Ausstieg aus der unverschlüsselten Kommunikation und fordert daher ein Verbot unverschlüsselter Kommunikation. Jedes Bit und jedes Byte, das von Providern transportiert und von Banken oder dem Finanzamt verarbeitet wird, müsse verschlüsselt sein. Kommunikationsserver von XMPP, die Klar-Text noch durchlassen, sind folgerichtig stillzulegen. Wer Daten seiner Kunden unverschlüsselt überträgt, archiviert und damit deren Sicherheit gefährdet, solle mit empfindlichen Strafen belegt werden – so diese führende Organisation[257] eines oft noch studentisch geprägten, aber aufzeigenden Geistes zu einer Vision einer No-Plaintext-Strategie.

Die liberale Partei Deutschlands gibt aktuell schließlich in ihrem Programm eine No-Plaint-Text-Strategie als Grundsatz aus: Bei der Verschlüsselung des Netzwerkverkehrs und seiner Daten gehe es um den Schutz des Eigentums, der Privatsphäre und der Vertraulichkeit der Kommunikation, daher solle neben einem Recht auf Verschlüsselung auch eine grundsätzliche Verschlüsselung elektronischer Kommunikation vorgesehen werden.[258] Aber auch fast alle anderen Parteien schließen mehr oder weniger »die Stärkung der IT-Sicherheit mit exzellenter und sicherer Verschlüsselung« nicht aus.

Gleichwohl ist diese Strategie nur die eine Seite der Betrachtung. Soziale Kontrolle durch Kolleginnen und Kollegen, Nachbarn, IT-Administratorinnen und -Administratoren sowie staatliche Akteure will die Anteile der in den Datenleitungen versendeten Datenpakete, die verschlüsselt sind, gleichzeitig weiterhin so gering wie möglich halten, um diese kontrollieren zu können. Damit wären wir wieder in der Argumentation zu Beginn dieses Bandes. Zurück auf Los und das Monopoly-Spiel beginnt von vorne! Den Ausweg aus diesem Loop hat die No-Plaintext-Strategie benannt: Dritte kontrollieren die Inhalte vor Verschlüsselung und nach Entschlüsselung.

Weiterhin ist zu beachten, dass das Spiel einer heimlichen Kontrolle von Klar-Text das Spiel von korporativen Akteuren ist. Bürgerinnen und Bürger sind ggf. insbesondere nach entsprechenden Aufklärungs- und Ausbildungs-Maßnahmen in der Lage, sich auf eine No-Plaintext-Strategie einzulassen, bei der sie erkennen, dass diese Sicherheit in ihrem ureigensten Interesse ist – für sich und ihre Lieben. Denn es gibt viele Prozesse, bei denen Otto Normal nicht deutlich wird, welche Lücken bestehen, bei denen leichtfertig eigene Daten im Internet preisgeben werden.

Zugleich lässt sich auch eine Bewegung bei Administratorinnen und Administratoren mit dem Ziel erkennen, die Systeme im Internet sicherer zu machen. Die Entwicklung ist langsam, aber kontinuierlich, ähnlich der Entwicklung von Sicherheitssystemen in der Automobilindustrie. So wurden Assistenzsysteme im Auto beispielsweise über die Jahre immer ausgefeilter und gehen von einer Sonderausstattung in eine Serienausstattung über. Schauen wir also eine oder zwei Dekaden in die Zukunft, werden wir ggf. ebenso feststellen, dass Verschlüsselung kontinuierlich zugenommen haben wird – wie vielleicht auch drastische Maßnahmen, diese im Klar-Text abzugreifen.

Und: ist für eine zukünftige Entwicklung zu vermuten, dass wir uns mit den Interaktionen im Internet hinbewegen auf eine ›Verschlüsselte Gesellschaft‹? In dieser könnten die Interaktionen zwischen zwei Menschen und innerhalb von Gruppen gegen die leitfertigen Blicke von Dritten geschützter, wenn nicht sogar umfassender und mathematisch korrekt verschlüsselt sein. Diese Prozesse einer *Verschlüsselten Gesellschaft* werden Auswirkungen auf das Sozialkapital unserer Gesellschaft haben. Es wird nicht mehr so einfach sein, mit sozialen Normen durch beratende oder wachende Dritte in die Interaktionsprozesse einzugreifen, weil sie oftmals nicht ersichtlich sein werden.

Früher wussten Eltern, welche Schulfreundin, welcher Schulfreund angerufen hat. Sie konnten an Interaktionen teilnehmen oder Großeltern konnten Rat geben, da sie Situationen mitbekamen. Heute wissen Eltern ggf. oft nicht mehr, wer ihren Kindern gerade eine Textnachricht über einen Messenger oder einen der vielen Kanäle gesandt hat oder wer sie in der Schule aktuell mobbt, wenn sie sich nicht darum kümmern, in welche Chats und Interaktionsportale ihre Kinder einbezogen sind.

Es könnte die These aufgestellt werden, dass Eltern so wenig wie nie an den Interaktionsformen der Jugendlichen teilhaben können, weil diese heutzutage über Smartphone-Technologie stattfindet, bei der Eltern zu oft außenvor bleiben. Ähnliche Tendenzen werden bestehen, wenn zunehmende Prozesse von Verschlüsselung es nicht mehr erlauben, dass Eltern, Nachbarinnen und Nachbarn bzw. Kolleginnen und Kollegen sowie Freundinnen und Freunde in die Kommunikation eines Einzelnen korrigierend eingreifen können.

Nicht nur die Messenger-Technologien, sondern auch die Verschlüsselungs-Technologien verändern unsere Interaktionen, umso mehr, wenn Messenger, elektronische Kommunikation und Verschlüsselung zusammenkommen.

Früher galt, dass das, was gedacht wurde, nicht oder jedenfalls nicht eins-zu-eins einem Gegenüber in einer Real-Situation an den Kopf geworfen wurde. Twitter, Facebook und andere Soziale Medien haben diesen Anstand und diese Grenze aufgehoben. Viele Menschen veröffentlichen in der elektronischen und öffentlichen Kommunikation ihre Gedanken und ihren Hass wie selbstverständlich und adressierend diesen direkt an ein Gegenüber in der Öffentlichkeit in einer inkompatiblen Weise, jedenfalls so, wie eine Generation zuvor es sich niemals gewagt hätte, jemandem

diesen direkten Hass in einer persönlichen Situation mit solch einer Formulierung an den Kopf zu werfen.

Die eigene - ggf. gar in einer (geschlossenen) Teilöffentlichkeit bestätigte - Meinung in (verschlüsselten) Chats kann zudem nicht mit dem Anspruch verbunden werden, dass sie sofort politische Wirklichkeit wäre -
letztlich untergräbt dieses auch die repräsentativen Prozesse der Demokratie: Werden heute also Teilöffentlichkeiten als undurchlässig zementiert, negative Anschuldigungen anderen gegenüber befördert und Desin-
formation durch die digitale Kommunikation so gesteuert, dass unsere
europäischen Gesellschaften polarisiert und damit des-integriert werden?

Es wird daher weitere Ministerinnen und Minister für Inneres sowie
analysierende Wissenschaftlerinnen und Wissenschaftler benötigen, die
auch als Digital Native aus der - sozusagen: eingeborenen - Smartphone-
Generation kommen, um Analysen beispielsweise hinsichtlich rechtsradi-
kaler Chatgruppen innerhalb der Polizei, Bundes- oder Feuerwehr durchzuführen und daraus Maßnahmen zu ziehen. Es könnten Chatgruppen
sein, die zukünftig ggf. verschlüsselt sind und selbst gesinnungsfremden
Kolleginnen und Kollegen keinen Zugang mehr ermöglichen.

Somit geht es in einer solchen *Verschlüsselten Gesellschaft* nicht nur
um die Einsicht in die Vorbereitung von Straftaten, sondern auch um eine
Einsicht in eine schleichende Erosion von Normen und Anstand und sozialen Interaktionsstandards, die ggf. unerkannt bleiben und damit auch nicht
mehr korrigiert werden (können). Wer greift in den sozialen Medien ein,
wenn sich jemand mit seiner Nachricht mal im Ton vergreift und wie kann
statt der Blockung eines Kontaktes das Erlernen einer Kultur- und Medienkompetenz des gegenseitigen Entschuldigens erfolgen?

Das Dilemma ist ein Doppeltes: Einerseits benötigen wir Sicherheit in
der Online-Kommunikation, müssen aber auch die Unerreichbarkeit von
anderen Menschen und Gruppen, die verschlüsselt kommunizieren, zur
Kenntnis nehmen. Und schließlich wird jeder einzelne Mensch, der sich in
verschlüsselte und nicht-verschlüsselte Online-Interaktion begibt, darin
lernen und sich erproben müssen, aber kann in der Online-Welt nicht unbedingt Lerneffekte oder Entschuldigungen von anderen erwarten. Verschlüsselte Interaktion mag hier ein besonderes Lernfeld sein:

Was ist also, wenn in einem verschlüsselten 1:1-Chat der zukünftige
Mörder einer Politikerin gestärkt wird durch seine Chat-Partnerin? Und
was ist, wenn eine Polizistin in einem verschlüsselten Gruppen-Chat der

regionalen Polizei-Wache feststellt, dass sich hier in diesem Online-Team rechtsradikale Parolen etablieren, die sie nicht gut findet? Muss der Austritt und der Report über diese verschlüsselte Gruppe mit Whistle-Blowing-Prozessen verglichen werden oder würde jemand in der Gruppe als Einzelner seine oppositionelle Meinung schreiben?

Dieses Phänomen haben wir bereits in Ansätzen heute schon, wenn die weiblichen Teamkolleginnen aus der Abteilung eine WhatsApp-Gruppe bilden und nach der Arbeit über die Männer im Team auf der Arbeit kommunizieren. Ebenso trifft es Unternehmen, die WhatsApp nicht erlauben, aber die Beschäftigten darüber nach Feierabend auf ihren Privat-Handies dennoch den Flurfunk des Unternehmens fortführen oder gar Kunden darüber adressieren. Zahlreiche Arbeitsgerichtsprozesse haben zunehmend Screenshots von Kommunikation aus Seitenkanälen von Messengern einzubeziehen, um Aussagen, Einschätzungen und Sachverhalte zu belegen.

Das dritte Dilemma besteht für das Individuum, sich der modernen Online-Kommunikation nicht mehr entziehen zu können und zugleich deren Lernprozessen dazu unterworfen zu sein - oder aber auch darunter leiden zu können.

Einen Konflikt, Shitstorm oder Hass-Post oder entfremdete Werthaltungen in Gruppen online auszuhalten, mag dabei ggf. noch einfacher sein, als eine grundlegende Einsamkeit oder Überbelastung im Zusammenhang mit der Online-Kommunikation für sich festzustellen. Denn, die elektronische Kommunikation über Messenger ersetzt keine menschliche Interaktion. Sie ist ein Surrogat, das zu Defiziten führen kann und führt. Eine wirkliche Interaktion kann über Video-Chat bestehen, und diese ist technologisch bereits ebenso vorhanden. Text-Chat hingegen wird von manchen Analystinnen und Analysten auch kritisch gesehen: Kann die Annahme genährt oder gar bewiesen werden, dass Messenger-Kommunikation schädlich für das Individuum und die Gesellschaft ist? Und kann in keinem Fall bewiesen werden, dass die Messenger-Kommunikation hilfreich für die Gesellschaft ist? Könnte man also, diesen Gedanken zu Ende gedacht, die elektronische Kommunikation auch als deformierende Falle bezeichnen, in der wir verfangen sind? Ist nicht kaum etwas Menschliches in der Tätigkeit, in einen Elektronik-Klotz etwas hineinzuschreiben und auf eine Antwort zu warten? Stattdessen wären Angesicht-zu-Angesicht- und Video-zu-Video- bzw. Audio-zu-Audio-Gestaltungen die besseren Alternativen?

Aber selbst dieser Schein von echter menschlicher Interaktion kann nach Ausschalten der Technik zu einem Sturz in die Realität führen: In der Corona-Pandemie-Zeit berichten viele Singles, dass die Online-Meetings über Jitsi, Mumble, Bigbluebutton oder auch Skype, Teams oder Zoom zu einer Depression führten, nachdem die Technik und damit das Gemeinschaftserlebnis ausgeschaltet wurde. Es wurde den Nutzerinnen und Nutzern direkt vor Augen geführt, dass sie nach Ausschalten des Kanals wieder alleine sind und nur einer virtuellen Realität unterlagen. Die Simulation von Authentizität und Vitalität stellte sich als Heuchelei heraus.

Könnte die Technologie von interaktivem Text im Messenger daher auch die Gesellschaft degradierender und nachhaltiger geschadet haben, als wir meinen? Die Sucht nach Aufmerksamkeit und Zuspruch bei WhatsApp besteht ja gerade darin, einen Kontakt, der ganz unten gelistet ist und lange nicht angesprochen wurde, wieder durch eine Nachricht ganz nach oben auf die Liste zu bringen. Ist eine solche Algorithmen-gesteuerte Aufmerksamkeits-Ökonomie nicht schon dann präsent, wenn es im Netz und in unserem Messenger nur um einen Smiley oder ein weitergeleitetes Bild geht, und nicht um eine wirkliche inhaltliche Nachricht?

Eine Studie im *International Journal of Psychology* zeigt hingegen, dass Videoanrufe, obwohl sie unvermittelt funktionieren und mehrere Sinne ansprechen, nicht immer der beste Weg sind, um in Kontakt zu bleiben: »Wir haben herausgefunden, dass das Verschicken von kleinen Text-Nachrichten über Messenger - verteilt über den Tag - besser hilft, um in Kontakt zu bleiben, als Videokonferenzen.«[259] Diese seien aufwendiger zu planen und daher seltener, vermittelte Studienleiterin *Nicole Krämer*, Hochschullehrerin für Sozialpsychologie der Medien und Kommunikation an der Universität Duisburg-Essen.

Ganz gleich, ob Video- oder Text-Chat, scheint es insgesamt, als wenn damit etwas faul ist, weil damit so viel Gewinnorientierung und Aufmerksamkeit von Menschen verbunden ist? Ist WhatsApp als Stellvertreter des Messagings ein großes Casino von vereinzelten und unglücklichen Menschen, die ihre Zeit verspielen, um einer Leere zu entkommen – die gesamtgesellschaftlich uns allen und jedem einzelnen schadet? Weil diese Zeit auch dem Ehrenamt und Dienst am Mitmenschen fehlt?

Es werden daher Studien relevanter, die mit dem Wachstum der Messenger-Nachrichten eine Korrelation analysieren, die sich auf Depression, Selbstmorde, Todesfälle und Extremismus sowie fehlender Ressourcen für die Nächstenliebe und subsidiärer Nachbarschaftsverantwortung in unserer Gesellschaft beziehen.

Auf Netflix beispielsweise erfolgte die Veröffentlichung des Films »Das Dilemma mit den sozialen Medien« (im Original: The Social Dilemma). Es wird in dieser Analyse ein pessimistisches Zukunftsbild gezeichnet. Eine Dystopie also, die auf bedenkliche gesellschaftliche Entwicklungen der Gegenwart aufmerksam macht – und nicht auf ein Heil der Gesellschaft in der Zukunft abzielt, wie es eine Utopie verspricht: Erzählt wird die Geschichte eines Teenagers, der eine Sucht für soziale Medien entwickelt. Unterbrochen wird die Story durch Interviews mit verschiedenen US-amerikanischen Persönlichkeiten aus dem Umfeld der großen Social-Media-Firmen. Behandelt werden unter anderem Themen wie Data Mining, wie das Produktdesign der Apps das Suchtpotential erhöhen will, die Auswirkungen von sozialen Medien auf die psychische Gesundheit, auch mit besonderem Blick auf die steigenden Selbstmordraten bei Teenagern sowie die Rolle von sozialen Medien bei der Verbreitung von Verschwörungstheorien oder dem Erfolg von politischer Kommunikation insgesamt.

Neben der technischen Interoperabilität muss daher auch eine gesellschaftliche Interoperabilität bei Messengern und sozialen Plattformen unserer Kommunikation sichergestellt bleiben: Es ist die bekannte Filterblase, die entsteht, wenn wir in der elektronischen Kommunikation nur Nachrichten von Freundinnen und Freunden erhalten, nicht aber von Andersdenkenden. Dann ist zu prüfen, ob eine vorbeschriebene Deformation an Potential gewinnt. Dieses kann u.a. in verschlüsselten Gruppenchats zu drastischen Entwicklungen führen, wenn keine dritte Fremdmeinung als soziales Korrektiv hinzukommen kann. Rechtsradikale Polizei-Chats belegen dieses ebenso wie der rechtsradikale Mörder des deutschen Politikers *Walter Lübcke*, der in diesem ersten rechtsradikalen Mordfall der Nachkriegsgeschichte durch einen Freund in seiner Haltung und Realitätswahrnehmung kommunikativ - auch per Chat - gestärkt wurde. Und darüber hinaus äußerten Rechtsextreme und Rechtspopulisten in sozialen Chats vielfach offen Freude über die Erschießung, beleidigten und verhöhnten den Getöteten und kündigten weitere Morde an.

Mangelnde Strafverfolgung von Hasskriminalität in sozialen Netzwerken wurde gerügt. Verschlüsselte Kommunikation kann hier nicht nur als Schutz vor Dritten oder Späherinnen und Spähern verstanden werden, sondern muss auch als strukturelle Deformation gedacht sein, dass korrigierende Fremdmeinungen in verschlüsselte Kommunikation nicht mehr hineinkommen kann. Wie notwendig dieses ist, dass Polizei Verschwörungen in verschlüsselten Gemeinschaftsabsprachen aufbricht, belegen ebenso die Beispiele, in denen dieses erfolgreich gelungen ist.

Viel wichtiger als einen vermeintlich bestätigenden Spiegel in der sozialen Filterblase zu finden, ist zunächst jedoch, was die elektronische Kommunikation mit uns, mit dem Individuum selbst macht. Werden wir verstimmter und asozialer, ja extremer, während wir auf eine Reaktion eines Gegenübers am Smartphone mit ausgedehnter Bildschirmzeit warten? Wird der WhatsApp-Doppel-Haken, der uns signalisiert, dass eine Nachricht gelesen ist und ggf. bald beantwortet wird, zum Haken für uns selbst, an dem wir verfangen?

Psychologinnen und Psychologen definieren bereits persönliche Gegenmaßnahmen, damit insbesondere Jugendliche dieser destruktiven Macht der Messenger entkommen können. Zu den persönlichen Gegenmaßnahmen, dass zwischenmenschliche Interaktion über Telekommunikation des Internets toxisch wird, gehören insbesondere:

- Die Vergegenwärtigung der Erkenntnis, die die Smartphone-Betriebssysteme unter der Funktion »Wellness« ausweisen: Reduzierung überdurchschnittlicher Stunden, in denen der Bildschirm des Smartphones mit seinen Applikationen genutzt wird.
- Um nicht immer wieder auf das Mobiltelefon akustisch oder per Vibration hingewiesen zu werden, sollte die Benachrichtigungsfunktion für bestimmte Applikationen reduziert oder ausschaltet werden. Auch eine optische Anzeige ohne eine Audio-Nachricht ist ausreichend.
- Applikationen der sozialen Medien, die uns nur Zeit rauben, sind zu deinstallieren.
- Und auch in unseren inhaltlichen Rückmeldungen in den Kanälen zu allen oder Freundinnen und Freunden sollten zuerst die Fakten gecheckt werden, bevor etwas kommentiert wird. Antworten wir

viel zu schnell, wenn wir etwas teilen, gut finden oder kommentieren, nur weil die Information überraschend aussieht?

- Gleichzeitig muss auch eine Versorgung mit Informationen sichergestellt werden, die Sachverhalten aus anderen Perspektiven beleuchten, selbst auch aus Bereichen oder von Personen, mit denen wir möglicherweise uns nicht einverstanden fühlen oder gemein machen würden.
- Schließlich ist das Thema der Aggregation von Hass-Meldungen in vermeintlich gleichgesinnten Gruppen des Internets ein großes Problem zu dem es weitere Studien bedarf, sowohl im individuellen wie auch kollektiven Umgang mit diesem Phänomen.
- Kompetenzen zur Interaktion über das Smartphone müssen von Jugendlichen auch erst erlernt werden. Gerade junge Erwachsene, Entdeckerinnen und Entdecker sowie junge Liebe teilt sich ja mit, vor während und nach der Schule. Über Messenger und weitere Kanäle des Internets. Daher gilt es, die Messenger Funktion und das Ausdrücken von Inhalten und Emotion darüber zu erlernen. Und Smartphones sollten am besten nicht zu früh in die Hände von Kindern gegeben werden, das heißt: Keine Bildschirmzeit! Soziale Medien nicht am Vergleich mit anderen Kindern orientieren, sondern an vollendeten Schulklassen und erlernten Lerninhalten und Kompetenzen.
- Mobile Geräte sollten zudem auch aus dem Schlafzimmer entfernt werden.

Das Sozialministerium des Landes Mecklenburg-Vorpommern meint hingegen in ihrer Bildungskonzeption für 0- bis 10-jährige Kinder, dass diese den Umgang mit digitalen Medien schon früh lernen sollten. Das sei so wichtig wie das Üben mit der Schere: »Für Kinder macht es grundsätzlich keinen Unterschied, ob sie ein Blatt mit der Schere zerschneiden oder digital einen Ausschnitt eines Bildes wählen.« Es sei sinnvoll, dass unter 10jährige beide Techniken erarbeiten und einüben. Digitale Medien ermöglichten Drei- bis Sechsjährigen somit neue Erfahrungen, wenn Kinder diese nicht nur konsumierend, sondern als Werkzeuge nutzten, heißt es. »Nimmt man ein Tablet mit zum Waldspaziergang, kann es von den Kindern als Lupe oder als Mikroskop eingesetzt werden.«[260] Lediglich für Kinder unter drei Jahren wird keine Beschäftigung mit digitalen Medien empfohlen. Der Umgang mit verschlüsselnden Messengern als Werkzeug kann also ab dem dritten Lebensjahr beginnen?!

Die Auswirkungen intensiver digitaler Kommunikation auf Jugendliche zeigen einerseits, dass soziale Kommunikation über digitale Netzwerke förderlich für die Bindung zu den Gleichaltrigen sein kann, andererseits wird vor der Gefahr des exzessiven bzw. suchtartigen Gebrauchs gewarnt.

Die Kombination verschiedener Kommunikationsmittel kann dann sicherlich die soziale Integration in der Familie und im Freundeskreis fördern. Zusammen mit der »Offline-Kommunikation« mit Familienmitgliedern, Freundinnen und Freunden leistet digitale Kommunikation nach Ansicht der Autoren einer Studie[261] des *Deutschen Instituts für Vertrauen und Sicherheit im Internet* (DIVSI) einen wesentlichen Beitrag zur Identitätsfindung und zum Selbstverständnis von Kindern, Jugendlichen und jungen Erwachsenen. »Angesicht-zu-Angesicht-Kommunikation« mit dem Freundes- und Bekanntenkreis werde also durch digitale Kommunikationsformen nicht ersetzt, sondern fortgeführt, ergänzt und zum Teil sogar vertieft – wenn sie in Maßen eingesetzt werden.

Der promovierte Philosoph und ehemalige Gymnasiallehrer für Physik und Mathematik, *Eduard Kaeser*, der heute auch als freier Publizist und Jazzmusiker tätig ist, fasst hingegen die Notwendigkeit, sich rational und lernend stärker mit den Digital-Technologie zu beschäftigen, mit einer eher düsteren Perspektive wie folgt zusammen: »Worauf wir uns in einer verschlüsselten Gesellschaft zubewegen, ist offen. Zumindest dürfte eines klar sein: Wir müssen die Feinde der offenen Gesellschaft nicht bloß bei den Terroristinnen und Terroristen, Geheimdiensten, den dubios agierenden Internetriesen oder Finanzinstituten orten, sondern auch in uns: das heißt in unserer Trägheit und Sorglosigkeit gegenüber einer außer Rand und Band geratenen digitalisierten Lebensform, in deren Adern exklusive – will sagen: geheime – Informationen fließen. Heute geht es [..] um eine ›starke‹ menschliche Intelligenz, die erkennt, worauf sie sich einlässt, wenn sie der künstlichen Intelligenz nicht Einhalt gebietet.«[262]

Diese Gefahrenperspektive bleibt jedoch ggf. eine Mindermeinung. Die ›Hohe Quadriga‹ des formierten deutschen *Nationalen Pakts für Cybersicherheit*, deren vier Mitglieder stellvertretend für die Beteiligung von Staat, Wirtschaft, Wissenschaft und Zivilgesellschaft stehen, hat hingegen in ihrer »gesamtgesellschaftlichen Erklärung« in mehreren Handlungsfel-

dern bekräftigt, dass die »einfache Verfügbarkeit von sicherheitssteigern-
der Verschlüsselungs-Technik für jedermann zugänglich sein muss« - nicht
nur, um die Wettbewerbsfähigkeit zu erhalten. Damit solle Verschlüsselung für alle zur Verfügung stehen. Pragmatische Hilfestellungen zum Verstehen von und zum sicheren Umgang mit Kryptographie und IT soll demzufolge zu einem »anerkannten und integralen Bestandteil der (vor-
)schulischen und beruflichen Ausbildung werden, um das persönliche Sicherheitsniveau zu verbessern und den Grundstein für weiterführendes
Interesse an diesem Themenbereich zu legen.«[263]

Dieser *Nationale Pakt für Cybersicherheit* bettet sich dabei als Reprä-
sentant der gesellschaftlichen Gruppen auch in bestehende internationale
Initiativen ein, denn er stellt den deutschen Beitrag zum »Paris Call for
Trust & Security in Cyberspace« des französischen Präsidenten Emmanuel
Macron dar. Der Paris Call, der zuerst auf dem Paris Peace Forum und ein
Jahr später auf dem Internet Governance Forum der Vereinten Nationen
in Berlin vorgestellt wurde, wird auch von den Regierungen der meisten
EU-Mitgliedsstaaten, sowie zahlreichen weiteren Staaten, darunter auch
Großbritannien, Australien und Japan, unterstützt. Verschiedenste Unter-
nehmen, Verbände und Nichtregierungsorganisationen gehören ebenso zu
den Unterzeichnern.

Es bedarf in europäischen Ländern und darüber hinaus in der gemeinsamen Perspektive von Staat, Wirtschaft, Wissenschaft, Technik und Zivilgesellschaft somit einer Co-Evolution der technischen und sozialen Bedingungen und diese Kooperation gilt insbesondere für den individuellen und
gesellschaftlichen Umgang mit den Technologien des Messagings und der
Verschlüsselung.

Nachdem Papst Franziskus eine Darm-Operation überstanden hatte,
dankte er allen Beschäftigten im Gesundheitswesen: eine exzellente, für
alle zugängliche Gesundheitsversorgung sei wichtig! Kann das Grundrecht
auf Privatheit durch exzellentes Training zur Verschlüsselung als genauso
wichtiges Gut der Grundversorgung für den Menschen gesehen werden?

Das Lernen in diesen Feldern muss dann stärker adressiert werden und
fängt nicht bei Tochter oder Sohn an, sondern bei der Hoffnung, dass Mut-
ter und Vater, zukünftig helfend in der Lage sind, ihren Nachkommen beispielsweise ein Linux mit verschlüsselter Daten-Partition auf den Laptop zu
bringen. Eine Installation und Administration von quell-offenen und freiem
Linux gehört - wie verschlüsseltes Messaging - zu den Erlernens werten

Dingen, die jungen Menschen von der nächsthöheren Generation heute mitgegeben werden sollten.

Wie könnte dieser Band mit der Geschichte über den Beginn der *Dritten Epoche der Kryptographie* somit besser geschlossen werden als mit dem Satz: *Entschlüsselung ist eine Kulturtechnik und gehört bereits jetzt de facto zum Weltkulturerbe – mit dem wir uns beschäftigen sollten?*

### ### E P I L O G ###

*»Bist Du sicher, dass die Leitung sauber ist?«*
*»Ja, klar.«*
*»Trotzdem, ich muss los!«*

*(Beginn zum Film: Matrix.)*

# ABBILDUNGSVERZEICHNIS •

Bildnachweise: Siehe Endnoten.

# GLOSSAR ●

- **Adaptive Echo (AE):** AE ist eine spezifische Form des verschlüsselnden Echos. Das adaptive Echo sendet nicht im Sinne des normalen Echo-Protokolls ein verschlüsseltes Nachrichtenpaket an jeden verbundenen Nachbar-Knoten, sondern für die Übergabe einer Nachricht wird ein kryptographischer Token (eine Zeichenkette) benötigt. Für diesen adaptiven Modus wird das Protokoll so mit Routing-Informationen ausgestattet. Nur Netzwerk-Knoten, bei denen ein derart bestimmter kryptographischer Token bekannt ist, erhalten die Nachricht zugeleitet.
- **AES:** Der Advanced Encryption Standard (AES) ist eine Spezifikation für die Verschlüsselung elektronischer Daten, die 2001 vom US-amerikanischen Nationalen Institut für Standards und Technologie (NIST) festgelegt wurde.
- **Algorithmus:** In der Mathematik und Informatik ist ein Algorithmus ein in sich geschlossener Schritt-für-Schritt-Satz von Operationen, die ausgeführt werden müssen. Es gibt Algorithmen, die Berechnungen, Datenverarbeitungen und automatisierte Prozesse durchführen.
- **Asymmetrische Encryption:** Das »asymmetrische Kryptosystem« oder Kryptosystem mit »Public-Key-Infrastructure« (PKI) ist ein kryptographisches Verfahren, bei dem im Gegensatz zu einem symmetrischen Kryptosystem die kommunizierenden Parteien keinen gemeinsamen geheimen Schlüssel zu kennen brauchen. Jeder Benutzer erzeugt sein eigenes Schlüsselpaar, das aus einem privaten Schlüssel (geheimzuhaltender Teil) und einem öffentlichen Schlüssel (nicht geheimer Teil) besteht. Der öffentliche Schlüssel ermöglicht es allen, Daten für die Besitzerin bzw. den Besitzer des privaten Schlüssels zu verschlüsseln, die digitale Signaturen zu prüfen oder den Schlüssel zu authentifizieren. Der private Schlüssel ermöglicht es, mit dem eigenen öffentlichen Schlüssel verschlüsselte Daten zu entschlüsseln, digitale Signaturen zu erzeugen oder sich zu authentisieren.
- **Asymmetrisches Calling:** Cryptographisches Calling ist die sofortige Übertragung von Informationen zur Ende-zu-Ende-Verschlüsselung zur Sicherung eines Kommunikationskanals. Cryptographisches Calling wurde vom Softwareprojekt Spot-On ausgearbeitet. Asymmetrisches Calling ist ein Modus für kryptographisches Calling, bei dem temporäre asymmetrische Schlüssel für die Ende-zu-Ende-Verschlüsselung gesendet werden. Es bezieht sich auf das Senden eines asymmetrischen Schlüssels über einen gesicherten Kanal. Der Anruf mit asymmetrischen Informationen zur Verschlüsselung bezieht sich auf kurzlebige asymmetrische Schlüssel, die für die Zeit des »Anrufs« verwendet werden. Dies kann eine Sitzung oder sogar ein kürzerer Teil der Sitzung sein. Das hängt davon ab, wann eine Kommunikationspartnerin bzw. ein Kommunikations-

partner einen weiteren Anruf einleitet. Die asymmetrischen kurzlebigen Informationen für den Anruf sollten über eine sichere Verbindung, die entweder ein (dauerhafter) symmetrischer Schlüssel ist, über einen a-symmetrischen Schlüssel (PKI) oder über eine aktuell bereits vorhandene Kanal-Verbindung, in diesem Fall einen kurzlebigen asymmetrischen temporären Schlüssel, übertragen werden.

- **AutoCrypt:** AutoCrypt ist die Funktion eines automatischen Schlüsselaustausches. Dieser wurde ursprünglich vom Spot-on-Projekt angewandt und bezieht sich auf die Definitionen eines REPLEO- und des EPKS-Protokolls. Ein REPLEO ist eine Methode, um den eigenen öffentlichen Schlüssel vor dem Versand mit dem empfangenen öffentlichen Schlüssel eines Freundes zu verschlüsseln. Dadurch wird der eigene öffentliche Schlüssel mithilfe der Verschlüsselungsmethode vor der Öffentlichkeit gesichert. Das EPKS-Protokoll ist das Echo Public Key Sharing-Protokoll, mit dem der eigene Schlüssel über eine vorhandene verschlüsselte Verbindung automatisiert an eine oder mehrere Personen gesendet werden kann. Das EPKS-Protokoll wurde im Spot-On-Projekt und im GoldBug-Projekt implementiert und von anderen Projekten auf automatisierte Weise für eine E-Mail-Antwort ebenso einbezogen. Das bedeutet, dass zwei Benutzer desselben E-Mail-Clients den öffentlichen Verschlüsselungsschlüssel austauschen und ab diesem Zeitpunkt für die gesamte weitere Kommunikation gesichert sind. Das EPKS-Protokoll sieht dies viele Jahre vor der Veröffentlichung des Begriffs AutoCrypt vor. Weitere Projekte haben diese Innovation ebenfalls unter dem Namen KeySync kopiert. Der neue Prozess besteht darin, dass der Schlüssel nicht auf einem Schlüsselserver gespeichert und durchsucht wird, sondern in einem sicheren Kanal von Knoten zu Knoten gesendet wird, entweder durch manuelles Versenden oder durch einen automatisierten Austausch von zwei Knoten, z.B. eines E-Mail-Klienten wie Delta-Chat oder Spot-On-Klienten über das EPKS-Protokoll.
- **Big Seven Study:** Bekannte Studie aus dem Jahr 2016 zum Vergleich von quelloffenen Messengern mit Verschlüsselung.
- **Bouncycastle:** Bouncy Castle Crypto Bibliothek ist eine Sammlung quelloffener kryptographischer Programmierschnittstellen (API) für die Programmiersprachen Java und C#. Sie werden von der in Australien ansässigen Legion of the Bouncy Castle Inc. betreut.
- **C/O (Care-of)-Funktion:** »C/O«, wird verwendet, um einen Brief zu adressieren, wenn der Brief einen Vermittler oder Postfach durchlaufen muss: Nachbarn werden oft gebeten, sich um Postbriefe zu kümmern. Die E-Mail-Funktion des verschlüsselnden P2P-E-Mail-Programms Spot-On bildet eine solche Funktion digital ab.
- **Cipher:** Mit einem Verschlüsselungsverfahren - mit einer Cipher oder einem Algorithmus - kann ein Klar-Text in einen Geheimtext (Cipher-Text) umgewan-

delt werden (Verschlüsselung) und umgekehrt der Geheim-Text wieder in den Klar-Text rückgewandelt werden (Entschlüsselung). Oft wird hierbei ein Schlüssel benutzt. Das heute in der digitalen Kommunikation als besonders zukunftssicher eingeschätzte Verfahren beruht auf dem McEliece-Algorithmus.

- **Cipher-Text:** Cipher-Text (auch Geheim-Text, Chiffrat, Chiffre, Chiffretext, Chi-Text, Kryptogramm, Kryptotext, oder Schlüsseltext) wird in der Kryptographie ein Text oder eine Datenmenge genannt, die durch Verschlüsselung mithilfe eines kryptographischen Verfahrens (per Hand oder maschinell) unter Verwendung eines Schlüssels derart verändert wurde, dass es ohne weiteres nicht mehr möglich ist, seinen Inhalt zu verstehen. Mithilfe eines geheimen bzw. privaten Schlüssels kann der Cipher-Text wieder in den ursprünglichen Klar-Text zurückgewandelt werden.

- **Cryptographic Discovery:** Cryptographic Discovery beschreibt die Methode eines Echo-Protokolls zum Auffinden von Knoten in einem Echo-Netzwerk. Peers kennen andere Peers und ihre kryptografischen Identitäten basierend auf einer kryptografischen Entdeckung innerhalb des Netzwerks. Knoten informieren andere Knoten über ihre Nachbarn, damit sie adressiert werden können.

- **Cryptographisches Calling:** Cryptographisches Calling (Deutsch: verschlüsseltes Anrufen) ist eine Möglichkeit, Ende-zu-Ende-Anmeldeinformationen über eine sichere Verbindung bereitzustellen. Der neue temporäre Schlüssel kann asymmetrisch (PKI) oder symmetrisch sein. Die Idee ist, die Ende-zu-Ende-Verschlüsselung so einfach wie das Anrufen eines Gegenübers über ein Telefon zu machen, indem temporäre Schlüssel einer Verschlüsselung sofort erneuert werden können und der »Anruf« den sichern vorherigen Kanal beendet und sofort einen neuen mit anderen Verschlüsselungswerten aufbaut. Es gibt verschiedene Methoden des Cryptographischen Callings: beispielsweise asymmetrisches Calling, Forward Secrecy Calling, symmetrisches Calling, SMP-Calling and 2-Way-Calling, etc. Es ist auch möglich, das Ende-zu-Ende-verschlüsselte Passwort manuell zu definieren (manuell definiertes Calling).

- **CryptoPad:** Ein Cryptopad ist ein Werkzeug zum Konvertieren von Klar-Text in Cipher-Text. Als Beispiel kann das Rosetta Crypto Pad genannt werden: Das Rosetta CryptoPad verwendet asymmetrische Schlüssel, basiert also auf PKI und beide Parteien müssen den öffentlichen Schlüssel tauschen. Sodann kann mittels der Funktion Kopieren und Einfügen der jeweilige Text nach Konversion in andere Applikationen eingefügt werden.

- **Crypto-Party:** Eine Crypto-Party bezeichnet ein Treffen von Menschen mit dem Ziel, sich gegenseitig grundlegende Verschlüsselungs- und Verschleierungstechniken beizubringen.

- **Customer Supplied Encryption Keys (#CECS):** Steht ausgeschrieben für: Customer Supplied Encryption Keys, im Deutschen etwa: Schlüssel, die durch Nutzerinnen und Nutzer mitgebracht werden.

- **Demokratisierung von Verschlüsselung:** bezeichnet den Prozess, dass Verschlüsselungstechnologien heute zunehmend quell-offen sind und damit allen Bürgerinnen und Bürgern zur Verfügung stehen.

- **Distributed Hash Table:** Eine verteilte Hashtabelle (englisch: Distributed Hash Table, DHT) ist eine Datenstruktur, die Daten in einem Netzwerk möglichst gleichmäßig über die vorhandenen Speicherknoten verteilt. Jeder Speicherknoten entspricht dabei einem Eintrag in der Hashtabelle. So kann er von jedem anderen Knotenpunkt aufgefunden werden.

- **Echo-Protokoll:** Das Echo-Protokoll wurde durch die Applikation Spot-On eingeführt. Das Echo basiert auf der elementaren Grundlage, dass Informationen über mehrfache oder einfache Passagen transportiert werden und deren Kanal-Endpunkte erhaltene Daten evaluieren. Das Echo kombiniert Verschlüsselung mit der Graphen-Theorie. Folgende Charakterisierungen sind grundlegend: erstens wird im Echo jede Nachricht, verschlüsselt und zweitens, wird in einem Echo-Netzwerk jede Nachricht an jeden verbundenen Nachbarn weitergeleitet. Um redundante Daten zu filtern, haben die Applikationen einen eigenen Algorithmus für Congestion Control implementiert. Als Drittes Kriterium kann hinzugefügt werden, dass eine Nachrichtenpaket über keine Absender- oder Zielinformation verfügt, sondern über den Echo-Match überprüft, dass ein richtiger Schlüssel zur Entschlüsselung angewandt wurde. Verschiedene Betriebsmodi wie Volles oder Halbes Echo sind bekannt. Das Echo-Protokoll basiert auf HTTPS und sendet ausschließlich verschlüsselte Nachrichten auf Basis der Spezifikationen für das Echo. Ein Echo-Netzwerk ist dementsprechend ein Netzwerk basierend auf Echo-Knotenpunkten (Server und Klienten), die über das Echo-Protokoll (HTTPS) kommunizieren.

- **Echo-Match:** Das Echo-Match ist ein spezifischer kryptographischer Prozess, um den mitgelieferten Hash einer Klar-Text-Nachricht mit dem Hash einer Konversion eines Cipher-Textes zu vergleichen. Wenn beide Hashes denselben Wert haben, dann wurde der richtige Schlüssel angewandt. Da der Hash nicht invertiert werden kann, gibt er keinerlei Informationen über die verschlüsselte Nachricht. Der Prozess sieht vor, dass alle bekannten Schlüssel für die Konversion einer Nachricht eingesetzt werden.

- **Ende-zu-Ende:** Unter Ende-zu-Ende-Verschlüsselung (englisch »end-to-end encryption«, »E2EE«) versteht man die Verschlüsselung übertragener Daten über alle Übertragungsstationen hinweg. Nur beide Parteien (die jeweiligen Endpunkte der Kommunikation) können die Nachricht entschlüsseln.

- **Ephemere Schlüssel:** Ephemere (auch: ephemerale) Schlüssel sind vorüberge-hend verwendete Schlüssel zur Verschlüsselung. Diese temporären Schlüssel sind abstreitbarer als permanente Schlüssel.

- **EPKS (Echo Public Key Share):** Echo Public Key Share (EPKS) ist eine Methode, um Schlüssel über sichere Online-Kanäle mit anderen zu teilen.

- **Exponentielle Verschlüsselung** (Exponential Encryption): Exponentielle Ver-schlüsselung ist ein Begriff, der durch die Autoren Mele Gasakis und Max Schmidt in ihrem Buch zur Neuen Era der Exponentiellen Verschlüsselung (»The New Era of Exponential Encryption«) geprägt wurde. In einer Netzwerk-Gestaltung, in der jede verschlüsselte Nachricht an jeden verbundenen Kno-tenpunkt gesandt wird, wird mit dem Bild eines Reiskorns vergleichen, dass - einer bekannten Geschichte nach - auf jedem Feld eines Schachbretts verdop-pelt wird. Verschlüsselte Nachrichtenkapseln werden so exponentiell an alle anderen, verbundenen Knotenpunkte weitergeleitet. Es betrifft Graphen-Theorie in Verbindung mit Verschlüsselung.

- **Fiasko Schlüssel:** Fiasco Keys sind temporäre Schlüssel, die zuerst in der Appli-kation des Smoke Messenger eingeführt wurden. Diese Schüssel bestehen aus einer Handvoll an temporären Schlüssel für eine Ende-zu-Ende-Verschlüsselung. Statt eines Schlüssels pro Sitzung oder Nachricht, werden mehrere Schlüssel pro Nachricht gesandt, von denen nur einer gültig ist. Die-ses ist eine mehr volatile Gestaltung, die die Sicherheit erhöht.

- **Forward Secrecy:** Perfect Forward Secrecy (PFS), auf Deutsch etwa perfekte vorwärts gerichtete Geheimhaltung, ist in der Kryptographie eine Eigenschaft bestimmter Schlüsselaustauschprotokolle mit dem Ziel, einen gemeinsamen Sitzungsschlüssel so zwischen den Kommunikationspartnern zu vereinbaren, dass dieser von einem Dritten auch dann nicht rekonstruiert werden kann, wenn einer der beiden Langzeitschlüssel später einmal kompromittiert werden sollte. Damit kann eine aufgezeichnete verschlüsselte Kommunikation auch bei Kenntnis des Langzeitschlüssels nicht nachträglich entschlüsselt werden. Gele-gentlich wird diese Eigenschaft auch unter dem Schlagwort Folgenlosigkeit be-handelt.

- **Friend-to-Friend (F2F):** Ein Friend-to-Friend-Rechnernetz (F2F-Netz) ist ein spezielles Peer-to-Peer-Netz, in welchem man nur mit Freunden, d.h. mit be-kannten, vertrauenswürdigen Benutzerinnen und Benutzern, in Verbindung treten kann. Eine Verbindung zu öffentlich erreichbaren Kontenunkten ist aus-geschlossen. Die Authentifizierung erfolgt hierbei durch Passwörter bzw. digi-tale Signaturen.

- **GnuPG:** GNU Privacy Guard (englisch für GNU-Privatsphärenschutz), abgekürzt GnuPG oder GPG, ist ein freies Kryptographiesystem. Es dient zum Ver- und Entschlüsseln von Daten sowie zum Erzeugen und Prüfen elektronischer Signaturen. Das Programm implementiert den OpenPGP-Standard nach RFC 4880 als quell-offener Ersatz für PGP.

- **GoldBug (Anwendung):** Der GoldBug Messenger und E-Mail-Klient ist eine Benutzeroberfläche, die für den Kernel und das Verschlüsselungsprogramm Spot-On eine Alternative zur ursprünglich angebotenen Benutzeroberfläche bietet. GoldBug hat eine vereinfachte graphische Benutzeroberfläche (GUI), die nicht nur auf dem Desktop verwendet, sondern grundsätzlich auch für mobile Geräte bereitgestellt werden kann.

- **GoldBug (E-Mail-Passwort):** Die GoldBug-Funktion fügt bei einem E-Mail ein Passwort einer symmetrischen Verschlüsselung (AES) hinzu. Es ist eine zusätzliche Verschlüsselung in gleichnamiger Software, so dass das E-Mail nur gelesen werden kann, wenn beide Seiten das Passwort für diese E-Mail eingeben.

- **Graphen-Theorie:** Ein Graph ist in der Graphen-Theorie eine abstrakte Struktur, die eine Menge von Objekten zusammen mit den zwischen diesen Objekten bestehenden Verbindungen repräsentiert. Anschauliche Beispiele für Graphen sind ein Stammbaum oder ein U-Bahn-Netz.

- **Hash:** Eine Hash-Funktion (auch Streuwertfunktion) ist eine Abbildung, die eine große Eingabemenge (z.B. Texte oder Schlüssel) auf eine kleinere Zielmenge (die Hash-Werte) abbildet. Eine Hash-Funktion ist daher im Allgemeinen nicht wieder umkehrbar. Die Eingabemenge kann Elemente unterschiedlicher Längen enthalten, die Elemente der Zielmenge haben dagegen meist eine feste Länge.

- **HTTPS:** Hypertext Transfer Protocol Secure (HTTPS, englisch für »sicheres Hypertext-Übertragungsprotokoll«) ist ein Kommunikationsprotokoll im World Wide Web, mit dem Daten abhörsicher übertragen werden können. Es stellt eine Transportverschlüsselung dar.

- **Impersonator-Funktion:** Eine Impersonator-Funktion übersendet von Zeit zu Zeit zwischen zwei verschlüsselt kommunizierenden Chat-Klienten Nachrichten, die nur zufällige Worte bzw. Zeichen enthalten. Mit dieser Methode wird es Angreiferinnen und Angreifern schwieriger gemacht, echte und falsche Kommunikation auseinanderzuhalten.

- **Instant Perfect Forward Secrecy (IPFS):** Während Perfect Forward Secrecy, oftmals auch nur Forward Secrecy genannt, in vielen Applikationen und auch vom theoretischen Konzept her die Übersendung von temporären Schlüsseln bezeichnet, ist es implizit damit verbunden, dass dieses einmal pro Sitzung erfolgt. Mit IPFS ist ein neues Paradigma geschaffen worden, mit der diese Schlüssel jederzeit instant (also auch mehrmals pro Sitzung) übertragen werden können. (Perfect) Forward Secrecy hat sich weiter entwickelt zu Instant Perfect Forward Secrecy (IPFS).

- **Institution:** Eine Institution ist in der Kryptographie eine E-Mail-Postbox, um Nachrichten für Offline-Freunde in einem p2p-Netzwerk zu speichern. Die Institution basiert auf kryptographischen Vertraulichkeiten (Credentials), um Nachrichten für Offline-Teilnehmerinnen und -Teilnehmer in einen p2p Echo-Netzwerk zu speichern.
- **Juggerknaut Schlüssel:** Juggerknaut Schlüssel werden mittels des (J-)PAKE Protokolls abgeleitet auf beiden Chat-Seiten nach Eingabe eines geheimen Passwortes und müssen daher nicht über das Internet übertragen werden. Sie begründen neben weiteren Methoden wie den Secret Streams Schlüsseln (die über das SMP-Protokoll gebildet werden) eine Derivative (Schlüssel ableitende) Kryptographie.
- **Klientenseitige Verschlüsselung:** Die klientenseitige Verschlüsselung ist die kryptographische Technik zum Verschlüsseln von Daten auf dem (vertrauenswürdigen und ggf. besonders abgesicherten) Gerät der Nutzerin bzw. des Nutzers, bevor der Cipher-Text an einen Server in einem Computernetzwerk übertragen wird.
- **Kryptogramm:** Ein Kryptogramm bezeichnete früher einen Geheimtext. Heutzutage bezeichnet ein Kryptogramm ein mathematisches Rätsel: Es ist eine mathematische Gleichung oder ein Gleichungssystem unbekannter Zahlen, deren Ziffern durch Buchstaben ersetzt wurden. Das Ziel ist es, den Wert jeden Buchstabens zu finden.
- **Kryptographie:** Kryptographie befasst sich mit der Verschlüsselung von Informationen. Heute bezieht sie sich auch allgemein auf das Thema Informationssicherheit, insbesondere für das Internet (Cybersicherheit).
- **Kryptographisches Routing:** Kryptografisches Routing ist ein Begriff, der als Antagonismus zur Beschreibung der Funktionsweise des Echo-Protokolls verwendet wird, da dies über das Routing hinausgeht (Englisch: Beyond Cryptographic Routing). Echo bedeutet schlicht, eine adresslose Nachricht weiterzuleiten. Innerhalb dieses Protokolls ist also keine Routing-Information angegeben. Ein kryptografisches Routing würde vorliegen, wenn ein Knoten einen bestimmten kryptografisches Token als Kennung hätte. (Dieses ist beim Adaptiven Echo (AE) der Fall: Hier kann teilweise von kryptografischem Routing gesprochen werden, da eine Zieladresse angegeben werden könnte).
- **Kryptologie:** Die Kryptologie ist die Wissenschaft im Bereich der Kryptographie, die sich mit der Verschlüsselung und Entschlüsselung von Informationen und somit mit der Informationssicherheit beschäftigt.
- **Libgcrypt:** Libgcrypt ist eine Kryptographie-Bibliothek, die als separates Modul von GnuPG entwickelt wurde. Es kann auch unabhängig von GnuPG verwendet werden. Es bietet Funktionen für alle grundlegenden kryptographischen Bausteine.

- **Listener:** Listener kommt aus dem Englischen und bedeutet Empfänger, Hörer, Rundfunkhörer, Zuhörer. Der Begriff wird oft auch für den Zugang zu einem Port eines Kommunikationsservers benutzt.
- **McEliece:** Das McEliece-Kryptosystem ist ein asymmetrischer Verschlüsselungsalgorithmus und wurde schon 1978 vom Kryptographen Robert J. McEliece vorgestellt. Selbst unter Verwendung von Quanten-Computern ist bislang kein effizienter Weg bekannt, der das McEliece-Kryptosystem brechen kann, was es zu einem idealen Algorithmus für Post-Quanten-Kryptographie macht.
- **Messenger:** Instant Messaging (Englisch für sofortige Nachrichtenübermittlung) oder Nachrichtensofortversand ist eine Kommunikationsmethode, bei der sich zwei oder mehr Personen per Textnachrichten unterhalten. Die Nachricht soll möglichst unmittelbar (englisch »instant«) beim Gegenüber ankommen.
- **Metadaten:** Metadaten oder Metainformationen sind strukturierte Daten, die Informationen über Merkmale anderer Daten enthalten. Typische Metadaten zu einem Buch sind beispielsweise der Name des Autors, die Auflage, das Erscheinungsjahr, der Verlag und die ISBN. Oft werden entstehende Metadaten bei der Kommunikation im Internet betrachtet: Wer wann mit wem wie lange von welchem Standort aus kommuniziert hat, ist genauso interessant, wie der Inhalte einer Nachricht. Auch Verkehrs-Daten oder Telemetrie-Daten genannt.
- **Multi-Encryption:** Bei der Mehrfach- oder Multi-Verschlüsselung wird eine bereits verschlüsselte Nachricht ein- oder mehrmals mit demselben oder einem anderen Algorithmus nochmals verschlüsselt. Es ist auch als Kaskadenverschlüsselung oder Super-Encryption bekannt. Ein hybrides Kryptosystem kann in einer Multi-Verschlüsselung die Bequemlichkeit eines Kryptosystems mit öffentlichem Schlüssel mit der Effizienz eines Kryptosystems mit symmetrischem Schlüssel kombinieren.
- **NTRU:** NTRU ist ein offenes Kryptosystem mit öffentlichem Schlüssel, das gitterbasierte Kryptografie zum Ver- und Entschlüsseln von Daten verwendet. Im Gegensatz zu anderen gängigen Kryptosystemen mit öffentlichem Schlüssel ist es resistent gegen Angriffe durch Quanten-Computer.
- **Off-the-record (OTR):** Off-the-Record-Messaging (OTR) ist ein kryptografisches Protokoll, das Verschlüsselung für Instant Messaging-Konversationen bietet. OTR verwendet (pro Sitzung) eine Kombination aus einem AES-Algorithmus mit symmetrischem Schlüssel und einer Schlüssellänge von nur 128 Bit, dem Diffie-Hellman-Schlüsselaustausch mit einer Größe von 1536 Bit und der SHA-1-Hash-Funktion.
- **One-Time-Magnet (OTM):** Ein One-Time-Magnet (OTM) ist ein Magnet-URI-Link, der für die Bündelung von kryptographischen Werten quasi in einer aus dem Browser bekannten URL in verschiedenen Verschlüsselungsprogrammen

nur einmalig eingesetzt werden kann, um damit z.b. eine Datei verschlüsselt herunterzuladen.

- **One-Time-Pad (OTP):** Das One-Time-Pad (Abkürzung: OTP, deutsch: Einmalverschlüsselung, wörtlich Einmal-Block) ist ein symmetrisches Verschlüsselungsverfahren zur geheimen Nachrichtenübermittlung. Kennzeichnend ist, dass ein Schlüssel verwendet wird, der (mindestens) so lang ist wie die Nachricht selbst. Das OTP kann nachweislich nicht gebrochen werden – vorausgesetzt, es wird bestimmungsgemäß angewandt.

- **Ozone Postbox:** Mit einem Ozone-Postfach können sich Offline-Freunde innerhalb des Smoke Mobile Crypto-Klienten bzw. des SmokeStack-Kommunikationsservers für Android erreichen. Der Ozon-Briefkasten dient als Cache für Freundinnen und Freunde, die nicht online sind. Das Ozone ist nur eine Passphrase, die sowohl im Klient Smoke als auch im Server SmokeStack angewendet wird. Den Rest erledigen die kryptographischen Schlüssel. Daher ist es mehr als nur eine Postbox.

- **Passphrase:** Eine Passphrase bzw. ein Passwort ist eine Zeichenfolge, die zur Zugangs- oder Zugriffskontrolle eingesetzt wird.

- **Peer-to-Peer (P2P):** Peer-to-Peer (kurz meist P2P, von Englisch: Peer »Gleichgestellter«) bzw. auch Rechner-Rechner-Verbindung sind synonyme Bezeichnungen für eine Kommunikation unter Gleichen, hier bezogen auf ein Rechnernetz. In einem Peer-to-Peer-Netz sind Computer gleichberechtigt und können gegenseitig sowohl Dienste in Anspruch nehmen, als auch zur Verfügung stellen.

- **PKI:** Mit Public-Key-Infrastruktur (kurz: PKI, Englisch: Public Key Infrastructure) bezeichnet man in der Kryptographie ein System, das digitale Zertifikate ausstellen, verteilen und prüfen kann.

- **Plain-Text:** Der Begriff Klar-Text bezeichnet den offenen, lesbaren Wortlaut eines Textes, also eine unverschlüsselte Nachricht bzw. einen Datenblock. Durch Verschlüsselung mittels eines Verschlüsselungsverfahrens und eines Schlüssels wird der Klar-Text in einen Geheimtext (Cipher-Text) umgewandelt. Umgekehrt wird aus einem Geheimtext durch Entschlüsselung der Klar-Text wieder zurückgewonnen.

- **Point-to-Point:** Unter Punkt-zu-Punkt-Verschlüsselung (Englisch: point-to-point encryption, P2PE, oder auch Transportverschlüsselung) versteht man die Verschlüsselung der Netzwerkverbindung zwischen zwei Geräten in einem Rechnernetz. Dies bietet Sicherheit vor einem Abhören der Datenleitungen, jedoch haben bei einer Hintereinanderschaltung von verschlüsselten Leitungen alle Zwischenstationen auf dem Weg zwischen zwei Endgeräten Zugang zum Klar-Text der Nachricht.

- **POPTASTIC:** POPTASTIC ist eine Funktion, die verschlüsselten Chat und verschlüsselte E-Mails über die regulären POP3- und IMAP-Postfächer ermöglicht. Dafür wird ein POPTASTIC-Schlüssel verwendet. Sobald dieser Schlüssel ausgetauscht wurde, werden alle E-Mails nur als verschlüsselte Nachricht versandt. Die Spot-On Encryption Suite, in der es entwickelt wurde, erkennt automatisch, ob die Nachricht als Chat-Nachricht oder E-Mail-Nachricht angezeigt werden soll. Spot-On erweiterte das Instant Messaging mit dieser Funktion auf einen normalen E-Mail-Client und nutzte vorhandene E-Mail-Server für Chat. Weitere Klienten haben diese Funktion der Nutzung der E-Mail-Infrastruktur für verschlüsselten Chat und Schlüssel-Austausch unter dem Begriff AutoCrypt übernommen und weiter angewandt. Ein bekannter Anwender von POPTASTIC-Chat (für IMAP) und von AutoCrypt ist der Delta-Chat-Messenger.
- **Privatheit:** Im allgemeinen Sprachgebrauch wird privat meist als Gegensatz von »öffentlich« gebraucht. Privat steht dabei stellvertretend für den Begriff »persönlich« oder wird im Sinne von »im vertrauten Kreise« verwendet.
- **Quanten-Computer:** Die Quanteninformatik oder Quanteninformationsverarbeitung ist die Wissenschaft von einer Informationsverarbeitung, die quantenmechanische Phänomene nutzt. Dabei könnten mit den Quanten-Computern einige Berechnungen wesentlich schneller durchgeführt werden, als es mittels klassischer digitaler bzw. binär rechnender Computer möglich ist.
- **Quell-offen:** Als quell-offen (Englisch: Open Source, wörtlich: offene Quelle) wird Software bezeichnet, deren Quelltext öffentlich und von Dritten eingesehen, geändert und genutzt werden kann. Bei kryptographischen Programmen ist die Einsicht zwingend erforderlich, damit Hintertüren durch externe Begutachterinnen und Begutachter ausgeschlossen werden können. Open-Source-Software kann meistens kostenlos genutzt werden.
- **Ransomware:** .. ist Schadsoftware, die Computer sperrt und Dateien verschlüsselt.
- **REPLEO:** Bei einem REPLEO wird der eigene öffentliche Schlüssel mit dem bereits empfangenen öffentlichen Schlüssel des Gegenübers verschlüsselt, so dass der eigene öffentliche Schlüssel geschützt an die Freundin oder den Freund übertragen werden kann.
- **RSA:** RSA ist eines der ersten praktischen asymmetrischen Kryptosysteme mit öffentlichem Schlüssel. Darin ist ein Schlüssel für die Verschlüsselung öffentlich und unterscheidet sich von dem geheim zuhaltenden privaten Schlüssel. RSA basiert auf der Schwierigkeit, das Produkt zweier großer Primzahlen zu faktorisieren. RSA bildet sich aus den Anfangsbuchstaben der Nachnamen von Ron Rivest, Adi Shamir und Leonard Adleman, die den Algorithmus 1977 erstmals öffentlich beschrieben haben. Die Behörde NIST bezeichnet RSA seit 2016 als »no longer secure« angesichts der Entwicklung der Quanten-Computer.

- **Secret Streams:** Secret Streams sind eine Funktion innerhalb der Spot-On-Applikation und beschreiben einen Schlüsselpool, der von einer Funktion bereitgestellt wird, die kurzlebige Schlüssel ableitet, die vom SMP - Socialist Millionaire Protocol - Prozess zur Authentifizierung von zwei Personen im Chat erstellt wurden. Mit diesem wissensfreien Nachweis werden auf beiden Seiten Schlüssel generiert, die nicht über das Internet übertragen werden müssen, ähnlich wie die Juggerknaut Schlüssel über das J-Pake Protokoll.
- **Server:** In der Informatik ist ein Server (aus dem Englischen, wörtlich Diener, im weiteren Sinn auch Dienst) ein Computerprogramm oder ein Gerät, welches Funktionalitäten, Dienstprogramme, Daten oder andere Ressourcen bereitstellt, damit andere Computer oder Programme (»Clients«) darauf zugreifen können, meist über ein Netzwerk. Diese Architektur wird als Klient-Server-Modell bezeichnet.
- **Signatur, digitale:** Eine digitale Signatur, auch digitales Signaturverfahren, ist ein asymmetrisches Kryptosystem, bei dem ein Sender mit Hilfe eines geheimen Signaturschlüssels (dem Private Key) zu einer digitalen Nachricht (d.h. zu beliebigen Daten) einen Wert berechnet, der ebenfalls digitale Signatur genannt wird. Dieser Wert ermöglicht es jedem, mit Hilfe des öffentlichen Verifikationsschlüssels (dem Public Key) die nichtabstreitbare Urheberschaft und Integrität der Nachricht zu prüfen.
- **Simulacra:** Die Simulacra-Funktion ist eine ähnliche Funktion wie der Impersonator. Während der Impersonator einen Chat zwischen zwei Personen mit Nachrichten simuliert, sendet Simulacra von Zeit zu Zeit nur eine gefälschte Nachricht. Simulacra-Nachrichten enthalten nur zufällige Zeichen und haben nicht den Stil oder das Ziel, einen Gesprächsprozess nachzuahmen.
- **SMP-Calling:** SMP-Calling ist ein Modus für das Cryptographische Calling, bei dem temporäre symmetrische Schlüssel für die Ende-zu-Ende-Verschlüsselung gesendet werden, die vom Socialist-Millionaire-Protokoll zur Authentifizierung abgeleitet werden. SMP-Calling ist die Basis für ständig generierte temporäre Schlüssel, die auch als Secret Streams Schlüssel bezeichnet werden.
- **Socialist Millionaire Protokoll (SMP):** In der Kryptographie ist das sozialistische Millionärsproblem eines, bei dem zwei Millionäre feststellen wollen, ob ihr Vermögen gleich ist, ohne sich gegenseitig Informationen über ihren Reichtum zu geben. Es ist eine Variante des Millionärsproblems, bei der zwei Millionäre ihren Reichtum vergleichen möchten, um festzustellen, wer den größten Reichtum hat, ohne sich gegenseitig Informationen über ihren Reichtum zu geben. Es wird häufig als kryptografisches Protokoll verwendet, mit dem zwei Parteien die Identität der entfernten Partei mithilfe eines gemeinsamen Geheimnisses überprüfen können.

- **Symmetric Calling:** Symmetrisches Calling ist ein Modus für Cryptographisches Calling, bei dem temporäre, symmetrische Schlüssel für die Ende-zu-Ende-Verschlüsselung gesendet werden. Es bezieht sich also auf das Senden eines symmetrischen Schlüssels über einen gesicherten Kanal.

- **Symmetrische Verschlüsselung:** Algorithmen mit symmetrischen Schlüsseln sind Algorithmen für die Kryptographie, die dieselben kryptographischen Schlüssel sowohl für die Verschlüsselung von Klar-Text als auch für die Entschlüsselung von Cipher-Text verwenden. Die Schlüssel können identisch sein oder es kann eine einfache Transformation zwischen den beiden Schlüsseln erfolgen. In der Praxis stellen die Schlüssel ein gemeinsames Geheimnis zwischen zwei oder mehr Parteien dar, mit dem eine private Informationsverbindung aufrechterhalten werden kann. Diese Anforderung, dass beide Parteien Zugriff auf den geheimen Schlüssel haben, ist einer der Hauptnachteile der symmetrischen Schlüsselverschlüsselung im Vergleich zur Verschlüsselung mit öffentlichem Schlüssel (asymmetrische Verschlüsselung).

- **TLS:** Transport Layer Security (TLS, englisch für Transportschichtsicherheit), auch bekannt unter der Vorgängerbezeichnung Secure Sockets Layer (SSL), ist ein Verschlüsselungsprotokoll zur sicheren Datenübertragung im Internet.

- **Token:** Ein Token ist ein Code oder physisches Gerät, mit dem auf eine elektronisch eingeschränkte Ressource zugegriffen werden kann. Das Token wird zusätzlich zu oder anstelle eines Passworts verwendet. Es wirkt wie ein elektronischer Schlüssel, um auf etwas zuzugreifen. Beispiele hierfür sind eine drahtlose Schlüsselkarte, die eine verschlossene Tür öffnet, oder im Fall von Kundinnen und Kunden, die versuchen, online auf das Bankkonto zuzugreifen, kann die Verwendung eines von einer Bank bereitgestellten Tokens beweisen, dass der Zugriff berechtigt erfolgt. Ebenso kann ein Gerät einen kryptographischen Token gespeichert haben und bei Adressierung dieses Codes Kommandos ausführen.

- **Turtle-Hopping:** Turtle ist ein freies, anonymes Peer-to-Peer-Netzwerkprojekt, das an der Vrije Universiteit in Amsterdam unter Beteiligung von Andrew Tanenbaum (zunächst für das Gnutella-Netzwerk) entwickelt wurde. Wie bei anderen anonymen P2P-Programmen können Benutzerinnen und Benutzer Dateien freigeben und über Dritte kommunizieren, ohne rechtliche Sanktionen oder Zensur befürchten zu müssen. Technisch gesehen ist Turtle ein F2F-Netzwerk (Friend-to-Friend). Der RetroShare-Messenger basiert auf einem F2F und hat eine von Turtle inspirierte Funktion »Turtle-Hopping« implementiert.

- **Web-of-Trust:** Netz des Vertrauens bzw. Web-of-Trust (WOT) ist die Idee, die Echtheit von digitalen Schlüsseln durch ein Netz von gegenseitigen Bestätigungen (Signaturen) durch Freundinnen und Freunde, kombiniert mit dem individuell zugewiesenen Vertrauen in die Bestätigungen der anderen (»Owner

Trust«), zu sichern. Es stellt eine dezentrale Alternative zum hierarchischen PKI-System dar.

- **Zero-Knowledge-Beweis (Kenntnisfreier Beweis):** Bei einem Zero-Knowledge-Beweis (auch kenntnisfreier Beweis) oder Zero-Knowledge-Protokoll lieg ein Protokoll zugrunde, bei dem zwei Parteien miteinander kommunizieren. Die eine Seite überzeugt dabei die andere Seite mit einer gewissen Wahrscheinlichkeit davon, dass ein Geheimnis bekannt ist, ohne dabei Informationen über das Geheimnis selbst bekannt zu geben.

- **Zufall:** Von Zufall spricht man, wenn für ein einzelnes Ereignis oder das Zusammentreffen mehrerer Ereignisse keine kausale Erklärung gefunden werden kann.

- **Zwei-Wege-Calling:** Zwei-Wege-Calling (Englisch:  Two-Way-Calling) ist ein Modus für Cryptographisches Calling, bei dem temporäre, symmetrische Schlüssel für die Ende-zu-Ende-Verschlüsselung erstellt werden, die von Alice und Bob zu je 50:50 definiert werden. Bei einem bidirektionalen Anruf sendet Alice ein Passwort als Passphrase für die zukünftige Ende-zu-Ende-Verschlüsselung an Bob, und Bob sendet als Antwort ein eigenes Passwort an Alice. Nun wird die erste Hälfte des Passwortes von Alice und die zweite Hälfte des Passwortes von Bob genommen und zu einem gemeinsamen Passwort zusammengesetzt.

# DIDAKTISCHE FRAGESTELLUNGEN •

Für jeden Buchstaben im Alphabet: Nachfolgend finden sich 26 didaktische Fragstellungen.

a.  Diskutieren Sie, welche **Empfehlung** zur Balance der Marktmacht von kryptographischen Messenger-Diensten für Sie eine vordringlichste ist. Code: 456D706665686C756E67.

b.  Erklären Sie das Konzept einer Trusted Execution Environment (**TEE**). Code: 544545.

c.  Hat der RetroShare Messenger mehr **ephemerale** Schlüssel als der GoldBug Messenger? Code: 657068656D6572616C.

d.  Mit welchen **Maßnahmen** kann Kriminalität verhindert oder reduziert werden? Code: 4D61DF6E61686D656E.

e.  Prüfen Sie, wie viele Zeichen (**Anzahl**) ein McEliece-Schlüssel bei unterschiedlichen Moduli umfasst. Code: 416E7A61686C.

f.  Recherchieren Sie, ob ein One-Time-Pad (**OTP**) sicherer ist als die Verwendung von GPG und erklären Sie warum. Code: 4F5450.

g.  Suchen Sie im Internet eine Programm-Alternative für **steganographische** Prozesse. Wie heißt dieses Programm? Code: 7374656E6F677261706869736368.

h.  Wählen Sie 10 Begriffe des vorliegenden Bandes für das Spiel in einer Cryptographischen **Cafeteria** aus. Code: 43616665746572696961.

i.  Wählen Sie die fünf wichtigsten Referenzen aus dem Literaturverzeichnis aus und markieren diese. Erklären Sie, warum es wichtig ist, diese im Originaltext **vertiefend** gelesen zu haben. Code: 76657274696566656E64.

j.  Warum kann eine Nutzerin bzw. ein Nutzer von RSA-Schlüsseln auch die Nachrichten von einer Nutzerin bzw. einem Nutzer von Mc-Eliece Schlüssel **kompatibel** lesen? Code: 6B6F6D7061746962656C.

k.  Was fand die **Big Seven** Studie heraus? Code: 42696720536576656E.

l.  Was ist bei **Juggerknaut** Schlüsseln hinterlegt, ein SMP oder ein J-PAKE? Erklären Sie dieses. Code: 4A75676765726B6E617574.

m. Was ist unter **Multi-Verschlüsselung** zu verstehen? Code: 4D756C74697665727363686CFC7373656C756E67.

n.  Was sind die Kennzeichen der *Dritten **Epoche** der Kryptographie*? Code: 45706F636865.

o.  Was sind **Secret Streams**? Code: 536563726574205374726561D73.

p.  Welche **Bürgerrechte** blühen auf, wenn Verschlüsselung ausgeweitet wird? Code: 42FC726765727265636874 65.

q. Welche drei **Applikationen** möchten Sie vertiefend testen, warum? Code: 4170706C696B6174696F6E656E.

r. Welche Funktionen umfasst die **Spot-On** Encryption Suite? Code: 53706F742D4F6E.

s. Welche Rolle spielt die **Graphen-Theorie** bei der Exponentiellen Encryption? Code: 4772617068656E7468656F726965.

t. Welche Verschlüsselung wird für **Ende-zu-Ende**-Verschlüsselung eingesetzt? Asymmetrische oder symmetrische Verschlüsselung? Code: 456E64652D7A752D456E6465.

u. Wie heißt die Person mit **Namen**, mit der Sie einen neuen Messenger austesten werden? Code: 4E616D656E

v. Wie kann ein Schlüssel für Freundinnen und Freunde bestehen, ohne dass er über das Internet **übertragen** wird? Code: FC62657274726167656E.

w. Worin **transformiert** sich die Kryptographie? Code: 7472616E73666F726D69657274.

x. Worin unterscheiden sich das Echo-Netzwerk von dem Tor-Netzwerk? Was **verbindet** sie? Code: 76657262696E646574

y. Worin unterscheiden sich die **Server** von Smoke-Chat und von Delta-Chat? Code: 536572766572.

z. Zu welchem Thema möchten Sie gerne noch ausführlicher lesen und ein entsprechendes **Buch** ausleihen? Code: 42756368.

# BIBLIOGRAPHISCHE VERWEISE ●

Abdalla, Michel / Lange, Tanja (2012): Pairing-based cryptography – Pairing 2012, 5th International Conference, Cologne, Germany, May 16-18.

Ackermann, Evelyn & Klein, Michael (2020): Caesura in Cryptography: My first Workshop about Encryption - An Introduction with Teaching and Learning Material for School, University and Leisure, Norderstedt.

Adams, Carlisle / Lloyd, Steve (2003): Understanding PKI: concepts, standards, and deployment considerations, Addison-Wesley Professional, pp. 11–15.

Adams, David / Maier, Ann-Kathrin (2016): BIG SEVEN Study, open source crypto-messengers to be compared – or: Comprehensive Confidentiality Review & Audit of GoldBug, Encrypting E-Mail-Client & Secure Instant Messenger, Descriptions, tests and analysis reviews of 20 functions of the application GoldBug based on the essential fields and methods of evaluation of the 8 major international audit manuals for IT security investigations, English / German Language, ISBN 9783750408975.

AG Kritis (2020): IT-Sicherheitsgesetz 2.0: »Mittelfinger ins Gesicht der Zivilgesellschaft«, 10. Dezember, URL: https://www.heise.de/news/IT-Sicherheitsgesetz-2-0-Mittelfinger-ins-Gesicht-der-Zivilgesellschaft-4986032.html.

AK VDS / Arbeitskreis Vorratsdatenspeicherung: Amnesia CD 1.0 (2007) bis 3.0 (2011), URL: http://www.vorratsdatenspeicherung.de/CD/CD_1.0/akvorrat.html.

Anderson, Ross (2008): Security Engineering - A Guide to Building Dependable Distributed Systems, Wiley.

Arute, Frank / Martinis, John M. & et al. (2019): Quantum supremacy using a programmable superconducting processor, Nature volume 574, pages505–510 (23. October 2019)

Ateniese, G. / Francati, D. / Nuñez, D. et al. (2021): Match Me if You Can: Matchmaking Encryption and Its Applications, J Cryptol 34, 16.

Ayushi (2010): A Symmetric Key Cryptographic Algorithm, International Journal of Computer Applications, s 1(14):1–4, February.

Bacon, Francis (1605): The Proficience and Advancement of Learning Divine and Humane.

Becker, Dirk (2011): OpenVPN – Das Praxisbuch, Bonn.

Becker, Leo (2020): E-Privacy: Apple und sein Software-Chef Craig Federighi pochen auf Ende-zu-Ende-Verschlüsselung, 8. Dezember, URL: https://www.heise.de/news/E-Privacy-Apple-pocht-auf-Ende-zu-Ende-Verschluesselung-4983045.html.

Bédrune, Jean-Baptiste / Videau, Marion (2016): Security Assessment of VeraCrypt - Fixes and evolutions from TrueCrypt, QuarksLab.

Bellare, M. / Pointcheval, D. / Rogaway, P. (2000): Authenticated Key Exchange Secure against Dictionary Attacks. Advances in Cryptology – Eurocrypt 2000 LNCS. Lecture Notes in Computer Science. 1807. Springer-Verlag. Pp. 139–155. Doi:10.1007/3-540-45539-6_11. ISBN 978-3-540-67517-4.

Bellovin, S. M. / Merritt, M. (May 1992): Encrypted Key Exchange: Password-Based Protocols Secure Against Dictionary Attacks. Proceedings of the I.E.E.E. Symposium on Research in Security and Privacy. Oakland. P. 72. Doi:10.1109/RISP.1992.213269. ISBN 978-0-8186-2825-2.

Ben-Or, Michael / et. al. (1990): Everything provable is provable in zero-knowledge; in: Goldwasser, S. (Ed.): Advances in Cryptology—CRYPTO '88, Lecture Notes in Computer Science, 403, Springer, pp. 37–56.

Bernstein, D. / Chou, T. / Lange, T. / von Maurich, I. / Misoczki, R. / Niederhagen, R. / Persichetti, E. / Peters, C. / Schwabe, P. / Sendrier, N. / Szefer, J. / Wang, W. (2019): »Classic McEliece«, Einreichung zum NIST-Prozess.

Bernstein, Daniel J. (2010): Grover vs. McEliece, URL: http://cr.yp.to/codes/grovercode-20100303.pdf.

Bernstein, Daniel J. / Lange, Tanja / Niederhagen, Ruben (2015): Dual EC - A Standardized Back Door, URL: http://projectbullrun.org/dual-ec/documents/dual-ec-20150731.pdf.

Bertram, Linda A. / van Dooble, Gunther: Transformation of Cryptography, 2019, deutsch: Die Transformation der Kryptographie, ISBN: 978-3749450749.

Beuth, Patrick (2021): Signal-Chef Moxie Marlinspike: »Man kann Kriminellen nicht die Verschlüsselung wegnehmen«, 11. Februar, Spiegel-Online.

BfDi / Der Bundesbeauftragte für den Datenschutz und die Informationsfreiheit (2020): Stellungnahme zur öffentlichen Anhörung des Innenausschusses zum Thema Recht auf Verschlüsselung – Privatsphäre und Sicherheit im digitalen Raum stärken, 27. Januar.

BfJ / Bundesamt für Justiz (2020): Statistiken 2019 über die Telekommunikationsüberwachung und über die Erhebung von Verkehrsdaten, 18. Dezember, URL: https://www.bundesjustizamt.de/DE/Presse/Archiv/2020/20201218.html.

Biermann, Kai (2020): Der Kampf der EU gegen die Verschlüsselung, 26. November 2020, URL: https://www.zeit.de/digital/datenschutz/2020-11/verschluesselung-eu-rat-sichere-kommunikation-messenger.

Biham, Eli / Shamir, Adi (1996): The next Stage of Differential Fault Analysis: How to break completely unknown cryptosystems.

Bitkom (2014): Mehrheit der Lehrer fordert Informatik als Pflichtfach, 24, März, URL: https://www.bitkom.org/Presse/Presseinformation/Mehrheit-der-Lehrer-fordert-Informatik-als-Pflichtfach.html.

Black, Michael (2013): When I first heard of GoldBug – Review of GoldBug Secure Instant Messenger, URL: http://www.lancedoma.ru/, 29 Oct.

Blum, Manuel / Feldman, Paul / Micali, Silvio (1988): Non-Interactive Zero-Knowledge and Its Applications, Proceedings of the Twentieth Annual ACM Symposium on Theory of Computing (STOC 1988), pp. 103–112.

BMI (2014): Wir präsentieren den Entwurf der digitalen Agenda: Wir wollen Verschlüsselungs-Standort Nr. 1 auf der Welt werden. Dazu soll die Verschlüsselung von privater Kommunikation in der Breite zum Standard werden, 22. Juli, URL: https://netzpolitik.org/2014/wir-praesentieren-den-entwurf-der-digitalen-agenda/.

Bolton, Doug (2015): APPLE CEO Tim Cook defends Encryption and Protecting Users from Government Surveillance, December 21, URL: https://www.independent.co.uk/life-style/gadgets-and-tech/news/tim-cook-apple-privacy-encryption-a6781441.html.

Boskin, Michael (2019): Privacy, power and censorship: how to regulate big tech, April 29, URL: https://www.theguardian.com/business/2019/apr/29/big-tech-regulation-facebook-google-amazon.

Boudot, Fabrice / Schoenmakers, Berry / Traoré, Jacques (2001): A Fair and Efficient Solution to the Socialist Millionaires' Problem, Discrete Applied Mathematics, 111 (1), pp. 23-36.

Boyko, V. / MacKenzie, P. / Patel, S. (2000): Provably Secure Password-Authenticated Key Exchange Using Diffie–Hellman. Advances in Cryptology – Eurocrypt 2000, LNCS. Lecture Notes in Computer Science. 1807. Springer-Verlag. Pp. 156–171. Doi:10.1007/3-540-45539-6_12. ISBN 978-3-540-67517-4.

BRAK / Bundesrechtsanwaltskammer (2020): Stellungnahme Nr. 72/2020 zum Entwurf für einen Beschluss des Rats zur Verschlüsselung – Sicherheit durch Verschlüsselung und Sicherheit trotz Verschlüsselung, November, URL: https://www.brak.de/zur-rechtspolitik/stellungnahmen-pdf/stellungnahmen-deutschland/2020/november/stellungnahme-der-brak-2020-72.pdf.

BRAK / Bundesrechtsanwaltskammer / Schöttle, Hendrik / Ludwig, Cédric (2020): Anwaltliche Kommunikation per E-Mail - nur noch mit Ende-zu-Ende-Verschlüsselung?, in: BRAK-Mitteilungen 6/2020, S. 308-315.

Breyer, Patrick (2005): Die systematische Aufzeichnung und Vorhaltung von Telekommunikations-Verkehrsdaten für staatliche Zwecke, Berlin.

Bruchstein, Hubertus (1996): Bittere Bytes - Cyberbürger und Demokratietheorien, in: Deutsche Zeitschrift für Philosophie 4, S. 583-607.

BSI / Bundesamt für Sicherheit in der Informationstechnik (2020): Die Lage der IT-Sicherheit in Deutschland, URL: https://www.bsi.bund.de/DE/Publikationen/Lageberichte/lageberichte_node.html.

BSI / Bundesamt für Sicherheit in der Informationstechnik (2021): Moderne Messenger – heute verschlüsselt, morgen interoperabel?, Bonn.

BSI / Federal Office for Information Security (2020): Security Evaluation of VeraCrypt, November 30, URL: https://www.bsi.bund.de/SharedDocs/Downloads/EN/BSI/Publications/Studies/Veracrypt/Veracrypt.pdf.

Buktu, Tim (2013): NTRU: Quantum-Resistant cryptography, Independent / not affiliated with NTRU Cryptosystems, Inc.

Bundeskartellamt (2021): Sektoruntersuchung Messenger- und Video-Dienste - Zwischenbericht „Branchenüberblick und Stimmungsbild Interoperabilität", Bonn.

Bünz, Benedikt / Bootle, Jonathan / Boneh, Dan / Poelstra, Andrew / Wuille, Pieter / Maxwell, Greg (2018): Bulletproofs - Short Proofs for Confidential Transactions and More, Stanford University, URL: http://web.stanford.edu/~buenz/pubs/bulletproofs.pdf.

Calderbank, Michael (2007): The RSA Cryptosystem: History, Algorithm, Primes.

Cane (2019): Lasst Jabber/XMPP endlich sterben, URL: https://forum.kuketz-blog.de/viewtopic.php?f=31&t=4839.

Canetti, R. / Dwork, C. / Naor, M. / Ostrovsky, R. (1997): Deniable Encryption; in: Kaliski, B.S. (Ed.): Advances in Cryptology — CRYPTO '97. CRYPTO 1997. Berlin, pp. 90-104.

CEPIS / Council of European Professional Informatics Societies (2020): Right to Encryption instead of a Master Key for Encrypted Communication, Brussels, 1 December, URL: https://cepis.org/app/uploads/2020/11/Right-to-encryption-instead-of-a-master-key-for-chat-communication-CEPIS-LSI-SIN.pdf &

https://cepis.org/app/uploads/2020/12/Press-Release-CEPIS-statement-on-the-right-to-encrypt-12.2020.pdf.

Chaos Computer Club (2020): CCC fordert kompromissloses Recht auf Verschlüsselung, 27. Januar, linus, URL: https://www.ccc.de/de/updates/2020/ccc-fordert-kompromissloses-recht-auf-verschlusselung.

Christ, Sebastian (2020): Digitalisierung & KI: Tagesspiegel Background, 17. Dezember, URL: https://background.tagesspiegel.de/digitalisierung.

Christen, Michael (2005): YaCy – Peer-to-Peer Web-Suchmaschine, in: Die Datenschleuder, #86, 54–57.

Cohn-Gordon, Katriel / et al. (2016): A Formal Security Analysis of the Signal Messaging Protocol, Cryptology ePrint Archive, IACR).

Council of the EU (2020): Draft Council Resolution on Encryption-Security through encryption and security despite encryption, Council document 12143/1/20 REV1, November 6, URL: https://www.heise.de/downloads/18/2/9/9/8/5/2/0/783284_fh_st12143-re01en20_783284.pdf, & earlier version https://www.heise.de/downloads/18/2/9/9/8/5/2/0/eu-council-draft-declaration-against-encryption-12143-20.pdf & public version: https://data.consilium.europa.eu/doc/document/ST-13084-2020-REV-1/en/pdf.

Cremers, Cas / Feltz, Michèle (2015): Beyond eCK: perfect forward secrecy under actor compromise and ephemeral-key reveal, Designs, Codes and Cryptography, 74 (1): 183–218.

Daemen, Joan / Rijmen, Vincent (2011): The design of Rijndael – AES – The Advanced Encryption Standard, Springer, Berlin, London.

Delfs, Hans / Knebl, Helmut (2007): Symmetric-key encryption, Introduction to cryptography: principles and applications, Springer.

Delgado-Bonal, Alfonso / Martín-Torres, Javier (2016): Human vision is determined based on information theory, Scientific Reports, 6 (1).

Der Spiegel / Bartsch, Matthias et al. (2020): Rechtsextreme bei Polizei und Bundeswehr - Die dunkle Seite der Staatsmacht, 7. August, URL: https://www.spiegel.de/politik/deutschland/rechtsextreme-bei-polizei-und-bundeswehr-die-dunkle-seite-der-staatsmacht-a-00000000-0002-0001-0000-000172378470.

Deutsches Institut für Vertrauen und Sicherheit im Internet (DIVSI) (2014): DIVSI U25-Studie - Kinder, Jugendliche und junge Erwachsene in der digitalen Welt, Hamburg.

Diffie, Whitfield / Hellman, Martin (1976): New directions in cryptography, 22, IEEE transactions on Information Theory, p. 644-654.

Diffie, Whitfield / van Oorschot, Paul C. / Wiener, Michael J. (1992): Authentication and Authenticated Key Exchanges, Designs, Codes and Cryptography,2(2):107–125.

Dingledine, Roger / et al. (2004): Tor - The Second-Generation Onion Router, in: Proceedings of the 13th USENIX Security Symposium, August 9–13, 303–320.

Dinh, Hang / Moore, Cristopher / Russell, Alexander / Rogaway, Philip (Ed.) (2011): McEliece and Niederreiter cryptosystems that resist quantum Fourier sampling attacks, Advances in cryptology—CRYPTO 2011, Lecture Notes in Computer Science, 6841, Heidelberg, pp. 761–779.

Dobbertin, Hans / Rijmen, Vincent / Sowa, Aleksandra (Eds.) (2005): Advanced Encryption Standard – AES – 4th international conference, AES 2004, Bonn, Germany, May 10-12, 2004: revised selected and invited papers, Springer, Berlin.

Dolev, Danny / Dwork, Cynthia / Naor, Moni (2000): Nonmalleable Cryptography, SIAM Journal on Computing, 30 (2), 391–437, URL: https://dx.doi.org/10.1137%2FS0097539795291562.

Dragomir, Mircea (2016): GoldBug Instant Messenger – Softpedia Review: This is a secure P2P Instant Messenger that ensures private communication based on a multi en-cryption technology constituted of several security layers, URL: http://www.softpedia.com/get/Internet/Chat/Instant-Messaging/GoldBug-Instant-Messenger.shtml, Softpedia Review, January 31st.

Drehling, Wilhelm (2021): Reingefallen - Asymmetrische Verschlüsselung: Sicher durch Falltürfunktionen, c't 7, S. 60.

Dreyfus, Suelette (2012): The Idiot Savants' Guide to Rubberhose, URL: https://archive.is/20121029045140/http://marutukku.org/current/src/doc/marugu ide/t1.html#selection-273.0-282.0.

Edwards, Scott / Spot-On.sf.net Project (Eds.) (2019): Communicating like dolphins with Spot-On Encryption Suite: Democratization of Multiple & Exponential Encryption; Handbook and User Manual as practical software guide with introductions into Cryptography, Cryptographic Calling and Cryptographic Discovery, P2P Networking, Graph-Theory, NTRU, McEliece, the Echo Protocol and the Spot-On Software, ISBN 9783749435067, Norderstedt.

EFF (2016): End-to-End Encryption, EFF Surveillance Self-Defence Guide, Electronic Frontier Foundation.

Engelbert, D. / Overbeck, R. / Schmidt, A. (2007): A Summary of McEliece-Type Cryptosys-tems and their Security, in: J. Math. Crypt. 1 (2007), pp. 151–199.

ENISA / European Union Agency for Cybersecurity (2021): Post-Quantum-Cryptography – Current state and quantum migration, May v02.

ENISA / European Union Agency for Network and Information Security (2015): Privacy and Data Protection by Design, January 12, URL: https://www.enisa.europa.eu/publications/privacy-and-data-protection-by-design.

Esken, Saskia (2015): Mehr Verschlüsselung wagen, 22. Januar 2015, URL: https://web.archive.org/ web/20150125233354/ http://blogs. spdfrakti-on.de/netzpolitik/2015/01/22/mehr-verschlusselung-wagen.

Esken, Saskia (2020): Verschlüsselung für jede/n von uns, December 14, URL: https://twitter.com/EskenSaskia/status/1338538749353979911.

Europäisches Parlament (2018): Richtlinie (EU) 2018/1972 des europäischen Parlaments und des Rates über den europäischen Kodex für die elektronische Kommunikation, 18. Dezember, URL: https://eur-lex.europa.eu/legal-content/DE/TXT/HTML/?uri=CELEX:32018L1972#d1e2632-36-1.

EuroPKI (2010): Public key infrastructures, services and applications: 7th European work-shop, EuroPKI 2010, Athens, Greece, September 23 – 24.

Europol (2020): Europol and the European Commission inaugurate new decryption plat-form to tackle the challenge of encrypted material for law enforcement investiga-tions, December 18, URL:

https://www.europol.europa.eu/newsroom/news/europol-and-european-commission-inaugurate-new-decryption-platform-to-tackle-challenge-of-encrypted-material-for-law-enforcement.

Even S. / Goldreich, O. (1985): On the power of cascade ciphers, ACM Transactions on Computer Systems, vol. 3, pp. 108–116.

FBI / Federal Bureau of Investigation (2011): Cryptanalysts: Breaking Codes to Stop Crime, Part 1, March 21, URL: https://www.fbi.gov/news/stories/breaking-codes-to-stop-crime-part-1.

Filby, P.W. (1995): Floradora and a Unique Break into One-Time Pad ciphers. Journal of Intelligence and National Security, 10:3, p. 408–422, doi:10.1080/02684529508432310.

Fleißner, Eduard (1881): Neue Patronengeheimschrift - Handbuch der Kryptographie, Wien.

Floyd, S. / Fall, K. (1999): Promoting the Use of End-to-End Congestion Control in the Internet (IEEE/ACM Transactions on Networking, August).

Ford, W. / Kaliski, B. (14–16 June 2000): Server-Assisted Generation of a Strong Secret from a Password. Proceedings of the IEEE 9th International Workshops on Enabling Technologies: Infrastructure for Collaborative Enterprises. Gaithersburg MD: NIST. P. 176. CiteSeerX 10.1.1.17.9502. doi:10.1109/ENABL.2000.883724. ISBN 978-0-7695-0798-9.

Fujisaki, E. / Okamoto, T. (1999): Secure Integration of Asymmetric and Symmetric Encryption Schemes. In: Wiener, M. (Ed.) CRYPTO 1999, Heidelberg, LNCS, vol. 1666, pp. 537–554.

Gadimov, Bahtiar (2015): Initial Omemo commit, dev.gajim.org.

Gaines, Helen F. (2014): Cryptanalysis – A Study of Ciphers and Their Solution, Courier Corporation.

Gasakis, Mele / Schmidt, Max (2018): Beyond Cryptographic Routing: The Echo Protocol in the new Era of Exponential Encryption (EEE) – A comprehensive essay about the Sprinkling Effect of Cryptographic Echo Discovery (SECRED) and further innovations in cryptography, ISBN 978-3-7481-5198-2, Norderstedt.

Gaus, Günter (1983): Nischengesellschaft, in: Ders.: Wo Deutschland liegt - Eine Ortsbestimmung, Hamburg, S. 156–233.

Gematik (2021): Konzeptpapier TI-Messenger, 52. p, 21. Juli.

Gerhards, Julia (2010): (Grund-)Recht auf Verschlüsselung?, Der Elektronische Rechtsverkehr, Band 23, Baden.Baden.

GI / Gesellschaft für Informatik (2029): Stellungnahme der Gesellschaft für Informatik e.V. (GI) zum Recht auf Verschlüsselung, Berlin, 9. Dezember 2020, URL: https://gi.de/fileadmin/GI/Allgemein/PDF/2020-12-09_GI_Recht_auf_Verschlu__sselung.pdf.

GI (2020): Arbeitspapier Schlüsselaspekte Digitaler Souveränität, Berlin.

Goldberg, Ian / Stedman, Ryan / Yoshida. Kayo (2008): A User Study of Off-the-Record Messaging, University of Waterloo, Symposium on Usable Privacy and Security (SOUPS) 2008, July 23–25, Pittsburgh, PA, USA, URL: http://www.cypherpunks.ca/~iang/pubs /otr_userstudy.pdf, & URL: https://otr.cypherpunks.ca/Protocol-v3-4.0.0.html.

Goldreich, O. / Lindell, Y. (2001): Session-Key Generation Using Human Passwords Only. Advances in Cryptology – Crypto 2001 LNCS. Lecture Notes in Computer Science. 2139. Springer-Verlag. Pp. 408–432. Doi:10.1007/3-540-44647-8_24. ISBN 978-3-540-42456-7.

Gultsch, Daniel (2015): OMEMO Encrypted Jingle File Transfer, in: Website der XMPP Standards Foundation, 2. September.

Gultsch, Daniel (2018): Federated Instant Messaging with Jabber/XMPP – FOSSASIA 2018, published 25.03.2018, Min: 8:55, outdated XMPP servers: jabber.systemausfall.org, jabber.hot-chilli.net, elaon.de, jabber.fr, jabber.de, high-way.me, bommboo.de, mail.de; URL: https://www.youtube.com/watch?v=5pJYGQ_oKks.

Hahn, Tobias / Herfert, Michael / Lange, Benjamin (2015): Pro Privacy, URL https://www.sit.fraunhofer.de/fileadmin/dokumente/studien_und_technical_repo rts/Abschlussbericht-Pro-Privacy.pdf.

Hao, Feng / Ryan, Peter (2019): J-PAKE – Authenticated Key Exchange Without PKI, Springer Transactions on Computational Science XI, Special Issue on Security in Computing, Part II, Vol. 6480, pp. 192-206.

Hao, Feng / Ryan, Peter (2008): Password Authenticated Key Exchange by Juggling, Proceedings of the 16th International Workshop on Security Protocols.

Harvey, Cynthia / Datamation (2015): 50 Noteworthy Open Source Projects – Chapter Secure Communication: GoldBug Messenger ranked on first # 1 position for Secure Communication, URL: http://www.datamation.com/open-source/50-noteworthy-new-open-source-projects-3.html, posted September 19.

Hein, Buster (2016): 11 juicy quotes from Tim Cook's interview on encryption, March 17, URL: https://www.cultofmac.com/418213/tim-Tim-encryption-interview/.

Heuzeroth, Thomas (2020): Messenger weist Forderung nach Zugang zu verschlüsselten Inhalten zurück, 29.11.2020, URL: https://www.welt.de/wirtschaft/webwelt/article221279278/WhatsApp-Rivale-Threema-CEO-weist-Forderung-nach-Zugang-zu-verschluesselten-Inhalten-zurueck.html.

Hildenbrand, Jerry (2016): Everyone is a node: How Wi-Fi Mesh Networking work, URL: https://www.androidcentral.com/how-wifi-mesh-networks-work.

Hoffstein, Jeffrey / Pipher, Jill / Silverman, Joseph H. (1998): NTRU – A ring-based public key cryptosystem, Algorithmic Number Theory, Lecture Notes in Computer Science, 1423, pp. 267–288.

Hohmann, Mirko (2015): D64-Positionspapier - Verschlüsselung als Grundvoraussetzung für unsere Gesellschaft, Berlin.

Honda, Osamu / Ohsaki, Hiroyuki / Imase, Makoto / Ishizuka, Mika / Murayama, Junichi (2005): Understanding TCP over TCP: effects of TCP tunneling on end-to-end throughput and latency.

Hooshmand, Reza / Shooshtari, Masoumeh Koochak / Aref, Mohammad Reza (2014): PKC-PC: A Variant of the McEliece Public Key Cryptosystem based on Polar Codes, URL: https://arxiv.org/ftp/arxiv/papers/1712/1712.07672.pdf

Houmkozlis, Christos N. / Rovithakis, George A. (2012): End-to-end adaptive congestion control in TCP/IP networks; in: Automation and control engineering series, CRC Press, Boca Raton, Fla.

Huang, Yahsin (2019): Decentralized Public Key Infrastructure (DPKI): What is it and why does it matter?, Hacker Noon.

Hudde, Hans Christoph (2013): Development and Evaluation of a Code-based Cryptography Library for Constrained Devices, Master's Thesis, February 7, Bochum.

Informationweek (2016): Google's Cloud Lets You Bring customer-supplied encryption keys (CSEK), URL: http://www.informationweek.com/cloud/infrastructure-as-a-service/googles-cloud-lets-you-bring-your-own-encryption-keys/d/d-id/1326482.

Joint Committee on Human Rights (2007): Government response to the Committee's four-teenth report of session 2007-08, Data protection and human rights – report, to-gether with formal minutes, and an appendix.

Joos, Thomas (2014): Sicheres Messaging im Web, URL: http://www.pcwelt.de/ratgeber/ Tor__I2p__Gnunet__RetroShare__Freenet__GoldBug__Spurlos_im_Web-Anonymisierungsnetzwerke-8921663.html, PCWelt Magazin, 01. Oktober.

Joux, Antoine (2009): Algorithmic Cryptanalysis, CRC Press.

Kaeser, Eduard (2020): Die verschlüsselte Gesellschaft und ihre Freunde – das Rhizom der Schnüffler breitet sich weltweit aus, 13. Februar, URL: https://www.nzz.ch/meinung/datenklau-die-verschluesselte-gesellschaft-und-ihre-freunde-ld.1540307

Kahle, Christian (2020): GoldBug-Messenger im Interview: Ende-zu-Ende-Krypto unter Beschuss - Verbot ist technisch aber Unsinn, 28.11.2020, URL: https://winfuture.de/news,119739.html.

Karinthy, Frigyes: Láncszemek, 1929.

Katz, J. / Ostrovsky, R. / Yung, M. (2001): «Efficient Password-Authenticated Key Exchange Using Human-Memorable Passwords". 2045. Springer-Vergal.

Katz, Jonathan (2015): Public-key cryptography - PKC 2015: 18th IACR International Confer-ence on Practice and Theory in Public-Key Cryptography, Springer, Gaithersburg, MD, USA, March 30 – April 1.

Kerckhoffs, Auguste (1883): La cryptographie militaire, Journal des sciences militaires, vol. IX, pp. 5–83, January 1883, pp. 161–191.

Koalitionsvertrags der 19. Legislaturperiode des Bundestages (2019): Ende-zu-Ende-Verschlüsselung für jedermann verfügbar machen, Zeilen 1979ff.

Kobara, Kazukuni / Imai, Hideki (2001): Semantically Secure McEliece Public-Key Cryptosys-tems –Conversions for McEliece PKC, in: Kim, K. (Ed.): PKC 2001, LNCS 1992, pp. 19-35.

Kuder, Matthias (2020): Der Regierende Bürgermeister Berlin - Senatskanzlei Wissenschaft und Forschung: Berlin wird Zentrum für Nationales Hochleistungsrechnen – Zuse-Institut Berlin von GWK in die Förderung aufgenommen, Pressemitteilung vom 13.11.2020.

Lang, Jacqueline (2018): Tim Cook warnt vor Daten als Waffen »mit militärischer Effizienz«, 24. Oktober, URL: https://www.sueddeutsche.de/digital/apple-cook-datenschutz-1.4183262.

Lindner, Mirko (2014): POPTASTIC: Verschlüsselter Chat über POP3 mit dem GoldBug Messenger, Pro-Linux, URL: http://www.pro-linux.de/news/1/21822/poptastic-verschluesselter-chat-ueber-pop3.html, 9. Dezember.

Lobo, Sascha (2015): Geheimdienste lesen nicht mal Zeitung, 25. November, URL: https://www.spiegel.de/netzwelt/web/sascha-lobo-ueber-die-irrationale-ausweitung-der-ueberwachung-a-1064508.html

Lobo, Sascha (2020): Rechte in Polizei und Sicherheitsbehörden - Die dunkle Macht der Chats: Extremisten aller Art lieben Chats – auch bei der Polizei, 2. Dezember, URL: https://www.spiegel.de/netzwelt/web/rechtsextremismus-bei-der-polizei-warum-chats-bei-extremisten-so-beliebt-sind-podcast-a-363826c9-2790-4e1b-ad74-a68dfd962c44.

Locker, Theresa (2015): Die Onionview-Karte zeigt, wo in Deutschland die meisten Tor-Server stehen, 15. September, URL: https://www.vice.com/de/article/gv5743/die-onionview-karte-zeigt-wo-in-deutschland-die-tor-server-stehen-444.

Madore, David (2000): Method of free speech on the Internet: random pads, URL: http://www.eleves.ens.fr:8080/home/madore/misc/freespeech.html.

Marlinspike, Moxie (2013): Advanced cryptographic ratcheting, Signal Blog, November 26.

Marlinspike, Moxie (2016): Reflections: The ecosystem is moving, URL: https://signal.org/blog/the-ecosystem-is-moving/.

Matejka, Petr (2004): Model of Turtle network - Security in Peer-to-Peer Networks, Master Thesis. URL: http://turtle-p2p.sourceforge.net/thesis2.pdf.

Maurer, M. / Massey, J. L. (1993): Cascade ciphers – The importance of being first, Journal of Cryptology, vol. 6, no. 1, pp. 55–61.

McEliece, Robert J. (1978): A Public-Key Cryptosystem Based On Algebraic Coding Theory, DSN Progress Report. 44: 114–116.

McNoodle Library (2016): Implementation of the McEliece Algorithm in C++, Github.

Meinrath, Sascha D./ Vitka, Sean (2014): Crypto War II, Critical Studies in Media Communication, Vol. 31, No. 2, June, pp. 123–128, URL: https://www.tandfonline.com/doi/pdf/10.1080/15295036.2014.921320.

Meister, Andre (2020): BND-Gesetz - Ausspähen unter Freunden wird legalisiert und ausgeweitet, 30. November, URL: https://netzpolitik.org/2020/bnd-gesetz-ausspaehen-unter-freunden-wird-legalisiert-und-ausgeweitet/.

Merkle, Ralph (1978): Secure Communications over Insecure Channels, in: Communications of the ACM, Band 21, Nr. 4, April, S. 294–299.

Mermin, David (2006): Breaking RSA Encryption with a Quantum Computer: Shor's Factoring Algorithm, Cornell University, Physics, 481-681.

Mey, Stefan (2020): 25 Jahre Anonymisierung mit Tor, eine Geschichte mit Widersprüchen, 29. November 2020, URL: https://www.heise.de/hintergrund/ Missing-Link-25-Jahre-Anonymisierung-mit-Tor-eine-Geschichte-mit-Widerspruechen-4972675.html?seite=all.

Meyn, Christian (2013): Verschlüsselung und Innere Sicherheit: Die verfassungsrechtliche Zulässigkeit eines Verschlüsselungsverbots bei elektronischer Datenkommunikation, Berlin

Mezini, Mira et al. (2021): Nationaler Pakt - Gesamtgesellschaftliche Erklärung zur Cybersicherheit, Berlin.

Milgram, Stanley: The Small World Problem. In: Psychology Today, URL: http://measure.igpp.ucla.edu/GK12-SEE-

LA/Lesson_Files_09/Tina_Wey/TW_social_networks_Milgram_1967_small_world_problem.pdf, ISSN 0033-3107, pp. 60–67, Mai 1967.

Ministerium Soziales, Integration und Gleichstellung Mecklenburg-Vorpommern (2021): Bildungskonzeption für 0- bis 10-jährige Kinder in Mecklenburg-Vorpommern, Schwerin.

Modadugu, Nagendra / Rescorla, Eric (2003): The Design and Implementation of Datagram TLS, Stanford Crypto Group.

Moechel, Erich (2020): »Five-Eyes« hinter den Entschlüsselungsplänen des EU-Ministerrats, 29. November, URL: https://fm4.orf.at/stories/3009643/.

MOMEDO (2018): Open Source Mobiler Messenger für kommunale und schulische Zwecke mit Verschlüsselung, Internet-Ressource.

Moonlander, Casio (2020): Smoke - An Android Echo Chat Software Application: Personal Chat Messenger / Open Source Technical Website Reference Documentation, Band 1 von 2 in dieser Reihe, ISBN 9783752691993.

Moonlander, Casio (2020): SmokeStack - An Android Echo Chat Server Application: Open Source Technical Website Reference Documentation, Band 2 von 2 in dieser Reihe, ISBN 9783752692006.

Morris, Gemma / Presenter, Swipe (2015): Wiki Boss: Encryption Ban Like Banning Maths, October 8, URL: https://news.sky.com/story/wiki-boss-encryption-ban-like-banning-maths-10343807.

Mundt, Andreas (2020): Bundeskartellamt leitet Sektoruntersuchung zu Messenger-Diensten ein, November 20, URL: https://www.bundeskartellamt.de/SharedDocs/Publikation/DE/Pressemitteilungen/2020/12_11_2020_SU_Messenger_Dienste.html.

Muth, Max (2020): Five-Eyes-Geheimdienste sollen Europa helfen, Verschlüsselung zu umgehen, 29. November 2020, URL: https://www.sueddeutsche.de/digital/geheimdienste-verschluesselung-crypto-wars-messenger-1.5131084.

Narr, Wolf-Dieter (Hg.) (1977): Wir Bürger als Sicherheitsrisiko - Berufsverbot und Lauschangriff, Reinbek.

Needham, Roger M. / Schroeder, Michael D. (1978): Using encryption for authentication in large networks of computers, in: ACM (Hg.): Communications of the ACM. Band 21, Nr. 12, Dezember.

Neue Richtervereinigung (2020): Ende-zu-Ende-Verschlüsselung nicht den Sicherheitsbehörden opfern, 15. Dezember, URL: https://www.neuerichter.de/fileadmin/user_upload/bundesvorstand/2020_12_NRV_PM_CryptoWars.pdf.

NIST (2001): Announcing the ADVANCED ENCRYPTION STANDARD (AES), Federal Information Processing Standards Publication 197. United States National Institute of Standards and Technology (NIST), URL: http://nvlpubs.nist.gov/nistpubs/FIPS/NIST.FIPS.197.pdf, November 26.

NIST / Chen, Lily / Jordan, Stephen / Liu, Yi-Kai / Moody, Dustin / Peralta, Rene / Perlner, Ray / Smith-Tone, Daniel (2016): NISTIR 8105, DRAFT, Report on Post-Quantum Cryptography, URL: http://csrc.nist.gov/publications/drafts/nistir-

8105/nistir_8105_draft.pdf, National Institute of Standards and Technology. February.

Nomenclatura (2019): Encyclopedia of modern Cryptography and Internet Security: From AutoCrypt and Exponential Encryption to Zero-Knowledge-Proof Keys, ISBN: 978-3748191513 & ISBN: 9783746066684.

Odendaal, Hansie / Sharrock, Cayle / Heerden, SW. (o.J.): Bulletproofs and Mimblewimble, Tari Labs University.

Offsystem: OFF System Introduction about Brightnets, Owner-Less Data and Multi-Use Data, URL: http://offsystem.sourceforge.net/.

Pednault, Edwin / Gunnels, John A. / Nannicini, Giacomo / Horesh, Lior / Wisnieff, Robert: SUMMIT Super-Computer at Oak Ridge National Laboratories - Leveraging Secondary Storage to Simulate Deep 54-qubit SYCAMORE Circuits, IBM T.J. Watson Research Center, NY, URL: https://arxiv.org/pdf/1910.09534.pdf

Perlroth, Nicole / Larson, Jeff / Shane, Scott (2013): N.S.A. Able to Foil Basic Safeguards of Privacy on Web, New York Times, URL: https://www.nytimes.com/2013/09/06/us/nsa-foils-much-internet-encryption.html, September 5.

Piétron, Dominik / Wiggerthale, Marita (2019): Neue Wettbewerbsregeln für die Plattformökonomie, 6. Dezember, URL: https://netzpolitik.org/2019/neue-wettbewerbsregeln-fuer-die-plattformoekonomie/.

Pohl, Michael / Junginger, Bernhard (2020): Gibt es eine rechte Schattenarmee in der Bundeswehr?, 6. Juli, URL: https://www.augsburger-allgemeine.de/politik/Gibt-es-eine-rechte-Schattenarmee-in-der-Bundeswehr-id57678296.html.

Pointcheval, David (2000): Chosen-Cipher-Text security for any one-way cryptosystem, Public Key Cryptography, Springer, pp. 129–146.

Popescu, Bogdan C. / Crispo, Bruno / Tanenbaum, Andrew S. (2004): Safe and Private Data Sharing with Turtle: Friends Team-Up and Beat the System, in: 12th International Workshop on Security Protocols, Cambridge, UK, April.URL: http://turtle-P2P.sourceforge.net/turtleinitial.pdf.

Possony Stefan T. (2013): Zur Bewältigung der Kriegsschuldfrage: Völkerrecht und Strategie bei der Auslösung zweier Weltkriege, Berlin, p. 204.

Preneel, Bart / Bosselaers, Antoon / Govaerts, René / Vandewalle, Joos (1992): A Software Implementation of the McEliece Public-Key Cryptosystem; in: Proceedings of the 13th Symposium on Information Theory in the Benelux, Werkgemeenschap voor Informatie- en Communicatietheorie, pp. 119-126.

Qt Digia (2015): Qt Digia has awarded GoldBug IM as reference project for Qt implementation in the official Qt-Showroom of Digia: https://showroom.qt.io/goldbug/.

Quisquater, Jean-Jacques / Guillou, Louis C. / Berson, Thomas A. (1990): How to Explain Zero-Knowledge Protocols to Your Children, Advances in Cryptology – CRYPTO '89, 435, pp. 628–631.

Referentenentwurf des Bundesministeriums für Wirtschaft und Energie und des Bundesministeriums für Verkehr und digitale Infrastruktur (2020): Entwurf eines Gesetzes zur Umsetzung der Richtlinie (EU) 2018/1972 des Europäischen Parlaments und des Rates vom 11. Dezember 2018 (Telekommunikations-Modernisierungsgesetz), URL: https://intrapol.org/wpcon-tent/uploads/2020/12/201209_BMWi_BMVI_RefE_Telekommunikationsmodernisi erungsgesetz.pdf.

Repka, Marek (2014): McELIECE PKC CALCULATOR, Journal of ELECTRICAL ENGINEERING, VOL. 65, NO. 6, pp. 342–348.

Rieffel, Eleanor G. / NASA/TP-2019-220319 (2019): Quantum Supremacy Using a Program-mable Superconducting Processor, NASA Ames Research Center, National Aero-nautics and Space Administration, Ames Research Center, Moffett Field, URL: https://www.inverse.com/article/59507-full-quantum-supremacy-paper, California, August.

Rihaczek, Karl (1984): Verschlüsselung und Normung, in: Datenverschlüsselung in Kommu-nikationssystemen. DuD-Fachbeiträge, Wiesbaden.

Ritter, Terry (1995): Ritter's Crypto Glossary and Dictionary of Technical Cryptography, Comments on Multi-Encryption, URL: http://www.ciphersbyritter.com/GLOSSARY.HTM#MultipleEncryption

Rivest, R.L. / Shamir, A. / Adleman, L. (1978): A Method for Obtaining Digital Signatures and Public-Key Cryptosystems, URL: https://people.csail.mit.edu/rivest/Rsapaper.pdf

Roering, Christopher (2013): Coding Theory-Based Cryptopraphy: McEliece Cryptosystems in Sage, Honors Theses. Paper 17, URL: http://digitalcommons.csbsju.edu/honors_theses/17.

Rothblum, Ron D. / Sealfon, Adam / Sotiraki, Katerina (2021): Toward Non-interactive Zero-Knowledge Proofs for NP from LWE. J Cryptol 34, 3.

Rueckert, Phineas / Schilis-Gallego, Cécile (2020): Hacked: The Story behind the Israeli Spyware targetting Moroccan Journalists, June 22, URL: https://forbiddenstories.org/the-story-behind-the-israeli-spyware-targeting-moroccan-journalists/

Saint-Andre, Peter et. al. (2016): Manifesto: A Public Statement Regarding Ubiquitous Encryption on the XMPP Network, URL: https://github.com/stpeter/manifesto/blob/master/manifesto.txt.

Schmeh, Klaus (2017): Versteckte Botschaften – Die faszinierende Geschichte der Stegano-grafie, Hannover.

Schmidt, Jürgen: Lasst PGP sterben, http://www.heise.de/ct/ausgabe/2015-6-Editorial-Lasst-PGP-sterben-2551008.html, Magazin Ct, 20.02.2015.

Schneier, Bruce / Seidel, Kathleen / Vijayakumar, Saranya: A Worldwide Survey of Encryp-tion Products, URL: https://www.schneier.com/academic/paperfiles/worldwide-survey-of-encryption-products.pdf, February 11, 2016 Version 1.0.

Schnorr, Claus Peter (2021): Fast Factoring Integers by SVP Algorithms, received 1 Mar, last revised 3 Mar, Cryptology ePrint Archive: Report 2021/232

Schulz, Jimmy (2016): Ist Verschlüsselung der Schlüssel zur digitalen Souveränität?; in: Friedrichsen, Mike / Bisa, Peter-J. (Hrsg.): Digitale Souveränität - Vertrauen in der Netzwerkgesellschaft, Wiesbaden, S. 161-167.

Schulz, Jimmy (2018): Rede im Bundestag, Privatsphäre und Sicherheit im digitalen Raum, 29.11.2018, URL: https://www.youtube.com/watch?v=es-_7Hsaiaw.

Schulz, Jimmy et al. (2018): Recht auf Verschlüsselung – Privatsphäre und Sicherheit im digitalen Raum stärken, Drucksache 19/5764, URL: https://dip21.bundestag.de/dip21/btd/19/057/1905764.pdf.

Scientists4Crypto / Schiffner, Stefan / Krenn, Stephan et al. (2020): Open letter responding to Council Resolution on Encryption - Security through encryption and security despite encryption, by 373 signatories from 25 countries, December 14, URL: https://sites.google.com/view/scientists4crypto/start.

Sevignani, Sebastian (2016): Krise der Privatheit - Zur Dialektik von Privatheit und Überwachung im informationellen Kapitalismus; in: Hahn, Kornelia / Langenohl, Andreas (Hg.): Kritische Öffentlichkeiten - Öffentlichkeiten in der Kritik, pp 237-254.

Shor, Peter W. (1997): Polynomial-Time Algorithms for Prime Factorization and Discrete Logarithms on a Quantum Computer, in: SIAM Journal on Computing, 26, p. 1484–1509.

Sinkov, Abraham (1966): Elementary Cryptanalysis: A Mathematical Approach, Mathematical Association of America.

Smoke (2017): Documentation of the Android Messenger Application Smoke with Encryption, URL: https://github.com/textbrowser/smoke/raw/master/Documentation/Smoke.pdf, 2017.

SmokeStack: Server Software for Encrypted Messaging, URL: https://github.com/textbrowser/smokestack.

Snowden, Edward (2019): Permanent Record.

Somavilla, Ilse (2013): Verschlüsselung in Wittgensteins Nachlass, Innsbruck.

Spot-On (2011): Documentation of the Spot-On-Application, URL: https://sourceforge.net/p/spot-on/code/HEAD/tree/, under this URL since 06/2013, Sourceforge, including the Spot-On: Documentation of the project draft paper of the pre-research project since 2010, Project Ne.R.D.D., Registered 2010-06-27, URL: https://sourceforge.net/projects/445nerdd/ has evolved into Spot-On. Please see http://spot-on.sf.net and URL: https://github.com/textbrowser/spot-on/blob/master/branches/Documentation/RELEASE-NOTES.archived, 08.08.2011.

Spot-On (2021): Documentation of the Spot-On-Application, URL: https://github.com/textbrowser/spot-on/tree/master/ branches/trunk/Documentation, Github 2021.

Spot-On Encryption Suite (2019): Democratization of Multiple & Exponential Encryption: - Handbook and User Manual as practical software guide, ISBN: 978-3749435067.

Srisakthi, S., Shanthi, A.P. (2020): Towards the Design of a Stronger AES: AES with Key Dependent Shift Rows (KDSR). Wireless Pers Commun 114, 3003–3015 (2020).

Stehlé, Damien / Steinfeld, Ron (2016): Making NTRUEncrypt and NTRUSign as Secure as Standard Worst-Case Problems over Ideal Lattices, Cryptology ePrint Archive.

Stevens, Richard W. (1996): TCP/IP Illustrated, Volume 3: TCP for Transactions, HTTP, NNTP, and the UNIX Domain Protocols.

STOA / Ausschuss Science and Technology Options Assessment des Europäischen Parlaments (2015): Mass Surveillance - Part 2: Technology foresight, options for longer term security and privacy improvements, January 13, URL: https://www.europarl.europa.eu/stoa/en/document/EPRS_STU(2015)527410.

Straub, Andreas (2016): XEP-0384: Omemo Encryption, XMPP Standards Foundation web-site.

Stubblefield, Adam / Wallach, Dan S. (2001): Dagster: Censorship-Resistant Publishing Without Replication, URL: https://www.cs.rice.edu/~dwallach/pub/dagster-tr.pdf & https://scholarship.rice.edu/handle/1911/96291.

The United Nations / Office of the High Commissioner of Human Rights (2014): What are human rights?

Thomas, Stephen A. (2000): SSL and TLS essentials securing the Web, New York: Wiley.

Thompson, Andi Wilson / Kehl, Danielle / Bankston, Kevin (2015): Doomed to Repeat History? Lessons from the Crypto Wars of the 1990s, June 17, URL: https://www.newamerica.org/cybersecurity-initiative/policy-papers/doomed-to-repeat-history-lessons-from-the-crypto-wars-of-the-1990s/.

Tremmel, Moritz / Grüner, Sebastian (2021): Warum es okay ist, dass Signal Google-Server nutzt, 29. Januar, URL: https://www.golem.de/news/whatsapp-alternative-warum-es-okay-ist-dass-signal-google-server-nutzt-2101-153764.html

Tremmel, Moritz (2021): Onionshare - Einfach anonym Dateien teilen, Golem, 11. Mai.

Tur, Henryk / Computerworld (2018): GoldBug Secure Email Client & Instant Messenger, https://www.computerworld.pl/ftp/goldbug-secure-email-Client-instant-messenger.html, January 11.

Urdaneta, Guido / Pierre, Guillaume / van Steen, Maarten (2011): A Survey of DHT Security Techniques, ACM Computing Surveys 43(2).

USCM / US Conference of Mayors (2019): 87th Annual Meeting Opposing Payment To Ransomware Attack Perpetrators, URL: https://www.usmayors.org/the-confer-ence/resolutions/?category=a0D4N00000FCb3LUAT&meeting=87th%20Annual%20Meeting.

Wake, Mancy A. / Hibernack, Dorothy / Lullaby, Lucas (2020): Echo on a Chip (EoC) – A New Perception for the Next Generation of Micro-Controllers handling Encryption for Mobile Messaging: From Secure Embedded Systems to Separated Secure Embed-ded Systems (SSES) in Cryptography. Hardware supported Trusted Execution Envi-ronments (TEE) for Encryption / Decryption Processes separated from Transport-Processes and Server-Processes respective even other Operational Processes. ISBN 9783751916448.

Waldman, Marc / Mazières, David (2001): Tangler: A Censorship-Resistant Publishing Sys-tem Based On Document Entanglements, in: Proceedings of the 8th ACM Confer-ence on Computer and Communications Security, p.p. 126-135, URL: http://www.scs.stanford.edu/~dm/home/papers/waldman:tangler.ps.gz.

WhatsApp (2020): Encryption Overview - Technical white paper, Version 3 Updated Octo-ber 22.

Wieduwilt, Hendrik (2021): Mit den Trump-Sperren beginnt ein postmodernes Internet, 02. Februar, URL: https://www.heise.de/news/Mit-den-Trump-Sperren-beginnt-ein-postmodernes-Internet-5034922.html

Wikipedia (2021): Verschiedene Abbildungen und Informationen.

Windelband, Daniela (2018): Welche Messenger dürfen in der katholischen Kirche einge-setzt werden? Bericht zum Beschluss der Konferenz der Diözesandatenschutzbeauftragten der katholischen Kirche Deutschland zu Beurteilung von Messenger-Diensten, 27. September, URL: https://www.datenschutz-notizen.de/welche-messenger-duerfen-in-der-katholischen-kirche-eingesetzt-werden-5621145/ & https://www.kdsa-nord.de/sites/default/files/file/NEU/Beschluesse_DDSB/2018_07_26_Beurteilung_von_Messengern_und_anderen_Social_Media_Diensten.pdf.

Winkel, Olaf (1997): Private Verschlüsselung als öffentliches Problem, Leviathan, Vol. 25, No. 4, pp. 567-586.

Wunderlich-Pfeiffer, Frank (2021): Ein optischer Quantencomputer für eine Million Qubits, Fach-Forum Golem, 7. Mai.

Yao, Andrew (1982): Protocols for secure communications, Proc. 23rd IEEE Symposium on Foundations of Computer Science (FOCS '82), pp. 160–164.

# ABKÜRZUNGSVERZEICHNIS •

| | |
|---|---|
| aaO | am angegebenen Ort |
| AE | Adaptive Echo |
| AES | Advanced (American) Encryption Standard |
| AfNS | Amt für Nationale Sicherheit |
| AG KRITIS | Arbeitsgruppe Kritische Infrastrukturen |
| AI | Amnesty International |
| AKV | Arbeitskreis Vorratsdatenspeicherung |
| AWS | Amazon Web Services |
| ANI-ZKP | Automatic Non-Interactive Zero-Knowledge-Proof |
| beA | Besonderes elektronisches Anwaltspostfach |
| BfDi | Bundesbeauftragte für den Datenschutz und die Informationsfreiheit |
| BfJ | Bundesamt für Justiz |
| BfV | Bundesamt für Verfassungsschutz |
| BGH | Bundesgerichtshof |
| Bitkom | Bundesverbands der Informationswirtschaft, Telekommunikation und neue Medien e.V. |
| BND | Bundesnachrichtendienst |
| BRAK | Bundesrechtsanwaltskammer |
| BSI | Bundesamt für Sicherheit in der Informationstechnik |
| BTDS | Bundestags-Drucksache / ggf. Ausschuss-Drucksache |
| BYOK | Bring your own Key |
| BZSt | Bundeszentralamt für Steuern |
| C/O | Care Of – Postfach |
| CA | Certification Authority |
| CC | Cryptographic Calling |
| CD | Cryptographic Discovery |
| CDT | Center for Democracy & Technology |
| CEPIS | Council of European Professional Informatics Societies |
| CES | Cube Encryption Standard |
| CSEK | Customer Supplied Encryption Keys |
| DAV | Deutscher Anwalt Verein |
| DHT | Distributed Hash Table |
| DIVSI | Dt. Institut für Vertrauen und Sicherheit im Internet |
| DJV | Deutscher Journalisten Verband |
| DL | Diskreter Logarithmus |
| DSGVO | Datenschutz-Grund-Verordnung |
| E2E | End-to-End / Ende-zu-Ende |
| EAN | European Article Number |

| | |
|---|---|
| ECO | Verband der Internetwirtschaft |
| EFF | Electronic Frontier Foundation |
| ENISA | EU-Agentur für Netzwerksicherheit |
| EPKS | Echo Public Key Sharing |
| F2F | Friend-to-Friend |
| FBI | Federal Bureau of Investigation |
| FC2C | From Cipher to Conceal |
| FISA | Foreign Intelligence Surveillance Act |
| FCZB | Frauen-Computer-Zentrum Berlin |
| FSF | Free Software Foundation |
| FVEY | Five-Eyes |
| FZJ | Forschungszentrum Jülich |
| GB | GoldBug |
| GFF | Gesellschaft für Freiheitsrechte e.V. |
| GI | Gesellschaft für Informatik e.V. |
| GnuPG | Gnu-Privacy Guard |
| GPG | Gnu-Privacy-Guard-Verschlüsselung nach PGP |
| GUI | Graphical User Interface |
| HRNG | Hardware Random Number Generator |
| HTTP | Hypertext Transfer Protocol |
| HTTPS | Hypertext Transfer Protocol Secure |
| ICC | Interaction-Free Cryptographic Calling |
| IMAP | Internet Message Access Protocol |
| IRC | Internet Relay Chat |
| ISBN | Internationale Standardbuchnummer |
| IuK | Information und Kommunikation |
| JKK | Juggerknaut Keys |
| J-PAKE | Password Authenticated Key Exchange by Juggling |
| JPL | Jet Propulsion Laboratory |
| LGBTQIA | Lesbian, Gay, Bi, Transsexual, Queer, Intersex, Asexual |
| MAD | Militärischer Abschirmdienst |
| MELODICA | Multi Encrypted Long Distance Calling |
| MIC | Machine Identification Code |
| MIT | Massachusetts Institute of Technology |
| NIST | National Institute of Standards and Technology |
| NR | Neue Richtervereinigung e.V. |
| NSA | National Security Agency |
| Omemo | Omemo Multi-End Message and Object Encryption |
| OpenPGP | Open Pretty Good Privacy |
| OS | Open Source |
| OTM | One Time Magnet |

| | |
|---|---|
| OTP | One Time Pad |
| OTR | Off the Record |
| P2P | Peer to Peer |
| PAKE | Password Authenticated Key Exchange |
| PGP | Pretty Good Privacy |
| PKI | Public Key Infrastructure |
| POP3 | Post Office Protocol, Version 3 |
| POPTASTIC | Chat über das Post Office Protocol |
| PQC | Post-Quantum Kryptographie |
| QIA | Quantum Internet Alliance |
| QuBit | Quantenbit |
| RCP | Rosetta Crypto Pad |
| RCS | Rich Communication Services |
| RFC | Request for Comments |
| R.I.P | Rest in Peace |
| S/MIME | Secure / Multipurpose Internet Mail Extensions |
| SAM | Secure Architecture Model |
| SMP | Socialist Millionaire Protocol |
| SMS | Short Message Service |
| SSK | Secret Streams Keys |
| SSL / TLS | Secure Sockets Layer / Transport Layer Security |
| STASI | Staatssicherheitsdienst |
| STOA | Ausschuss für Science and Technology Options Assessment des Europäischen Parlaments |
| StPO | Strafprozessordnung |
| SWOT | Strengths (Stärken), Weaknesses (Schwächen), Opportunities (Chancen), Threads (Risiken) |
| TCP | Transmission Control Protocol |
| TCP-E | Transmission Control Protocol over Echo (Protocol) |
| TEE | Trusted Execution Environment |
| TH | Turtle Hopping |
| TKG | Telekommunikationsgesetzes |
| TKÜ | Telekommunikationsüberwachung |
| TRNG | True Random Number Generator |
| TÜV | Technischer Überwachungsverein |
| UBIT | Fachverband Unternehmensberatung, Buchhaltung, IT |
| ÜGR | Überwachungsgesamtrechnung |
| URI | Uniform Resource Identifier |
| URL | Uniform Resource Locator |
| USCM | US-Conference of Mayors |
| VDS | Vorratsdatenspeicherung |

| | |
|---|---|
| VPN | Virtual Private Network |
| WoT | Web of Trust |
| XOR | eXclusive OR |
| ZITIS | Zentrale Stelle für Informationstechnik im Sicherheitsbereich |
| ZK | Zero-Knowledge |

# REGISTER ●

# REFERENZEN •

1 vgl. a. Thompson aaO, Gerhards aaO, Meinrath aaO, Moechel aaO.

2 Meyn aaO.

3 Winkel aaO.

4 vgl. z.B. NIST aaO.

5 www.youtube.com/watch?v=8Jrlqmlzj2U

6 Eig. Darst. / Public Domain.

7 Council aaO.

8 Moechel aaO.

9 www.congress.gov/ bill/116th-congress/senate-bill/3398/text

10 vgl. zu dieser Argumentation auch das Interview mit dem Projekt GB Messenger, Kahle aaO.

11 Internet 2020.

12 Boskin aaO.

13 Becker aaO.

14 en.wikipedia.org/wiki/2015_San_Bernardino_attack

15 Snowden aaO.

16 Esken 2015.

17 Esken aaO, 1338538749353979911 & 1134540427909091328 & 1402577214768570368.

18 Schulz aaO, 29.11.2018.

19 Schulz et al. aaO.

20 Bundesarchiv, Bild 183-1990-0116-013 / CC-BY-SA 3.0.

21 BRAK aaO.

22 BRAK aaO.

23 BTDS 19/25999.

24 Az. AnwZ (Brfg) 2/20. Technisch gesehen könnte auch die unsichere Infrastruktur des Anwaltspostfaches einfach genutzt werden und ein E-Mail-Klient mit Verschlüsselung wie Spot-On (Tausch des POPTASTIC-Schlüssels), Spike, GoldBug oder Delta einfach als Overlay darüber gelegt werden. Nach einmaligem Schlüsselaustausch kann zusätzlich verschlüsselt über die bislang nur semi-verschlüsselte Leitung des Anwaltspostfaches kommuniziert werden.

25 NRV aaO.

26 Stellungnahme Nr. 25/2021

27 vgl. Windelband aaO.

28 kloster-einsiedeln.ch/das-goldene-ohr/

29 Kahle aaO.

30 Heuzeroth aaO.

31 Kahle aaO.

32 Beuth aaO.

33 tutanota.com/blog/posts/european-autonomy-in-danger/

34 www.teletrust.de/uploads/media/210514-Gemeinsamer_Brief_BVerfSchG_-_Artikel_10-G.pdf

35 ripe82.ripe.net/ archives/video/523/

36 www.sz.de/1.5332538

37 Bruchstein aaO.

38 Narr aaO.

39 im Interview mit Bolton aaO.

40 GI aaO.

41 GI aaO.

42 Pohl aaO.

43 Vgl. f. mariazwei punktnull.de, vgl. f. a. Interview mit Michael Osterheider, in: Nürnberger Nachrichten, 23. April 2010.

44 vgl. a. Der Spiegel aaO, Lobo aaO.

45 Rechtssache C-511/18, dejure.org/dienste/vernetzung/rechtsprechung?Text=C-511/18

46 www.patrick-breyer.de/eu-deal-zur-chatkontrolle-flaechendeckende-und-verdachtslose-durchsuchung-von-privatnachrichten-wird-gesetz/

47 GI aaO.

48 BfDi aaO.
49 BfJ aaO.
50 CEPIS aaO.
51 ENISA aaO.
52 www.it-daily.net/it-sicherheit/datenschutz-grc/26734-crypto-backdoors-konterkarieren-ende-zu-ende-verschluesselung?ref=ittagesschau.de
53 STOA aaO:1.
54 BMI aaO.
55 Regierungsvertrag, aaO:1979ff.
56 IT-Sicherheitsgesetz aaO.
57 Richtlinie (EU) 2018/1972 des europäischen Parlaments und des Rates, aaO.
58 Kritis aaO.
59 www.ccc.de/de/updates/2020/scheinbeteiligung
60 Berliner Anwaltsblatt 05/2021
61 Locker aaO.
62 OLG Rostock, Beschl. v. 23.03.2021 zur Verwendung eines Krypto-Handys - 20 Ws 70/21
63 Eig. Darst. / Public Domain.
64 heise.de/-6026709
65 Der E-Mail-Betreiber POSTEO stellte diesen, an die Betreiber bereits verteilten Formulierungsvorschlag zur Verfügung, vgl. a. Blog vom 02.März 2021, 17:00 Uhr und posteo.de/FormulierungshilfeBMI.pdf
66 netzpolitik.org/2021/tkg-novelle-seehofer-will-personalausweis-pflicht-fuer-e-mail-und-messenger-einfuehren/
67 heise.de/-6022364
68 Council of the European Union, 8519/21 Brüssel, 12 May 2021.
69 vgl. Meister aaO.
70 Snowden 2013 und aaO.
71 Vgl. BT-DS 19/24785 inkl. SÜG.

72 Vgl. ASDS 19(4)844D u.a. zu BTDS 19/24785, 19/24900.
73 Verfassungsrechtliche Fragen zur Regelung des Einsatzes von Quellen-Telekommunikationsüberwachung durch Nachrichtendienste, WD 3 - 3000 - 293/20, 19. Februar 2021
74 shop.freiheit.org/download/P2@1025/389073/20210316_FNF_Analyse_%C3%9Cberwachung_final.pdf
75 Sevignani aaO.
76 Gaus aaO.
77 Eig. Darst. / Public Domain.
78 im Interview mit Hein, aaO.
79 Lang aaO.
80 www.nytimes.com/2021/05/17/technology/apple-china-censorship-data.html
81 docs.house.gov/meetings/JU/JU00/20210630/112849/HHRG-117-JU00-Wstate-BurtT-20210630.pdf
82 www.tagesspiegel.de/themen/reportage/tausende-beamte-in-der-tuerkei-entlassen-erdogan-macht-wieder-jagd-auf-seine-kritiker/19334732.html & www.spiegel.de/politik/ausland/tuerkei-unter-recep-tayyip-erdogan-entlassen-festnehmen-saeubern-a-1104956.html
83 www.bbc.com/news/technology-57881364 & www.theguardian.com/news/2021/jul/19/
84 Rueckert / Schilis-Gallego aaO.
85 PM 11.11.2020 aaO.
86 Kommunikations-Grundrechte wie insbesondere Art. 5 Abs. 1, Abs. 3, 10 Abs. 1 GG binden auch den Gesetzgeber durch Art. 1 Abs. 3 GG. Vgl. a. BVerfGE 100, 313 (359); 120, 274 (323). Und s. nur Hoffmann-

Riem, AöR 134 (2009), 513 ff.; ders., AöR 137 (2012), 509 ff.; ders., JZ 2014, 53 ff; zit. nach Gärditz, Klaus F. (2021): Stellungnahme zum Entwurf eines Zweiten Gesetzes zur Erhöhung der Sicherheit informationstechnischer Systeme, 28. Februar.

[87] CSW-Nr. 2021-234348-1032.

[88] www.eff.org/deeplinks/ 2021/08/apples-plan-think-different-about-encryption-opens-backdoor-your-private-life

[89] cdt.org/press/cdt-apples-changes-to-messaging-and-photo-services-threaten-users-security-and-privacy/ & cdt.org/insights/international-coalition-calls-on-apple-to-abandon-plan-to-build-surveillance-capabilities-into-iphones-ipads-and-other-products/

[90] GI 09.11.2020, aaO.

[91] eig. Darst.

[92] Bertram aaO:182.

[93] FBI aaO.

[94] nach Cardan / Fleißner.

[95] Xerox GmbH: Xerox DocuColor® 6060 Digitales Farbdrucksystem. Prospekt. Neuss, Abschnitt »Technische Daten des digitalen Farbdrucksystems Xerox DocuColor 6060«, S. 8, Sp. 2, URL: www.xerox.com/downloads/deu/de /7/708P86985DED.pdf

[96] Francis Bacon.

[97] github.com/ DavidBuchanan314/tweetable-polyglot-png

[98] Dreyfus aaO. Sowie: embeddedsw.net/doc/physical_coer cion.txt

[99] Schmeh aaO:223.

[100] ubit-oesterreich.at/ 2021/04/22/

[101] Scientists4Crypto aaO.

[102] Europol aaO.

[103] Europol EncroChat aaO.

[104] Lobo 2015 aaO.

[105] AFuV aaO.

[106] BSI Lagebericht 2020, aaO.

[107] www.funkemedien.de/ de/presse/medienmitteilungen/new s/UPDATE-Hackerangriff-auf-die-FUNKE-Mediengruppe-00001/

[108] USCM aaO.

[109] zetter.substack.com/ p/biden-declares-state-of-emergency

[110] Fact Sheet: President Signs Executive Order Charting New Course to Improve the Nation's Cybersecurity, May 12, 2021.

[111] Anderson aaO, media.ccc.de/v/rc3-11577-what_price_the_upload_filter

[112] Hohmann aaO.

[113] WhatsApp aaO:4.

[114] WhatsApp aaO:13.

[115] Thomas Röper unter www.anti-spiegel.ru/2021/neue-whatsapp-regeln-zeigen-die-end-to-end-verschluesselung-war-eine-luege/ zu Dmitry Belyaev unter tass.ru/mezhdunarodnaya-panorama/10439967

[116] Regierungssprecher Steffen Seibert am 11.01.2021 unter www.stern.de/politik/deutschland/r egierungssprecher-seibert--merkel-haelt-trumps-sperrung-auf-twitter-fuer--problematisch--9561456.html

[117] vgl. Moechel aaO:50.

[118] Edwards aaO.

[119] CCC aaO.

[120] Scientists4Crypto aaO.

[121] Kerckhoffs aaO.

[122] im Interview mit Morris, aaO.

[123] Kryptographie-Workshop.

[124] allg. Darst.

[125] allg. Darst.

[126] Abb. public domain.

[127] Eig. Darst. / Public Domain.

128 Allg. Darst.
129 Allg. Darst.
130 Allg. Darst.
131 Allg. Darst.
132 Eig. Darst. / Public Domain.
133 Srisakthi / Shanthi aaO.
134 Allg. Abb. von Polychor Schach nach Maack.
135 doi.org/ 10.1080/0161-119291866928
136 Eig. Darst. / Public Domain
137 Diffie/Hellmann aaO.
138 Rivest, Shamir, Adleman aaO.
139 NIST 2016.
140 McEliece aaO, NTRU aaO.
141 Übl. Darst.
142 Schmidt 2015.
143 Drehling aaO.
144 lists.gforge.inria.fr/ pipermail/cado-nfs-discuss/2019-December/001139.html
145 mathcenter.ru/en/RSA-232-number-has-been-factored
146 Rivest / Shamir / Adleman, aaO; Schätzungen; allgemeine und methodisch illustrative Zusammenstellung.
147 Schnorr aaO.
148 www.math.uni-frankfurt.de/ ~dmst/teaching/WS2019/SVP9.pdf
149 heise.de/-5071387
150 NIST 2016, aaO.
151 www.ecrypt.eu.org/ csa/publications.html und BSI TR-02102-1 »Kryptographische Verfahren: Empfehlungen und Schlüssellängen« Version: 2020-01, 02.04.2020 sowie SP 800-133 Rev. 2; Recommendation for Cryptographic Key Generation, June 2020.
152 Migration zu Post-Quanten-Kryptographie, Handlungsempfehlungen des BSI, Stand: August 2020.
153 www.handelsblatt.com/ 26118192.html
154 BSI Richtlinie TR-02102-1 »Kryptographische Verfahren: Empfehlungen und Schlüssellängen« Version: 2020-01, 02.04.2020, Seite 2.
155 www.fz-juelich.de/ Shared-Docs/Pressemitteilungen/UK/DE/20 20/2020-11-16-juwels-booster.html
156 Arute / Martinis et al. aaO, vgl a. Rieffel aaO.
157 www.techrepublic.com/ article/china-sends-unbreakable-code-from-quantum-satellite-to-earth/
158 www.zdnet.com/ article/quantum-computing-networks-satellites-and-lots-more-qubits-china-reveals-ambitious-goals-in-five-year-plan/
159 news.uchicago.edu/ story/argonne-uchicago-scientists-take-important-step-developing-national-quantum-internet
160 Kuder aaO.
161 app.handelsblatt.com/ downloads/26796228/3/roadmap-quantencomputing.pdf?ticket=ST-12994842-YkQ4VJ7ZdmGerdZZHsTu-ap3
162 www.ibm.com/ blogs/research/2020/09/ibm-quantum-roadmap/
163 Vgl. aip.scitation.org/ doi/10.1063/1.4962732 & www.globalfoundries.com/press-release, May 5, 2021
164 Gasakis/Schmidt aaO. Das, was unter dem Artikel "Match Me if You Can" im Jahr 2021 von Giuseppe Ateniese et al. (aaO) für Matchmaking Encryption beschrieben wurde, liegt also schon seit mehr als eine Dekade zuvor im Echo-Matching programmiert vor

und wurde auch in den Handbüchern dazu beschrieben.

165 Adams/Maier aaO.

166 vgl. Dolev et al. aaO.

167 Edwards aaO.

168 Die weiteren Details können dem technischen Manual entnommen werden, vgl. Spot-On aaO.

169 Gasakis / Schmidt aaO.

170 Moonlander aaO.

171 Milgram aaO.

172 Karinthy aaO

173 Edwards aaO.

174 Eine Kombination beider Paradigmen stellt das Steam Protokoll zum Datei-Transfer im Smoke Messenger vor, welches das Echo-Protokoll als TCP-Variante abbildet: TCPe – TCP over Echo.

175 Buktu aaO / Hoffstein et al. aaO / Stehlé et al. aaO.

176 vgl. die Arbeiten zu diesem Algorithmus von McEliece aaO, Preneel aaO, Roering aaO, Hudde aaO, Repka aaO, Kobara et al. aaO, Engelbert et al. aaO

177 Enisa 2021 aaO.

178 Bertam et al. aaO.

179 Merkle aaO.

180 Diffie / Hellman aaO.

181 Needham / Schroeder aaO.

182 siehe: Edwards aaO.

183 Spot-On aaO, Ackermann / Klein aaO.

184 Vgl. Yao aaO.

185 Bertram et al. aaO.

186 Diffie / Hellman aaO.

187 Spot-On tech. Dok. aaO.

188 Hao / Ryan aaO.

189 vgl. Bellovin / Merrit aaO; u.a. Bellare, Pointcheval, Rogaway aaO sowie Boyko, MacKenzie, Patel aaO. Diese Protokolle erwiesen sich im sog. »Random-Orakel-Modell« (oder noch stärkeren Varianten) als sicher, und die ersten realen Protokolle, die unter Standardannahmen als sicher erwiesen wurden, waren die von O. Goldreich und Y. Lindell (Crypto 2001), die jedoch als Plausibilitätsnachweis dienen und nicht effizient waren sowie von J. Katz, R. Ostrovsky und M. Yung (Eurocrypt 2001), die praktikabler waren. Die ersten Methoden zum Abrufen von Schlüsseln mit Kennwortauthentifizierung wurden von M. Ford und B. Kaliski im Jahr 2000 beschrieben. Vgl. ferner auch IEEE P1363.2.

190 Allg. Darst.

191 Allg. Darst.

192 Allg. Darst.

193 Ackermann / Klein aaO.

194 Blum et al. aaO.

195 Bünz et al. aaO.

196 vgl. a. Mimblewimble: Odendaal et al. aaO.

197 Smoke Developer.

198 Smoke Developer.

199 GI aaO, 2020.

200 N = 254 freie & quell-offene Crypto-Werkzeuge von 865 gesamt, analysiert in 2016 durch Schneier et al. aaO / eigene Berechnungen zit. n. Ackermann aaO.

201 Wake et al. aaO.

202 eigener Screenshot.

203 BSI aaO.

204 Fujisaki/Okamoto aaO.

205 Pointcheval aaO.

206 im Englischen: »Creating a Smart World where technology becomes so pervasive part of society that people are unaware of its presence.«

207 Moonlander aaO.

208 www.weser-kurier.de/ deutschland-welt/deutschland-welt-politik_artikel,-merkel-appelliert-in-coronakrise-an-buerger-die-rede-zum-nachlesen-_arid,1903711.html

209 vgl. Edwards aaO:210.

210 Spot-On aaO.

211 Edwards aaO.

212 Gasakis / Schmidt aaO.

213 Spot-On aaO, Edwards aaO.

214 Adams aaO.

215 Momedo aaO

216 vgl. a. Gasakis/Schmidt aaO:67, zit. n. Delta-Chat, in: Nomenclatura 2019:130.

217 Matejka aaO, Popescu aaO, Tanenbaum aaO, RetroShare aaO.

218 Smoke aaO.

219 Saint-Andre aaO.

220 NIST aaO.

221 Gultsch aaO

222 Marlinspike aaO: Ecosystem is moving.

223 Cane aaO.

224 Tremmel / Grüner aaO.

225 Siehe GitHub Issue #11101.

226 Radio RBB 14. Mai 2021.

227 element.io/blog/element-on-google-play-store/

228 Wieduwilt aaO.

229 Internet.

230 Eigener Screenshot.

231 Matejka aaO, Popescu aaO, Tanenbaum aaO, RetroShare aaO.

232 BTDS 19/26247.

233 Einführung einer registerübergreifenden einheitlichen Identifikationsnummer, Gutachten des Wissenschaftlichen Dienstes des Bundestages, WD 3 - 3000 - 196/20, 2020.

234 Diese Feststellung stützte sich auf das Mikrozensusurteil des BVerfG von 1969, BVerfGE 27, 1 – Mikrozensus. 16. Juli 1969.

235 PM vom 2. März 2021.

236 Erich Fromm, 1963d; GA IX, S. 373.

237 Stadt Pforzheim / Brändle, Gerhard: Menschen statt Namen, 2013.

238 COM(2021) 281 final 2021/0136 (COD) mit OJ L 257/73 of 28.8.2014

239 www.spiegel.de/ wissenschaft/entlasst-horst-seehofer-a-a0c5f2c0-496e-47d5-a4a6-4a349bb90407 & www.br.de/nachrichten/deutschland-welt/linken-politikerin-seehofer-eine-gefahr-fuer-die-demokratie,SR8kmJr

240 ASDS 19(4)825

241 BTDS 19/28169

242 www.fiff.de/presse/ eID_Stellungnahme-ccc-fiff9.

243 Edwards aaO:213.

244 TLP, 5.6, zit. nach Somavilla aaO.

245 Offsystem aaO, Madore aaO, Waldman aaO, Stubblefield aaO.

246 www.osiris-sps.org/

247 s.o.

248 Sanatinia / Noubir aaO, Levine aaO zit. n. Gasaski aaO:167,165.

249 Levine aaO

250 AK VDS aaO.

251 Rihaczek aaO.

252 www.statista.com/ statistics/260819/number-of-monthly-active-whatsapp-users/

253 Internet, eig. Rech., 1 = DHT, 2 = pre-compiled Binaries/AWS

254 Vgl. ferner z.B. auch ein VZBZ-Papier vom 17. Mai 2021.

255 Mundt aaO.

256 www1.folha.uol.com.br/ internacional/en/world/2013/09/13 35563-brazil-wants-national-antisnoop-email.shtml

257  Siehe
     www.ccc.de/en/updates/2015/ccc-
     fordert-ausstieg-aus-
     unverschlusselter-kommunikation
     und FN 33 zur Stellungnahme zum
     Sicherheitsgesetz vom 01. März
     2021.
258  Programm: Nie gab es mehr zu tun,
     aaO:37.
259  onlinelibrary.wiley.com/
     doi/10.1002/ijop.12746
260  Ministerium MV aaO.
261  DIVSi aaO.
262  Kaeser aaO.
263  Mezini aaO.